Nachhaltige Entwicklung durch Semantik, Governance und Management

AF167591

Thomas Melde

Nachhaltige Entwicklung durch Semantik, Governance und Management

Zur Selbstregulierung des Wirtschaftssystems zwischen Steuerungsillusionen und Moralzumutungen

 Springer VS

Thomas Melde
München, Deutschland

Zugl. Dissertation Universität Duisburg-Essen, 2012

ISBN 978-3-658-00270-1   ISBN 978-3-658-00271-8 (eBook)
DOI 10.1007/978-3-658-00271-8

Die Deutsche Nationalbibliothek verzeichnet diese Publikation in der Deutschen National-
bibliografie; detaillierte bibliografische Daten sind im Internet über http://dnb.d-nb.de
abrufbar.

Springer VS
© Springer Fachmedien Wiesbaden 2012

Gedruckt auf säurefreiem und chlorfrei gebleichtem Papier

Springer VS ist eine Marke von Springer DE. Springer DE ist Teil der Fachverlagsgruppe
Springer Science+Business Media
www.springer-vs.de

Inhaltsverzeichnis

Abbildungsverzeichnis

1 Kosmische Entgrenzungen: Die Provokationen der Nachhaltigkeitskategorie

„Nachhaltigkeit" bringt die ultimative Entgrenzung des sozialen Raums und seiner Zeit zum Ausdruck. Im Gegensatz zum Globalisierungsbegriff, in dessen Windschatten der Nachhaltigkeitsdiskurs in den vergangenen zwei Jahrzehnten Fahrt aufgenommen hat, thematisiert der Nachhaltigkeitsbegriff nicht nur eine räumliche, sondern auch eine systemische und zeitliche Expansion der sozialen Einflusssphäre. Im gleichen Atemzug fordert er jedoch eine diesen Prozess unterstützende Re-Integration. Während die expansiven Tendenzen kontinuierlicher gesellschaftlicher Ausdifferenzierung dazu veranlassen, vom „Kollaps des Ökosystems", dem „Zerfall des Gemeinwesens" oder der „Kernschmelze des Finanzsystems" zu sprechen, verkörpert der Nachhaltigkeitsbegriff in seiner ersten lexikalischen Erfassung schon das, „woran man sich hält, wenn alles andere nicht mehr hält" (CAMPE 1809, zitiert nach GROBER 2010).

So ist der Nachhaltigkeitsbegriff scheinbar paradox konstituiert zwischen Expansion einerseits und Integration andererseits. Stets setzt er Differenzen als gegeben voraus und sucht zugleich nach Möglichkeiten, die diese Differenzen markierenden Unterscheidungen zu überwinden – die zwischen System und Umwelt, zwischen Mensch und Gesellschaft oder zwischen Gegenwart und Zukunft. Nachhaltigkeit respektiert keine Grenzen, ist aber beständig darum bemüht, neue Grenzen – etwa des Wachstums oder der Risikobereitschaft – zu begründen. Dabei ist die Nachhaltigkeitsidee der Ideologie unverdächtig, wird gleichermaßen im linken wie im konservativen Lager, von entwickelten Industrieländern ebenso wie in ressourcenreichen Schwellenländern oder unterentwickelten Weltregionen verwendet und erscheint insofern über weltanschauliche, politische und kulturelle Grenzen hinweg konsensfähig. Ihre kategorische Verwendung[1] versetzt sie in die Lage, alles zu problematisieren, jeden Mangel und jedes Überhandnehmen zu beklagen. Zugleich kann sich die „Nachhaltigkeitskategorie" (PIES et al. 2009) wie jede andere ontologische Kategorie auf grundlegende Merkmale des Seienden, fundamentale Prinzipien des Lebens rückbeziehen und hat sich dadurch in einem Maße verbreitet, dass sie heute zum festen Bestandteil unseres aktiven Wortschatzes gehört. Mit dem von ihr im Kern formulierten Rat, dass sich Systeme nicht ihrer eigenen existentiellen Grund-

---

[1] Im Sinne des etymologischen Ursprungs von „Kategorie" im Griechischen: *kategoria* = „Anklage", „Beschuldigung".

lage berauben sollten, wenn sie überleben wollen, hat sich die Nachhaltigkeitskategorie vor allem in den vergangenen zwei Jahrzehnten als eine essentielle Kategorie gesellschaftlichen Lebens hervorgetan, die zumindest gegenwärtig von niemandem in anschlussfähiger Weise in Frage gestellt werden kann.

So intuitiv verständlich und anerkannt die Nachhaltigkeitsidee heute den meisten Menschen ist, so leicht lässt sie aber auch vergessen,

> „[...] welche nur noch kosmisch zu nennenden Entgrenzungen und Zumutungen für den einzelnen Menschen tatsächlich mit dem Postulat der Nachhaltigkeit verbunden sind. Zunächst überspannt der Begriff mit Leichtigkeit alle Bereiche des Lebens und verbindet sie zu einem Verantwortungsbereich [...] Vor allem aber sprengt die Idee der Nachhaltigkeit den traditionellen ethischen Bereich des Zwischenmenschlichen und öffnet den Verantwortungsbereich auf die gesamte Biosphäre hin. Selbst Prozesse, die wir dem gestaltenden Wirken des Menschen entzogen wähnten [...] liegen nun in unserer Verantwortung und verlangen bis in die dünnsten atmosphärischen Schichten nach nachhaltiger Steuerung. Einen solch umfassenden Topos hat es im Westen wohl seit den Kosmologien des Mittelalters nicht mehr gegeben."[2]

Ein Begriff, der derlei für sich in Anspruch nehmen kann und gleichzeitig die Beherrschung der durch ihn repräsentierten Entgrenzungen in Form einer *Re-Integration durch Verantwortung und Steuerung* verlangt, provoziert.

Die *erste* große Provokation des Nachhaltigkeitsbegriffs ist sein allumfassender Anspruch und seine scheinbar inflationäre Nutzung. Ihm wird übergroße Flexibilität vorgeworfen, denn er hat Einzug in praktisch jeden sozialen Bereich gehalten. Alles kann heute nachhaltig sein: der Lebensstil, der Turnschuh, das staatlich verordnete Sparprogramm, die Bildungsreform, der Biergenuss, das letzte oder das nächste Urlaubserlebnis. Dabei lassen sich zwei grundsätzlich unterscheidbare Bedeutungshorizonte des Begriffes erkennen: ein allgemeinsprachlicher, der für die folgende Untersuchung weitgehend uninteressant ist, und ein politischer. In der Alltagssprache bedeutet „nachhaltig" nicht viel mehr als „intensiv", „nachdrücklich" oder „dauerhaft" – eine Vielfalt an Synonymen, die bereits einen Großteil der inflationären Benutzung des Begriffs erklären. In seiner politischen Bedeutung geht es dagegen vor allem um Resilienz (vgl. GROBER 2010), d.h. um tragfähige, ökologische und gesellschaftliche Strukturen, die für das „Selbstkontinuierungspotential" (PIES 2006: 2) der Gesellschaft entscheidend sind. Die mit diesen strukturellen Herausforderungen verbundene semantische Innovation des Nachhaltigkeitsbegriffs liegt in seiner Kombination eines globalen Anspruchs mit einer langfristigen Orientierung. Es geht nicht nur um das Hier und Jetzt, sondern um den gesamten Planeten und

---

[2] http://www.sueddeutsche.de/kultur/zur-nachhaltigkeit-wir-sind-die-letzten-1.11875 (Stand 20.10.2011).

seinen dauerhaften Fortbestand. Mit einem Wort: Es geht um Alles. Dadurch wird die Nachhaltigkeitskategorie beliebig komplex. Was den Kollaps an der einen Stelle vermeidet, vermag an anderer Stelle neue Krisen auszulösen. Was hier nachhaltig ist, kann sich andernorts als hochgradig riskant herausstellen. So kann die Gewinnung von Energie aus Kernkraft als „nachhaltige" Lösung für den Klimawandel gepriesen werden und zugleich katastrophale Konsequenzen im Falle eines Reaktorunfalls haben. Genmanipulierte Organismen können globale Hungersnöte „nachhaltig" lindern helfen und zugleich ein enormes Risiko für die Biodiversität des Ökosystems darstellen.

In seiner simplen Idee gesellschaftlicher Resilienz ist Nachhaltigkeit so eindeutig wie uneindeutig. Damit eine Idee sich in solch provozierender Ambivalenz nicht selbst auflöst, muss sie sich konkretisieren. Die besondere Leistungsfähigkeit der Nachhaltigkeitssemantik besteht in diesem Zusammenhang in ihrer Betonung wirtschaftlicher Strukturen als dem entscheidenden Hebel für gesamtgesellschaftliche Resilienz. Dieser Bias kommt besonders in der Vorstellung der „Tripple Bottom Line" zum Ausdruck, die den bislang weitgehend unangefochtenen Mainstream der Nachhaltigkeitsforschung ausmacht und nach einem Ausgleich zwischen ökologischen, sozialen und ökonomischen Strukturen sucht. Dass ausgerechnet die Ökonomie als einer von vielen Teilbereichen des Sozialen hier so prominent betont wird, liegt wohl vor allem an dem Bestreben, mit einer beobachteten Ökonomisierung der Gesellschaft (SCHIMANK/VOLKMANN 2008) Schritt zu halten und ihr etwas entgegenzusetzen. So wie sich Verschiebungen zugunsten ökonomischer Sichtweisen in fast allen sozialen Bereichen beobachten lassen, so dringen auch Nachhaltigkeitserwägungen „[...] bis in die kleinsten Ritzen unserer Existenz vor und führen [...] zu einer vollständigen Einebnung der einst die Demokratie tragenden Differenz von Öffentlichem und Privatem. Dem Ideal der Nachhaltigkeit eignet damit das Pontial, wenn nicht die manifeste Tendenz zur totalen Mobilmachung: Jeder kann an jedem Ort und zu jeder Zeit seinen Beitrag leisten!"[3] Mehr noch: Nachhaltigkeit ist für viele zum „wichtigsten ethischen Prinzip" im 21. Jahrhundert geworden (GROBER 2010). Wenn es nach ihr geht, *kann* nicht nur jeder seinen Beitrag leisten, sondern *sollte* es auch tun.

Hierin besteht die *zweite* große Provokation der Nachhaltigkeit: Sie führt zur totalen Überforderung. Nicht nur jeder politische Entschluss, sondern auch individuelle Konsum- und Lebensentscheidungen, organisatorische Produktions- und Distributionsprozesse sind nun potentiell nachhaltigkeits- und damit gesellschaftsgefährdend. Der Anspruch der Nachhaltigkeitskategorie ist wie ihr Mobilisierungs-

---

[3] http://www.sueddeutsche.de/kultur/zur-nachhaltigkeit-wir-sind-die-letzten-1.11875 (Stand 20.10.2011).

potential total. Und so strahlt sie nicht nur auf die nach der „Entzauberung des Staates" (WILLKE 1983) übrig gebliebenen politischen Steuerungskapazitäten aus, sondern versetzt auch das in der modernen Gesellschaft verloren geglaubte Integrationspotential der Moral wieder in Schwingung. Insofern lässt sich zur aktuellen Konjunktur der Nachhaltigkeit ganz Ähnliches feststellen, wie es MARTINSEN im Aufschwung des Risikodiskurses beobachtete:

> Dieser „[…] geht nämlich nicht zufällig einher mit der gegenwärtigen Popularisierung des Moraldiskurses: die quasi ‚unmoderne' funktionsunspezifische Normativität der Moral macht ihre Attraktivität plausibel in einem entwicklungsgeschichtlichen Zusammenhang, in dem die Frage virulent wird, wie die ‚Vernünftigkeit des Ganzen' gewahrt werden könnte. So gibt es parallel zu der […] ‚Entmoralisierungsthese' (die den irreversiblen Verlust des gesellschaftlichen Integrationspotentials von Moral behauptet) auch eine von weiten Kreisen vertretene ‚Moralisierungsthese', in welcher die Reaktivierung moralischer Potentiale eingefordert wird: dadurch soll der als labil wahrgenommene Zusammenhalt moderner Gesellschaften befördert werden." (MARTINSEN 2004: 30)

Moral scheint in besonderer Weise geeignet, die Grenzen zwischen Privatem und Öffentlichem, aber auch zwischen verschiedenen gesellschaftlichen Systemen zu überqueren. Darin besteht ihr großes Potenzial aus Sicht der Nachhaltigkeit, aber auch eine gewisse Gefahr. Denn aus ihrer Fähigkeit zur Transzendenz resultiert auch eine gesellschaftliche Selbstüberforderung. Sie manifestiert sich in dem Ungleichgewicht zwischen einem gestiegenen gesellschaftlichen Moral*bedarf* und dem vermeintlich geringen Moral*bestand* der (post)modernen Gesellschaft (vgl. ebd.).

In diese Lücke setzt sich prominent der Verantwortungsbegriff, ohne den die Nachhaltigkeitskategorie heute nicht mehr zu haben ist. Für eine nachhaltige Entwicklung bedarf es irgendwie, aber jedenfalls der Übernahme von Verantwortung. Diese landläufige Meinung wird kaum mehr auf ihre Plausibilität geprüft. Selten wird danach gefragt, wer überhaupt, wofür und mit welchem konkreten Ziel Verantwortung für eine nachhaltige Entwicklung übernehmen kann. Diejenigen, die skeptisch sind, befriedigende Antworten auf diese Fragen zu finden, konzentrieren sich auf die verbliebenen Steuerungsmöglichkeiten in einer entgrenzten Welt. Und so kommt es, dass Nachhaltigkeit zum Kristallisationspunkt einer „Global Governance" geworden ist. Dieses Nachwachsen politischer Steuerung in entgrenzte Räume markiert den Versuch, die Gesellschaft jenseits moraltypischer Risiken der Entdifferenzierung, Simplifizierung und Konflikterzeugung, gleichzeitig aber auch unter Vermeidung eines totalen Moralverzichts zu re-integrieren. Dabei erweitert sich die wahrgenommene Notwendigkeit regulativer Steuerung vom Innenbereich der Gesellschaft auf die gesamte sie umgebende Biosphäre, wodurch sich die bekannten Steuerungsprobleme der modernen Gesellschaft um ein Vielfaches potenzieren.

Beide Provokationen – der fragwürdige Bedeutungsgehalt des Begriffs sowie die zweifelhafte Umsetzbarkeit seiner Implikationen durch Verantwortung oder Steuerung – entfalten ihre Wirkung auf unterschiedlichen gesellschaftlichen Ebenen: Die erste Provokation stellt eine *semantische* Herausforderung dar, während es sich bei der zweiten um eine *strukturelle* handelt. Die Funktion der Semantik ist es, der Gesellschaft einen anschlussfähigen Begriffsapparat zur Verfügung zu stellen, mit dem sie sich über ihre eigenen Probleme und die ihrer Umwelt informieren kann. Sie hilft ihr, Ansatzpunkte für Problemlösungen in den Blick zu bekommen und Konflikte so zu beschreiben, dass sie überhaupt erst bearbeitbar werden. Auf struktureller Ebene findet demgegenüber die Definition der Regeln des sozialen Zusammenlebens statt. Sie sollen sicherstellen, dass im gesellschaftlichen Prozess wünschenswerte Ergebnisse erzielt werden (vgl. PIES et al. 2009).

Die vorliegende Untersuchung geht den genannten Provokationen auf beiden Ebenen nach: Im Mittelpunkt steht der Nachhaltigkeitsbegriff und die Frage nach den durch ihn induzierten Integrationsmöglichkeiten in der modernen Gesellschaft. Wie hierbei die semantische und strukturelle Ebene zusammenspielen, wird am Beispiel des Wirtschaftssystems untersucht. An ihm lässt sich geradezu prototypisch nachvollziehen, wie die hier skizzierten Konzepte der Nachhaltigkeit, Verantwortung und Steuerung aufeinanderprallen und sich in der Vermittlung zwischen Semantik und Struktur empirisch zurecht rütteln. Gleichzeitig erlaubt ausgerechnet die Fokussierug auf das Wirtschaftssystem eine Lösung des Nachhaltigkeitsbegriffs von seinem ökonomischen Bias: Denn wo von Anfang an Wirtschaft gedacht wird, muss in der Untersuchung der Nachhaltigkeitssemantik Wirtschaft nicht noch *mit*gedacht werden. Diese Vorgehensweise, die das Tripple Bottom Line-Konzept nicht perpetuiert, sondern sich auf den Bedeutungsgehalt von Nachhaltigkeit als sozial-ökologische Resilienz beschränkt, eröffnet neue Herangehensweisen an die Provokationen der Nachhaltigkeitskategorie und soll als Blaupause für die Untersuchung sozialer Selbststeuerungsprozesse in anderen Funktionssystemen dienen können. Denn nicht zuletzt dürften sich zentrale Aspekte der Auswirkungen der Nachhaltigkeitssemantik im Wirtschaftssystem auf andere Teilbereiche des Sozialen übertragen oder pars pro toto auf die Gesellschaft als Ganzes hochrechnen lassen.

Insofern kann die hier verfolgte forschungsleitende Frage beschrieben werden als die am Beispiel des Wirtschaftssystems verfolgte Suche nach sozialen Mechanismen, mit deren Hilfe die Gesellschaft ihre nachhaltige Entwicklung organisiert. Dabei wird sich zeigen, dass die *Semantik* der Nachhaltigkeit bereits selbst – und zwar durch ihre moralförmige Kommunikation – integrierende und damit steuernde Wirkungen entfaltet. Zugleich ist sie aber auch auf eine gewisse strukturelle Resonanz angewiesen, wenn sie sich langfristig manifestieren will. Diese Resonanz kann in der modernen Gesellschaft dauerhaft weder allein durch zielgerichtete Steuerung, noch allein durch die Kraft der Moral bewirkt werden. Vielmehr bedarf es einer *Governance*, die beides miteinander kombiniert und sich in gesellschaftliche Erwartungen einbaut. Einen wesentlichen Beitrag dazu leisten Organisationen als die Katalysatoren gesellschaftlicher Evolution. Denn:

> „Unsere Gesellschaft ist so gebaut, dass sie auf Gedeih und Verderb auf die Leistungsfähigkeit ihrer Organisationen angewiesen ist, ohne selbst wie eine Organisation zu funktionieren. [...] Organisationen versorgen hochentwickelte Gesellschaften mit der Bearbeitung komplexer Problemstellungen, die ausschließlich über organisationsförmig erstellte Lösungen angegangen werden können. Genau diese fundamentale Abhängigkeit ist es, die die öffentliche Sensibilität gegenüber dem heutigen Zustand vieler Organisationen zunehmen lässt. Zu groß sind in der Zwischenzeit die gesellschaftlichen Risiken, die in diesen Organisationen tagtäglich ‚gemanagt' werden müssen bzw. durch die Organisationen erst hervorgerufen und deren Folgen dann in der Regel nach Außen verlagert werden." (WIMMER 2011: 539)

Im Kontext der Nachhaltigkeitssemantik und ihrer strukturellen Entfaltung im Wirtschaftssystem kommt man deswegen am Phänomen der Corporate Responsibility (CR) nicht vorbei. Semantisch formuliert es die in der Regel moralisch begründete Verantwortung des Wirtschaftssystems (in Form seiner korporativen Unternehmen) für eine nachhaltige Entwicklung, während es sich strukturell mit Fragen des *Managements* von Nachhaltigkeit befasst. Das Management von Organisationen übersetzt latent vorhandene Erwartungen in Entscheidungen und ist dadurch ein zentraler Hebel für eine nachhaltige Entwicklung. Wer die Chancen einer nachhaltigen Entwicklung der Gesellschaft beurteilen will, sollte deswegen zunächst Organisationen und ihr Management zu verstehen versuchen.

In dieser Matrix zwischen semantischer und struktureller Gesellschaftsebene einerseits sowie dem Dreiklang zwischen Semantik, Governance und Management andererseits bewegt sich die folgende Untersuchung. Sie unternimmt dabei eine systemtheoretische Analyse, weil diese am ehesten verspricht, bei der Beschäftigung mit Nachhaltigkeit eng an einem gesellschaftlichen Rationalitätsbegriff zu bleiben, der sich in der Moderne von seiner ursprünglichen *Leitorientierung auf Identität* (als Vernunft oder Gesamtnutzen) auf die *Form der Differenz* umgestellt hat (vgl. MARTINSEN 2010: 185). Rationalität in einem systemtheoretischen Verständnis ist – wie Nachhaltigkeit – immer nur relativ in der Differenz zwischen System und Umwelt zu finden. In der Moderne gibt es daher weder *die eine* Rationalität, noch *genau eine* Art der Nachhaltigkeit.

Das vorrangige Ziel dieser Arbeit ist es deswegen nicht, die Gesellschaft zu belehren wie eine nachhaltige Entwicklung (besser) zu erreichen wäre, sondern durch Beobachtungen von ihr zu lernen. Nichtsdestotrotz wird hier das Anliegen einer theoretischen Aufwertung der gegenwärtig in Wissenschaft, Politik und Wirtschaft geführten Diskussionen um die Rolle von Unternehmen im Kontext einer nachhaltigen Entwicklung verfolgt.[4] Dazu bietet die folgende Untersuchung eine system-theoretische Interpretation des Nachhaltigkeitsbegriffs und eine gesellschaftstheoretische Fundierung des Konzepts der Unternehmensverantwortung an. Beides soll dazu beitragen, zu einem systemtheoretischen Verständnis des Governancebegriffs sowie zu einer Einschätzung der Relevanz des Managements für die gesamtgesellschaftliche Evolution zu gelangen.

---

[4] In ihrer Mehrzahl sind diese Debatten bislang von einer gewissen begrifflichen Naivität und vor allem moralisch begründeten Forderungen nach „mehr Nachhaltigkeit" gekennzeichnet. Als symptomatisches Beispiel hierfür mag die „Stuttgarter Erklärung" des Deutschen CSR-Forums (2011) dienen, in der Politiker, Unternehmen und Vertreter zivilgesellschaftlicher Organisationen gemeinsam formulieren: „Nachhaltigkeit in gesellschaftlicher Verantwortung ist der kategorische Imperativ für die Zukunftsfähigkeit wirtschaftlichen Handelns." (http://www.csrforum.eu/2011/d/stuttgarter-erklaerung-2011.pdf [Stand: 23.10.2011]) Eine krude Aneinanderreihung von Konzepten und Begriffen zur Begründung der Relevanz von CSR, die zwangsläufig unverständlich bleibt, wenn die Begriffe nicht zueinander ins Verhältnis gesetzt werden.

2 Integration zwischen Steuerungsillusionen und Moralzumutungen

In der Forderung nach einer nachhaltigen Entwicklung kommt die Hoffnung auf eine Re-Integration der sich in ihren expansiven Tendenzen selbst gefährdenden modernen Gesellschaft zum Ausdruck. Damit arbeitet sich das Konzept der Nachhaltigkeit in den letzten Jahren langsam in das Zentrum des sozialwissenschaftlichen Interesses vor. Es kleidet die Frage gesellschaftlicher Integration in ein neues Gewand, aktualisiert sie vor dem Hintergrund der Globalisierung und versieht sie mit neuen Begriffen. Es tut dies so erfolgreich, dass man „[...] sogar den Eindruck bekommen [kann], dass die Integrationsproblematik heute [...] wieder eine ähnliche Bedeutung gewonnen hat, wie zur Blütezeit der Theorien vom Gesellschaftsvertrag im 17. Jahrhundert und der ersten genuin soziologischen Durchdringung des Themas durch Émile Durkheim am Ende des 19. Jahrhunderts" (LANGE/SCHIMANK 2004: 11). Nachhaltigkeit als die reformulierte gesellschaftliche Integrationsherausforderung resultiert dabei heute aus denselben Ursprüngen wie damals. Es sind die gleichen Dynamiken gesellschaftlicher Evolution, die seit Jahrhunderten die Frage der Integration als sozialwissenschaftlichen Topos aufrecht erhalten: War es für Thomas Hobbes oder John Locke zunächst noch der Verlust einer religiös bestimmten Sozialordnung, der die gesellschaftliche Integration prekär werden ließ, konstatierten die „Integrationstheorien" von Max Weber oder Émile Durkheim bereits einen „Polytheismus der Wertsphären" (WEBER 2002 [1919]) und eine zunehmende gesellschaftliche Arbeitsteilung (DURKHEIM 2004 [1893]). Es sind im Wesentlichen diese Pluralisierung und Differenzierung von Werte- und Sozialsystemen, begleitet von einer Vervielfältigung und Radikalisierung gesellschaftlicher Rationalitäten, die bis heute die Gesellschaft vor immer neue Integrationsaufgaben gestellt haben.

Zugleich hat die Beschleunigung und Intensivierung dieser Dynamiken dazu geführt, dass die Anforderungen und Formen der Integration immer voraussetzungsvoller geworden sind: Bis in die 1970er Jahre ist Integration vor allem eine zweidimensionale Angelegenheit von Sozial- und Systemintegration.[5] Die Politik und der

---

[5] *Lockwood* (1969) hat die Unterscheidung zwischen Sozial- und Systemintegration eingeführt. Während Sozialintegration die Integration des Individuums als Mitglied in die Gesellschaft meint, bezeichnet Systemintegration die Notwendigkeit, eigenlogisch operierende, gesellschaftliche Funktionssysteme miteinander so zu integrieren, dass sie sich wechselseitig *(Fortsetzung auf S. 18)*

Staat als ihr organisiertes Zentrum sind letztverantwortlich für sie zuständig. Diese mehr oder weniger erfolgreiche Konstellation gerät spätestens seit den 1980er Jahren von zwei Seiten unter Druck: Einerseits schiebt sich mit der Forderung nach einer ökologischen Integration zunehmend die Frage nach der gesellschaftlichen Reproduktionsfähigkeit innerhalb gegebener natürlicher Grenzen als dritte Dimension in den Vordergrund (SCHIMANK 2000a). Andererseits nehmen die Integrationskapazitäten des Nationalstaates umso mehr ab, je globaler die Gestalt sozialer Kontexte wird. Integration soll zunehmend jenseits national verfasster politischer Systeme hergestellt werden. Der Nachhaltigkeitsbegriff nimmt all diese Facetten auf und wird so zum „weltgesellschaftlichen Integrationskonzept der zweiten Moderne" (BECK/ GRANDE 2004). Er thematisiert gleichermaßen die Fragen nach dem Verhältnis zwischen Natur und Gesellschaft (ökologische Integration), wie zwischen Individuum und Gesellschaft (Sozialintegration) oder den sozialen Teilsystemen untereinander (Systemintegration). Darüber hinaus arbeitet er sich an der Integration unterschiedlicher Zeitperspektiven ab: Kurzfristige Entscheidungen soll er an ihren langfristigen Wirkungen ausrichten. In der Nachhaltigkeitsdebatte wird diese Mehrdimensionalität oft ignoriert und auf Teilaspekte reduziert: Anscheinend ruft die überwältigende Forderung nach einem so umfassenden Integrationszustand Kapitulationstendenzen hervor. Denn die Hoffnung auf eine weltgesellschaftliche Integration durch Nachhaltigkeit wirft in der Tat die Frage auf, wie ein solcher Zustand erreicht werden kann. Kann er *überhaupt* erreicht werden?

Über die Wünschbarkeit nachhaltiger Entwicklung wird nicht debattiert, kaum eine andere Idee ist heute weltweit so unumstritten wie der Nachhaltigkeitsgedanke. Was gleichwohl genau darunter verstanden wird, wie weit eine Integration durch Nachhaltigkeit gehen soll und auf welchem Weg diese zu erreichen ist, bleibt kontrovers. Mit der zunehmenden Zahl von Veröffentlichungen werden diese Unsicherheiten nicht etwa abgebaut, sondern nehmen zu. Auch hierin fügt sich die Nachhaltigkeitsdebatte nahtlos in die Integrationsforschung ein:

> „Je intensiver sich die [...] Gesellschaftstheorie um das Integrationsproblem kümmert, umso mehr scheint es ihr an einem klaren analytischen Verständnis des Problems zu mangeln. Denn je nach dem ob gesellschaftliche Integration im Rahmen von Theorien funktionaler Differenzierung, Individualisierungstheorien, Rational-Choice-Theorien oder Diagnosen des Werteverfalls und der Normenerosion abgehandelt wird, verschieben sich die Definitionen und Bedeutungshorizonte. [...] Erkennbar weist der Begriff starke norma-

---

[5] *(Fortsetzung)* nicht gefährden. Waren die frühen Vertragstheoretiker noch mit der Frage nach der Integration der Gesellschaftsmitglieder durch den Gesellschaftsvertrag befasst (Sozialintegration), kam mit der zunehmenden Ausdifferenzierung sozialer Funktionssysteme die Herausforderung der Systemintegration hinzu, wie sie etwa *Max Weber* (1980 [1921]), *Émile Durkheim* (2004 [1893]) oder *Talcott Parsons* (1996 [1971]) beschäftigte.

tive Konnotationen auf, Integration gilt also als etwas Wünschenswertes; je mehr, desto besser!" (LANGE/SCHIMANK 2004: 11).

Dasselbe gilt für die Nachhaltigkeitsforschung. Auch hier liegen unzählige theoretische und praktische Ansätze vor, die sich mit der Frage der Durchsetzung einer nachhaltigen Entwicklung befassen und dieses Ziel moralisch aufladen. Sie werden jedoch fast ausnahmslos aus einer handlungstheoretischen Warte konstruiert und lassen sich als regulative und moralistische Ansätze beschreiben.[6]

Sie legen eine mikro- oder mesosoziologische Perspektive zugrunde und konzentrieren sich auf die Untersuchung von Institutionen und Normen, die ein – wie auch immer definiertes – nachhaltiges soziales Handeln positiv oder negativ beeinflussen. Ihr Ausgangspunkt sind die Interessen, Intentionen und Situationsdefinitionen individueller Akteure. Im Mittelpunkt der Betrachtung stehen die Strategien von Individuen oder Organisationen, ihre Umwelt im jeweils eigenen Sinn zu verändern. In handlungstheoretischen Ansätzen mit *regulativem* Fokus erscheint Nachhaltigkeit dann als eine vor allem politische Steuerungsaufgabe, die von der Politikwissenschaft in den letzten Jahren unter dem Aspekt der (Global) Governance behandelt wurde. Obwohl gerade dieser Forschungsstrang wesentlich zu der Einsicht beigetragen hat, dass eine nachhaltige Entwicklung komplexer Steuerungsinstrumente bedarf, die sich aus dem gesamten Spektrum zwischen Hierarchie (Etatismus) und Markt (Selbstregulierung) rekrutieren, hat der Großteil regulativer Ansätze den traditionellen politologischen Fokus auf staatliche und zwischenstaatliche politische Institutionen nicht überwinden können. Zudem haben sie eine Vorstellung intentionaler und rationaler Steuerung perpetuiert, die auf die Hervorbringung konkreter, inhaltlich definierter Nachhaltigkeitsziele durch die Koordination von Akteurshandeln vertraut. Gerade dieses Steuerungs- und Nachhaltigkeitsverständnis hat in jüngster Zeit jedoch dazu geführt, dass die Möglichkeit einer gesellschaftlichen Integration durch Nachhaltigkeit im Zuge politischer Steuerung sehr skeptisch beurteilt und immer öfter in den Bereich der Illusion geschoben wird (u.a. MEYER 2002; ROSENAU 2003).

Wenn Steuerung nicht mehr hilft, stellt sich die Frage nach Alternativen. Die Nachhaltigkeitsdebatte beantwortet diese mit einem vertrauten Reflex: dem Einklagen von Verantwortung. Wenn eine politische Integration durch Steuerung nicht möglich ist, so soll doch wenigstens eine „Ethik der Nachhaltigkeit" (z.B. PETERSEN/FABER

---

[6] Beide sind gleichwohl kaum voneinander trennscharf zu unterscheiden. Neben dem Plädoyer für bestimmte Steuerungsmuster zeichnen sich regulative Ansätze – insbesondere die Global Governance-Forschung – oft dadurch aus, dass sie sich an bestimmten normativen Steuerungszielen orientieren. Ebenso mischen sich in moralistische Ansätze Fragen der Steuerung, etwa nach der Implementierung von Moral (z.B. *Wieland* 2001) oder nach Möglichkeiten der Leitbildsteuerung (*Brozus* et al. 2003, *Brand/Fürst* 2002). Im Kontext der Nachhaltigkeitsforschung ist diese Verbindung von Moral und Steuerung besonders augenfällig (vgl. Kapitel 2.1).

2001: 59) die Selbstgefährdungen der Moderne eindämmen. Der „organisierten Un-verantwortung" (BECK 1986) sollen verantwortliche Organisationen entgegenwir-ken. Dieser *moralistische* Strang der Nachhaltigkeitsforschung hat sich zu einem breiten – ebenfalls handlungstheoretisch geführten – Verantwortungsdiskurs in den Sozial- und Wirtschaftswissenschaften ausgeweitet, der stets die Aussicht auf eine moralische Re-Integration der Gesellschaft mitschwingen lässt. Obwohl darin in jüngerer Zeit immer häufiger die Verantwortung von Individuen und deren Einfluss als Konsumenten oder Anleger angemahnt werden, beziehen sich die meisten For-derungen auf Organisationen. Sie werden zum Dreh- und Angelpunkt der Nach-haltigkeitsdebatte, denn auch in der steuerungstheoretischen Perspektive erleben Or-ganisationen – insbesondere zivilgesellschaftliche und privatwirtschaftliche – eine bemerkenswerte Konjunktur.[7] Auf dem Weg zur Nachhaltigkeit ist an Organisatio-nen kein Vorbeikommen mehr – sie sind Teil des Problems und werden zugleich als notwendiger Teil der Lösung wahrgenommen.

In der Tat lässt sich seit etwa einem Jahrzehnt beobachten, wie multinationale Unternehmen fast ausnahmslos Corporate Responsibility-Programme auflegen und damit einer von ihnen moralisch eingeforderten Verantwortung für eine nachhaltige Entwicklung begegnen. Auf nationaler, inter- und transnationaler Ebene sind zu-gleich Institutionen und Netzwerke entstanden, deren Ziel „mehr Nachhaltigkeit" ist.[8] Vor diesem Hintergrund scheint der Steuerungspessimismus, der Nachhaltigkeit für viele Beobachter zu einem „illusionären" Projekt macht, fehl am Platz, und auch die Forderungen nach mehr Verantwortung der Unternehmen für eine nachhaltige Entwicklung scheinen zu fruchten. Beide Standpunkte – die verbreitete Steue-rungsskepsis wie auch der Ruf nach Verantwortung – sind Reaktionen auf die zuneh-mende Komplexität der modernen Gesellschaft; dieselbe Komplexität, die auch zu dem Bedeutungsgewinn von Organisationen geführt hat und aus der auf allen Ebenen des Sozialen eine Zunahme von Handlungsoptionen und Handlungsfolgen, von Unsicherheit und Ambivalenz resultiert.

---

[7] So lautet der Beginn eines Call for Paper für die Tagung Internationale Beziehungen und Or-ganisationsforschung – Stand und Perspektiven: „Wer wollte bestreiten, dass einer der großen Trends in der internationalen Politik der letzten Jahrzehnte die zunehmende Bedeutung von Organisationen ist? Während die unmittelbare Nachkriegszeit eine Gründungswelle zwi-schenstaatlicher öffentlicher internationaler Organisationen, den Aufbau des UN-Systems, erlebt hat, drängen in letzter Zeit zunehmend private Organisationen in den Vordergrund: multinationale Unternehmen, Nichtregierungsorganisationen [...] Die internationale Politik ist zweifelsohne ein hochgradig organisiertes System." (www.mcg.uni-muenchen.de/down loads/int_bziehungen_org.pdf [Stand: 23.10.2011])

[8] Beispiele sind der von der deutschen Bundesregierung eingesetzte Rat für Nachhaltige Ent-wicklung (RNE), der von den Vereinten Nationen durchgeführte World Summit on Sustain-able Development (WSSD) oder der World Business Council on Sustainable Development (WBCSD).

Diese Komplexität ist mit handlungstheoretischen Ansätzen jedoch kaum zu bewältigen. Sie verengen ihren Fokus auf einzelne Ausschnitte der Gesellschaft und decken darin vermeintliche kausale Zusammenhänge auf, die sich bei genauerer Betrachtung oftmals als unzulässig vereinfachend herausstellen. Sowohl moralistische als auch regulative Ansätze mit einer handlungstheoretischen Präferenz greifen im Kontext von Nachhaltigkeit und Corporate Responsibility zu kurz. Denn „[d]ie meisten Probleme, für deren Lösung jetzt ‚Verantwortung' gefordert wird, beziehen sich auf Organisationen, [...] denen mit moralischen Zumutungen kaum beizukommen ist" (KAUFMANN 1992: 7). Nur weil Organisationen Verantwortung zugeschrieben wird, heißt das noch nicht, dass sie diese Verantwortung auch tatsächlich übernehmen. „Man sieht [...] rasch, daß hier der Wunsch der Vater des Gedankens ist. Wie soll, wenn nicht Kalkül, dann Ethik, wenn nicht Rationalität, dann Verantwortung helfen?" (LUHMANN 1993: 329) Und welche Erfolgsaussichten hat in der „hyperkomplexen" Gesellschaft (LUHMANN 2004: 159) ein Steuerungsverständnis, das die Ziele „nachhaltiger" Regulierungsbemühungen eindeutig zu bestimmen versucht und davon ausgeht, diese durch intentionale Steuerung auch erreichen zu können?

Die beiden folgenden Unterkapitel zeigen, dass der *handlungs*theoretisch geprägte Stand der Forschung der Komplexität und Ambivalenz der Moderne nur unzureichend Rechnung trägt. Sie suchen zudem nach möglichen Anknüpfungspunkten, die anschließend genutzt werden können, um zu einer systemtheoretischen Betrachtung von Nachhaltigkeit und Corporate Responsibility zu gelangen. Diese Umstellung in der Theorieanlage hat weitreichende Konsequenzen, denn sie fordert traditionelle Steuerungs- und Souveränitätsvorstellungen ebenso heraus, wie sie die Notwendigkeit und die Möglichkeit einer moralischen Integration der Gesellschaft in Frage stellt. Dabei bestreitet die vorliegende Arbeit die Notwendigkeit von Steuerung und Moral ebensowenig wie die Existenz und die realen gesellschaftlichen Folgewirkungen eines globalen Verantwortungsdiskurses. Sie betrachtet sie lediglich aus einer anderen, einer funktionalen Perspektive, um zu einer insgesamt distanzierteren Betrachtung von Fragen der Nachhaltigkeit und Corporate Responsibility zu gelangen.

2.1 Nachhaltigkeit und die Illusion politischer Steuerung

Im Mainstream der sozialwissenschaftlichen Nachhaltigkeitsforschung[9] vermengen sich moralistische und regulative Ansätze zu einer einzigen Methode. *Normativ* be-

---

[9] Nachhaltigkeitsforschung firmiert in Deutschland auch unter der Bezeichnung „sozial-ökologische Forschung" (SÖF). Im Folgenden werden die Arbeiten der SÖF unter dem Begriff der Nachhaltigkeitsforschung subsumiert.

müht sie sich um die Klärung und Bewertung der Ziele nachhaltiger Entwicklung, um sich darauf aufbauend *operativ* mit den praktischen Handlungsbedingungen und -strategien zur Erreichung dieser Ziele zu befassen. So nimmt denn auch die Politikwissenschaft heute ihre Rolle innerhalb der Nachhaltigkeitsforschung wahr. Ihr geht es primär um die Identifikation von Steuerungsinstrumenten und -konzepten, eine nachhaltige Entwicklung umzusetzen:

> "Sustainable development as a highly normative, yet extremely vague concept inescapingly calls for a debate on how and with whom it can be achieved. It raises issues of governance and political steering. [...] The conceptual struggle with sustainable development indicates a challenge not only for practical politics, but for the social and political sciences as well." (NEWIG et. al. 2007: 186f.)[10]

Die Wahrnehmung, dass im Kontext von Nachhaltigkeit und ihrer Steuerung auch der Wissenschaft eine wichtige Rolle zufällt, ist dabei noch recht jung.[11] Denn die beispiellose politische Erfolgsgeschichte des Nachhaltigkeitskonzepts hat im akademischen Betrieb bisher wenig Entsprechung gefunden. Nachhaltigkeit ist vielmehr ein politisches als ein wissenschaftliches Projekt gewesen. Obwohl durch die Politik bereits 1992 mit der Agenda 21 ein globaler Steuerungsprozess für eine nachhaltige Entwicklung angestoßen worden ist, hat die Forschung erst spät darauf reagiert. Im Gegensatz zu internationalen Organisationen und nationalen Regierungen, die das Thema nach 1992 mit einer enormen Schnelligkeit aufgegriffen und in nahezu allen Politikfeldern politisch-administrativ etabliert haben, tun sich die Sozialwissenschaften bis heute schwer damit (LANGE 2008). Zwar ist „Nachhaltigkeit" mittlerweile auch hier angekommen. Maßgeblich dafür waren aber vor allem politische Impulse. Die zu beobachtende Verquickung normativer und regulativer Ansätze in der politikwissenschaftlichen Nachhaltigkeitsforschung lässt sich als das Ergebnis eines vor allem politisch-praktischen Erkenntnisinteresses verstehen.

Die ersten sozialwissenschaftlichen Annäherungen an das Nachhaltigkeitskonzept resultierten aus Versuchen der Politik, sich selbst der Bedeutung der durch die

---

[10] Vergleichbare Ausgangspunkte lassen sich in der sozialwissenschaftlichen Literatur viele mehr finden. Stellvertretend seien hier nur noch *Brand* und *Fürst* zitiert, die den Versuch, Nachhaltigkeit voranzubringen, aus einer soziologischen Perspektive so begründen: „Er ist nicht nur moralisch geboten, sondern stellt auch kognitive und institutionelle Weichen in eine Richtung, die einen radikaleren Kurswechsel ermöglichen [...] Hier schließt sich eine [...] *steuerungstheoretische Frage* an: Inwieweit kann es überhaupt gelingen, durch neue institutionelle Arrangements, durch neue Formen der ‚governance', die Entwicklung der Weltgesellschaft gezielt in Richtung Nachhaltigkeit voran zu treiben?" (*Brand/Fürst* 2002: 30f., Hervorh. i. O.)

[11] Zur Bedeutung der Wissenschaft für die Umsetzung von Nachhaltigkeit vgl. *Bechmann/ Grunwald* (2002).

Agenda 21 übernommenen Aufgabe zu vergewissern.[12] Um erste konzeptionelle Vorstellungen über eine „Politik der Nachhaltigkeit" zu gewinnen, beauftragte der Deutsche Bundestag 1995 die Enquêtekommission zum Schutz des Menschen und der Umwelt, Ziele und Rahmenbedingungen einer nachhaltig zukunftsfähigen Entwicklung zu untersuchen (DEUTSCHER BUNDESTAG 1998). Während die Nachhaltigkeitsdiskussion von Beginn an relativ systematisch von der *natur*wissenschaftlichen Forschung begleitet worden war, setzten *sozial*wissenschaftliche Untersuchungen erst vor dem Hintergrund dieser politischen Bemühungen ein. Erste originär gesellschaftstheoretische Versuche im Kontext von Nachhaltigkeit (BRAND 1997) standen dabei noch in der Tradition der Umweltsoziologie, die sich vor allem auf Fragen der „ökologischen Modernisierung" (HUBER 1995) konzentrierte und bis heute in dem „umweltpolitischen Bias" (BRAND/FÜRST 2002: 42) der Nachhaltigkeitsforschung nachwirkt. Anfang der 1990er Jahre wurden dann mit dem Ziel, politisch verfolgbare Nachhaltigkeitsindikatoren und -strategien zu definieren, spezielle Förderprogramme aufgelegt, die nachhaltigkeitspolitisch relevante Fragestellungen aus trans- und interdisziplinärer Perspektive bearbeiten sollten. Erklärtes Ziel dieser Programme ist es bis heute, Strategien zur Lösung gesellschaftlicher Nachhaltigkeitsprobleme zu entwickeln und die deutsche Regierung bei der Erarbeitung und Umsetzung der nationalen und europäischen Nachhaltigkeitsstrategie zu beraten.[13] Für die sozialwissenschaftliche Nachhaltigkeitsforschung in Deutschland hatte diese Nähe zur Politik vor allem eine Folge: Sie ist zur politisch motivierten Leitbildforschung geworden:

> „Mit dem Aufstieg des Nachhaltigkeitsthemas tritt die Metapher des Leitbilds stärker in den Vordergrund der Hoffnungen. Mit der Losung ‚Vom Leitbild zur Umsetzung' hatte die Enquêtekommission diese Option in der politischen Arena platziert. BMBF und Umweltbundesamt haben sie aufgenommen und zu einer politischen Vorgabe für ihren Wirkungskreis gemacht, nicht zuletzt in der Förderung sozialwissenschaftlicher Nachhaltigkeitsforschung." (LANGE 2008: 19)

---

[12] „Die Agenda 21 nimmt sich der drängendsten Probleme der heutigen Zeit an und ist zur gleichen Zeit bemüht, die Welt auf die Herausforderungen des nächsten Jahrhunderts vorzubereiten. Sie ist Ausdruck eines globalen Konsenses und einer auf höchster Ebene eingegangenen politischen Verpflichtung [...] Ihre erfolgreiche Umsetzung ist in erster Linie Aufgabe der Regierungen. Eine entscheidende Voraussetzung dafür sind einzelstaatliche Strategien, Pläne, Maßnahmen und Prozesse." (*UNCED* 1992)

[13] Das erste Programm, das sich in Deutschland auf Fragen der nachhaltigen Entwicklung bezog, war die Förderinitiative des Bundesministeriums für Bildung und Forschung (BMBF) „Modellprojekte für nachhaltiges Wirtschaften" (1997). Ab 1999 stieg die Zahl sozialwissenschaftlicher Untersuchungen unter dem Förderungsschwerpunkt „Sozial-ökologische Forschung" (SÖF) sprunghaft an. Seit 2004 besteht die SÖF in dem Rahmenprogramm „Forschung für Nachhaltigkeit" (FONA) fort, das sozial-, wirtschafts- und naturwissenschaftliche Nachhaltigkeitsforschung bündelt.

Als Konsequenz dieser politischen Beauftragung sind regulative Forschungsansätze in den letzten Jahren überwiegend mit der Frage beschäftigt gewesen, wie das Leitbild nachhaltiger Entwicklung politisch-gesellschaftlich umzusetzen ist. In der Mehrzahl werden diese Versuche jedoch als erfolglos beschrieben: „Bisher ist der Beitrag der Sozialwissenschaften zur Nachhaltigkeitsforschung [...] noch relativ gering [...], sie stehen relativ hilflos vor den praktischen Fragen, die mit der Debatte um die Umsetzung des Leitbilds nachhaltiger Entwicklung aufgeworfen werden." (SCHÄFER 2008: 30) In der Tat lässt sich in der politikwissenschaftlichen Forschung eine immer breiter werdende Skepsis bezüglich der Steuerbarkeit nachhaltiger Entwicklung beobachten (VOSS/BAUKNECHT 2004), die in deutlichem Widerspruch zu den Implikationen der Agenda 21 und den ambitionierten Steuerungsbemühungen der Politik stehen. Die normativen und operativen Leitplanken, innerhalb derer sich die sozialwissenschaftliche Nachhaltigkeitsforschung in den letzten Jahren bewegt hat, scheinen gegenwärtig immer weiter in die Sackgasse zu führen. Ein Grund dafür liegt in dem beschriebenen politischen Ursprung eines Großteils dieser Forschung, die sich auf der Basis einer von ihr als wünschenswert definierten zukünftigen Entwicklung der Gesellschaft Erkenntnisse darüber erhofft, mit welchen Instrumenten und Maßnahmen diese Entwicklung zu erreichen ist.

Nachhaltigkeitsforschung ist damit geradezu der Prototyp eines neuen Modus der Wissensproduktion, den NOWOTNY et al. (2004) als „Mode 2" beschrieben haben. Diese Art der Forschung löst zunehmend die traditionelle disziplinäre Wissenschaft ab, sie ist an konkreten gesellschaftlichen Problemen orientiert und formiert sich an den Schnittstellen von Wissenschaft, Politik, Wirtschaft und Öffentlichkeit. An ihr beteiligen sich nicht mehr nur wissenschaftliche Institutionen, sondern eine Vielzahl weiterer gesellschaftlicher Akteure, deren Ziel vor allem die Produktion sozial robusten Wissens mit einem verstärkten Markt- oder Gesellschaftsbezug ist. Vor dem Hintergrund der Komplexität und des Anforderungsreichtums des Nachhaltigkeitskonzepts scheint der Übergang von einem „nur" wissenschaftlich und disziplinär abgesicherten zu einem auch gesellschaftlich und transdisziplinär fundierten Wissen sinnvoll und nützlich. Die Öffnung wissenschaftlicher Forschung für andere Systemeinflüsse und ihre zunehmende Multidisziplinarität sind aber auch ambivalent. Sie führen dazu, dass die Forschung immer weniger akademischen Fragestellungen folgt, sondern zunehmend problemorientiert und darauf bedacht ist, einen möglichst hohen (wirtschaftlich oder politisch) verwertbaren Nutzen zu erzeugen (vgl. LANGE 2008: 23). Besonders deutlich lassen sich diese Tendenzen in der sozialwissenschaftlichen Nachhaltigkeitsforschung beobachten, die bisher vor allem zwei Wissenstypen generiert hat: „Ziel- und Orientierungswissen" einerseits sowie „Gestaltungs- und Transformationswissen" andererseits (NÖLTING et al. 2004). Während ersteres auf einer *normativen* Ebene aus dem Bemühen um die Klärung der Ziele nachhalti-

ger Entwicklung resultiert, ist letzteres das Ergebnis der Befassung mit den praktischen Handlungsbedingungen und den daraus abgeleiteten Strategien der Steuerung
und Umsetzung nachhaltiger Entwicklung auf einer *operativen* Ebene (SCHÄFER
2008). Der Fokus auf diese beiden Wissenstypen ist mitverantwortlich für die Sackgasse, in die sich die sozialwissenschaftliche Nachhaltigkeitsforschung gegenwärtig
zu bewegen droht. Denn mit der enormen inhaltlichen und zeitlichen Komplexität
des Nachhaltigkeitskonzepts verbinden sich aus einem wissenschaftlichen – und
eben nicht politisch-praktischen – Erkenntnisinteresse vor allem *analytische* Anforderungen, denen die Forschung bislang nicht in ausreichendem Maße begegnet ist.
Nachhaltigkeitsforschung muss in der Lage sein, auf einer theoretischen Ebene Na-
türliches mit Sozialem und Gegenwärtiges mit Zukünftigem zu verknüpfen. Nur so
lassen sich die Rahmenbedingungen formulieren, unter denen ökologische, soziale
und ökonomische Prozesse überhaupt „nachhaltig" verlaufen können. Und nur mit
„Systemwissen" lässt sich diese analytische Herausforderung bewältigen (BECKER/
JAHN 1999). Dabei soll und kann weder auf Ziel- und Orientierungswissen, noch auf
Gestaltungs- und Transformationswissen verzichtet werden. Vielmehr geht es darum,
die Grenzen der sie erzeugenden Ansätze zu identifizieren und darauf aufbauend
nach Wegen aus der Sackgasse zu suchen. Diese werden nicht zurück, sondern vielmehr „nach oben", auf eine höhere Abstraktionsebene führen, von der aus alternative Routen besser in den Blick genommen und eingeschlagen werden können.

Die wichtigste Alternative zu den bislang gepflegten Pfaden der Nachhaltigkeitsforschung besteht vor allem in einer (zumindest temporären) Verabschiedung hand-
lungstheoretischer Ansätze. Diese haben sich seit den 1990er Jahren zunehmend mit
Kooperations- und Verhandlungsbeziehungen zwischen politischen und gesellschaftlichen Akteuren befasst und danach gefragt, welche institutionellen Koordina-
tionsformen in verschiedenen Kontexten am besten geeignet sind. Sie gehen im
Gegensatz zu systemtheoretischen Ansätzen davon aus, dass eine intentionale politische Steuerung grundsätzlich möglich ist und suchen nach geeigneten „Governance-
Mixen" zur Umsetzung einer nachhaltigen Entwicklung. Die Tatsache, dass sie
Nachhaltigkeit als ein zwar anspruchsvolles, zumeist aber erreichbares Steuerungs-
ziel betrachten, hatte seine Ursache bisher ebenfalls vor allem in der „politischen
Beauftragung" der Nachhaltigkeitsforschung. Diese hat in der Debatte um nachhaltige Entwicklung zu der zentralen Annahme geführt, „[...] dass derzeitige, nicht-
nachhaltige gesellschaftliche Entwicklungspfade mithilfe neuer institutioneller Ansätze und Strategien in eine nachhaltige Richtung transformiert werden können"
(BRAND/FÜRST 2002: 17).

Einen besonderen Stellenwert nahmen dabei in der Vergangenheit vor allem
solche handlungstheoretischen Ansätze ein, die nach den Möglichkeiten einer „Leitbildsteuerung" fragen (BROZUS et al. 2003; RENN et al. 2007). BRAND und FÜRST

(2002) unterscheiden im Anschluss an SCHMIDT (2000) drei Möglichkeiten, wie Leitideen eine konstitutive Rolle zukommen kann. Einerseits könnten neue Ideen und Leitbilder wie das der nachhaltigen Entwicklung die normativen Legitimations-maßstäbe der Gesellschaft verändern und damit soziale Akteure nötigen, sich zumindest scheinbar normgerecht zu verhalten. Andererseits lassen sich Ideen und Leitbilder auch als Filter für politische Entscheidungsprozesse verstehen. Demgemäß würde das Leitbild nachhaltiger Entwicklung vor allem Orientierung und Entscheidungshilfe bieten. Aus einer konstruktivistischen Perspektive ließe sich zudem argumentieren, dass Ideen und Diskurse die Identität von Akteuren überhaupt erst konstituieren.[14] Zwar erscheint Nachhaltigkeit in allen drei Varianten als eine kontingente Idee gesellschaftlicher Entwicklung, die kaum noch die Möglichkeit rationaler Koordination oder gezielter Planung gesellschaftlichen Strukturwandels erlaubt. Die politischen Ursprünge der Nachhaltigkeitsforschung haben jedoch zu der Überzeugung geführt, dass die aus dieser Kontingenz resultierende „Zufälligkeit und Offenheit der Entwicklung […] durch ‚Leitbild-Steuerung', durch ein über kontextspezifische Nachhaltigkeitsziele und -indikatoren operationalisiertes Leitbild nachhaltiger Entwicklung in eine bestimmte Richtung gelenkt werden kann." (BRAND/FÜRST 2002: 65f.)[15]

Diese Zuversicht ist in jüngster Vergangenheit getrübt worden. Die Leitbildfähigkeit nachhaltiger Entwicklung wird immer häufiger relativiert und in Frage gestellt (LANGE 2000: 55ff., LASS/REUSSWIG 2000). Zwar stoße das Nachhaltigkeitsleitbild gerade wegen seiner Anschlussfähigkeit an zentrale kulturelle Werte und Alltagsmentalitäten auf eine ungemein breite Resonanz, es sei dabei aber zu allgemein und zu wenig konturiert. Weder biete es eindeutige Problemdiagnosen noch klare Handlungsperspektiven (vgl. BRAND/FÜRST 2002: 76). Das Leitbild der nachhaltigen Entwicklung stößt in normativer wie operativer Hinsicht an Grenzen (VOSS et al. 2007, VOSS 2008, 2008a). Seine politische Steuerung wird dabei vor allem durch unsicheres Wissen erschwert. Denn Nachhaltigkeit überschreitet traditionelle Wissensbereiche indem sie sich gleichermaßen auf technologische, gesellschaftliche und ökologische Entwicklungen bezieht und somit miteinander verbundene, nichtlineare Dynamiken in den Blick nimmt, die kaum vorhersehbar sind. Die Nachhaltigkeitsdebatte ist geradezu das Exerzierfeld der Weltrisikogesellschaft (BECK 2008) geworden. Sie thematisiert die unintendierten Nebeneffekte sozialer Evolution, die

---

[14] Vor dem Hintergrund eines solchen Verständnisses sind sehr erkenntnisreiche Analysen des Nachhaltigkeitsdiskurses entstanden (*Dingler* 2003, *Tremmel* 2003, *Schiller* 2005).

[15] *Brandt/Fürst* (2002: 64–66) sprechen in diesem Fall von „dezentraler Leitbildsteuerung" – wahrscheinlich in Anlehnung an Willkes Konzept der „dezentralen Kontextsteuerung" (*Willke* 1983).

zu einer dauerhaften Selbstgefährdung der Gesellschaft führen. Jede Entscheidung, jeder steuernde Eingriff wird prekär. Die Konsequenzen sind nicht mehr überschaubar. Wissen ist nicht mehr nur unsicher, sondern zunehmend auch das Wissen um Nicht-Wissen:

> „Leben in der Weltrisikogesellschaft heißt mit unüberwindlichem Nichtwissen leben, genauer: in der Gleichzeitigkeit von Bedrohung und Nichtwissen und den daraus entstehenden politischen, gesellschaftlichen und moralischen Paradoxien. [...] Die Rede von der ‚Wissensgesellschaft' ist ein Euphemismus der Ersten Moderne. Wir haben es in der Weltrisikogesellschaft mit einer *Nicht*wissensgesellschaft zu tun: Sie kann nicht – wie die Vormoderne – durch mehr und besseres Wissen, mehr und bessere Wissenschaft überwunden werden, sondern wird gerade umgekehrt durch mehr und bessere Wissenschaft *erzeugt.*" (BECK 2008: 211 Hervorh. i. Orig.)

Neben diesem Nicht-Wissen ist es vor allem die Ambivalenz der Ziele einer nachhaltigen Entwicklung, die die Bemühungen um deren zielgerichtete politische Steuerung zunehmend utopisch erscheinen lassen. Nachhaltigkeit ist nicht eindeutig definierbar und lässt sich nicht in eine hierarchische Struktur von Bewertungskriterien bringen.[16] Das hängt eng mit dem Problem des unsicheren Wissens zusammen. Denn wenn nachhaltige Entwicklung eine soziale Evolution meint, die langfristig schädliche Nebenfolgen reduzieren oder vermeiden soll, dann sind eindeutige Zielorientierungen zwangsläufig verengend und selektiv. Vielmehr bedarf es einer Vielzahl gleichberechtigter Ziele, die notwendigerweise ambivalent und diffus sind. Was nachhaltig ist, hängt auch und vor allem vom Blickwinkel ab:

> „Bewertungskriterien für Nachhaltigkeit unterscheiden sich je nach dem, aus welcher gesellschaftlichen Perspektive sie formuliert werden. Unternehmen definieren Nachhaltig-

---

[16] "In spite of the functional condition at the heart of the concept of sustainable development, however, other problem features [...] impede an 'objective' clarification. The fundamental limitations to predicting socio-ecological system development mean that there can be no certain knowledge about the dynamics and thresholds critical to the resilience of societal systems and ecosystems, such as the concentration of greenhouse gases in the atmosphere or the unequal distribution of wealth in societies. It may be possible to determine parameters within which stable system behaviour can be expected with satisfying probability. [...] In practice, however, sustainability assessment almost always deals with parameter values at the fringe of so-called sustainability corridors. For these issues uncertainty is high, thus the evaluation of risk becomes decisive. Risk-assessment, however, is highly value- and world-view dependent. [...] People hold different values. This also means that they evaluate options, they make different decisions. Even if everyone agreed about what is good and what is bad, there would be differences in how certain values are ranked. This is especially relevant for sustainability assessment since equally legitimate goals [...] can only seldom be achieved simultaneously and to the same extent. [...] Value trade-offs are therefore a common characteristic in the daily practice of dealing with sustainability and they effectively feed social disputes about what is sustainable and what is not." (*Voß/Kemp* 2006: 15)

keit als langfristige Profitsicherungen, Parteien als Machterhalt, Umweltverbände als Integrität von Ökosystemen, Genderbeauftragte als Geschlechtergerechtigkeit. Wenn diese Ziele schon nicht direkt miteinander in Widerspruch stehen, so geraten sie spätestens dann in Konflikt, wenn sie gewichtet werden sollen." (VOSS 2008: 244)

Diese Ambivalenz ist charakteristisch für die Moderne.[17] Sie kann nicht durch Entscheidung oder Definition überwunden werden – im Gegenteil, sie entfaltet sich immer weiter (BAUMAN 1992). Hierin liegt die Ursache dafür, dass die von der Nachhaltigkeitsforschung theoretisch angeleiteten Steuerungsversuche nachhaltiger Entwicklung bislang enttäuscht wurden. Auf ihrer Suche nach eindeutigen Zielzuständen als Orientierungspunkten für eine intentional geleitete Steuerung nachhaltiger Entwicklung haben sie die Debatte darauf verkürzt, welche Resultate angestrebt werden sollten, und sich auf diese Weise zwischen unterschiedlichen Perspektiven aufgerieben: „What is missing is a more distributed, and in a sense more complete recognition of the contingency and ambivalence of sustainability as defined and reproduced through the actions, inactions and interactions of multiple, variously powerful agents." (WALKER/SHOVE 2007: 223)

Neben der Kontingenz und Ambivalenz des Nachhaltigkeitskonzepts ist damit eine weitere spezifische Limitation für die gezielte Gestaltung nachhaltiger Entwicklung angesprochen. Sie ergibt sich aus den verteilten Einflussmöglichkeiten auf gesellschaftliche Entwicklungen. Durch die Ko-Evolution strukturell gekoppelter Funktionssysteme ist die Gesellschaft immer weniger in der Lage, auf ihre eigenen Selbstgefährdungen adäquat zu reagieren.[18] Ihr mangelt es an einem legitimen und effektiven Steuerungszentrum, das in der Lage wäre, gleichsam als globaler Leviathan die Geschicke einer nachhaltigen Entwicklung in die Hand zu nehmen. Unterschiedliche Subsysteme prägen die gesellschaftliche Entwicklung nach ihren je eigenen Systempräferenzen mit. Es existiert kein Zentrum, von dem aus diese verteilten Einflüsse unter Kontrolle gebracht werden könnten (VOSS 2008a: 247). Die Inkongruenz von Räumen gesellschaftlicher Interaktion und Räumen politischer Regulierung ist zum strukturellen Problemlösungsdefizit der globalisierten Moderne geworden. Soziale und politische Räume haben sich auseinander entwickelt.

In der politikwissenschaftlichen Steuerungsdebatte finden sich zwei entgegengesetzte Vorschläge zum Umgang mit dieser Entwicklung: die Strategie der Fragmentierung einerseits und eine integrative Strategie andererseits (BROZUS et al. 2003: 45ff.). Während erstere darauf abzielt, die Auswirkungen globaler Probleme lokal, d. h. in einem höchstens nationalstaatlichen Steuerungskontext, zu bearbeiten, strebt letztere eine Ausweitung politischer Steuerungsprozesse auf den globalen

---

[17] Zumindest ist sie erst der Moderne bewusst (und damit zum Problem) geworden.
[18] Vgl. Kapitel 3.2.

Raum an und zielt darauf, diesen Raum politisch und sozial zu integrieren. Beide Strategien fügen sich im Konzept der Global Governance[19] zusammen. Die darin gleichzeitig angelegte Ausweitung und (Re-) Lokalisierung politischer Steuerung stellt den vorläufigen Kulminationspunkt der politikwissenschaftlichen Steuerungs-diskussion der letzten Jahrzehnte dar.[20] Global Governance ist dabei zugleich ein analytisches wie normatives Konzept.[21] Es ist zum analytischen „Catch-all"-Begriff für die Suche nach einem globalen Steuerungsmodell geworden, das eine effektive und legitime Koordination politischer Steuerungsleistungen von unterschiedlichen Akteuren auf unterschiedlichen räumlichen Ebenen anstrebt. Es umfasst gleicher-maßen traditionelle Steuerungsformen (etwa der Verrechtlichung), wie es für sekto-rale, dialogische und kooperative Formen horizontaler Steuerung plädiert. Zugleich ist es aber auch ein normatives Konzept, das umschreibt, wie auf dringliche globale Probleme reagiert werden *sollte*.[22] Insofern überrascht es nicht, wenn die Idee der Nachhaltigkeit in Konzeptionen einer Global Governance immer häufiger zum In-tegrations- und Entwicklungsziel gemacht wird (z. B. BROZUS et al. 2003; JOSEFSSON 2007; PATTBERG 2007; GRUBER 2008).

Umgekehrt wird die Frage nach den Möglichkeiten einer nachhaltigen Entwick-lung von der Politikwissenschaft kaum noch ohne eine Bezugnahme auf mehr oder weniger konkrete Governance-Entwürfe diskutiert. Während Nachhaltigkeit das Global Governance-Konzept normativ auflädt und darin einen finalen Integrations-zustand substantiell bestimmen soll, versuchen Global Governance-Ansätze ihrer-seits die notwendigen Mechanismen zur Erreichung dieses Zustands zu identifizie-ren. Diese Fragestellungen haben in den vergangenen Jahren die Aufmerksamkeit politikwissenschaftlicher Befassungen mit Nachhaltigkeit zunehmend auf die Erfor-

---

[19] In einem Text, der mittlerweile schon ein „Klassiker" politikwissenschaftlicher Begriffs-bestimmungen ist, definiert *Rosenau* (1995): „Global governance is conceived to include systems of rule at all levels of human activity – from the family to the international organi-zation – in which the pursuit of goals through the exercise of control has transnational reper-cussions." Später definiert er konkreter: „[...] the core of governance involves rule systems in which steering mechanisms are employed to frame and implement goals that move com-munities in the directions they wish to go or that enable them to maintain the institutions and policies they wish to maintain" (*Rosenau* 2003: 13).

[20] Auf eine Darstellung dieser Debatte wird hier verzichtet, da diese bereits an anderen Orten hinlänglich vorgenommen wurde. Für einen komprimierten Überblick über die Steuerungs-diskussion vgl. *Lange/Braun* (2000).

[21] *Dingwerth/Pattberg* (2006) weisen auf eine dritte Dimension hin, in der Global Governance aus einer kritischen Perspektive als ein spezifischer wissenschaftlicher und gesellschaftlicher Diskurs untersucht wird.

[22] So verstehen etwa *Messner/Nuscheler* (1997) eine globale Ethik als Voraussetzung für eine funktionierende Global Governance.

dernisse von Handlungskoordination und Steuerung gelenkt.[23] Die Verschmelzung von Strategien der Fragmentierung und Integration hat dabei zu einer Konzeption nachhaltiger Entwicklung als „fragmegrative dynamics" (ROSENAU 2003) geführt. Demnach wirke der Nachhaltigkeitsgedanke zwar insofern integrativ, als der damit verbundene normative Wert der Aufrechterhaltung ökologischer und sozialer Funktionsfähigkeit auf allen gesellschaftlichen Ebenen weitestgehend geteilt wird. Er führe aber auch zu einer tiefgreifenden Fragmentierung innerhalb und zwischen verschiedenen Akteursgruppen, die aufgrund der beschriebenen normativen und inhaltlichen Ambivalenz von Nachhaltigkeit unterschiedliche Interpretationen über den Gehalt und die gebotenen Strategien einer nachhaltigen Entwicklung haben. Aus diesem Dilemma speist sich im Wesentlichen die „Illusion der politischen Steuerung" von Nachhaltigkeit:

> "[…] [E]fforts to promote a desirable future for both the unborn and the born is loaded with values and it is here where sustainability is pervaded with moral dimensions […] Empirical data – the findings of science – on whether a particular practice promotes or deters sustainable development in the future can be interpreted in diverse ways, depending on the perspective from which they are approached. […] Inevitably policies designed to achieve sustainability will be deeply ensconced in unending controversies and conflicts that make widespread compliance with the policies improbable. […] The chances of consensus and new institutional steering mechanisms […] are likely to be dim and thus central to a bleak view of the prospects for the future." (ROSENAU 2003: 14)

Ebenso wie die hohe Normativität und Ambivalenz von Nachhaltigkeit haben auch politische Enttäuschungen zu einer verbreiteten Skepsis über die Machbarkeit von „mehr Nachhaltigkeit" geführt. Das Scheitern der auf dem Weltkongress in Johannesburg unternommenen Versuche, den formalen Status des United Nations Environmental Programs (UNEP) aufzuwerten oder einen verbindlichen Entwicklungsplan für die Staatengemeinschaft zu erstellen, seien ein Beleg für die Reformunfähigkeit der existierenden, nationalstaatlich dominierten Global Governance (vgl. MEYER 2002: 5). So müsse man sich denn auch fragen, ob eine effektive Steuerung nachhaltiger Entwicklung auf globaler Ebene *überhaupt* denkbar ist:

> „[O]der bleiben […] die politischen Handlungsspielräume der Akteure viel zu klein, um die evolutionäre Eigendynamik globaler Entwicklungsprozesse in menschlich steuerbare Bahnen zu lenken? Sind die Bemühungen um geeignete globale Rahmenbedingungen für eine aktive Gestaltung ‚nachhaltiger Entwicklung' am Ende nicht mehr als eine Illusion

---

[23] So etwa *Linne/Schwarz* (2003: 13): „Mit dem Übergang vom ‚Was' zum ‚Wie' im Nachhaltigkeitsdiskurs wird deutlich, dass die normativen Leitimplikationen in Gestalt von Zielvorgaben und Regularien ergänzungsbedürftig sind um Analysen von Nachhaltigkeit fördernden Governance-Formen und der prozessualen Aspekte im Zusammenhang mit den Handlungskonstellationen und -möglichkeiten auf Seiten der relevanten Akteure, Organisationen und Institutionen."

und bleibt der Weltgesellschaft letztlich nur die Chance, mittels kurzfristigen und eng begrenzten Maßnahmen die schlimmsten (Öko-)Katastrophen abzumildern?" (ebd.: 6)

Die Grenzen einer intentionalen Steuerung nachhaltiger Entwicklung liegen im Zusammentreffen der Interpretationsoffenheit des Problems, das mit Nachhaltigkeit beschrieben wird, und den hoch spezialisierten Perspektiven und Interessen der vielfältig beteiligten Akteure. „Selbst für bestimmbare nachhaltige Entwicklungsoptionen besteht eine hohe Wahrscheinlichkeit, dass sie am Widerstand einzelner Akteure, die für ihre erfolgreiche Umsetzung wichtig sind, für deren wahrgenommene Verluste aber keine Kompensation gefunden werden kann, scheitern." (VOSS 2008a: 247f.) Insofern ist eine „nachhaltige" Ordnung in der Tat unwahrscheinlich. Denn gerade im globalen Kontext kann sie nur durch eine Stabilisierung von Diversität gelingen, die auf die Einschränkung und Selbstbindung eben dieser Akteure gründet (vgl. WILLKE 2006: 36f.). Von einer Steuerung nachhaltiger Entwicklung lässt sich demnach nur dann sprechen, wenn „Governance" zugleich als Steuerung und *Selbststeuerung* verstanden wird.

Das ist freilich nicht neu. Die Steuerungsdiskussion der letzten Jahrzehnte hat nicht nur eine Ausweitung auf die internationale Sphäre erfahren, sondern wurde zugleich auf nicht-staatliche Akteure im transnationalen Raum übertragen.[24] In seiner Verbindung mit dem Leitbild der nachhaltigen Entwicklung hat der Global Governance-Ansatz das analytische Feld hin zu privaten Akteuren geöffnet.[25] Gleichwohl ist dieses Feld bislang nicht ausreichend bestellt worden. Bei aller Betonung horizontaler und dialogischer Koordinations- und Kooperationsprozesse zwischen öffentlichen und privaten Akteuren hat der Mainstream der Global Governance-Forschung seinen Fokus auf von der Politik aufgebaute Organisationen und initiierte Netzwerke bislang kaum überwinden können. Nach wie vor beginnen die meisten Vorschläge für eine erfolgreiche Steuerung nachhaltiger Entwicklung mit der Forderung nach Reformen internationaler Institutionen und weisen anschließend darauf hin, wie diese durch nationale und regionale Regierungen implementiert werden müssen. Gleichgültig ob es sich dabei um top-down- oder bottom-up-Ansätze handelt, sie legen eine vertikal verlaufende Konzeption von Autorität zugrunde (vgl. ROSENAU 2003: 24ff.). Sie verstehen Global Governance als Synonym für eine politisch gewollte und ge-

---

[24] Der Begriff der transnationalen Politik geht zurück auf *Karl Kaiser* (1969) und bezeichnet eine grenzüberschreitende Politik von Organisationen aus dem privaten oder halbstaatlichen Bereich, die Beziehungen zwischen diesen Organisationen beziehungsweise zwischen ihnen und den Regierungen von Staaten.

[25] So weist etwa *Wolf* (2005: 56) darauf hin, dass sich die Beteiligung privater Akteure in der internationalen Politik vor allem auf dem Grundkonsens und dem Bekenntnis zu dem Leitbild der Nachhaltigkeit stütze. Dieses propagiere kooperative und dialogische Prozesse, in denen öffentliche wie private Akteure zusammenwirken.

machte Ordnung und betrachten private Akteure nur dann, wenn es um die Ressourcen geht, die sie zur Erreichung intergouvernemental vereinbarter Ziele zur Verfügung stellen können. Trotz zahlreicher Untersuchungen zur Rolle von Non-Governmental Organizations (NGOs) dominiert noch immer ein staatszentriertes
Verständnis von Governance (z. B. SIMONIS 2005: 338f.), das die Rolle privater Akteure allenfalls auf eine Beteiligung an Ko-Regulierungsprozessen beschränkt. Auf
diese Weise bleibt ein großer Teil dessen, was im transnationalen Raum tatsächlich
geschieht, unbeobachtet: „[…] we have not adjusted our conceptual equipment to
facilitate the analysis of how authority gets exercised in a decentralised world. We are
still deeply ensconced in a paradigm that locates authority exclusively in states." (RO-
SENAU 2003: 11) So gerät erst gar nicht in den Blick, dass Autorität in der Weltgesellschaft zunehmend horizontal verteilt ist und sich immer häufiger in Formen der
Selbststeuerung privater Akteure ausdrückt. Das gilt insbesondere für Unternehmen:

> „Die multinationalen Unternehmen als wichtigste und möglicherweise auch zahlreichste
> Kategorie von ‚global players' bleiben […] als Untersuchungsgegenstand weitgehend aus-
> gespart und den Wirtschaftswissenschaften, der Organisations- und Industriesoziologie
> überlassen." (MAYNTZ 2000: 16)

Die Politikwissenschaft beginnt nur sehr langsam, privatwirtschaftliche Organisationen für sich zu entdecken. Wenn Unternehmen hier bislang überhaupt eine Rolle
spielten, dann vor allem unter dem Aspekt des Lobbyings und Agenda-Settings bei
(internationalen) Verhandlungen (z. B. FALKNER 2003) und ihrer möglichen Unter-
stützungsleistungen bei der Implementierung von Normen (z. B. PATTBERG 2004).
Nur zaghaft nimmt die Politikwissenschaft auch die Normentwicklung, Selbstregulierung und Bereitstellung öffentlicher Güter durch Unternehmen wahr:

> "In recent years, […] a basic observation is that private governance contributions need not
> to be restricted to those types of private actors, whose explicit organizational objective lies
> in the provision of certain public goods, such as humanitarian or environmentalist organi-
> zations. Rather, private governance contributions or even 'private governance' might
> emerge from a diverse array of private actors, such as business associations or multination-
> al companies." (KNILL/LEHMKUHL 2002: 85)[26]

Unter dem Begriff der „Private Governance" sind im letzten Jahrzehnt einige Publikationen erschienen, die damit begonnen haben, diese Forschungslücke zu schließen.[27]

---

[26] Ähnlich: „We observe the emergence of governance structures in international life which are
based on private authority, private regimes, or some mix of public and private actors." (*Risse*
2004: 290)

[27] Einen umfassenden Einblick in den Stand dieser Diskussion liefern *Clapp* (1998), *Cutler/
Haufler/Porter* (1999), *Ronit/Schneider* (1999), *van der Pijl* (2001), *Brühl* et al. (2001, 2004),
Cutler (2002), *Brühl* (2002, 2006), *Börzel* (2002), *Arts* (2003), *Brühl/Liese* (2004), *Bull/Boas/
(Fortsetzung auf S. 33)*

Sie untersuchen die Steuerungsbeiträge privater Akteure als prozessuale Innovationen, die helfen sollen, grenzüberschreitende sozio-ökonomische und ökologische Problemlagen zu bewältigen und reagieren damit auf den zunehmenden regulativen Einfluss von Unternehmen jenseits des Nationalstaats. Sie schließen dabei an Überlegungen an, die unter dem Stichwort der transnationalen Beziehungen (KEOHANE/NYE 1972) erstmals in den 1970er Jahren den Staatszentrismus der Politikwissenschaft aufzuweichen begannen.[28]

Innerhalb dieser Literatur lassen sich zwei Perspektiven auf die Rolle transnationaler Unternehmen unterscheiden: eine funktionalistische, die unterschiedliche Formen politischer Aktivitäten von Unternehmen identifiziert, und eine machttheoretische, die die strukturellen Verschiebungen im transnationalen Machtgefüge kritisch untersucht[29] (FUCHS 2004, 2006). In beiden Perspektiven geht es noch vorrangig um die Bildung von Typologien, während die Theoriebildung wie auch empirische Forschungen nur langsam Kontur annehmen (vgl. GRAZ/NÖLKE 2008: 2). Dennoch, oder vielmehr deswegen, ergibt sich in der Zusammenschau dieser Ansätze bereits

---

[27] *(Fortsetzung) McNeill* (2004), *Fuchs* (2004, 2005, 2006, 2008), *Hall* (2002), *Haufler* (2001, 2003), *Knill/Lehmkuhl* (2002a, 2002b), *Nölke* (2004, 2005), *Pattberg* (2004, 2007), *Graz/Nölke* (2008). Darin werden die Begriffe „Private Authority" oder „Private (Sector) Regimes" mit „Private Governance" mehr oder weniger synonym verwendet. Die Unterschiede zwischen diesen Ansätzen sind eher terminologischer als inhaltlicher Natur.

[28] Die Entwicklung von Normen durch privatrechtliche Akteure ist historisch bereits viel früher – etwa in Gilden und Zünften oder durch die Gründung der International Chamber of Commerce (ICC) im 19. Jahrhundert – zu beobachten. Aufgrund der Staatszentriertheit des internationalen politischen Systems nach 1945 erscheint es heute aber als ein eher neues Phänomen. Für einen historischen Überblick über die Rolle privater Akteure in der Weltpolitik vgl. *van der Pijl* (2001). Während sich in den Internationalen Beziehungen der Transnationalismus in den 1970er Jahren neben Regierungen vor allem auf zivilgesellschaftliche Akteure konzentrierte, war es Susan Strange, die Mitte der 1990er Jahre vor dem Hintergrund der Globalisierung als erste kritisierte, dass die Politikwissenschaft nicht-staatliche Akteure des Marktes untertheoretisiert lässt: „Where states were once the masters of markets, now it is the markets which, on many crucial issues, are the masters of governments of states. And the declining authority of states is reflected in a growing diffusion of authority to other institutions and associations [...]." (*Strange* 1996: 4)

[29] *Graz/Nölke* (2008: 8) konzeptualisieren diese beiden Strömungen der Private Governance Forschung als zwei Traditionen innerhalb der politischen Ökonomie: „GPE [Global Politcial Economy, TM] accounts provide a much needed historical background in explanations highlighting power relations, but still fall short of outlining a theory of private governance that could be generalized, nor do they present concrete proposals on how to use this mode of governance for a transformative agenda. CPE [Comparative Political Economy, TM] accounts, for their part, provide persuasive and concrete analyses of institutional mechanisms, completed by clearly identified practical proposals, but generally lack comprehensive explanatory power and normative discernment. Therefore, their picture of private governance remains descriptive and purely inductive."

jetzt ein widersprüchliches Bild: Einerseits werden die Steuerungsleistungen von Unternehmen als unentbehrliche Äquivalente für die fehlenden poltischen Regelungsstrukturen auf transnationaler Ebene identifiziert (z. B. REINICKE 1998), andererseits wird genau diese Entwicklung zum Teil heftig kritisiert. Während funktionale Ansätze Private Governance als Möglichkeit betrachten, die regulativen Defizite einer zwischenstaatlichen Regulierung transnationaler Wirtschaftsprozesse zu kompensieren, warnen kritische Ansätze vor einer „Privatisierung der Weltpolitik" (BRÜHL et al. 2001) und strukturellen Machtverschiebungen zugunsten westlicher Unternehmen als Teil eines „neoliberalen" Diskurses.

Diese Kontroverse entdeckt zunehmend auch die Corporate Responsibility Programme transnationaler Unternehmen als einen spezifischen Typ von Private Governance (z. B. GRAZ/NÖLKE 2008). Sie gelten ihr zugleich als Grund zur Hoffnung auf eine nachhaltigere Entwicklung und zur Sorge um die globale Gerechtigkeit:[30]

> „Im Moment herrscht nicht nur Unsicherheit, welchen Weg die CSR-Aktivitäten nehmen werden, sondern auch darüber, worin eigentlich ihr moralischer Status und ihre soziale Funktion liegen. Während auf der einen Seite die Notwendigkeit betont wird, dass Unternehmen gesellschaftliche Aufgaben übernehmen und demokratische Prozesse mitbestimmen sollen, wird auf der anderen Seite davor gewarnt, ihnen zu viel sozialen und politischen Einfluss einzuräumen." (HEIDBRINK 2008: 153)

2.2   Corporate Responsibility und die Zumutungen der Moral

Seit etwa zehn Jahren vermehrt sich die Zahl der Publikationen zu Corporate Responsibility kontinuierlich. Und auch in der Öffentlichkeit und den Medien spielt das Thema eine immer gewichtigere Rolle. Diese Entwicklung resultiert vor allem aus

---

[30] *Einerseits:* "For researchers working on the environment, labour standards or human rights, transnational private governance is frequently seen as the most realistic option to improve the state of the art in non-OECD countries. Given the unwillingness of governments and the inability of intergovernmental organizations to provide satisfactory responses, private governance based on corporate social responsibility schemes is thought to be a pragmatic remedy for some of the most pressing concerns. [...] transnational private governance is also perceived as an important contribution for the provision of problem-solving mechanisms in situations where governments or intergovernmental organizations are seen as too inflexible to provide for effective regulation." (*Graz/Nölke* 2008: 20f.) *Andererseits:* "Critics argue that terms such as CSR [...] and sustainable development reflect a corporate-economic rather than a social or ecological rationality. [...] they express concern with the blurring of boundaries between the state and private authority." (*Levy/Kaplan* 2008: 440) *und* "Many environmental corporate social responsibility codes (CSR) have been designed by large corporations of the North, without involving small- and medium-sized enterprises, not to speak of companies from developing countries bearing the cost of adopting the new standards." (*Nölke/Graz* 2008: 228f.)

einer intensiven gesellschaftlichen Auseinandersetzung mit dem Thema Moral, in der der Verantwortungsbegriff – wie er auch im Konzept der Corporate Responsibility zum Ausdruck kommt – als moralische Leitkategorie prominent mitläuft:

> „Die Gesellschaft ist geradezu süchtig nach Moral, nach Weisung und Orientierung. Niemals zuvor war Moral so ein gängiger Artikel, niemals zuvor waren die Diskurse der Gesellschaft so moraldurchsetzt; niemals zuvor konnte man mit Moral so viel Geld verdienen. [...] Auch in die Werbeabteilungen der kapitalistischen Wirtschaft, seit je zuverlässige Barometer der gesellschaftlichen Befindlichkeit, hat Moral Einzug gehalten. Autofirmen versichern uns feierlich, daß sie verstanden haben; Mineralölgesellschaften bekunden Einsichtigkeit, Zukunftssorge und die Bereitschaft, Verantwortung zu übernehmen." (KERSTING 2008: 11)

Die Auslöser für diese zusammenhängende Moral- und Verantwortungskonjunktur sind in weiten Teilen mit jenen gesellschaftlichen Dynamiken identisch, die einer nachhaltigen Entwicklung bisher im Wege stehen: Die zunehmende Komplexität der modernen Gesellschaft macht eine zielgerichtete Steuerung nachhaltiger Entwicklung praktisch unmöglich und ruft dabei zugleich ethisch begründete Forderungen zur Überwindung dieses Defizits auf den Plan.[31] In dieser Konstellation gehört der Ruf nach mehr Verantwortung zum Standardrepertoire gesellschaftlicher Problemlösungsstrategien. Er reagiert einerseits auf die normative Ambivalenz gesellschaftlicher Entwicklungen, andererseits auf die Unvorhersehbarkeit nicht-linearer, miteinander verbundener Dynamiken und zukünftiger Entwicklungen. Entsprechend lassen sich zwei Gründe für die ethisch motivierte Forderung nach mehr Moral und Verantwortung unterscheiden: „Glaubt man die moralische Qualität der Wirklichkeit genau zu kennen, [...] dann führt Empörung zur Ethik. Ist man sich jedoch über die erschütterten gesellschaftlichen Zustände und die moralische Bedeutung der Kräfte ihrer Dauerveränderung nicht mehr im klaren, dann führt Ratlosigkeit zur Ethik." (KERSTING 2008: 10)

„Empörungsethik" ist vergangenheitsbezogen und benötigt einen eingetretenen Schaden oder ein zurechenbares Verhalten, für das sie Verantwortung einklagt (vgl. KAUFMANN 1992: 109). Diese Art des ethischen Engagements hat Niklas Luhmann bereits für das Auftreten eines in den 1980er Jahren neuartigen Ökologiebewusstseins beobachtet. Die Forderungen der ökologischen Bewegung fasste er wie folgt zusammen:

---

[31] Ähnlich *Heidbrink* (2006: 136) „Der Ruf nach Verantwortung setzt somit erst unter ganz bestimmten Bedingungen ein, nämlich solchen, die für die Entwicklung moderner Gesellschaften typisch sind. Die Karriere des Verantwortungsprinzips bildet die unmittelbare Reaktion auf die *Komplexitätssteigerung und funktionale Ausdifferenzierung moderner Sozialsysteme* [...]." (Hervorh. i. O.) Ebenso *Kaufmann* (1992: 62): „Der eigentliche Grund für den ‚Ruf nach Verantwortung' und die schwindende Plausibilität älterer Formen von Moral ist darin zu suchen, daß sich gesellschaftliche Komplexität ständig steigert."

„Wenn die Gesellschaft sich durch ihre Einwirkungen auf die Umwelt selbst gefährde, dann solle sie das eben lassen; man müsse die daran Schuldigen ausfindig machen und davon abhalten, notfalls sie bekämpfen und bestrafen. Das moralische Recht dazu sei auf der Seite derer, die sich gegen die Selbstdestruktion der Gesellschaft einsetzen." (LUHMANN 2004: 18f.)

Das Problem dabei ist, dass die sich selbst gefährdende Gesellschaft nicht mehr in der Lage ist, sich selbst zu repräsentieren und insofern nicht unmittelbar für ihre als negativ beschriebenen Entwicklungen verantwortlich gemacht werden kann. Man kann ihr nicht einfach sagen, was sie zu tun oder zu unterlassen hat, wie sie sich verhalten oder entwickeln soll (vgl. FUCHS 2007: 55f.). Das gilt auch für die sich globalisierenden gesellschaftlichen Teilsysteme wie die Wirtschaft, die ebenso wenig über ein adressierbares Zentrum verfügt, aber dennoch regelmäßig als Sündenbock für alle möglichen nicht-nachhaltigen Entwicklungen dient. Ganz offensichtlich benötigt Verantwortung eine „soziale Adresse", der sie zugeschrieben werden kann. HEIDBRINK spricht in diesem Zusammenhang von „heuristischen Verantwortungsfiktionen in praktischer Absicht" (2007a: 53) wenn einem gesellschaftlichen Teilsystem durch den Filter der Moral so begegnet wird, als könnten sich darin Absichten und Intentionen von Akteuren wieder finden lassen. Teil dieser Heuristik ist es, für gesellschaftliche Probleme Organisationen als soziale Systeme innerhalb der gesellschaftlichen Subsysteme zur Verantwortung zu rufen (vgl. KAUFMANN 1992: 7). Sie verfügen anders als die Systeme, die sie repräsentieren sollen, über eine soziale Adresse. Unternehmen, als die Orte, in denen sich die Wirtschaft täglich manifestiert, werden deswegen im Rahmen der „Empörungsethik" immer öfter als die eigentlichen Verursacher globaler Probleme identifiziert und aufgefordert, nun auch Teil ihrer Lösung zu werden.

So groß die Einigkeit in der Schuldzuweisung ist, so sehr besteht Uneinigkeit darüber, wie die geforderte Problemlösung im Einzelfall auszusehen hat. „Ratlosigkeitsethik" macht sich breit. Das vorhandene Wissensrepertoire gerät permanent an seine Grenzen: „Die Urteilsroutine versagt, wenn das unaufhörlich wachsende technische Verfügungswissen Handlungsmöglichkeiten jenseits der Grenzen der gewohnten moralischen Handlungskoordination eröffnet und eingebürgerte und für sich moralisch unauffällige Verhaltensweisen über ihre unkontrollierten Nebenfolgen eine moralisch auffällig gewordene Verschlechterung der allgemeinen Lebenssituation bewirken." (KERSTING 2008: 10) Im Gegensatz zur „Empörungsethik" ist „Ratlosigkeitsethik" zukunftsbezogen, sie definiert den Zurechnungsgrund für Verantwortung mit den Folgen von Entscheidungen, die durch diese Entscheidungen selbst kaum noch kontrolliert werden können. Im Zuge ihrer funktionalen Differenzierung hat sich die moderne Gesellschaft in die Form einer Zukunftslastigkeit gebracht, in der das, was gegenwärtig zu entscheiden ist, nicht nur vor dem Hintergrund der Vergangenheit entschieden wird, sondern sich darauf bezieht, was diese Entscheidungen für die Zukunft bedeuten. Damit wird die Zukunft – obwohl sie noch nicht geschehen ist – zu einem zentralen Strukturgeber jeder Aktualität (vgl. FUCHS 2007). Zugleich nehmen Entscheidungen die Form von Risiko und Gefahr an: Risiko auf Seite der Entscheider, Gefahr auf der Seite der von den Entscheidungen Betroffenen.[32] Um die Gefahren, die mit dem Konzept der Nachhaltigkeit als gesellschaftliche Probleme beschrieben werden, abzuwenden, wird deswegen Verantwortung für die Risiken von Entscheidungen eingefordert. Egal ob für den Klimawandel, die Bevölkerungsexplosion oder Wirtschaftskrisen – immer wieder wird versucht, ursächliche Entscheidungen für gesellschaftliche Gefährdungslagen zu identifizieren. So wird ein wie auch immer definiertes Leitbild der Nachhaltigkeit in die Zukunft projiziert und Verantwortung als derjenige gesellschaftliche Mechanismus definiert, der bei der Erreichung dieses Ziels helfen soll. Problematisch daran ist, dass Verantwortung damit zwar für mögliche, in ihrer Wahrscheinlichkeit und Qualität häufig aber gar nicht bewertbare Schäden (oder Nutzen) eingeklagt wird. So wird die Moral unversehens zum Ratgeber für eine ungewisse Zukunft. Sie soll Empfehlungen für nachhaltige Steuerungsmaßnahmen abgeben, deren Konsequenzen sie selbst überhaupt nicht absehen kann. Nachdem das Wissen über komplexe kausale Zusammenhänge in der modernen Gesellschaft an seine Grenzen gerät, scheint Verantwortung die einzige gesellschaftliche Ressource, mit der man die sozialen Selbstgefährdungen noch in den Griff zu bekommen glaubt.

Im Kontext von Nachhaltigkeit wird deswegen immer wieder an die Verantwortung des Einzelnen, der Politik, der Wirtschaft usw. appelliert. Die Kombination aus Empörung und Ratlosigkeit hat dabei insbesondere zu einem verstärkten Interesse an der Verantwortung transnationaler Konzerne geführt. Umfangreiche Diskussionen über die Rolle von Unternehmen in der Gesellschaft kamen bereits Mitte der 1980er Jahre auf als soziale und ökologische Unternehmensskandale die Aufmerksamkeit einer zunehmend globalisierten Öffentlichkeit auf sich zu ziehen begannen (SCHWARTZ/GIBB 1999). Sie haben zu Erwartungen gegenüber Wirtschaftsorganisationen geführt, die zum Teil über deren unmittelbaren Einfluss hinausweisen und sich auf weit mehr beziehen als die effiziente Bereitstellung von Dienstleistungen und Gütern. Verstärkt wird diese Entwicklung durch Globalisierungs- und Denationalisierungsprozesse, die Governance-Lücken aufreißen und Fragen nach alternati-

---

[32] „Als Gefahr kann man jede nicht allzu unwahrscheinliche negative Einwirkung auf den eigenen Lebenskreis bezeichnen, etwa die Gefahr, daß ein Blitz einschlägt und das Haus abbrennt. Von Risiko sollte man dagegen nur sprechen, wenn die Nachteile einer eigenen Entscheidung zugerechnet werden müssen. Das Risiko ist mithin, anders als die Gefahr, ein Aspekt von Entscheidungen, eine einzukalkulierende Folge der eigenen Entscheidung." (*Luhmann* 1993: 327)

ven (Selbst-)Regulierungsformen und neuen globalen Problemlösungsmechanismen aufwerfen. Ergänzt durch die immer deutlicher werdende Riskanz technologischer Entwicklungen und befeuert durch ewig neue Skandale mit immer größerem gesell-schaftlichen Ausmaß wird Unternehmen zunehmend auch eine Mitverantwortung für die globale Entwicklung an sich zugeschrieben. Das hat in den vergangenen Jahren zu einer weitreichenden Politisierung von Unternehmen geführt. Sie resultiert aus dem durch Globalisierung, Denationalisierung und Subpolitisierung (BECK 1986) veränderten Spiel zwischen Wirtschaft, Politik und Zivilgesellschaft.

Diese Politisierung des Unternehmens schlägt sich auch in der wissenschaft-lichen Befassung mit Fragen der Wirtschafts- und Unternehmensethik (z. B. STEIN-MANN/LÖHR 2002) sowie in der damit verknüpften Debatte um Corporate Responsibi-lity nieder (MATTEN/CRANE 2005, PALAZZO/SCHERER 2006, SCHERER/PALAZZO 2007). Auf der Basis einer republikanischen Konzeption von Unternehmen sowohl als *bourgeois* als auch als *citoyen* begründen diese Ansätze, dass sich wirtschaftliche Akteure nicht ausschließlich an ökonomischen Kriterien orientieren dürften, sondern sich zugleich als politische Akteure verstehen müssten, die neben der Verfolgung ihres wirtschaftlichen Eigeninteresses auch an der Gestaltung des Gemeinwesens mitwir-ken (vgl. SCHERER 2003: 46). Nur so könnten globale Regulierungslücken geschlos-sen und grundlegende Rechte weltweit garantiert werden.[33]

In dieser Konstellation zwischen Skandalisierung und Politisierung wirtschaft-lichen Handelns wird die Frage nach der Legitimität von Unternehmen immer be-deutsamer – sowohl aus der Perspektive der Unternehmen selbst, die von der Akzep-tanz ihrer Kunden und Mitarbeiter, Geldgeber und Zulieferer abhängig sind, als auch aus der Perspektive der Gesellschaft, in der plötzlich nicht demokratisch legitimier-te Organisationen politische Autorität übernehmen. Insofern als es auf der transna-tionalen Bühne bislang überhaupt keine legitimierten politischen Akteure gibt und damit auch keine hinreichend eindeutigen Regeln für ein angemessenes Verhalten, muss die Rolle der Legitimität für global agierende Unternehmen neu betrachtet werden. PALAZZO/SCHERER (2006) schlagen dafür ein Input orientiertes Konzept von Legitimität vor, das auf die integrativen und konsensherstellenden Fähigkeiten mo-ralischer und verständigungsorientierter Diskurse vertraut. Sie stehen damit in einer wirtschaftsethischen Tradition kommunikativer Rationalität, die auf eine ethische

---

[33] "TNCs currently are turning into political actors. They are held responsible for providing so-cial rights (e.g., corporations manage health care issues), enabling civil rights (e.g., corpora-tions protect workers' freedom of speech and association in countries with repressive regimes), and channeling political rights (e.g., corporations engage in self-regulation). Through their political engagement, some corporations set standards that permeate indus-tries and change the rules for all players, thus going beyond legal standards and, in some cas-es, substituting for nonexisting regulation." (*Scherer/Palazzo/Baumann* 2006: 508)

Kontextualisierung des Marktes zielt, die ökonomische Vernunft zügeln und an eine übergeordnete moralische Rationalität binden will (z. B. THIELEMANN 1994, ULRICH 2008). Diese Varianten der Wirtschaftsethik versuchen die Lebenswelt vor den Übergriffen der Systemwelt dadurch zu schützen, dass sie die intersystemische Kommunikation einer universalistischen Vernunft unterwerfen, die sich kraft des besseren Arguments durchsetzen oder auf der Grundlage einer einheitlichen Weltanschauung konstruiert werden soll (vgl. KERSTING 2008: 22f.). Die auf diesen Ansätzen basierenden Konzeptionen von Corporate Responsibility zielen auf eine moralische Integration der Gesellschaft. Sie vertrauen dabei auf Unternehmensverantwortung als das normativ motivierte Vehikel zur Erreichung dieses ethisch bestimmten Ziels. Ein solches Verständnis mutet allerdings nicht nur den Unternehmen, sondern auch der Gesellschaft einiges zu:

> "Reinventing legitimacy for corporations on a moral basis […] means to propose a pre-modern type of legitimacy for a post-modern constellation. This regression entails considerable costs, as it re-opens a Pandora's box of antagonistic concepts of morality which no amount of discourse can reconcile. The sheer complexity of factual, social or temporal contingencies defeats any moral argument by the sobering insight that any morality depends on context." (WILLKE/WILLKE 2007: 31)

Während Moral, flankiert von Tradition und Religion, einst in der Tat *das* gesellschaftliche Gravitationszentrum war, hat sie in der Weltgesellschaft ihre Integrationskraft weitgehend eingebüßt. Aufgrund der Zurechnungsmöglichkeit auf eine externe Autorität war unter den Bedingungen traditionaler Gesellschaften ein moralischer Konsens über Grundsätzliches noch möglich. In der hochkomplexen, funktional differenzierten Weltgesellschaft ist demgegenüber eine einheitliche, universal geltende Moral kaum noch vorstellbar. Jeder ethische Konsens geht verloren. Die Pluralität auffindbarer Moralitäten wird unhintergehbar und das daraus resultierende „Moralschisma" lässt keine Chance mehr auf Integration (vgl. HELLMANN 2001: 105). Jede Forderung nach einer universal einheitlichen Moral, auf die sich Akteure oder Systeme gleichermaßen beziehen sollen, erscheint damit nicht nur utopisch, sondern riskiert zugleich unlösbare Antagonismen. Denn ein zentrales Gefahrenmoment der Moral liegt in ihrem simplifizierenden, aber robusten Grundmechanismus, vielfältige Meinungen und Perspektiven zu entdifferenzieren und nach dem binären Schema von „gut" und „schlecht" zu polarisieren. Diese Tendenz zur Generalisierung wird zusätzlich dadurch verstärkt, dass sich die mit diesem Schema vorgenommenen moralischen Bewertungsleistungen in der Regel nicht auf einzelne Kriterien einer beurteilten Handlung beziehen, sondern die gesamte Identität einer Person oder einer Organisation in den Blick nehmen. Damit steht die existentielle Frage nach der gesellschaftlichen Stellung und Reputation auf dem Spiel (vgl. BERGMANN 2004: 39ff.). Moral hat die verhängnisvolle Tendenz zur Totalisierung, weil sie einen Code von gut und schlecht aufbaut, der zwangsläufig in Entweder-oder-Situationen führt, in denen zwischen Achtung und Missachtung entschieden werden muss. Wer bestimmtes Handeln achtet, missachtet ein anderes Verhalten und provoziert damit in gleichem Maße Abwehr wie er Unterstützung bei jenen findet, die ihn dafür achten, dass er tut, was er tut. Insofern kann es gar keinen universalen moralischen Konsens geben (vgl. FUCHS 2007). Im Gegenteil: Moral ist polemogen (LUHMANN 2001 [1990]: 27), sie spaltet mehr als sie integriert, sie erzeugt nicht Konsens, sondern Konflikt.

Zu den zentralen Charakteristika der Moderne gehört deswegen die Privatisierung von Moral. Um unlösbare gesellschaftliche Konflikte über tief verwurzelte moralische Überzeugungen zu vermeiden, verweist die säkulare Gesellschaft Moral in den Raum des Privaten und lässt innerhalb des öffentlichen Diskurses keine moralisierenden Wahrheitsbehauptungen mehr gelten. Die Weltgesellschaft, ebenso wie spezialisierte, transnational agierende Unternehmen, funktionieren damit nicht mehr unter den vormodernen Bedingungen einer übergeordneten Moral – im Gegenteil: sie müssen mit immer größerer Heterogenität umgehen, sich widersprechenden Anforderungen stellen und mit Unsicherheiten und Komplexitäten leben, die es unmöglich machen, die „richtigen" Entscheidungen zu treffen (vgl. WILLKE/WILLKE 2007: 32). Das trifft umso mehr zu, als dabei immer mindestens zwei Perspektiven im Spiel sind: Einerseits hat es die Moral mit den Risiken des Entscheidens zu tun, andererseits mit den Betroffenen, die diese Risiken als Gefahren erleben. Beide Perspektiven lassen sich nicht zur Deckung bringen und widersprechen den Konsenserwartungen und Integrationshoffnungen, wie sie etwa in deliberativen Konzeptionen von Corporate Responsibility zum Ausdruck kommen.

Abgesehen von dem sozialen Kontext, in dem Entscheidungen getroffen werden, hängt deren moralische Ambivalenz auch von den temporalen Strukturen ab, in die sie eingebettet sind. Die Logik komplexer, funktional differenzierter Sozialsysteme und die Vorläufigkeit jedes Wissens haben die sozialen Konsequenzen von Zeit grundlegend verändert. Für Unternehmen ist dies von besonderer Bedeutung, denn sie stehen vor der Frage, ob es moralischer ist, kurzfristige Gewinne im Interesse der Anteilseigner zu generieren, mittelfristige Profitabilität im Interesse der Stakeholder zu sichern oder nach langfristigen Renditen im Sinne kommender Generationen zu streben (vgl. ebd.: 31f.). Hier deutet sich bereits die Überfrachtung des Verantwortungsbegriffs an, denn zur Corporate Responsibility von Konzernen scheint die Erfüllung aller drei Forderungen zu gehören. Mit dem Konzept der Nachhaltigkeit wird versucht, diese unterschiedlichen zeitlichen Perspektiven zu integrieren: Indem die Bedürfnisse der gegenwärtigen Generation in einer Weise erfüllt werden sollen, dass die Fähigkeit künftiger Generationen, ihre eigenen Bedürfnisse zu befriedigen, nicht beeinträchtigt wird, werden aktuelle mit zukünftigen Entscheidungen in Verbindung gebracht.[34] Aus moralischer Perspektive ist Nachhaltigkeit damit ein Integrationsziel, dem kaum zu widersprechen ist. Gleichwohl bleibt das Nachhaltigkeitsleitbild nicht mehr als bloße Rhetorik, solange die konkreten Anforderungen an Entscheidungen, die künftiges Wohlergehen sichern sollen, nicht konkret benannt sind. Die Probleme, eben diese Herausforderungen eindeutig zu benennen, liegen nicht nur in der sozialen, sondern auch in der temporalen Komplexität der Moderne (LUHMANN 1976). Die Zukunft ist ungewiss. Heute getroffene Entscheidungen entscheiden zwar über zukünftige Ereignisse, sie sind aber in der Zukunft, auf die sie sich beziehen, bereits vergangene Entscheidungen und damit fehlbar. Denn zukünftiges Wissen kann von dem Wissen, auf dessen Basis eine Entscheidung aktuell getroffen wird, abweichen und die dann vergangenen Zukunftsentscheidungen als falsch herausstellen (vgl. PRIDDAT 2008). Die moralische oder „nachhaltige" Qualität einer Entscheidung kann damit allenfalls vorläufig und keinesfalls eindeutig sein.

Die moralisch begründete Forderung nach Corporate Responsibility für eine nachhaltige Entwicklung ist deswegen hochgradig anspruchsvoll. Sie hat es nicht nur mit unterschiedlichen Perspektiven von Entscheidern und Betroffenen zu tun, sondern auch mit divergierenden zeitlichen Perspektiven. Während für transnationale Unternehmen das Quartal oder das Geschäftsjahr die entscheidungsrelevanten Zeitrahmen sind, erstreckt sich der Zeithorizont anderer Organisationssysteme (z. B. Bildungseinrichtungen) über mehrere Generationen (vgl. WILLKE/WILLKE 2007: 34). Obwohl unsere moralischen Gewissheiten ins Wanken geraten sind, wollen wir uns auf sie verlassen. Es scheint, als käme der Ruf nach Moral und Verantwortung in einer Zeit, in der die gesellschaftlichen Entwicklungen, denen wir uns gegenüber sehen, in eine ganz andere Richtung weisen.

> „Wir erkennen mit Ernüchterung, dass die Forderungen nach Technikfolgenverantwortung und Zukunftsverantwortung […] eine letzte Inszenierung menschlicher Weltmächtigkeit darstellen, die gegen die anwachsende Verselbständigung sachlicher Prozesse und die intelligente Selbstprogrammierung der sozialen Systeme gerichtet ist. […] Die Rhetorik der Verantwortbarkeit unterstellt, dass wir in der Lage sind, unsere eigenen Geschicke zu kontrollieren und Herr des Geschehens zu bleiben." (HEIDBRINK 2006: 142f.)

Die Forderung nach moralischer Einflussnahme und Unternehmensverantwortung ist ein ebenso riskantes wie unsicheres Vorhaben. Denn keine moralische Einflussnahme bleibt unumstritten und frei von Konflikten. Die Dichotomie moralischer Entscheidungskriterien ist in komplexen Problembereichen und Entscheidungssitu-

---

[34] So definierte die Brundtland-Kommission (World Commission on Environment and Development) Nachhaltigkeit in ihrem Abschlussbericht Our Common Future: „Sustainable development meets the needs of the present without compromising the ability of future generations to meet their own needs." (*WCED* 1987)

ationen nicht komplex genug. Gleichzeitig überfordert die angenommene prinzipielle Verantwortbarkeit gesellschaftlicher Entwicklungen Unternehmen in ihren Fähigkeiten, die an sie adressierten – widersprüchlichen – Forderungen zu erfüllen: „Der aktuellen Verantwortungsrhetorik wohnt die Tendenz zur Verschleierung der tatsächlichen Machbarkeitsverhältnisse inne, die weitaus mehr von Fremdbestimmungen, äußeren Zwängen und Unkontrollierbarkeiten geprägt sind, als es die meisten der gegenwärtigen Verantwortungsforderungen berücksichtigen." (ebd.: 143f.)

2.3 Neue Wege der Moderne: Selbststeuerung und Kognition

Am meisten überrascht an diesen moralischen Zumutungen ihr Ursprung. Denn Corporate Responsibility und die Formulierung einer Ethik der Unternehmung waren bisher weniger ein Anliegen der Philosophie als vielmehr der Wirtschaftswissenschaften selbst. Nicht nur in der Wirtschaftsethik, sondern auch in den klassischen betriebswirtschaftlichen Disziplinen – vom Marketing, über das Controlling bis zum Finanzwesen – spielen Nachhaltigkeit und Corporate Responsibility eine zunehmende Bedeutung (z. B. COCHRAN/WOOD 1984; MCWILLIAMS/SIEGEL 2000; MAIGNAN/FERRELL 2004). Auch im deutschsprachigen Raum (z. B. GRAMLICH et al. 2009; ULSHÖFER/BONNET 2009) löst sich die Befassung mit Fragen der Unternehmensverantwortung von ihren starken unternehmensethischen Wurzeln und nähert sich der englischsprachigen Managementliteratur an, die dem Thema der Corporate Responsibility bislang die meiste Beachtung geschenkt hat (z. B. PORTER/KRAMER 2006; WERTHER/CHANDLER 2006; CRANE 2008). Letztere referenziert zwar auf das Leitbild der Nachhaltigkeit, strebt aber aus ihrer innerorganisatorischen Perspektive vor allem nach technischem Wissen über den Umgang von Unternehmen mit den normativ formulierten Forderungen ihrer Anspruchsgruppen (Stakeholder). Sie fragt danach, wie privatwirtschaftliche Organisationen in einer derart moralisierten Umwelt am besten zu steuern sind, verzichtet jedoch auf ein gesellschaftstheoretisches Fundament, auf dem sie aufbauen und den tatsächlichen Zusammenhang zwischen Corporate Responsibility und Nachhaltigkeit klären könnte. Demgegenüber entdeckt die gesellschaftstheoretisch motivierte Nachhaltigkeitsforschung nur allmählich das Potential von Corporate Responsibility und blendet ihrerseits die Rolle organisatorischer Strukturen für soziale Entwicklungen weitgehend aus. Erstaunlicherweise vertauschen sich dabei zugleich die traditionellen Einschätzungen über die angemessene Rolle politischer Steuerung (vgl. WOLF 2005: 52). Während die Politikwissenschaft die Regulierungsfähigkeit des Staates zunehmend skeptisch beurteilt und zur Kenntnis nimmt, dass von transnational operierenden Unternehmen Steuerungsbeiträge zu erwarten sind, die die entstandenen Governance-Lücken für eine nachhaltige Entwicklung möglicherweise schließen können, kommen wirtschaftswissenschaftliche Ansätze immer öfter zu einem anderen Schluss. Hier mehren sich Forderungen, die angesichts der regulativen Unsicherheiten und unterschiedlichen Stakeholder-Anforderungen im transnationalen Raum nach neuen (zwischen)staatlichen Regulierungsregimes verlangen, die ein nachhaltiges Wirtschaften ermöglichen sollen, indem sie etwa die Rahmenbedingungen für ihr (gemeinwohlverträgliches) Marktverhalten klar festlegen und der grassierenden Unmoral an den globalisierten Kapitalmärkten Einhalt gebieten (DAUB 2005).

In beiden Perspektiven werden Corporate Responsibility und Nachhaltigkeit als Fragen von Moral und Steuerung behandelt: Eine mehr oder weniger beliebige Wirtschafts- oder Nachhaltigkeitsethik wird zugrunde gelegt und anschließend gefragt, wie die darin definierten normativen Vorgaben in Zielgrößen operationalisiert, durch geschicktes Management auf Organisationsebene implementiert oder durch politische Steuerung gesellschaftsweit reguliert werden können. Auf diesem Spektrum „zwischen Normativität und Steuerung" (GROSSMANN et al. 2005) nähern sich die Perspektiven der Politik- und Wirtschaftswissenschaften immer weiter an und finden zahlreiche Berührungspunkte in ihren jeweils handlungstheoretisch geprägten Debatten. Sie treffen sich dort, wo sie die Sozialisation von Organisationen in eine CR-Norm (z. B. RIETH/ZIMMER 2004), die Verbreitung von Normen durch Unternehmen (z. B. DASHWOOD 2006) oder die Übernahme ethischer Belange in die Unternehmensführung untersuchen (z. B. SCHERER 2003). Sie teilen sich Begriffe und Konzepte, wenn sie nach dem „Business of Sustainability" (STEGER 2004) und der „Corporate Governance of Sustainability" (BLEISCHWITZ 2007; KUHNDT/TURÇU 2007) suchen oder eine „Business Agenda 21" (WALLNER et al. 2004) entwerfen. Und sie sind dort kaum mehr einer Disziplin eindeutig zuzuordnen, wo sie eine „republikanische" Konzeption von Unternehmen vertreten (vgl. WOLF 2005: 57).

Dennoch bleibt der unmittelbare Zusammenhang zwischen Corporate Responsibility und Nachhaltigkeit – dem organisatorischen Programm auf der einen Seite und der Form gesellschaftlicher Entwicklung auf der anderen – praktisch unangetastet. Entweder geht es um Corporate Responsibility oder um Nachhaltigkeit.[35] In beiden Fällen werden moralistische und regulative Argumentationen miteinander verquickt – mit der Folge, dass die jeweiligen Forschungen von normativen Studien dominiert werden, die entweder Nachhaltigkeit als das *natürliche* Ziel neuer Governance-

---

[35] Eine Ausnahme bildet das RARE-Project (Rhetoric and Realities in CSR), das die Wirkung unternehmerischer CSR-Programme auf die nachhaltige Entwicklung in Europa empirisch untersucht. Die dazugehörige Studie: „Corporate Social Responsibility in Europe – Research on the Impact of CSR on Sustainability" hat jedoch vor allem mit definitorischen Unklarheiten zu kämpfen. Auch ihr ist deutlich die bereits beschriebene politische Beauftragung der Nachhaltigkeitsforschung anzumerken (http://www.rare-eu.net/).

Mechanismen (wie Corporate Responsibility) voraussetzen oder deren Auftreten häufig schon *per se* als Garant für die Umsetzung eines moralisch konturierten Leitbilds der Nachhaltigkeit verstehen. So entsteht ein scheinbar intrinsischer Zusammenhang zwischen beiden Konzepten, der bislang zumindest theoretisch unbegründet geblieben ist. Das hat auch damit zu tun, dass kooperative Aspekte im Mittelpunkt der Betrachtung stehen und die mit beiden Konzepten verbundenen Konflikt- und Interessendimensionen weitgehend ausgeblendet worden sind (vgl. BRAND 2002: 37ff.).[36] Darunter leidet die analytische Tiefenschärfe ebenso wie die politische und gesellschaftliche Nachhaltigkeitsdiskussion, die scheinbar darauf vertraut, dass Verantwortung die nicht mehr steuerbaren Entwicklungen der Gesellschaft irgendwie doch zu lenken im Stande ist (vgl. HEIDBRINK 2006: 137).

Diese irritierende Hoffnung ist das Resultat einer akteurs- und handlungstheoretischen Herangehensweise, die im Wesentlichen drei „blinde Flecken" hat: Sie unterschätzt die Ambivalenz der Moderne, sie führt ein veraltetes Politikverständnis fort, das das gesellschaftliche Steuerungspotential privatwirtschaftlicher Organisationen nicht adäquat einzuordnen weiß, und sie ignoriert die aus moralischen Integrationsversuchen resultierenden gesellschaftlichen Konflikte. Ihre Forderung nach mehr Verantwortung übersieht die Vieldeutigkeit gesellschaftlicher Gegebenheiten und die damit zwangsläufig konflikthaften Versuche gesellschaftlicher Integration auf der Basis moralischer Urteile. Ihr Steuerungspessimismus konterkariert den ungebrochenen Steuerungswillen im Kontext nachhaltiger Entwicklung, wie er in der Agenda 21 zum Ausdruck kommt oder in wirtschaftsethischen Forderungen nach einer moralischen Rahmenordnung immer wieder aufflammt. Während die Diskussion um Corporate Responsibility einer gesellschaftstheoretischen Fundierung bedarf, muss die Nachhaltigkeitsdiskussion beginnen, Organisationen und deren Selbststeuerung als einen Teil gesamtgesellschaftlicher Regulierung näher zu betrachten.

Beides kann die Systemtheorie leisten. Als Weltgesellschafts- und Organisationstheorie nimmt sie ohne theoretische Brüche zugleich innerorganisatorische und gesamtgesellschaftliche Steuerungsprozesse in den Blick. Sie beschreibt die moderne Gesellschaft als funktional differenziertes Sozialsystem und betont die Entscheidungen von Organisationen als den zentralen Nexus zwischen organisatorischen Programmen und gesellschaftlicher Entwicklung. Mit ihrer Anwendbarkeit auf Fragen des Managements und ihrer kritischen Auseinandersetzung mit der Steuerungsdiskussion stellt die Systemtheorie das geeignete Instrumentarium zur Verfügung, um den Zusammenhang zwischen Corporate Responsibility als einer Form der Steue-

---

[36] Darüber hinaus ist die Nachhaltigkeits- und die damit verbundene Corporate Responsibility-Forschung von einem starken umweltpolitischen Bias geprägt, der nachhaltige Entwicklung und den Unternehmensbeitrag dazu vor allem in ökologischen Fragestellungen vorstrukturiert.

rung von Unternehmensentscheidungen und Nachhaltigkeit als einer potentiellen Form gesellschaftlicher Integration zu analysieren. Durch ihre theoretische Grundanlage und ihre ausgeprägte De-Normativität vermeidet die Systemtheorie zugleich die blinden Flecken handlungs- und akteurstheoretischer Ansätze. Denn sie ist eine Theorie der Komplexität. Vieldeutigkeit und Ambivalenz sind für sie strukturbestimmende Merkmale einer funktional differenzierten Gesellschaft. Entsprechend bedeutet die Ambivalenz des Nachhaltigkeitskonzepts aus systemtheoretischer Perspektive keine Steuerungsgrenze, sondern ist vielmehr sein spezifisches Potential. Durch die Konfrontation unterschiedlicher Nachhaltigkeitsziele und -vorstellungen werden Zusammenhänge und Nebenfolgen sichtbar, die sonst unsichtbar geblieben wären. Insofern erweitert das Nachhaltigkeitskonzept die gesellschaftliche Rationalität, für deren konstruktive Nutzung es jedoch anderer Gestaltungsansätze bedarf als konventionelle Steuerungsideen sie bislang bereit gehalten haben (vgl. VOSS 2008a: 244f.). Die Systemtheorie kann mit solchen Ansätzen aufwarten, weil sie mit den Ambivalenzen und Paradoxien der Weltgesellschaft umzugehen weiß, ohne sie zu negieren. Wenn die Konsequenzen politischer Steuerungsversuche oder von Managemententscheidungen im Sinne einer nachhaltigen Entwicklung durch Unsicherheit gekennzeichnet sind, dann besteht der systemtheoretische Weg aus diesem Dilemma darin, in ihm zu bleiben (vgl. VOSS/KEMP 2006: 11). Es geht ihm nicht darum, Unsicherheiten und Vieldeutigkeiten aufzulösen, sondern darum sie zu erkennen und bewusst zu machen. Mit dem Unwissen etwa über die langfristigen Auswirkungen bestimmter ökologisch relevanter Entscheidungen geht man nicht dann am besten um, wenn man es versucht mit dem „besseren" Argument konsensual abzusichern, sondern wenn man Strukturen – kognitive, soziale wie technologische – adaptionsfähig gestaltet, sie auf Fehler und Lernen einstellt und es ihnen so ermöglicht, mit Konflikten umzugehen.

Entsprechend werden Steuerung und Management von der Systemtheorie nicht mehr als singuläre Interventionen konzipiert, sondern als iterative Prozesse, die permanent an Veränderungen in der Umwelt angepasst werden müssen, die ihrerseits die Folgen vorangegangener Interventionen sein können. Ein solches Verständnis hilft sowohl im Umgang mit der Unvorhersehbarkeit systemischen Wandels als auch mit dem vieldeutigen Begriff der Nachhaltigkeit, der selbst permanenten Neuinterpretationen unterzogen und in hohem Maße von Wissens- und Werteveränderungen abhängig ist (vgl. WALKER/SHOVE 2007: 219). Aus systemtheoretischer Perspektive wird mit dem Konzept der Nachhaltigkeit versucht, unterschiedliche Werte miteinander zu konfrontieren und einander widersprechende Risikowahrnehmungen zu bearbeiten. Insofern hat die Steuerung nachhaltiger Entwicklung nicht nur mit Ambivalenz zu kämpfen, sondern vor allem mit den daraus resultierenden Konflikten. Die Konsensbehauptung oder -hoffnung, die in den moralistischen Vorstellungen einer

Leitbildsteuerung nachhaltiger Entwicklung immer wieder mehr oder weniger konkret anzutreffen ist, ist daher irreführend. Das trifft umso mehr zu, als Nachhaltigkeit in ganz unterschiedlichen sozialen Kontexten implementiert werden soll: von der Produktentwicklung, über lokale Agenda 21-Prozesse bis hin zu Konsumtionsmustern und dem Umweltmanagement in Organisationen. In jedem dieser Bereiche begegnet man ganz unterschiedlichen Herausforderungen, die die Formulierung eines einzigen Steuerungsproblems nachhaltiger Entwicklung unangemessen erscheinen lässt:

> "[...] it must be reiterated that sustainable development comprises a diverse set of interlocking activities such as market regulation, business management, administrative reform, social mobilization, scientific innovation, educational reform and the shaping of social attitudes in private communication" (VOSS et al. 2007: 207f.).

Zusammenfassen lassen sich diese Aktivitäten als *Governance*. Sowohl auf organisatorischer wie auch auf (zivil)gesellschaftlicher Ebene bilden sie sich als dezentrale *Selbst*steuerungsmechanismen heraus, die zusammen keinen linearen Prozess bilden, der einem einzigen Plan folgen würde oder durch eine Akteursgruppe allein bestimmt werden könnte. Vielmehr lässt sich die Governance nachhaltiger Entwicklung als eine Summe regulatorischer Arrangements, organisatorischer Managementformen und sektoraler Netzwerkstrukturen verstehen, die sich fundamental von konventionellen Steuerungskonzepten unterscheiden.[37] Moderne Ausprägungen organisatorischer und gesellschaftlicher Selbststeuerung formulieren in ihrem System je unterschiedliche Probleme und Zieldefinitionen und verfolgen dafür verschiedene Strategien und normative Präferenzen. Dementsprechend definieren sie auch das Ziel, auf das sie sich beziehen und gemeinsam mit dem Begriff der Nachhaltigkeit bezeichnen, unterschiedlich. In der funktional differenzierten Gesellschaft differenziert sich auch die Funktion von Nachhaltigkeit. In verschiedenen systemischen Kontexten wird der Begriff selbstbezüglich verwendet und zu einem Instrument der eigenen Ausdifferenzierung. Der Nachhaltigkeitsbegriff, wie er im Wirtschaftssystem verwendet wird, ist nicht der gleiche, den Politiker, NGOs oder Wissenschaftler verwenden.[38]

---

[37] Während konventionelle Steuerungsansätze noch davon ausgehen, dass die Ziele und damit auch die Richtung ihrer Steuerungsbemühungen eindeutig bestimmt und durch intentionale Steuerung erreicht werden können, tragen systemtheoretische Governance-Ansätze (*Schneider/Bauer* 2007) der Ambivalenz und Komplexität gesellschaftlicher Zusammenhänge Rechnung. Das trifft für die Steuerung nachhaltiger Entwicklung ebenso zu wie für das Management von Corporate Responsibility. Beide können kein sicheres Wissen mehr über die Konsequenzen ihrer Entscheidungen voraussetzen.

[38] Das gilt ebenso für den mit dem jeweiligen Nachhaltigkeitsbegriff verbundenen Verantwortungsbegriff.

Die Nachhaltigkeits- und Corporate Responsibility-Diskussion versucht nach wie vor, die daraus resultierenden Streitfragen moralisch zu lösen. Sie bleibt dadurch in normativen Dichotomien stecken, kategorisiert bestimmte Produktions- und Konsumtionsformen als verantwortungsvoll oder verantwortungslos, ordnet diese Zuschreibungen im Bedarfsfall neuen Definitionen von Nachhaltigkeit zu und kommt dabei im Ergebnis der Komplexität des eigentlichen Problems noch nicht einmal nahe.[39] Eine systemtheoretische Perspektive kann helfen, diesen „Nebel der Normativität zu lichten" (vgl. WETZEL 2005: 190). Für sie stellen Forderungen nach einer globalisierten (Nachhaltigkeits-)Moral einen Rückfall in vormoderne Denkmuster und soziale Integrationsformen dar, weil es in der modernen Gesellschaft keine Einheitsmoral mehr geben kann. Die Systemtheorie macht deutlich, dass jedes moralische Argument von sozial und temporal verschiedenen Betrachtungsweisen abhängig ist und dadurch eine moralisch formulierte Integration der funktional differenzierten Gesellschaft utopisch wird. Die Kontingenz moralischer Argumente ist für sie vor allem das Ergebnis einer zunehmenden Wissensbasierung gesellschaftlicher Probleme und Entwicklungen. Neues Wissen fordert eingeübte normative Urteile heraus. Das verlangt eine radikale Umstellung von einem moralisch angeleiteten Entscheidungsstil auf einen evidenzbasierten Entscheidungsmodus. Während der „normative" Entscheidungsstil an moralischen Urteilen festhält, ist der „kognitive" Entscheidungsstil durch eine grundlegende Lernbereitschaft gekenn-

---

[39] *Walker/Shove* (2007: 215ff.) beschreiben, wie sich das Nachhaltigkeitskonzept als eine neue Moralform quer über bekannte normative Kategorien legt: "To sustain, to be sustainable, had existing and extant meaning, but when applied to the concerns of environment and development a new set of normatively loaded qualities were added. 'To sustain' already had positive associations [...] but when given the task of articulating and providing for a better environment, a better world, a better future, the normative functionality and significance of this term increased a hundredfold. A process of categorization then followed, of reordering, redefining the world into new binaries – what was, and by opposition, what was not sustainable. [...] Academics, acitivists, policy makers and corporate actors sought to identify sustainable and unsustainable forms of growth, types of technologies, systems of production, patterns of consumption, forms of building and construction and so on. Each act of naming was an act of reordering into new binaries in which distinctions between the good and the bad were re-evaluated, restructured and reapplied. [...] Increasingly laying claim to sustainability was to lay claim to a package of cultural and political positives, equally, to be unsustainable was to be associated with the negative, the outmoded and the past rather than the future. [...] Over the past 25 years, the process of adding sustainable/unsustainable labels to existing and new entities has cut across previous normative categories of good and bad – sometimes reinforcing them, sometimes undermining them, and often creating multiple and multiply ambivalent forms of categorization. For example, modes of travelling previously seen as desirable and attractive, have acquired new identities as 'unsustainable' and as ethically problematic forms of behaviour."

zeichnet.[40] Statt nach den Möglichkeiten und der Erreichbarkeit einer globalen Moral zu fahnden, käme es vielmehr darauf an zu untersuchen, wie sich eine kollektive Intelligenz entwickelt, die in ihre Erwartungsbildung von vornherein Lernfähigkeit einbaut (vgl. WILLKE 2008).

Im modernen Nationalstaat ist das bereits geschehen: Hier wurde Moral als Integrationsmechanismus abgelöst und durch Mechanismen ersetzt, die zwar weit hinter dem vormodernen Niveau gesellschaftlicher Integration zurückbleiben, die dadurch entstehenden zentrifugalen sozialen Entwicklungen aber zu kanalisieren wissen. Das positive Recht und der demokratische Prozess halten die Gesellschaft zusammen, indem sie einerseits rechtliche Erwartungssicherheit schaffen, andererseits aber unvorhersehbare Entwicklungen für möglich halten und deswegen für ihre eigene Anpassungsfähigkeit sorgen. Das demokratische Recht ist in der Lage, sich an verändernde Bedingungen, besseres Wissen und neue Notwendigkeiten anzupassen. Es begegnet dem Problem gesellschaftlicher Kontingenz, indem es diese Kontingenz in seinen eigenen Prozess einbaut. Demgegenüber existiert auf der Ebene der Weltgesellschaft zwar kein globales Recht, das in einem demokratischen Prozess bei der Verarbeitung von Kontingenz helfen könnte. Weder gibt es hier ein übergeordnetes politisches, noch ein (abschließend) ausdifferenziertes Rechtssystem. Allerdings ließe sich auch Nachhaltigkeit als eine prozedurale Rationalität der Kontingenzbewältigung verstehen, wenn damit keine moralischen oder politischen Forderungen nach bestimmten Endzuständen verknüpft würden (vgl. WILLKE/WILLKE 2007: 32ff.). Solange das Konzept der Nachhaltigkeit aber als ein Instrument zum Bestimmen und Erreichen eines zukünftigen Zustands missverstanden wird, kann es sein gesellschaftliches Integrationspotential nicht voll entfalten.

Stattdessen müsste Nachhaltigkeit als ein offener Prozess gedacht werden, der keiner moralischen Rechtfertigung, sondern allenfalls einer spezifischen Legitimität bedarf, die sich an der Qualität dieses Prozesses selbst sowie an dessen Fähigkeiten bemisst, sich an neues Wissen und unerwartete Entwicklungen anzupassen. Ein funktionales Nachhaltigkeitsverständnis, anstelle eines normativen, scheint der Realität sozialer Problemlagen deutlich angemessener. Denn Nachhaltigkeit ist vielmehr eine Frage der kognitiven Fähigkeiten einer Gesellschaft, mit ihren eigenen Widersprüchen umzugehen, als ihrer normativen Kapazitäten, diese Widersprüche in Konsens zu verwandeln. Eine Untersuchung der Möglichkeiten einer Steuerung

---

[40] Die Unterteilung in diese beiden Entscheidungsstile geht zurück auf Luhmanns Unterscheidung zwischen einem normativen und einem kognitiven Erwartungsstil. Während normatives Erwarten sich entschlossen zeigt, an Erwartungen auch im Enttäuschungsfalle festzuhalten, ist kognitives Erwarten lernbereit und lässt sich durch Enttäuschungen korrigieren. Laut Luhmann dominiert in der Weltgesellschaft ein kognitiver Erwartungsstil (vgl. *Luhmann* 1971).

nachhaltiger Entwicklung muss sich eingestehen, dass nachhaltige Entwicklung zwangsläufig ein umstrittenes Konzept ist. Zwar kann sie nur von dem grundlegenden normativen Konsens ausgehen, dass eine Fortsetzung gesellschaftlicher Entwicklung einer Auslöschung derselben vorzuziehen ist. Den substantiellen Gehalt von Nachhaltigkeit kann sie aber nicht objektiv bestimmen und muss deswegen soziale Konflikte darüber mitdenken. Statt also bestimmte Ergebnisse vorzudefinieren, käme es für das Verständnis einer erfolgreichen Steuerung nachhaltiger Entwicklung vor allem darauf an, unterschiedliche teilsystemische Evolutionen in den Blick zu nehmen und denjenigen Prozess zu identifizieren, in dem diese teils entgegengesetzten Entwicklungen miteinander organisiert werden.

Ein solcher Prozess ist außerordentlich voraussetzungsvoll und mit überkommenen Steuerungs- und Moralvorstellungen nicht konzipierbar. Ein angemessenes Verständnis von ihm ist nur dann zu gewinnen, wenn seine Steuerung als ein Prozess gesellschaftlicher Selbststeuerung verstanden wird und nicht als Entwicklung in Richtung einer moralischen Integration, sondern hinsichtlich seiner Ausbildung kognitiver gesellschaftlicher Fähigkeiten bewertet wird. In der vorliegenden Arbeit wird untersucht, inwiefern Unternehmen diese Ressourcen selbst entwickeln und für die gesellschaftliche Entwicklung zur Verfügung stellen. Dabei wird mit WILLKE davon ausgegangen, dass es für die Bearbeitung komplexer gesellschaftlicher Problemlagen darauf ankommt,

„[…] innerhalb der sehr unterschiedlichen Logiken der großen Funktionssysteme (die heute globale Ausmaße haben) die jeweilige systemische Intelligenz zu vertiefen. Dies zielt zum einen auf einen kompetenten Umgang mit Ungewissheiten, Heteronomien, Widersprüchen und Risiken. Zum anderen aber meint dies, dass es nicht so sehr Personen als vielmehr Organisationen sind, welche die Rationalität der funktional spezialisierten globalen Funktionssysteme definieren und realisieren. Daher kommt es darauf an, Organisationen und Institutionen ihrerseits zu intelligenten Kollektivakteuren zu entwickeln, die fähig sind, sich als System in einer prekären Umwelt zu sehen, also eine eigene Einbettung in ermöglichende Kontexte zu reflektieren. […] Statt nutzloser und oft kontraproduktiver moralischer Appelle bedarf es einer Stärkung der dezentralen Fähigkeiten der Selbstorganisation, Selbststeuerung und Selbstthematisierung der differenzierten und spezialisierten Bereiche (Funktionssysteme und ihre Organisationen) […]"[41]

Corporate Responsibility wird in der vorliegenden Arbeit als ein Instrument aufgefasst, das diese Anforderungen erfüllen kann. Es wird als eine spezifische Form des Managements untersucht, die organisationsinterne wie -externe Steuerungseffekte hat und damit das Potential entfaltet, die nicht mehr zeitgemäße Abhängigkeit gesellschaftlicher Steuerung von politischer Autorität zu reduzieren. Es wird argumentiert, dass der Nachhaltigkeitsdiskurs mit Corporate Responsibility ein organisatori-

---

[41] http://www.philosophia-online.de/mafo/heft2008-4/Wil_Mor.htm (Stand: 11.10.2011).

sches Programm hervorbringt, das für eine strukturelle Umsetzung der Nachhaltig-keitssemantik durch kausale Steuerung einerseits, aber auch durch Lernen und An-passung andererseits sorgt.

Im folgenden Kapitel werden die hier bereits vielfach angedeuteten Umstellun-gen, die für eine Bearbeitung von Fragen der Nachhaltigkeit und der Corporate Res-ponsibility notwendig sind, auf ihre systemtheoretische Grundlage gestellt. Im An-schluss daran wird ein prozessuales Verständnis von Nachhaltigkeit stark gemacht und untersucht, wie unternehmensinterne und -externe Governance-Instrumente von diesem Prozess beeinflusst sind und auf ihn zurückwirken.

3 Die Gesellschaft der Systemtheorie

Wenn Nachhaltigkeit „alles und nichts" (HAUFF/KLEINE 2005: 12) ist, gleichzeitig aber eine immer komplexer werdende Gesellschaft als ganze integrieren soll, dann kommt man nur mit einem universalistischen Theorieanspruch weiter, der Komplexität von Anfang an in seinen Mittelpunkt stellt. Einen Vorschlag für eine solche „Supertheorie" hat LUHMANN (1987: 19) formuliert. Obwohl Soziologe, hat er zentrale Begriffe einer *allgemeinen* Systemtheorie ausgearbeitet, die gleichermaßen für soziale, biologische und psychische Systeme gelten sollen. Die Theorie erhebt einen umfassenden Anspruch: Sie bezieht sich nicht nur auf den gesamten Bereich des Sozialen, d. h. die Gesellschaft und ihre Teilbereiche, sondern darüber hinaus auf die gesamte „Welt" als die *Um*welt sozialer Systeme. Zu dieser Umwelt gehören andere, innergesellschaftliche Sozialsysteme ebenso wie gesellschaftsexterne biologische und psychische Systeme. Da das Nachhaltigkeitskonzept an diesem mehrdimensionalen Verhältnis zwischen Gesellschaft und interner wie externer Umwelt ansetzt, scheint die Systemtheorie für seine Bearbeitung besonders geeignet. Sie verfügt über ein Vokabular, das interdisziplinär anschlussfähig und sowohl in den Sozial- und Wirtschaftswissenschaften als auch in den Naturwissenschaften ausformuliert worden ist. Zugleich analysiert sie die von ihr untersuchten sozialen Systeme nicht hinsichtlich ihrer Substanz, sondern in einer temporalen Perspektive als die Differenz eines Vorher und Nachher (NASSEHI 2000, 2008). Sie ist dadurch in der Lage, ein Systemwissen zu generieren, das der sozialen und zeitlichen Komplexität des Nachhaltigkeitskonzepts auf „Augenhöhe" begegnet und Erkenntnisse darüber verspricht, welche Rolle organisationale Systeme darin einnehmen. Denn durch ihre Ausarbeitung als Gesellschafts- *und* Organisationstheorie stellt die Systemtheorie eine Heuristik zur Verfügung, mit der nachhaltige Entwicklung auf der Makroebene und Corporate Responsibility auf der Mesoebene nicht nur politisch-rhetorisch, sondern auch theoretisch miteinander in Bezug gesetzt werden können. Um diesen Zusammenhang darstellen zu können, sind zunächst einige zentrale theoretische Vorbemerkungen nötig, auf die im Folgenden aufgebaut werden kann.

Die handlungstheoretischen Grundannahmen, mit denen im Kontext von Nachhaltigkeit und Corporate Responsibility bislang überwiegend gearbeitet wurde, löst die Systemtheorie ab. Sie konstruiert die Gesellschaft nicht vom Individuum, seinen Handlungen und Intentionen her, nicht als die Summe einer Menge von Elementen und ihren Beziehungen untereinander. Vielmehr verfolgt sie einen operationalistischen Ansatz, der die Gesellschaft auf ihre zentrale Operation – nämlich Kommunikation – gründet. Ausgangspunkt der Systemtheorie sind nicht Individuen, sondern Beobachtungssysteme, die neben ihrer Umwelt auch sich selbst beobachten und beschreiben, das heißt kommunizieren. Damit steht am Anfang der Theorie kein einheitlicher Punkt, von dem aus die Gesellschaft in den Blick genommen wird, sondern die Differenz zwischen einem beobachtenden System und dem von ihm Beobachteten. Das führt zu einer paradoxen Konstituierung der Gesellschaft in der Systemtheorie. Denn wenn die Gesellschaft aus Beobachtungen besteht, ist der beobachtende Gesellschaftstheoretiker Teil dieser Gesellschaft. Wie aber kann ein System seine eigenen Beobachter beinhalten?

> „Mit dem Konzept des sich selbst beschreibenden, seine eigenen Beschreibungen enthaltenden Systems geraten wir auf ein logisch intraktables Terrain. Eine Gesellschaft, die sich selbst beschreibt, tut dies intern, aber so, als ob es von außen wäre. Sie beobachtet sich selbst als Gegenstand ihrer eigenen Erkenntnis, kann aber im Vollzug der Operationen die Beobachtung selbst nicht in den Gegenstand einfließen lassen, weil dies den Gegenstand ändern und eine weitere Beobachtung erfordern würde. Sie muß offen lassen, ob sie sich von innen oder von außen beobachtet. Wenn sie auch das noch mitzusagen versucht, legt sie sich auf eine paradoxe Identität fest." (LUHMANN 1997: 15)

Die Gefahr, mit der systemtheoretischen Konzeption von Gesellschaft unmittelbar in die Paradoxie hineinzulaufen, wird von Luhmann nicht aufgelöst, sondern durch ein „effektives Paradoxiemanagement" (REESE-SCHÄFER 2005: 13) entschärft. Paradoxien gehören zu den wichtigsten systemtheoretischen Stilmitteln. Sie lassen sich nicht auflösen, wohl aber entfalten. Der methodische Kniff, den die Systemtheorie dafür anwendet, liegt in ihrem differenztheoretischen Ansatz: Indem ein Beobachter Unterscheidungen vornimmt, kann er je nach seinem Standort die Form der Unterscheidung selbst, ihre eine oder – mit einer zeitlichen Differenz – auch ihre andere Seite sehen: „Jede Paradoxie lässt sich durch Unterscheidungen mürbe machen. Denn an jedem kritischen Punkt gibt es die Möglichkeit, weitere Unterscheidungen zu treffen […]." (WILLKE 2000 [1982]: 198)

Entsprechend lautet die systemtheoretische Prämisse: „Mach eine Unterscheidung, sonst geht gar nichts." (LUHMANN 2008: 73) LUHMANN übersetzt damit nicht nur die Aufforderung „Draw a distinction" aus den „Laws of Form" von SPENCER BROWN (1979 [1969]: 3), sondern übernimmt zugleich den darin ausgearbeiteten Formenkalkül in seine Theorie.[42] Dieser Kalkül geht davon aus, dass an jedem

---

[42] Spencer Brown zielte mit diesem Formenkalkül vor allem auf eine Trennung der Algebra der Logik vom Gegenstand der Logik, um sie wieder mit der Mathematik in Verbindung zu bringen. *Wille/Hölscher* (2008) machen darüber hinaus auf zwei weitere Kontexte aufmerksam, innerhalb derer das Formenkalkül entstanden ist: Einerseits führen sie es auf einen technischen, anwendungsbezogenen Ursprung zurück, in dem es um das Verhältnis von Theorie
(Fortsetzung auf S. 53)

Anfang eine Unterscheidung steht. Um etwas Bestimmtes im Kontext von etwas Unbestimmten zu bezeichnen, das heißt um überhaupt etwas bezeichnen zu können, muss eine Differenz vorgenommen werden. Alles entsteht aus einer Unterscheidung heraus; um etwas zu werden, muss es sich zunächst einmal unterscheiden. Der Formenkalkül bringt diesen Gedanken in eine dreiteilige Zwei-Seiten-Form: Die Form selbst ist als eine Grenzlinie oder die Markierung einer Differenz zu verstehen. Sie zwingt dazu klarzustellen, welche Seite man bezeichnet. Sie drückt aus, auf welcher Seite der Form man sich befindet und wo weitere Operationen anzusetzen haben. Die Form trennt einen positiven, d. h. einen bestimmten Zustand *m* (marked state) von einer vorausgesetzten, aber unbezeichneten Außenseite *n* (unmarked state).

Abb. 1: Formenkalkül (BAECKER 2006: 10)

Die drei Werte dieser Form treten nur gemeinsam auf, sie bilden zusammen eine einheitliche Operation des Unterscheidens: „Jede Seite der Form ist die andere Seite der anderen Seite. Keine Seite ist etwas für sich selbst. Man aktualisiert sie nur dadurch, daß man sie, und nicht die andere, bezeichnet." (LUHMANN 1997: 60f.) Aus diesem Differenzkalkül ergeben sich für die systemtheoretische Gesellschaftstheorie mindestens drei wesentliche Aspekte: die Unterscheidung zwischen System und Umwelt, die Grundierung von Gesellschaft auf Kommunikation und die Identifikation eines selbstreferentiellen gesellschaftlichen Entwicklungsmodus.

Die moderne systemtheoretische Fassung eines sozialen Systems als eine Form mit zwei Seiten, d. h. als die Einheit der Differenz zwischen System und Umwelt, löst die Vorstellung geschlossener Systeme ab. Ein soziales System – sei es eine Organisation, ein gesellschaftliches Subsystem oder die Gesellschaft an sich – ist nicht ein identitäres Ganzes, sondern besteht gerade in der Differenz zwischen System und Umwelt:

$$\overline{\text{System} = \text{System}\ \big|}$$

Abb. 2: Differenztheoretisches Systemverständnis (in Anlehnung an BAECKER 2006)

---

[42] *(Fortsetzung)* und Anwendung geht, andererseits sehen sie darin Einflüsse ostasiatischer Philosophie wirksam werden. Die Rezeptionsgeschichte der „Laws of Form" sowohl in der Mathematik, als auch in der Philosophie, den Sozialwissenschaften und der Kybernetik spricht dafür, dass diese Ursprünge für eine interdisziplinäre Anschlussfähigkeit des Formenkalküls gesorgt haben. Für einen umfassenden Überblick hierzu vgl. *Schönwälder-Kuntze* et al. (2008).

Das System *ist* diese Differenz. Es existiert, indem es operiert und damit eine Differenz zu seiner Umwelt erzeugt. Die Operationsweise, durch die das geschieht, ist Kommunikation. Sie *macht* den Unterschied zwischen System und Umwelt. Ein System entsteht, wenn eine Operation anläuft und an sie mit derselben Art der Operation angeschlossen wird. Diese Anschlussfähigkeit ist das entscheidende Kriterium dafür, dass die Differenz dauerhaft aufrecht erhalten werden kann, das System also weiter existiert. Diese Operationsweise als „Handlung" zu konzipieren wäre insofern unangemessen, als der Handlungsbegriff sich nicht spezifisch auf Sozialität zuschneiden lässt: „Handlung gibt es auch dann, wenn niemand zuschaut, wenn niemand da ist, wenn man nicht erwartet, dass jemand auf sie reagiert [...]." (LUHMANN 2008: 79) Kommunikation kommt demgegenüber nur zustande, wenn sie verstanden oder missverstanden wird. Sie entsteht überhaupt nur unter der Prämisse, dass sie jemanden erreicht. Dann erzeugt sie Resonanz und ist anschlussfähig. Kommunikation verkettet sich mit Kommunikation, wobei die Umwelt – der unmarked space – außen vor bleibt. Kommunikation prozessiert damit einen Unterschied, sie konstituiert und reproduziert das System.

Um sich selbst reproduzieren zu können, muss ein System seine eigene Kommunikation aber auch beobachten können. Um aufeinander folgende Kommunikationen miteinander zu koppeln, muss es in der Lage sein zu entscheiden, was zu ihm passt und was nicht. Das ist nur möglich, indem es sich in seiner Umwelt selbst beobachtet, das heißt als von ihr unterschieden beschreibt. „Die Differenz zwischen System und Umwelt kommt also zweimal vor: als *durch* das System *produzierter* Unterschied und als *im* System *beobachteter* Unterschied." (LUHMANN 1997: 45, Hervorh. i. O.) Diesen Wiedereintritt der Differenz zwischen System und Umwelt in das System nennt LUHMANN – damit ebenfalls Bezug nehmend auf SPENCER-BROWN – „Re-entry":

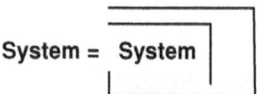

Abb. 3: Re-entry (in Anlehnung an BAECKER 2006)

Während die *Operationen* des Systems die Differenz zwischen System und Umwelt erzeugen, kopieren die *Beobachtungen* des Systems diese Differenz in das System hinein und benutzen sie als Unterscheidung mit der Möglichkeit, intern über beide Seiten kommunikativ zu verfügen. Damit bleibt die Kommunikation eine systeminterne Operation, die das System nie verlässt. Nur hier kann an sie angeschlossen werden. LUHMANN beschreibt das als operationale Geschlossenheit von Systemen. Sie reproduzieren sich autopoietisch.[43] Diese selbstreferentielle Reproduktion bedeutet allerdings keine absolute Isolation sozialer Systeme von ihrer Umwelt, sondern erlaubt dem System überhaupt erst den Aufbau einer genügend hohen Eigenkomplexität, um zu bestimmen, auf welche Bedingungen seiner Umwelt es reagiert (vgl. LUHMANN 1997: 68). Der „re-entry" als Beobachtung der Umwelt (Beobachtung erster Ordnung) stimuliert zugleich die Selbstbeobachtung (Beobachtung zweiter Ordnung) des Systems (ebd.: 93).[44] Diese Selbstbeobachtung hat die Form einer Aneinanderreihung kommunikativer Operationen, in die einzelne Kommunikationen darüber eingebaut sind, was bisher kommuniziert wurde. Nur so kann ein System überhaupt seine eigene Anschlussfähigkeit kontrollieren. Selbstbeobachtungen dienen dem System, sich selbst zu informieren und aus sich selbst heraus neue Erkenntnisse zu gewinnen. Sie stellen Ereignisse dar, die miteinander zu Selbstbeschreibungen des Systems koordiniert werden und es so ermöglichen, die Selbstbeobachtungen zu wiederholen und zu kommentieren.

Die Darstellung der zentralen Theoriefiguren der Beobachtung, Kommunikation und Selbstreferenz genügen, um den systemtheoretischen Gesellschaftsbegriff auszuformulieren: Gesellschaft ist dann ein operativ geschlossener Zusammenhang sich aufeinander beziehender und rekursiv vernetzter Kommunikationen (vgl. WILLKE 2000 [1982]: 198).

> „Gesellschaft ist das umfassende Sozialsystem aller kommunikativ füreinander erreichbaren Erlebnisse und Handlungen. Gesellschaft ist heute, nachdem weltweite Kommunikation hergestellt ist, unweigerlich Weltgesellschaft." (LUHMANN 1972: 145)

Die Weltgesellschaft wird nicht dadurch konstituiert, dass immer mehr Personen trotz räumlicher Entfernung in unmittelbaren Kontakt treten, sondern dass in jeder Interaktion ein „und so weiter anderer Kontakte" eingebaut ist (LUHMANN 1975: 54).

---

[43] „Autopoietische Systeme sind Systeme, die nicht nur ihre Strukturen, sondern auch die Elemente, aus denen sie bestehen, im Netzwerk eben dieser Elemente selbst erzeugen. Die Elemente (und zeitlich gesehen sind das Operationen), aus denen autopoietische Systeme bestehen, haben keine unabhängige Existenz. Sie kommen nicht bloß zusammen. Sie werden vielmehr im System erst erzeugt, und zwar dadurch, daß sie [...] *als Unterschiede in Anspruch genommen werden*. Elemente sind Informationen, sind Unterschiede, die im System einen Unterschied machen. Und insofern sind es Einheiten der Verwendung zur Produktion weiterer Einheiten der Verwendung, für die es in der Umwelt des Systems keinerlei Entsprechung gibt." (*Luhmann* 1997: 65f., Hervorh. i. O.)

[44] Die Beobachtung zweiter Ordnung, d. h. die Reflexion der Beobachtung des Beobachters erster Ordnung, ist hierarchisch nicht höher gestellt. Beide haben ihren blinden Fleck, allerdings jeweils einen anderen, weswegen die Beobachtung zweiter Ordnung in der Lage ist, den blinden Fleck der Beobachtung erster Ordnung zu sehen.

Diese potentielle Fortsetzung jeglicher Kommunikation impliziert Möglichkeiten, die auf eine weltweite Vernetzung hinauslaufen. Es entsteht ein einheitlicher globaler Möglichkeitshorizont für alle (vgl. LUHMANN 1975: 55). Insofern ist die Weltgesellschaft nicht mehr und nicht weniger als „das Sich-ereignen von Welt in der Kommunikation". Die „Vollentdeckung des Erdballs als einer abgeschlossenen Sphäre sinnhafter Kommunikation" (LUHMANN 1997: 148ff.) hat die Entwicklung hin zur Weltgesellschaft angestoßen und irreversibel gemacht.

> „Ihre letzte unschlagbare Evidenz gewinnt Weltgesellschaft schließlich aus der Umstellung der Zeitsemantik auf das Schema Vergangenheit/Zukunft und, innerhalb dieses Schemas, aus der Verlagerung der Primärorientierung aus der Vergangenheit (Identität) in die Zukunft (Kontingenz). Auf ihre Herkunft und Traditionen hin betrachtet, macht die Weltgesellschaft nach wie vor einen regional deutlich differenzierten Eindruck. Fragt man jedoch nach der Zukunft, so läßt sich kaum mehr bestreiten, dass die Weltgesellschaft ihr Schicksal in sich selbst aushandeln muß – in ökologischer wie in humaner, in wirtschaftlicher wie in technischer Hinsicht. Die Differenz der Funktionssysteme interessiert im Hinblick auf ihre Folgen für die Zukunft." (ebd.: 149)

Mit diesen Umstellungen des Gesellschaftsbegriffs und der Fundierung sozialer Systeme auf Kommunikation, betreibt Luhmann den „Übergang zu einem radikal antihumanistischen, radikal antiregionalistischen und einem radikal konstruktivistischen Gesellschaftsbegriff" (ebd.: 34f.). Das fordert das eingeübte Denken über Gesellschaft von Grund auf heraus. Denn Gesellschaft besteht nun nicht mehr aus Menschen und den Beziehungen zwischen ihnen, sie kann nicht mehr in Abgrenzung zwischen einer deutschen, französischen oder brasilianischen Gesellschaft bestimmt werden und sie wird auch nicht mehr durch ein „bestimmtes ‚Wesen', geschweige denn durch eine bestimmte Moral (Verbreitung von Glück, Solidarität, Angleichung von Lebensverhältnissen, vernünftig-konsensuelle Integration) charakterisiert" (ebd.: 70). Vielmehr handelt es sich um eine Realität *sui generis*. Sie existiert in der Kontingenz der Operationen, durch die sie sich produziert und reproduziert. Damit verzichtet die Systemtheorie darauf, substantielle Kriterien zur Definition von Gesellschaft zu bestimmen.

Indem die Systemtheorie der Gesellschaft weder ein ontologisch bestimmbares Wesen verschreibt, noch auf einzelne Akteure als konstitutive Elemente rekurriert, gewinnt sie die Möglichkeit, Standards im Umgang mit gesellschaftlichen Problemen – wie etwa das Nachhaltigkeitsleitbild – als eine Eigenleistung des Gesellschaftssystems zu erkennen, statt sie als eine regulative oder moralische Idee vorauszusetzen zu müssen. Das erfordert aber auch die Einsicht in die Tatsache, dass sich die Weltgesellschaft nur selbst verändern kann. Als soziales System verweist sie Individuen in ihre Umwelt. Das heißt nicht, dass Gesellschaft ohne Menschen existieren könnte, es bedeutet aber, dass *niemand* die Gesellschaft verändern kann.

3.1 Polykontexturalität und Selbstgefährdungen

Die Frage lautet dann, wie soziale Ordnung und – damit verbunden – ein sozialer Wandel dieser Ordnung überhaupt möglich ist. Wenn sich eine gesellschaftliche Ordnung nicht mehr aus den Intentionen mehr oder weniger rationaler, zielorientiert handelnder Akteure ableiten lässt und soziale Systeme sich nur selbstreferentiell reproduzieren, wie ist eine gesellschaftsweite Integration durch Nachhaltigkeit dann möglich?

Diese Frage erhält in der „polykontexturalen" (LUHMANN 1997: 88) Weltgesellschaft besondere Relevanz. Denn diese kennt nicht nur eine Möglichkeit der Selbstbeobachtung. Im Gegenteil: ihre unterschiedlichen gesellschaftlichen Funktionssysteme stellen jeweils eigene Beobachtungen der Welt an. Dadurch entsteht eine Vielfalt differierender Perspektiven (Kontexturen), die dazu führt, dass die Weltgesellschaft keine singulären Ereignisse mehr wahrnimmt, sondern nur noch Mehrfachereignisse. Gleichgültig was passiert, es wird von den gesellschaftlichen Teilsystemen unterschiedlich beobachtet und operativ verarbeitet. Politik, Wirtschaft, Wissenschaft, Recht oder Kunst operieren gänzlich verschieden und beschreiben die Welt nach ihren jeweils eigenen Leitunterscheidungen. Es gibt nicht eine einzige gesellschaftliche Wirklichkeit mehr, sondern so viele (verschiedene) wie es divergierende teilsystemische Perspektiven auf sie gibt.

Diese unterschiedlichen Zugriffsweisen auf die Welt sind das Ergebnis einer gesellschaftlichen Entwicklung, die Luhmann als einen evolutionären Differenzierungsprozess beschreibt. Er steht mit dieser Beschreibung in einer soziologischen Tradition, die sozialen Wandel als den Prozess einer zunehmend arbeitsteiligen Spezifizierung unterschiedlicher gesellschaftlicher Teilbereiche konzipiert. In diesem Prozess steigern verschiedene Funktionssysteme ihre Anpassungs- und Überlebensfähigkeit gegenüber ihrer Umwelt, indem sie die eigene Binnenkomplexität erhöhen. Im Zuge funktionaler Differenzierung verselbständigen sie sich und entfalten mit Hilfe symbolisch generalisierter Kommunikationsmedien (Geld, Wissen, Macht, Recht) eine operative Geschlossenheit, die nicht mehr auf eine gesamtgesellschaftliche Kommunikation Bezug nehmen muss. Sie erreichen ihre operative Geschlossenheit durch zentrale Leitunterscheidungen (Codes). Das hat zur Folge, dass die Differenz von System und Umwelt für jedes Teilsystem eine andere Bedeutung hat. Die Wirtschaft prozessiert ihre Unterscheidungen nach Zahlung/Nicht-Zahlung, die Politik nach Regierung/Opposition und die Wissenschaft nach Wahrheit/Unwahrheit. Die Teilsysteme beobachten ihre Umwelt nur nach der Maßgabe ihres eigenen Codes, der zugleich keinen Eingriff von außen in die Erfüllung seiner eigenen Funktion zulässt.

In der Weltgesellschaft stehen diese Funktionssysteme gleichberechtigt nebeneinander, ohne dass sie durch ein zentrales System repräsentiert werden könnten. Die ausdifferenzierten Teilsysteme übernehmen ihre jeweilige Funktion autonom und totalisierend für die gesamte Gesellschaft. Die verschiedenen Funktionen lassen sich dabei in keine Hierarchie bringen. Sie müssen alle gleichermaßen erfüllt sein, damit die Gesellschaft fortbestehen kann.[45] Die Teilbereiche sind als gesellschafts-interne Umwelt auch füreinander essentiell. Zwischen ihnen spielt sich auf gesamt-gesellschaftlicher Ebene eine Kompossibilität ein, für die an keinem Ort die Ver-antwortung übernommen werden kann. Sie leisten unterschiedliche Beiträge zur gesellschaftlichen Reproduktion, die unverzichtbar sind – sowohl für die Gesell-schaft als ganze als auch für jedes einzelne Teilsystem.

Wie die Weltgesellschaft selbst sind auch die Funktionssysteme selbstreferen-tielle, autopoietische Systeme, die zur Fortsetzung ihrer Autopoiesis eigene Struk-turen entwickeln. Dabei bleibt die Umwelt als Bedingung der Möglichkeit und als Beschränkung immer vorausgesetzt. Das System wird durch seine Umwelt gehalten und gestört, gleichwohl aber nicht zur Anpassung gezwungen und auch nicht nur bei bestmöglicher Anpassung zur Reproduktion zugelassen (vgl. LUHMANN 2004: 36). Durch ihre Spezialisierung und operative Geschlossenheit entwickeln die Sub-systeme eine Leistungsfähigkeit, die sonst nicht erbracht werden könnte. Sie über-nehmen eine Universalzuständigkeit für ihre je spezifische Funktion, entwickeln dabei aber zugleich eine enorme Indifferenz gegenüber den Folgen ihres Operierens für die Umwelt. Zwar ermöglicht es dieser Zugewinn an spezialisierten Eigenratio-nalitäten, die unterschiedlichsten gesellschaftlichen Problemkonstellationen unab-hängig voneinander zu bearbeiten, der privilegierte Ort, von dem all das überblickt oder gar gesteuert werden kann, entfällt jedoch (vgl. BENDEL 1993b: 106ff.). Es gibt keinen einheitlichen Zugriffspunkt auf die Gesellschaft mehr. Diese Dezentralisie-rung gesellschaftlicher Entwicklung wird zusätzlich dadurch verschärft, dass die Eigendynamik und Selbstreferenz der Funktionssysteme zu einer „zyklopischen Einäugigkeit" (WILLKE 2006: 38) der systemeigenen Rationalitäten führt. Damit sind in die Operationslogik gesellschaftlicher Funktionssysteme selbstzerstöreri-sche Dynamiken eingebaut, die eine direkte Ursache ihres Erfolgs sind. Der Mangel an eingebauten Selbstbegrenzungen im Wirtschaftssystem ist dabei nur ein Beispiel dafür, wie gesellschaftliche Teilbereiche ihre innergesellschaftliche Um-welt und sich selbst gleich mit gefährden. In der sturen Anwendung ihres Codes ris-kieren sie die eigenen Reproduktionsleistungen und damit auch andere Systeme, die im gesamtgesellschaftlichen Kontext auf diese Leistungen angewiesen sind.[46]

---

[45] Gleichwohl scheint es in *Luhmanns* Theorie durchaus qualitative Unterschiede in der Bewer-tung der Relevanz von einzelnen Teilsystemen zu geben. So ließe sich etwa schwer argumen-tieren, dass das Kunstsystem wichtiger für das Überleben der Gesellschaft ist als etwa das Wirtschaftssystem.

[46] So haben Finanz- und Wirtschaftskrisen nicht nur wirtschaftliche Implikationen, sondern auch Nebenfolgen etwa im System der sozialen Sicherung.

Dem Prozess funktionaler Differenzierung wohnt somit die Gefahr inne, dass die Operationen eines Teilsystems zu unlösbaren Problemen in einem anderen Teilsystem führen. Solche Folgeprobleme gesellschaftlicher Entwicklung lassen sich nicht nur gesellschaftsintern, sondern auch in der außergesellschaftlichen Umwelt finden. Sie wirken ihrerseits auf das Gesellschaftssystem zurück und gefährden von außen dessen Reproduktionsfähigkeit. Zum einen beziehen sich diese Gefährdungen auf die gesellschaftliche Umwelt als physikalische, chemische oder biologische Systeme, deren Funktionieren die Gesellschaft voraussetzt. In ihrer Selbstbezüglichkeit ignorieren die Teilsysteme ihre negativen Externalitäten für diese Umwelt. Als Reaktion auf mögliche Irritationen, die aus der Umwelt in die Gesellschaft zurückwirken, bilden sie eigene Strukturen aus, um ihren autopoietischen Prozess aufrecht zu erhalten. Würden sie das nicht tun, hörten sie auf zu existieren:

> „Die ökologische Selbstgefährdung liegt also durchaus im Rahmen der Möglichkeiten von Evolution. Bedrohliche Lagen entstehen nicht nur dadurch, daß ein hoher Grad an Spezialisierung sich bei Veränderungen der Umwelt als Fehlspezialisierung erweist. Man muß mindestens auch mit der Möglichkeit rechnen, daß ein System so auf seine Umwelt einwirkt, daß es später in dieser Umwelt nicht mehr existieren kann. Die primäre Zielsetzung autopoietischer Systeme ist immer die Fortsetzung der Autopoiesis ohne Rücksicht auf Umwelt, und dabei wird der nächste Schritt typisch wichtiger sein als die Rücksicht auf Zukunft, die ja gar nicht erreichbar ist, wenn die Autopoiesis nicht fortgesetzt wird." (LUHMANN 2004: 38)

Zum anderen stellen auch psychische Systeme, das heißt die von der Systemtheorie aus dem Gesellschaftsbegriff ausgeklammerten Personen, wichtige Ressourcen gesellschaftlicher Reproduktionsfähigkeit bereit. Auch diese Leistungen sind von den Konsequenzen funktionaler Differenzierung betroffen und wirken verstärkend auf diese zurück. SCHIMANK (2000b) spricht in diesem Zusammenhang von Anspruchsinflationen und Exklusionsverkettungen. Ansprüche haben in der modernen Gesellschaft frühere Arten einer subjektiv bedeutungsvollen Selbstbeschreibung von Personen ersetzt. Sie werden heute als Konsumchancen im Wirtschaftssystem, als Bildungsperspektiven im Erziehungssystem oder als Forderungen nach Rechtssicherheit an das Rechtssystem adressiert. Die kontinuierliche Ausdifferenzierung und Komplexitätssteigerung der funktionalen Teilsysteme sieht jedoch keine limitierenden Grenzen für diese Ansprüche vor:

> „Es scheint, daß die Ausdifferenzierung spezifischer Funktionssysteme dazu führt, daß auf sie gerichtete Ansprüche provoziert werden, die, da sie die Funktion in Anspruch nehmen, nicht abgewiesen werden können. Funktionsautonomie und Anspruch verzahnen sich ineinander, begründen sich wechselseitig, steigern sich im Bezug aufeinander und gehen dabei eine Symbiose ein, der gegenüber es keine rationalen Kriterien des richtigen Maßes mehr gibt." (LUHMANN, zitiert nach SCHIMANK 2000b: 133)

Demgegenüber entstehen Exklusionen, wenn Personen keine Ansprüche an die Leistungen eines bestimmten gesellschaftlichen Teilsystems (mehr) stellen können bzw. diese nicht erfüllt werden. Exklusionen verhindern den Zugang etwa zum Wirtschafts-, Bildungs- oder Rechtssystem. Sie lösen dann oft Kettenreaktionen aus: Hat man zu einem System keinen Zugang, verschließt sich auch der Zugang zu anderen Systemen. Die Ausschließung aus einem Teilsystem beschränkt, was in anderen Systemen erreichbar ist. Diese Exklusionen haben eine andere Qualität und vor allem Quantität als in vormodernen Gesellschaften. Sie sind direkte Folgen der funktionalen Differenzierung, weil die Mehrfachabhängigkeit von Funktionssystemen den Exklusionseffekt verstärkt (vgl. LUHMANN 1997: 630ff.).[47] Diese Exklusionsphänomene stellen für die gesellschaftliche Ordnung ein gravierendes Problem dar, denn angesichts des in der modernen Gesellschaft propagierten „Postulats der Vollinklusion aller Menschen" (ebd.) in alle gesellschaftlichen Teilsysteme können Teilhabeverweigerungen kaum mehr gerechtfertigt werden. Aus Exklusionserfahrungen kann sich individuelle oder kollektive Gewalt entladen, die zum Gefahrenmoment für die soziale Ordnung werden kann (vgl. SCHIMANK 2000b: 136).

3.2   Integration und Kopplung

Würde man die polykontexturale Gesellschaft vor dem Hintergrund dieser Selbstgefährdungen lediglich als eine Menge funktional ausdifferenzierter, autonomer Funktionssysteme verstehen, die ohne Rücksicht aufeinander oder auf ihre gesellschaftsexterne Umwelt den Reproduktionszwängen ihrer eigenen Autopoiesis folgen, wäre kaum nachvollziehbar, wie die Gesellschaft fortbestehen kann. Gäbe es keine Mechanismen, die einen Ausgleich zu den Folgeproblemen funktionaler Differenzierung schaffen würden, wäre nur schwer zu verstehen,

> „[…] wieso diese Gesellschaft nicht binnen kurzem explodiert oder in sich zerfällt. Irgendwo und irgendwie müsse doch, so lautet ein naheliegender Einwand, für ‚Integration' gesorgt werden. Spätestens der Umstand, daß diese Gesellschaft in erhebliche ökologische Schwierigkeiten geraten ist, die sich in absehbarer Zeit zu ernsten Krisen auswachsen werden, dürfte die Notwendigkeit von Planung […] oder Steuerung […] plausibel machen.

---

[47] Angesichts der gravierenden Konsequenzen, die solche Exklusionsverkettungen vor allem in sog. Entwicklungsländern haben, weist *Luhmann* darauf hin, dass in manchen Regionen der Erde die Differenz von Inklusion und Exklusion die Codes der Funktionssysteme zu mediatisieren droht: „Funktionale Differenzierung würde also als primäre Differenzierungsform der modernen Gesellschaft zumindest räumlich eingeschränkt, indem die teilsystemübergreifende Differenz ‚inkludiert/exkludiert' den teilsystemischen Codes vorgeschaltet wird. Nur wer jeweils inkludiert ist, kann überhaupt auf Recht, Zahlungsmittel, politische Macht usw. zugreifen." (*Schimank* 2000b: 136)

[…] Der gegenwärtige Ruf nach einer Ethik der Verantwortung gehört mit in diesen Zusammenhang." (LUHMANN 1997: 776f.)

Diese Befürchtung resultiert aus der verbreiteten Annahme einer strengen Korrelation zwischen gesellschaftlicher Differenzierung und Integration. LUHMANN (1971)
verwirft diese Vermutung und lehnt damit einen Integrationsbegriff ab, der Einheits-
perspektiven oder Solidaritätserwartungen formuliert und den Geschichtsprozess
wie einen Vorgang der Emanation beschreibt, in dem Homogenität durch eine
Heterogenität abgelöst wird, die Differenzierung und Integration in gleichem Maße
erfordert (vgl. LUHMANN 1997: 602f.). Diese Ablehnung ist eine direkte Konsequenz
der systemtheoretischen Gesellschaftsanalyse, die nicht mehr dem Muster Teil/Gan-
zes folgt, sondern ihre Leitunterscheidung zwischen System und Umwelt trifft. Systemdifferenzierung, d. h. die Bildung systeminterner Umwelten, heißt bei Luhmann
nämlich gerade nicht, dass ein Ganzes in seine Teile zerlegt wird und dann nur noch
aus diesen Teilen und ihren Beziehungen besteht. Und die Unterscheidung von System und Umwelt setzt gerade keine Koordination durch das Gesamtsystem voraus,
die das Schema des Ganzen und seiner Teile noch suggeriert (vgl. LUHMANN 1997:
598). Ein Gesamtsystem der Gesellschaft besteht folglich nicht in dem Maße, in dem
es durch einheitliche Werte, Normen oder Rollen integriert ist, sondern existiert bereits in der Erfüllung seiner Funktion – nämlich den Teilsystemen eine geordnete
Umwelt zur Verfügung zu stellen.

In der polykontexturalen Gesellschaft scheint dann auch die Vorstellung, dass
eine einheitliche Ethik oder eine zentrale Steuerung Integration herstellen können,
überholt. Je mehr sich die funktionale Differenzierung der Gesellschaft zum primä-
ren Ordnungsprinzip entwickelt, umso mehr verbietet sich die Vorstellung, dass der
soziale Gesamtzusammenhang von irgendeinem privilegierten Punkt aus in seiner
Entwicklung bestimmt werden könnte (vgl. BENDEL 1993a: 261). Das heißt gleichwohl nicht, dass Steuerung und Moral dadurch obsolet werden. Es ändern sich lediglich ihre gesellschaftliche Funktion, ihr Aggregatzustand und ihre soziale Gestalt.
Sie tragen jeweils ihren Teil dazu bei, dass anderen sozialen Teilsystemen eine geordnete Umwelt zur Verfügung steht.

Die unmittelbare Korrelation von Moral und Integration hat in der funktional
differenzierten Gesellschaft keinen Bestand mehr. „Society is not a moral institution." (LUHMANN, zitiert nach HELLMANN 1996: 102) Eine einheitliche, für alle geltende Moral in der Weltgesellschaft scheint schon außerhalb systemtheoretischer
Überlegungen höchst unwahrscheinlich. Innerhalb des systemtheoretischen Verständnisses schärft sich dieses Bild sogar noch: Denn Moral bildet sich im Prozess
der funktionalen Differenzierung als ein autonomes Teilsystem heraus, das gegenüber externen Ansprüchen ebenso indifferent ist, wie alle anderen Funktionssysteme
ihr gegenüber. Keines dieser Systeme kann durch Moral in die Gesellschaft einge-

bunden werden, denn sie verdanken ihre Autonomie ihrer Funktion und binären Codierung, die gerade nicht mit den beiden Werten der Moral kongruent gesetzt werden kann. Aus gutem Grund können die Codes von Politik (Regierung/Opposition),
Wirtschaft (Zahlung/Nicht-Zahlung) oder Wissenschaft (Wahrheit/Unwahrheit) nicht
mit dem Code der Moral (Achtung/Nicht-Achtung) zur Deckung gebracht werden:

> „Die Funktionscodes müssen auf einer Ebene höherer Amoralität eingerichtet sein, weil sie
> ihre beiden Werte für alle Operationen des Systems zugänglich machen müssen. [...] Also
> muß eine in Funktionssysteme differenzierte Gesellschaft auf eine moralische Integration
> verzichten." (LUHMANN 2001 [1990]: 24f.)

Dennoch genießt Moral weiterhin universelle Geltung. Und zwar insofern, als prinzipiell alles moralisierbar ist und sich nichts einer Moralisierung entziehen kann. Moral
ist eine besondere Form der Kommunikation, denn sie spricht Personen [oder Äquiva-
lenten wie etwa Organisationen (vgl. FUCHS 2007: 7)] unter bestimmten Bedingungen
Achtung zu oder ab und regelt dadurch deren Inklusion in andere soziale Systeme. Zuvorderst entscheidet sie dabei jedoch über die Teilnahme an einzelnen Interaktionen
und nicht so sehr über die Inklusion in gesellschaftliche Teilsysteme. Denn Missachtung führt nicht automatisch zu ganzheitlicher sozialer Exklusion. Vielmehr übernehmen in der funktional differenzierten Gesellschaft alle Teilsysteme jeweils selbst
die Aufgabe der Inklusion, indem sie eigene Publikumsrollen vergeben und diese ganz
unterschiedlich definieren. Als unmoralisch bewertetes Verhalten ist dann nicht notwendigerweise ein Ausschlusskriterium für die Teilnahme am Wirtschafts- und Bildungssystem oder die Chance auf einen fairen Prozess im Rechtssystem, sondern zunächst einmal eine „private" Angelegenheit. In der Zangenbewegung zwischen dieser
Privatisierung einerseits und einer zunehmenden Verrechtlichung gesellschaftlicher
Sachverhalte andererseits verliert die Moral den Charakter einer sozialen Institution.
Sie „verflüchtigt" sich ins Kommunikative (vgl. BERGMANN 2004: 30f.). Die moderne
Gestalt der Moral liegt gerade in dieser Verselbständigung und Freisetzung. Morali-
scher Unmut äußert sich nämlich nicht nur auf der Ebene von Interaktionen, sondern
bezieht sich zunehmend auch auf die gesellschaftlichen Verhältnisse im Allgemeinen.
Er richtet sich dabei in der Regel nicht gegen die Verhältnisse an sich, sondern gegen
ein Zuviel oder ein Überhandnehmen. Moral warnt davor, dass die Codes anderer
Funktionssysteme kollabieren weil sie die Differenz zwischen ihren beiden Codewerten gefährden. Die Moral warnt aber auch vor sich selbst: Wenn etwa moralische
Forderungen nach universellen Werten die Funktionsweise eines mit solchen Forderungen konfrontierten Systems gefährden, werden andere moralische Kommunika-
tionsleistungen entstehen, die genau diese Gefahr thematisieren (vgl. KROHN 1999).
Moral leistet insofern eine „Codeschutzfunktion". Sie beweist eine hohe Empfindlich-
keit für die Folgeprobleme funktionaler Differenzierung, die bei ihr eine Art Alarmier-
funktion auslösen kann (vgl. HELLMANN 2001: 113ff.).

„Sie kristalliert dort, wo dringende gesellschaftliche Probleme auffallen und man nicht sieht, wie sie [...] in den entsprechenden Funktionssystemen gelöst werden könnten. Offenbar rekrutiert die Gesellschaft für gravierende Folgeprobleme ihrer eigenen Strukturen und vor allem ihrer Differenzierungsform moralische Kommunikation. [...] Moralische Kommunikation wird jetzt freigegeben und dorthin geleitet, wo beunruhigende Realitäten sichtbar werden." (LUHMANN 1997: 404)

Moral wird überall gepflegt, an allen Ecken der Gesellschaft wird moralisiert, skandalisiert und Verantwortung gefordert. Insofern haben wir es mit einer hochmoralisierten Gesellschaft zu tun, die in ihren Funktionssystemen jedoch von einer höheren Amoralität geprägt ist (vgl. FUCHS 2007). Die moderne, nationalstaatlich geformte Gesellschaft zieht sich nicht mehr auf eine moralisch begründete Wahrheitsvorstellung zurück. „[D]ie wichtigste Veränderung der Funktion moralischer Kommunikation [dürfte] darin liegen, daß die Moral nicht mehr dazu dienen kann, die Gesellschaft im Blick auf ihren bestmöglichen Zustand zu integrieren." (LUHMANN 1997: 403)

Stattdessen haben sich funktionale Äquivalente herausgebildet, die „Integration" zur vorrangigen Aufgabe von Politik und Recht gemacht haben: Sie soll durch eine Steuerung gesellschaftlicher Entwicklungen hergestellt werden, die durch demokratische Prozesse und positives Recht legitimiert wird. Das gelingt auf nationalstaatlicher Ebene insofern, als damit zentrifugale Entwicklungen eingehegt und Interessenkonflikte in vorläufige Lösungen überführt werden können – also eine geordnete, innergesellschaftliche Umwelt zur Verfügung gestellt wird. Von besonderer Bedeutung ist dabei die Fähigkeit des positiven Rechts, Erwartungssicherheit zu schaffen und zugleich mit Kontingenz umzugehen. Es postuliert keine absoluten Wahrheiten oder endgültigen Lösungen, sondern wendet inhaltliche Konzeptionen und Modelle an, die zu einem späteren Zeitpunkt unter veränderten Mehrheitsverhältnissen und bei neuem Wissen angepasst werden können. Auf das Problem gesellschaftlicher Kontingenz reagiert das positive Recht, indem es diese Kontingenz in das Zentrum seiner eigenen Reproduktion einführt. Die Kopplung zwischen Politik und Recht, die auf nationalstaatlicher Ebene eine flexible Erwartungssicherheit geschaffen hat, hält zwar das Maß an Desintegration in der Regel im Rahmen des für die Gesellschaft Erträglichen, die Nebenfolgen funktionaler Differenzierung lassen sich damit aber ebenso wenig abstellen, wie durch Moral. Auf die Selbstgefährdungen der Moderne mit Gesellschaftssteuerung reagieren zu wollen, erscheint utopisch, solange man darunter die gezielte Intervention eines Teilsystems in einem anderen Teilsystem versteht. Gegenüber der Polykontexturalität der Weltgesellschaft müssen alle Bemühungen, intentional in gesellschaftliche Entwicklungen einzugreifen, notwendig unterkomplex bleiben, denn gesellschaftliche Teilsysteme verarbeiten die Steuerungsimpulse nach ihrer eigenen Logik, die nicht der politisch intendierten Logik entspricht, und erzeugen dadurch diffuse und zuvor unberücksichtigte Nebeneffekte, die positive oder negative, kurzfristige oder langfristige Folgen haben können und sich deswegen einer eindeutigen Bewertung entziehen. Sie haben dann immer weitere Steuerungsversuche zur Folge, die die zuvor erzeugten Nebenfolgen nachkorrigieren. „Die unifunktionale politische Planung der Steuerung einer multifunktionalen Umwelt erzeugt dann geradezu die Problemlagen, die sie zu lösen vorgibt." (LANGE/BRAUN 2000: 48) Auf der Ebene der Weltgesellschaft, wo die Folgeprobleme gesellschaftlicher Differenzierung ultimativ wirksam werden, ist das Problem politischer Steuerung noch viel gravierender. Denn hier existiert im Gegensatz zum Nationalstaat kein übergreifendes politisches oder abschließend ausdifferenziertes Rechtssystem, das die dysfunktionalen Effekte funktionaler Differenzierung auffangen könnte. Die Kopplung von Politik und Recht lässt sich demnach nicht ohne weiteres auf die Weltgesellschaft übertragen.[48] Es lässt sich hier kaum mehr Erwartungssicherheit erzeugen.

Aus systemtheoretischer Perspektive scheiden daher sowohl Steuerung als auch Ethik als singuläre gesellschaftliche Integrationsmechanismen aus. LUHMANN hat keine „ähnlich praxisnahen Entwürfe" (1998: 778) als Alternativen zu bieten. Stattdessen ersetzt er das Schema von Differenzierung und Integration durch die Unterscheidung von Autopoiesis und struktureller Kopplung.[49] Die geordnete innergesellschaftliche Umwelt, durch die die Gesellschaft als Gesamtsystem nur überlebensfähig ist, wird über Kopplungen bereitgestellt.[50] Über sie werden die Funktionssysteme miteinander verbunden und in der Gesellschaft gehalten. Obwohl soziale Systeme autopoietisch geschlossen sind, d. h. sich selbst ohne Input von Einheiten oder Informationen aus der Umwelt reproduzieren, bedürfen sie zahlreicher faktischer Voraussetzungen, die sie selbst nicht herstellen oder garantieren können. Der Begriff der strukturellen Kopplung beschreibt dieses Verhältnis eines Systems zu den Umweltvoraussetzungen, die erfüllt sein müssen, um dessen Autopoiesis fortsetzen zu können.[51]

---

[48] „Es könnte sein, dass diese eigentümliche Kombination von Recht und Politik gerade in ihrer besonderen Leistungsfähigkeit eine Fehlspezialisierung der Menschheitsentwicklung war, die sich, vorläufig jedenfalls, nicht auf das System der Weltgesellschaft übertragen lässt." (*Luhmann 1975: 57*)

[49] Sowohl den Begriff der Autopoiesis als auch den der strukturellen Kopplung übernimmt *Luhmann* von *Humberto R. Maturana* (1985) und dessen gemeinsamen Arbeiten mit *Francisco J. Varela* (1980, 1987).

[50] Vgl. Kapitel 5.

[51] Beispiele für strukturelle Kopplungen sind die Verbindung von psychischen Systemen mit den neurophysiologischen Prozessen des eigenen Organismus (sie können nur dann operieren, wenn das mit ihnen verbundene organische System lebt), die Kopplung sozialer Systeme mit psychischen Systemen (gäbe es keine Bewusstseinssysteme, käme gesellschaftliche Kommunikation nicht zustande), die Verbindung biologischer und psychischer oder sozialer

(Fortsetzung auf S. 65)

Insofern muss sich jedes System an seine Umwelt anpassen, um überhaupt existieren zu können. Das bedeutet allerdings nicht, dass ein System die Art der Anpassung eines anderen Systems bestimmen könnte. Systeme vollziehen ihre Operationen weiterhin vollkommen autonom. Dieses Operieren findet jedoch innerhalb des Möglichkeitsraums statt, den die strukturellen Kopplungen den Systemen offen lassen. Zwar kann die Umwelt auf ein System einwirken, indem es Irritationen produziert, die dann intern vom System verarbeitet werden müssen. Diese Verarbeitung geschieht jedoch auf der Basis einer systeminternen Konstruktion dieser Irritation, die aus der Konfrontation von Umweltereignissen mit den eigenen Strukturen des Systems resultieren. Demnach kann die strukturelle Kopplung zweier Systeme auch nie zu einer Fusion oder stabilen Koordination zwischen ihnen führen. Denn die eigentliche Kopplung besteht in einem Ereignis, das in dem Moment wieder verschwindet, in dem es entstanden war. Jede Übereinstimmung ist allenfalls ereignishaft, da ein und dieselbe Kommunikation zwar gleichzeitig Teil verschiedener Systeme sein kann, anschließend aber in den Systemen unterschiedliche Konsequenzen hat (vgl. BARALDI et al. 2008: 186ff.).

Der Begriff der strukturellen Kopplung ist sowohl auf gesellschaftsexterne, als auch gesellschaftsinterne Verhältnisse anwendbar. Einerseits lässt sich der Zusammenhang von operativer Schließung und struktureller Kopplung auf allen vom Leben abhängigen Ebenen der Bildung autopoietischer Systeme finden – d. h. auch im Zusammenhang der Ausdifferenzierung der Gesellschaft als Kommunikationssystem in ihrer gesellschaftsexternen (personalen und natürlichen) Umwelt. Andererseits erfordert die Ausdifferenzierung operativ geschlossener Funktionssysteme in der Gesellschaft eine entsprechende Ordnung ihrer sozialen, gesellschaftsinternen Umweltbeziehungen (vgl. LUHMANN 1997: 779). Der Dreiklang von Sozial-, ökologischer- und Systemintegration lässt sich somit in eine einzige Frage nach der Einrichtung der strukturellen Kopplungen (in) der Weltgesellschaft umformulieren. Denn die Theoriefigur der strukturellen Kopplung bezieht sich sowohl auf die Inklusion von Individuen in die Gesellschaft (Sozialintegration), als auch auf die Aufrechterhaltung gesellschaftlicher Überlebensfähigkeit in ihrer natürlichen Umwelt (ökologische Integration) und die innergesellschaftliche Ausbalancierung unterschiedlicher Rationalitäten und Ziele (Systemintegration).

Eine sozial geordnete Umwelt entsteht durch die wechselseitigen Begrenzungen und Irritationen, die sich durch die Vielzahl struktureller Kopplungen ergeben. So lässt sich Integration denn auch am besten verstehen als

---

[51] *(Fortsetzung)* Systeme (bestimmte biologische Voraussetzungen müssen erfüllt sein damit psychische Systeme leben und Kommunikation für soziale Systeme bereitstellen können) oder die Verbindung von sozialen Systemen untereinander (keine Politik ohne Recht, keine Wirtschaft ohne Wissenschaft).

„[...] die Reduktion der Freiheitsgrade von Teilsystemen, die diese den Außengrenzen des Gesellschaftssystems und der damit abgegrenzten internen Umwelt dieses Systems verdanken. [...] Integration ist, so verstanden, kein wertgeladener Begriff und ist auch nicht ‚besser' als Desintegration. Sie bezieht sich nicht auf die ‚Einheit' des differenzierten Systems [...] Integration ist also nicht Bindung an eine Einheitsperspektive und schon gar nicht eine Sache des ‚Gehorsams' der Teilsysteme im Verhältnis zu Zentralinstanzen. Sie liegt nicht in der Beziehung der ‚Teile' zum ‚Ganzen', sondern in der beweglichen, auch historisch beweglichen Justierung der Teilsysteme im Verhältnis zueinander." (LUHMANN 1997: 603f.)

Diese Justierung findet über Kopplungen statt, d. h. über Kommunikationen, die in verschiedenen Teilsystemen gleichzeitig stattfinden oder beobachtet werden und an die dort jeweils unterschiedlich angeschlossen wird. Angesichts der Vielzahl und der zeitlichen Kontingenz dieser Kopplungen ist eine zielgerichtete Integration der Gesellschaft unmöglich. Möglich ist lediglich die wechselseitige Einschränkung des Möglichkeitsspektrums, innerhalb dessen soziale Systeme operieren können.

3.3   Konsens und Konflikt

Steuerung kann dann nur noch als *Selbst*steuerung innerhalb dieses Möglichkeitsspektrums verstanden werden. Die Kopplungen eines Systems irritieren und halten es, sie können es aber nicht unmittelbar beeinflussen, da sie keinen kommunikativen Zugriff auf die systeminternen Operationen haben. Sie können einem System jedoch durchaus die Grenzen seiner Entwicklungsmöglichkeiten anzeigen, innerhalb derer es selbst navigieren muss. Eine solche Selbststeuerung kann nur reflexiv erfolgen. Sie ist nur dann erfolgreich, wenn das System die Reaktionen, die es bei anderen Systemen auslöst, und die durch die Vielzahl struktureller Kopplungen auf es selbst zurückwirken (können), mit beobachtet. Das System muss seine Einwirkungen auf die Umwelt an den Rückwirkungen auf es selbst kontrollieren (vgl. LUHMANN 1984: 642). Dazu müssen die Funktionssysteme der Weltgesellschaft ihre jeweiligen strukturellen Kopplungen beobachten und sich in die Lage versetzen, die Folgeprobleme ihrer eigenen Ausdifferenzierung wahrzunehmen und zu berücksichtigen. Nur so können sie überhaupt noch bearbeitet werden und nur so lassen sich die zentrifugalen Effekte gesellschaftlicher Differenzierung noch kanalisieren.

Die einzig sichtbare Alternative zu einer moralischen oder politisch-rechtlichen Integration der Weltgesellschaft besteht damit in der gesamtgesellschaftlichen Verwirklichung von Voraussetzungen für eine Institutionalisierung kognitiven Lernens. Das heißt die Erwartungen von Systemen können sich nicht mehr an normativ festgelegten Prämissen orientieren, sondern müssen auf Kontingenz umgestellt werden. Eine solche Vorstellung gesellschaftlicher Ordnung wird nicht selten als ein Mangel und ein Fehlen welteinheitlicher Moral, Rechtsbildung oder Politik verstanden (vgl. LUHMANN 1971). Einen durch Moral, Recht oder Politik hergestellten normativen Konsens hat die Weltgesellschaft aber gar nicht nötig. Vielmehr löst die Systemtheorie die Vorstellung einer konsensgeprägten gesellschaftlichen Integration durch die Betonung der Bedeutung von Konflikten für den gesellschaftlichen Zusammenhalt ab. Konflikte entstehen, wenn Erwartungen nicht erfüllt werden. Und Erwartungen entstehen in Systemen durch den Anschluss von Kommunikation an Kommunikation. Es gibt dabei zwei Möglichkeiten, wie an Kommunikation angeschlossen werden kann: eine positive und eine negative.

> „Im ersten Fall setzt sich die Autopoiesis einfach fort. Das Einverständnis mit einer Kommunikation wird im Gegenzug gleichsam unter der Hand mitkommuniziert. So entsteht nach Luhmann der *Eindruck* eines Konsenses. Gegen Habermas, der einen Konsens als intersubjektiv geteiltes Verständnis ansieht, wendet Luhmann ein, dass jener den Zeithorizont unberücksichtigt lässt, denn ein tatsächlicher Konsens ist der Zeit grundsätzlich ausgeliefert, da er entweder das Ende von Kommunikation zur Folge hat oder im Anschluss an Kommunikation schon in Frage gestellt wird. [...] Damit verliert der Konsens seinen ihm von Habermas verliehenen privilegierten Status, denn für Luhmann ist der Fortbestand sozialer Systeme nicht von einem materialen Konsens, sondern vom bloßen Anschluss an Kommunikation abhängig, der aber auch negativ als Widerspruch einer Selektionsofferte vollzogen werden kann." (BONACKER 1997: 72f, Hervorh. i. O.)

Die Erwartungen über die Art des Anschlusses an Kommunikation können erfüllt, aber immer auch enttäuscht werden. Wenn eine Erwartung zu einem beobachteten Ereignis in Widerspruch steht, kann sich die entsprechende Erwartungshaltung ändern und das System lernt (kognitives Erwarten); oder sie hält an dem Erwarteten fest, weil das System enttäuschungsfeste Normen in seine Struktur eingebaut hat (normatives Lernen). Als Folge des Widerspruchs zweier normativer Erwartungen entstehen Konflikte, weil die sich gegenüberstehenden Erwartungen jeweils kontrafaktisch abgesichert sind. Konflikte lösen Erwartungssicherheiten auf. Sie erzeugen Erwartungen der Ablehnung von Erwartungen.

Das hat produktive Effekte: Denn Konflikte dienen dazu, Systeme vor ihren eigenen Instabilitäten zu schützen. Systeme halten Erwartungsenttäuschungen und Konflikte aus, „[...] weil sie als Kontingenzerfahrungen im System zirkulieren. Anders gesagt: Konflikte eröffnen dem System die Chance, flexibel zu bleiben und Kontingenz bereit zu halten. Sie ermöglichen die Lernfähigkeit des Systems." (BONACKER 1997: 75f.) Im Gegensatz zur Theorie von HABERMAS, die eine konsensuelle Lösung von Konflikten für möglich hält und sogar anstrebt, hält die Systemtheorie nach LUHMANN Konflikte für funktional. Für sie besteht kein Grund, einen hierarchisierenden Unterschied zwischen positiven und negativen Kommunikationsanschlüssen zu machen. Beide wirken bestandserhaltend, weil sie die Fortsetzung von Kommunikation ermöglichen. Zwar kann die Einschränkung von Freiheitsgraden auch in Bedingungen der Kooperation liegen, sie findet aber noch viel stärker im Konflikt statt (vgl. LUHMANN 1997: 604).

Auf der Ebene der Weltgesellschaft finden sich sowohl kognitive als auch normative Erwartungsstrukturen.[52] Während die Wirtschaft, Wissenschaft und Technik bereits auf einem ausgeprägt kognitiven Erwartungsstil beruhen, hält die Moral an ihrem normativen Erwartungsmodus fest. Sie zielt auf eine Letztbegründung jenseits jeder Kontingenz, auf einen Konsens, den sie doch nicht mehr herstellen kann. Moralkommunikation ist das Ergebnis eines Unbehagens mit der Steigerung der sichtbaren Kontingenzen funktionaler Differenzierung. Vieles von dem, was früher als Natur wahrgenommen wurde, stellt sich im Verlauf gesellschaftlicher Evolution als Entscheidung dar und gerät deswegen unter Begründungsdruck: „So entsteht ein Bedarf für neue ‚inviolate Levels‘, für vernunftsichere, aufklärungsfeste Aprioris oder schließlich: für ‚Werte‘." (LUHMANN 2004: 211) Moralkommunikation ist Wertekommunikation: Sie fordert Entscheidungen, um unbefriedigende Zustände zu überwinden und bezieht sich damit explizit oder implizit auf Werte. Mit zunehmender Kontingenz nimmt der gesellschaftliche Bedarf an Werten zu. Im Gegensatz zur wissenschaftlichen Wahrheit, die durchaus umstritten sein kann, führt eine auf Werte gegründete Kommunikation nicht zu einer strengen Alternative zwischen Annahme und Ablehnung, sondern setzt voraus, dass ein bestimmter Wert von allen geteilt werden kann – zum Beispiel die Überlebensfähigkeit der Gesellschaft (vgl. BARALDI et al. 2008: 207). Wie dieser Wert erreicht werden kann, bleibt gleichwohl vollkommen offen. Der hohe Abstraktionsgrad von Werten erlaubt keine Bildung eindeutiger Handlungskriterien. Die Besonderheit, das Gemeinsame zu bezeichnen, ist in der polykontexturalen Weltgesellschaft nur unter der Voraussetzung möglich, dass es konfligierende Perspektiven darauf gibt, wie dieses Gemeinsame inhaltlich genau zu verstehen und operativ zu erreichen ist. Eine auf bestimmte Werte zielende Moralkommunikation erzeugt bei allem Bemühen um Konsens unweigerlich Konflikte. Dadurch schränkt sie die Freiheitsgrade gesellschaftlicher Entwicklung ein und beeinflusst die Selbststeuerung der Gesellschaft.

Solange das politische System seine regionale Sekundärdifferenzierung nicht überwindet und ein global ausgeprägtes, positives Recht noch nicht existiert, das in der Lage ist, kognitive Mechanismen in den Prozess seiner eigenen Setzung einzubauen und damit die Weltgesellschaft lernfähig zu halten, ist die Weltgesellschaft auf Moral angewiesen. Sie steht für den Fall von Störungen bereit, wenn Kommunika-

---

[52] Angesichts der gegenwärtigen Bedeutung von Empörungs- und Ratlosigkeitsethik (vgl. Kapitel 2.2) ist *Luhmann*, der 1971 für die Weltgesellschaft noch ein „deutliches Vorherrschen kognitiver, adaptiver, lernbereiter Erwartungen" beobachtete, „während normative, Moral prätendierende und vorschreibende Erwartungen zurücktreten" (*Luhmann* 1975: 55) nicht mehr uneingeschränkt zuzustimmen.

tionen die Gefahr des Anschlussverlustes in einer bestimmten Weise aktualisieren. Die Technik der Moralisierung zielt darauf, im Stadium problematisch gewordener Kommunikationen eine Komplexitätsreduktion zu erzeugen, die die Verhaltensmöglichkeiten der Beteiligten auf ein für das System erträgliches Maß verringert (vgl. NECKEL/WOLF 1988: 59). Ihre gesellschaftliche Wirkung besteht dann aber nicht darin, Konsense auf Dauer zu stellen, sondern vielmehr in der Aufrechterhaltung von Konflikten und ihrer Fähigkeit, mit „Konsensfiktionen" das Prozessieren von Differenzen weiterhin zu ermöglichen (vgl. WILLKE 1992: 50). Diese Konflikte lassen aber vor allem praktische Ratlosigkeit zurück. Aus der leicht erregbaren Moralisierung folgen nämlich keineswegs eindeutige Anweisungen, wie die Probleme, an denen sie sich entzündet hat, bewältigt werden können. Auch insofern bleibt sich die Weltgesellschaft selbst überlassen. Die Fortsetzung ihrer Autopoiesis ist abhängig von der Fähigkeit ihrer Teilsysteme, an ihren strukturellen Kopplungen neue kommunikative Angebote zu beobachten und nach Maßgabe der systemeigenen Möglichkeiten in eigene Operationen umzusetzen.

3.4 Resonanz und Protest

Die Fähigkeit eines Systems, seine Umwelt auf sich selbst zu beziehen und daraus konkrete Operationen abzuleiten, ist äußerst voraussetzungsvoll. Ein solcher Zusammenhang entsteht nur dann, wenn das System in Ausnahmefällen und auf anderen Realitätsebenen – sonst könnte es seine Differenzierung zur Umwelt kaum aufrecht erhalten – durch Umweltfaktoren irritiert, aufgeschaukelt und in Schwingung versetzt wird. Luhmann beschreibt diesen Fall als Resonanz (vgl. LUHMANN 2004: 40). Er zieht damit die Bedingungen zusammen, die erfüllt sein müssen, damit die funktional differenzierte Gesellschaft Informationen über ihre interne und externe Umwelt verarbeiten kann (BAECKER 2006).

> „Die Resonanz eines Systems wird immer dann in Anspruch genommen, wenn das System durch seine Umwelt angeregt wird. Das System kann diese Anregung registrieren und, wenn es über entsprechende Informationsverarbeitungsfähigkeit verfügt, daraus auf seine Umwelt zurückschließen. Entsprechend registriert das System auch Auswirkungen seines eigenen Verhaltens auf seine Umwelt, wenn immer daraus im Rahmen seiner möglichen Wahrnehmungen wieder eine Anstrengung in Gang gesetzt wird." (LUHMANN 2004: 51)

Die funktionale Differenzierung und der mit ihr verbundene Verzicht auf die Substituierbarkeit einzelner gesellschaftlicher Funktionen, verringert zunächst die Möglichkeit des Gesellschaftssystems, aus seinen Störungen und dem „Rauschen" der Umwelt zu lernen, d. h. Resonanz zu erzeugen. Die Funktionssysteme können nicht wechselseitig füreinander einspringen, sich weder ersetzen noch entlasten. Sie prozessieren vielmehr stur und totalisierend ihre eigene Funktion für die Gesellschaft ohne dabei Rücksicht auf ihre Auswirkungen auf die Umwelt zu nehmen. Das lässt zunächst vermuten, dass sich die funktional differenzierte Gesellschaft, obwohl sie in verstärktem Maße Umweltveränderungen erzeugt, weniger gut auf diese Veränderungen einstellen kann als einfachere Systeme. Gleichzeitig ermöglicht die funktionale Differenzierung aber auf der Ebene der Teilsysteme durch deren abstrakte Codierung und funktionale Spezifikation ein höheres Maß an Sensibilität und Lernfähigkeit. Auf dem Niveau der Subsysteme kann damit der Redundanzverzicht des Gesellschaftssystems kompensiert werden (vgl. LUHMANN 2004: 210). Die funktionale Differenzierung erzeugt hier eine Eigendynamik der Teilsysteme, die eine hohe Resistenz gegen Umweltstörungen einerseits mit spezifischen Sensibilitäten auf Irritationen andererseits kombiniert. Die Codierung der Teilsysteme ist dabei die Bedingung der Möglichkeit, dass Umweltereignisse im System überhaupt als Informationen erscheinen und mit Bezug auf etwas interpretiert werden können. Dabei ermöglicht die binäre Codierung, dass dies in anschlussfähiger Weise, d. h. mit Bezug auf die Logik des Systems, geschieht.[53]

Die strukturelle Limitierung der gesellschaftlichen Fähigkeit, auf selbst erzeugte Störungen zu reagieren, ist somit zugleich auch ein Weg der Erhöhung von Resonanzfähigkeit. Die zunächst hinderlich scheinende Reduktion von Redundanzen gestattet eine hochspezialisierte Fokussierung, die systemische Resonanz in bestimmten Frequenzbereichen überhaupt erst möglich macht. Fehlende Substituierbarkeit lässt sich durch organisierte Lernfähigkeit ausgleichen. Insofern liegt das eigentliche Resonanzproblem der Gesellschaft darin, dass Resonanz *nur* auf der Ebene der Teilsysteme geschehen kann. Um zu beobachten, wie die Gesellschaft auf ihre Selbstgefährdungen reagiert, muss deswegen jedes Teilsystem auf seine spezifische Resonanzfähigkeit hin untersucht werden. Eine gesamtgesellschaftliche Resonanz, etwa als Summe unterschiedlicher Teilresonanzen sozialer Subsysteme, gibt es nicht, denn auch die Funktionssysteme sind wechselseitig füreinander Umwelt, bedingen und stören einander. Es gibt keine Garantie dafür, dass die Gesellschaft auf ihre Gefährdungen angemessen reagieren wird. Vielmehr wird sie nur in Ausnahmefällen reagieren können. Angesichts ihrer Selbstgefährdungen bringt die Weltgesellschaft deswegen tendenziell zu wenig Resonanz auf.[54]

---

[53] Die daraus resultierenden Folgeketten werden durch weitere Bedingungen vermittelt, die *Luhmann* als „Programme" beschreibt, auf die später zurückzukommen sein wird.

[54] *Luhmann* weist neben dieser Gefahr aber auch auf die Möglichkeit hin, dass soziale Systeme zu viel Resonanz aufbringen und – ohne von außen gestört zu werden – an internen Überforderungen zerspringen.

Die Ursache hierfür liegt vor allem darin, dass die Resonanz sozialer Systeme nicht nur über interne, sondern auch über externe Grenzen des Gesellschaftssystems hinweg hergestellt werden muss. Während innergesellschaftlich mit einem hohen Maß an Resonanz zu rechnen ist, gibt es im Verhältnis der Gesellschaft zu ihrer äußeren Umwelt strukturelle Resonanzhindernisse. An den gesellschaftsinternen Systemgrenzen existiert eine Vielzahl von Interdependenzen, die dazu führen, dass soziale Systeme aufgrund der ihnen gemeinsamen Fundierung auf Kommunikation füreinander viel einfacher irritierbar sind als es die Gesellschaft etwa durch ökologische- oder Bewusstseinssysteme ist. Die sozialen Teilsysteme suchen ihre gesellschaftsinterne Umwelt laufend auf Impulse ab und nehmen davon auf, was sie für die Verfolgung ihrer hochspezialisierten Funktionen verwerten können. Deswegen ist es auch nicht unwahrscheinlich, dass sich gesellschaftsinterne Turbulenzen eines Systems auf andere übertragen. Bereits kleine Veränderungen in einem System können enorme Anpassungen und Veränderungen in einem anderen System verursachen wenn diese Informationen dort als Code-relevant verarbeitet werden.[55] Da Resonanz immer nur im Rahmen der jeweils systemeigenen Codes entstehen kann, steht hinter diesen wechselseitigen Resonanzerzeugungen keine übergeordnete Rationalität. Die intersystemischen Beziehungen sind aber auch nicht beliebig. Vielmehr ermöglichen gerade Autopoiesis und operative Schließung disproportionale Reaktionen. Das heißt die Systeme entscheiden selbst darüber, in welcher Weise sie sich irritieren lassen, wie sie die Auswirkungen auf ihre innergesellschaftliche Umwelt beobachten und gegebenenfalls auch steuern. Jedes System regelt die Bedingungen seiner eigenen Resonanz, hat dabei aber keine Kontrolle auf die Ereignisse in der Umwelt, die über die Anwendung dieser Bedingungen entscheiden (vgl. LUHMANN 2004: 218ff.).

Anders gestaltet sich das Verhältnis der Gesellschaft zu ihrer äußeren Umwelt. Wenn Gesellschaft die Autopoiesis von Kommunikation ist, dann gehört alles dadurch Ausgeschlossene zu dieser Umwelt und beruht mithin nicht auf Kommunikation. Die triviale aber folgenreiche Konsequenz daraus ist, dass das Gesellschaftssystem nicht in der Lage ist, mit seiner natürlichen Umwelt zu kommunizieren: „Die Gesellschaft kann nicht *mit* ihrer Umwelt, sie kann nur nach Maßgabe ihrer Informationsverarbeitungskapazität *über* ihre Umwelt kommunizieren." (LUHMANN 2004: 221, Hervorh. i. O.) Mit ihren eigenen Operationen kann die Gesellschaft ihre externe Umwelt also nicht erreichen, sie kann nicht unmittelbar auf sie zugreifen. Ebenso wenig wie es für die Bearbeitung innergesellschaftlicher Probleme eine Zentral-

---

[55] Gleichzeitig können aber auch fundamentale Umwälzungen in einem System andere Systeme vollkommen unberührt lassen wenn sie sich nicht in deren Code-spezifischen Operationen übersetzen lassen.

instanz gibt, existiert für die Reaktion auf außergesellschaftliche Probleme eine entsprechende Kompetenz. Hinzu kommt hier jedoch, dass die strukturellen Kopplungen, die innergesellschaftlich zwischen kommunikationsbasierten sozialen Systemen vielfach möglich sind und dort zu gegenseitigen Beschränkungen von Freiheitsgraden führen können, in den Beziehungen der Gesellschaft zu ihrer externen Umwelt nicht in vergleichbarem Maß vorhanden sind. Die Gesellschaft ist deswegen darauf angewiesen, dass ihre Teilsysteme die externe Umwelt der Gesellschaft selbst beobachten und über sie kommunizieren, wenn sie auf die dort beobachteten Veränderungen reagieren können will.

Problematisch daran ist, dass die Teilsysteme nur jene Umwelten beobachten können, die sie durch ihre Leitunterscheidungen als Realitätskonstruktionen in sich selbst einführen können. So kann jedes Teilsystem zwar auf seine eigene Weise auf ökologische Probleme reagieren: „die Politik rhetorisch, die Wirtschaft durch Preiserhöhungen, die Wissenschaft durch Forschungsprojekte, die mit jedem zusätzlichen Wissen noch mehr Nichtwissen zutage fördern" (LUHMANN 1997: 805). Ob damit die eigentlichen ökologischen Probleme tatsächlich gelöst werden, ist aber zumindest fraglich. Denn die Maßstäbe, nach denen soziale Teilsysteme ökologische Probleme behandeln, sind nicht dieselben, nach denen sich außergesellschaftliche Systeme reproduzieren. Um die Selbstgefährdungen der modernen Gesellschaft in ihrer externen Umwelt zu bearbeiten, kommt es daher darauf an, die Einheit der Differenz zwischen der Gesellschaft und ihrer externen Umwelt zu reflektieren und zum Inhalt gesamtgesellschaftlicher Kommunikation zu machen. Nur so kann die Gesellschaft die Rückwirkungen ihrer Eingriffe in die Umwelt auf sich selbst reflektieren und die daraus gewonnenen Erkenntnisse für weitere Selektionsentscheidungen nutzbar machen. Auch dazu muss die Gesellschaft ihre Umwelt zunächst in sich hinein holen. Sie tut dies, indem sie ihre ökologische Umwelt innergesellschaftlich kommunikativ simuliert (vgl. BONACKER 1997: 98).

Diese Simulationsfunktion übernehmen Protestbewegungen (HELLMANN 1996). Sie führen eine Differenz von Entscheidern und Betroffenen in das Gesellschaftssystem ein, indem sie sich innergesellschaftlich als das jeweils betroffene System präsentieren. Sie konstruieren eine interne Grenze der Gesellschaft, an der sich soziale Konflikte entfalten können. Der Protest, der diesen Konflikt auslöst, „ist kein Sachverhalt, der aus der Umwelt in das System transportiert wird; sondern er ist eine Konstruktion des sozialen Systems selbst, deren Gründe dann in die Umwelt verlagert werden" (LUHMANN 1991: 136f.). Dabei beschreiben Protestbewegungen „die Gesellschaft so als ob es von außen sei" (LUHMANN/HELLMANN 2004: 14). Auf diese Weise wird die natürliche Umwelt für die Gesellschaft und ihre sozialen Teilsysteme beobachtbar und nur so kann überhaupt Resonanz entstehen, denn Protestbewegungen fordern sie geradezu ein: Ihre Proteste sind „Kommunikationen, die an *andere* adressiert sind und *deren* Verantwortung anmahnen" (LUHMANN 1991: 135, Hervorh. i. O.). Zwar fordern die zahllosen Protestbewegungen ganz unterschiedliche Verantwortungen ein, sie verfolgen jedoch alle die gleiche Zielrichtung: Sie wenden sich gegen Situationen, in denen Betroffene zum Opfer des riskanten Verhaltens von Entscheidern werden könnten. Sie befassen sich mit einer Vielzahl von Folgen der Ausdifferenzierung funktionaler Teilsysteme und „wenn ihnen eine radikale Intention zugeschrieben werden darf, dann die Kritik der funktionalen Differenzierung" (LUHMANN/HELLMANN 2004: 15). Damit artikulieren sie eine fundamentale Kritik an den gesellschaftlichen Zuständen, ohne jedoch Alternativen anbieten zu können. Ihr Repertoire bleibt auf eine moralisierende Kritik beschränkt, die an den vorhandenen Zuständen selbst zunächst nichts ändern kann. Protestbewegungen sind deswegen darauf angewiesen, Resonanz in den gesellschaftlichen Funktionssystemen zu erzeugen, damit dort auf ihre Themen reagiert wird. Das fällt ihnen umso schwerer, als sie selbst allenfalls über eine temporäre Systembildung verfügen, die sich kaum auf Dauer stellen oder in Organisationen institutionalisieren lässt. Denn geht einer Protestbewegung die Differenz zwischen ihrem Anspruch und der Wirklichkeit verloren, verliert sie ihre Anschlussfähigkeit. Vor diesem Hintergrund räumt Luhmann diesen neuen sozialen Bewegungen zwar einen eigenen, aber doch unbestimmten Systemstatus ein:

> „Soziale Bewegungen sind zugleich autopoietische und epigenetische Systeme: Sie gehen von ihrer Definition der Situation aus, sie proklamieren ihre Ausgangsunterscheidung (draw a distinction) und folgen der damit angesetzten Logik. Aber die Gesellschaft stellt ihnen dafür nur die Form sozialer Bewegungen zur Verfügung, wenn und weil es sich nicht um Entscheidungen handelt, die sich als Codes für Funktionssysteme eignen." (LUHMANN/ HELLMANN 2004: 136)

Protestbewegungen bestehen aus Kommunikationen und schließen an diese an, sie beziehen sich selbstreferentiell auf ihr (Protest-)Thema und sind insofern autopoietisch als sie sich selbst „bewegen" und für die Konflikte sorgen, ohne die sie sich nicht reproduzieren könnten. Ihre gesellschaftliche Funktion ist die eines Immunsystems: Mit ihrer hohen Widerspruchs- und Konfliktbereitschaft machen sie die unterschiedlichen Selbstgefährdungen der Gesellschaft zu ihren Themen und kompensieren dadurch die Reflexionsdefizite der modernen Gesellschaft (vgl. LUHMANN/ HELLMANN 2004: 9ff.).

Die von den Protestbewegungen erzeugten Konflikte, deren Ursachen durch kommunikative Konstruktionen in die externe Umwelt der Gesellschaft verlagert werden, verstärken innergesellschaftlich die Resonanz sozialer Systeme, durch die eine Anpassung der systemeigenen Rationalitäten an ihre Folgen für die Umwelt zumindest möglich erscheint. Dabei werden alle Informationen über die interne und externe Umwelt der Gesellschaft in den Funktionssystemen und den supplementären

Protestbewegungen erzeugt. Sie bleiben damit an die Autopoiesis dieser Systeme und deren jeweils systemspezifisches Gedächtnis gebunden. Das hat eine Engführung der Informationsverarbeitungen über die Umwelt zur Folge und begründet einmal mehr, dass eine Integration der Gesellschaft – mit ihrer internen wie externen Umwelt – nur durch die wechselseitige Begrenzung der innergesellschaftlichen Freiheitsgrade möglich ist (vgl. LUHMANN 1997: 803f.). Moralische Appelle und apokalyptische Mahnungen von Protestbewegungen allein genügen nicht, um die Probleme der sich selbst gefährdenden Gesellschaft zu lösen. Aber die „nebenherlaufende Beobachtung aller politischen, wirtschaftlichen, wissenschaftlichen Operationen unter eben diesen Perspektiven [vermag] doch eine jener ‚Effektexplosionen' [auszulösen], die die Gesellschaft verändern – ganz unabhängig davon, ob das Verhältnis des Gesellschaftssystems zu seiner Umwelt dadurch nun wirklich verbessert wird und, wenn ja, nach welchen Kriterien" (LUHMANN 2004: 49f.).

3.5   Organisation und Gesellschaft

Für solche „Effektexplosionen" und die damit verbundenen gesellschaftlichen Veränderungen bedarf es folgenreicher Kommunikationen, für die die Gesellschaft auf Entscheidungen angewiesen ist. Solange nicht entschieden wird, bleibt jede Kommunikation – auch Protest – folgenlos. Nur durch Entscheidungen ist die Komplexität der Gesellschaft zu bewältigen:

> „Der Entscheidungsbegriff muß [...] auf die Funktion der Reduktion von Komplexität bezogen werden. Wir verstehen unter Entscheidung [...] die Mitteilung des Ergebnisses einer Informationsverarbeitung, also kommunikatives Handeln. Durch Entscheidungen in diesem Sinne werden Informationsgehalte verdichtet, Potentialitäten, die in den Ursprungsinformationen stecken, reduziert. Der Entscheidende gibt mehr Informationen weiter als er bezogen hatte, und übernimmt in diesem Sinne Verantwortung." (LUHMANN 1966: 68f.)

Entscheidungen absorbieren die mit der wachsenden Komplexität verbundene Unsicherheit. Sie beziehen sich reflexiv aufeinander und fordern immer weitere Folgeentscheidungen heraus. Indem Entscheidungen sich selbst aus Entscheidungen reproduzieren, formen sie operativ geschlossene, autopoietische Systeme, die sich in der funktional differenzierten Gesellschaft als ein eigener Typ von Sozialsystemen herausgebildet haben: Organisationen.[56] Mit ihrer Fähigkeit zu entscheiden tragen

---

[56] Entsprechend versteht *Luhmann* Organisationen als „Systeme, die aus Entscheidungen bestehen, und die Entscheidungen, aus denen sie bestehen, durch die Entscheidungen, aus denen sie bestehen, selbst anfertigen. Mit ‚Entscheidung' ist dabei nicht ein psychischer Vorgang gemeint, sondern eine Kommunikation; [...] ein soziales Ereignis." (*Luhmann* 1992a: 166)

Organisationen zur gesamtgesellschaftlichen Unsicherheitsabsorption bei und wandeln vorhandene Kontingenzen in brauchbare Entscheidungssicherheiten um. Dabei lösen sie Kontingenzen nicht auf, sondern transformieren sie: Vor der Entscheidung gibt es einen begrenzten Raum offener Möglichkeiten, der nach der Entscheidung in fixierter Form weiterbesteht. Jede Entscheidung wäre auch anders möglich gewesen und ist insofern selbst kontingent. „Die Autopoiesis des Entscheidens begleitet also die natürliche Zeit und entspricht ihr durch Umformung künftiger in vergangene Kontingenzen." (LUHMANN 1992a: 175) In der Erfüllung dieser Funktion sind Organisationen für die moderne Gesellschaft unverzichtbar geworden:

> „Organisationen sind soziale Systeme, die einen [...] Mechanismus struktureller und prozessmäßiger Spezialisierung realisieren und in hohem Maße unwahrscheinliche Handlungsreihen einrichten können. [...] Organisationen transformieren [...] gesellschaftliche Mobilität in eine Spezifikation und Änderbarkeit positiv gesetzter Strukturen. Sie sind auf diese Weise der wichtigste Mechanismus der Steuerung gesellschaftlicher Komplexität und Differenziertheit, ohne dass von ihnen aus das Gesamtresultat kontrolliert werden könnte." (LUHMANN 1972: 146)

In diesem Verständnis begründet sich die Annahme, dass Organisationen diejenigen sozialen Systeme sind, denen die Erfüllung gesellschaftlicher Koordinations- und Integrationsfunktionen am ehesten zugetraut werden können. Die gesellschaftlichen Funktionssysteme sind zur Erfüllung ihrer Funktionen auf Organisationen angewiesen. Denn sie selbst können nicht entscheiden. Sie werden vielmehr getragen von einem Netz aus organisatorischen Strukturen, das diese Teilsysteme überhaupt erst ermöglicht. Organisationen spitzen die in den Funktionssystemen vorsortierten Sinnstrukturen auf Entscheidungen zu, verarbeiten sie und ermöglichen so gesellschaftliche Koordination. Sie stabilisieren die funktionale Differenzierung der Gesellschaft, indem sie die Programme der Teilsysteme entscheiden und damit die Durchführbarkeit funktionsspezifischer Operationen sicherstellen.

Mit dieser Stabilisierung verstärken sie jedoch zugleich die negativen gesellschaftlichen Folgeprobleme funktionaler Differenzierung und stehen damit einer sozialen Koordination und Integration gleichzeitig auch im Wege: „Organisierte Produktion verseucht die natürliche Umwelt, [...] organisierter Machtgewinn absorbiert die Ressourcen der Gesellschaft für Problemlösungen, die nicht im Spielraum der Politik liegen. Organisierter Glauben setzt immer wieder unkalkulierbare Fundamentalismen frei [und] organisierte Sozialhilfe prämiert die Anpassung an die Bedingungen der Hilfsbedürftigkeit, aber nicht den Erfolg der Hilfe." (BAECKER 1998: 110) Organisationen verfestigen die Sinnstrukturen der jeweils übergeordneten Funktionssysteme und entscheiden danach. Damit fixieren sie die Strukturen von Funktionssystemen und machen sie (zumindest vorläufig) gegen funktionssystemspezifische Rationalitätsüberlegungen resistent. „Man wird nicht ständig die Rentabilität der Unternehmensstruktur in Frage stellen, wenn Entscheidungen über Investitionen und Handelsverträge getroffen werden müssen. [...] Die Entscheidungsstrukturen der Organisationen geben den funktionssystemspezifischen Selektionen somit eine Stabilität, die als Grundlage zur Konzentration auf konkrete Projekte dienen kann. Organisationen schaffen damit einen gewissen Schutzraum, der bestimmte Prämissen vor der drohenden ständigen Hinterfragung anhand des Funktionscodes sichert." (BEETZ 2003: 56f.)

Dieser eigentlich gewünschte (weil stabilisierende) Effekt führt jedoch zugleich zu Reflexionsblockaden, die über die Zeit auf organisatorischer Ebene zu Pervertierungen des eigentlichen Funktionszwecks führen können. Das wiederum kann zur Folge haben, dass der Systemcode zunehmend eine organisationsdominierte Akzentuierung erfährt. BEETZ (ebd.) macht diesbezüglich darauf aufmerksam, dass sich etwa im Fall des Wirtschaftssystems das Profitstreben der Organisationen als knappheitsbeseitigend legitimiert und dass die robuste Ausprägung des Kommunikationsmediums Geld das Einnisten parasitärer Organisationslogiken begünstigt. Zwar könne in der Regel von einer Synchronisation zwischen den Werten des Funktionscodes und den Leitunterscheidungen der Organisationen ausgegangen werden, es seien aber auch Alternativen vorstellbar, mit denen die Organisationen den Funktionszweck erfüllen könnten. So sei keineswegs immer garantiert, dass das Profitstreben von Organisationen besser zur Beseitigung von Knappheit – dem ursprünglichen Funktionszweck der Wirtschaft – beiträgt als es in manchen Fällen die Verteilung von Gütern anhand von Bedarfskriterien gewährleisten würde. „Die Organisationsabhängigkeit der Funktionssysteme kann deshalb im Extremfall dazu führen, dass diese nur noch instrumentell als legitimatorischer Schild zur Verfolgung organisatorischer Logiken missbraucht werden, ohne dass das Funktionssystem diesem Vorgang auf Grundlage seiner eigenen, autonomen Operationsweise etwas entgegensetzen kann." (Beetz 2003: 96f.) Indem „knallharte Organisationen" (SCHIMANK 2001: 33) die Logiken der Funktionssysteme mit hoher Effizienz und Rigorosität verfolgen und gelegentlich auch überspannen, verstärken sie die gesellschaftliche Desintegration zwischen den einzelnen Teilsystemen. WETZEL (2005: 202) sieht daher auch die dominante Bedeutung von Organisationen in der modernen Gesellschaft als das Haupthindernis für eine nachhaltige Entwicklung:

> „Die Umsetzung des Nachhaltigkeitsgedankens scheitert an vielerlei Hürden. Eine der größten ist nicht die Wirtschaft oder gar die Gesellschaft selbst, sondern auch und vor allem die Organisation. [...] Die effektive Integration unterschiedlicher gesellschaftlicher Teilsysteme kann ihr kaum gelingen, nicht nur, weil sie ständig mit sich selbst beschäftigt ist, sondern auch weil ihre Reichweite äußerst eingeschränkt und organisational gebrochen ist."

Eine solche Lesart lässt sich gleichwohl nur dann aufrecht erhalten, wenn man Organisationen bestimmten Funktionssystemen fest zuordnet, in der Annahme, dass sie ausschließlich die Codes und Programme dieses Teilsystems verinnerlichen. Demgegenüber wird man Organisationen nur dann eine koordinative und integrative gesellschaftliche Funktion zugestehen können, wenn sie eine autonome System-ebene innerhalb der Gesellschaft bilden. Diese Frage nach dem Verhältnis zwischen Organisationen auf der einen Seite und der Gesellschaft und ihrer Teilsysteme auf der anderen, wird von der Systemtheorie nicht eindeutig beantwortet und führt des-wegen zu unterschiedlichen Bewertungen der Organisation entweder als strukturel-les Integrationshindernis oder als wichtige Koordinationsinstanz. Auch LUHMANNS posthum veröffentlichte organisationstheoretische Hauptarbeit *Organisation und Gesellschaft* (2006) ist in der Frage, ob Organisationen konkreten Funktionssyste-men zugeordnet sind oder ob sie eine eigenständige Ebene sozialer Systembildung ausmachen, nicht eindeutig. Gleichwohl hat sich die Luhmann-Rezeption der letzten Jahre vom Modell der „mengentheoretischen Inklusion" (LIECKWEG/WEHRSIG 2001: 58) trotz dessen heuristischer Erklärungskraft weitgehend gelöst und verortet Or-ganisationen stattdessen in der Umwelt der Funktionssysteme und mithin auf einer eigenständigen Systemebene. Für ein solches Verständnis spricht auch eine von LUHMANNS „Hauptthesen":

> „Sie lautet: Die Entwicklung der Gesellschaft kann begriffen werden als ein stärkeres Aus-einanderziehen dieser verschiedenen Ebenen der Systembildung [der Interaktion, der Or-ganisation und der Funktionssysteme; TM] Durch eine solche vertikale Differenzierung nimmt die relative Selbständigkeit auf den einzelnen Ebenen der Systembildung zu und da-mit wachsen zugleich die Interdependenzen zwischen den einzelnen Ebenen." (LUHMANN 1972: 144f.)

Gleichwohl deutet dieses Zitat auch den Grund für die Unsicherheit bezüglich der Relation von Organisation und Gesellschaft an. Je mehr die Selbstständigkeit der Organisationsebene zunimmt, desto größer werden auch ihre Interdependenzen mit anderen Systemebenen. Diese theorieimmanente Paradoxie verarbeitet die jüngere systemtheoretische Organisationsforschung, indem sie den Zusammenhang von Or-ganisation und Gesellschaft entweder als Emergenzphänomen (z.B. TEUBNER 1989) oder als eine besondere Erscheinungsform intersystemischer Kopplung (BODE/ BROSE 2001) konzipiert. Kombiniert man – basierend auf der Arbeit von KNEER (2001) – beide Ideen, gelangt man zu einer theoriekonsistenten Beschreibung des Verhältnisses von Organisation und Gesellschaft, die sich die Ambivalenz dieser Beziehung zunutze macht. Zuvor sind jedoch zwei systemtheoretische Annahmen, mit denen im Zentrum dieser Diskussion immer wieder operiert wird, auf ihre sys-temtheoretische Passung und auf mögliche Anschlussoptionen hin zu prüfen: die Unterstellung einer Mehrfachbeteiligung von Organisationen an unterschiedlichen Funktionssystemen und die externe Kommunikationsfähigkeit organisierter Sozial-systeme.

Zusammengenommen müssen beide als die theoretische Voraussetzung dafür gelten, dass Organisationen eine koordinative Funktion innerhalb der Gesellschaft tatsächlich übernehmen können. Die mehr oder weniger feste Zuordnung von Organisationen zu Funktionssystemen, wie sie bislang von wichtigen Protagonisten der deutschen Systemtheorie (WILLKE 1994) unterstellt wurde, wird in neueren Arbeiten mit der Beobachtung einer gleichzeitigen Beteiligung von Organisationen an mehreren gesellschaftlichen Subsystemen zurückgewiesen. Demnach sind Organisationen nicht nur an den Kommunikationen eines Funktionssystems beteiligt, sondern orientieren sich – wie etwa im Fall von Unternehmen mit Wirtschafts-, Rechts- und Forschungsabteilungen – an unterschiedlichen Teilsystemen (vgl. KNEER 2001: 411f.). Zugleich sollen Organisationen in der Lage sein, mit den Systemen in ihrer Umwelt zu kommunizieren. Im Gegensatz zu den ebenfalls kommunizierenden gesellschaftlichen Teilsystemen könnten sie auch *in eigener Sache* und über ihre eigene Systemgrenze hinweg kommunizieren. LUHMANN begründet diese Fähigkeit mit der Fundierung von Organisationen auf Entscheidungen. Organisationen seien in der Lage, eigenen Anliegen Ausdruck zu verschaffen, weil „sie auch über solche Kommunikation noch entscheiden und solche Entscheidungen als Entscheidungsprämissen für weitere Entscheidungen in Kraft setzen können" (LUHMANN 2006: 388).

Beide Annahmen, die Mehrfachbeteiligung wie auch die Kommunikationsfähigkeit von Organisationen, stehen auf den ersten Blick im Widerspruch zu dem Autopoiesiskonzept der Systemtheorie (vgl. KNEER 2001). Operativ geschlossene Systeme reproduzieren die Elemente, aus denen sie bestehen, in einem rekursiven Prozess selbst. Sie setzen sich aus Kommunikationen zusammen, die einen systemspezifischen Zuschnitt haben und ausschließlich Elemente dieses Systems sind. Diese für die Systemtheorie fundamentale Trennung zwischen System und Umwelt scheint mit der Idee einer Mehrfachbeteiligung von Organisationen an unterschiedlichen Funktionssystemen aufgeweicht. Und auch die unterstellte externe Kommunikationsfähigkeit von Organisationen weist in diese Richtung. Jede kommunikative Operation begründet, indem sie an vorangegangene Kommunikationen anschließt, eine Differenz zwischen System und Umwelt. Sie wird *innerhalb* eines rekursiven Netzwerks erzeugt und macht dort einen Unterschied. Das heißt Kommunikationen können das System, in dem sie entstehen, nicht verlassen. Insofern ist auch die Vorstellung einer Kommunikation nach *außerhalb* problematisch für das systemtheoretische Gedankengerüst.

Nimmt man demgegenüber das Autopoiesis-Theorem ernst, dann bilden Organisationen und Funktionssysteme füreinander Umwelt. Räumliche Metaphern der Inklusion, Überlappung oder Überschneidung führen dabei jedoch in die Irre. Denn Autopoiesis ist kein räumliches Konzept, sondern beschreibt ein soziales Sinngeschehen. Das Verhältnis zwischen Organisation und Gesellschaft ist damit keine Frage der Verortung raumgreifender sozialer Systeme und ihrer Position zueinander, sondern

„[...] ein Steigerungsverhältnis verschiedener Sinnselektionsniveaus. Organisationen respezifizieren und konkretisieren die Sinnkontexte der Medien und ihrer Programme und reichern sie gleichzeitig mit neuem Sinn an. Die funktionale Differenzierung der Teilsysteme selektiert Sinn- und Wertebezüge so vor, dass Organisationen *spezifische* Ziele und Zwecke im Rahmen *bestimmter* oder in Bezug auf *verschiedene* Funktionen definieren können. Organisationen sorgen ihrerseits dann für die Spezifikation und Diversifikation (interne Differenzierung) von teilsystemischen Sinnkontexten oder sie nutzen die durch die Funktion ausgesparten und nicht exklusiv disziplinierten Wertbezüge." (DREPPER 2003: 309f.; Hervorh. i. O.)

Eine operative *Zugehörigkeit* von Organisationen zu mehreren Systemen ist mit dem Autopoiesis-Konzept nicht vereinbar. Organisationen sind ebenso operativ geschlossen wie gesellschaftliche Funktionssysteme. Das bedeutet jedoch nicht, dass unterschiedliche Funktionssysteme nicht von den Operationen ein und derselben Organisation angeregt oder enttäuscht werden könnten. Und es heißt auch nicht, dass Organisationen nicht ihrerseits von gesellschaftlichen Teilsystemen irritiert werden könnten. Trotz ihrer operativen Trennung bleiben Organisationen und Subsysteme dauerhaft aufeinander angewiesen.

KNEER (2001: 414ff.) bezieht sich zur Beschreibung dieses Verhältnisses auf die systemtheoretischen Theoriefiguren der *operativen* und *strukturellen* Kopplung. Operative Kopplungen sind *momenthafte* Kopplungen einzelner Operationen eines Systems mit denen eines anderen Systems. Die miteinander verbundenen Einzelereignisse sind trotz ihrer Synchronität aber nicht miteinander identisch: Denn die gekoppelten Operationen sind jeweils in ihre eigenen rekursiven Netzwerke eingeschlossen, haben unterschiedliche Vergangenheiten hinter sich und verschiedene Zukünfte vor sich. Das hat zur Folge, dass die derart miteinander verbundenen sozialen Systeme die gekoppelten Operationen jeweils unterschiedlich identifizieren. Strukturelle Kopplungen liegen demgegenüber dann vor, wenn Systeme bestimmte Eigenschaften ihrer Umwelt *dauerhaft* voraussetzen; wenn sie also in ihrer eigenen Reproduktion von der Bereitstellung der Operationen eines anderen Systems abhängig sind. Auch strukturelle Kopplungen sind nicht als eigenständige Orte im Zwischenraum sozialer Systeme zu verstehen, sondern werden wie operative Kopplungen jeweils systemspezifisch in Anspruch genommen. Vor dem Hintergrund dieser beiden Theoriefiguren gelangt man zu einer Umformulierung der These der Mehrfachbeteiligung von Organisationen: „In der Regel sind Organisationen nicht nur mit einem Funktionssystem operativ und strukturell gekoppelt. Zugleich gilt, dass die gesellschaftlichen Subsysteme zur Fortsetzung ihrer Operationen auf das gleichzeitige Operieren einer Vielzahl organisierter Sozialsysteme angewiesen bleiben." (KNEER 2001: 417)

Nehmen wir das Beispiel der Unternehmensorganisation: Ohne den Markt, der von dem Wirtschaftssystem zur Verfügung gestellt wird und den Rahmen für die Weitergabe von Zahlungen einrichtet, könnten Unternehmen ihre Reproduktion kaum gewährleisten. Und ohne die ständige Reproduktion der Unternehmen würde der Markt zusammenbrechen. Daneben sind Unternehmensorganisationen auf die dauerhafte Bereitstellung von Erwartungssicherheiten durch das politische oder das Rechtssystem ebenso angewiesen wie auf die Bereitstellung qualifizierten Personals durch das Bildungssystem. Beide Systemebenen sind voneinander abhängig ohne dabei jedoch identisch zu sein oder in einem hierarchischen Verhältnis zu stehen.

Welche Rolle spielt dabei nun die von LUHMANN unterstellte externe Kommunikationsfähigkeit von Organisationen? Auch sie verträgt sich nicht mit dem Autopoiesistheorem. Denn eine grenzüberschreitende Kommunikation auf operativer Ebene ist darin nicht vorgesehen. Die Organisationen selbst nehmen das freilich anders wahr. Sie beschreiben sich selbst als kommunizierende Einheiten. Sie kommunizieren über ihre eigene Kommunikation und machen damit einen grenzüberschreitenden Austausch, der auf operativer Ebene ausgeschlossen ist, zumindest auf der Ebene der Selbstbeschreibung möglich, „weil hier Kommunikation handlungstheoretisch in ein nach außen orientiertes Mitteilungshandeln umgedeutet wird" (KNEER 2001: 414). Diese Selbstbeschreibung von Kommunikation als Handlung ist eine „funktional notwendige Selbstsimplifizierung" (ebd.: 420), die Organisationen zur Attributionsadresse gesellschaftlicher Kommunikation macht. Denn eine gesamthafte Erfassung aller Prozesse innerhalb einer Organisation ist aufgrund ihrer Komplexität unmöglich. Um Organisationen dennoch als Ganzes erfassen zu können, behandelt die Kommunikation sie als fiktive Kommunikationseinheiten und handlungsfähige Instanzen.

Wenngleich ein operativer Kontakt zwischen zwei Organisationssystemen damit weiterhin ausgeschlossen bleibt, so geraten sie durch ihre Attributionsfähigkeit und ihre „soziale Adresse" (FUCHS 2007: 50) dennoch regelmäßig in Situationen doppelter Kontingenz, in denen sie einander beobachten, wechselseitige Erwartungen aufbauen und ihre internen Operationen an denen des jeweils anderen Systems ausrichten.[57]

---

[57] Die Operationen sozialer Systeme sind dann kontingent, wenn sie aus einem Bereich von Möglichkeiten beobachtet werden, die im Hintergrund bleiben; wenn sie also auch anders möglich gewesen wären. Diese Kontingenz „verdoppelt" sich dadurch, dass nicht nur die eigenen Operationen eines Systems Alternativen gehabt hätten, sondern dass zugleich die Operationen der Umwelt des Systems nicht vorhergesehen werden können. Indem jedes System seine Umwelt beobachtet, entstehen in der Gesellschaft wechselseitige Beobachtungsverhältnisse, die die Gesellschaft als übergeordnetes System überhaupt erst ermöglichen. Einander beobachtende Systeme beobachten ihre Selektionen als wechselseitig kontingent: „Für jedes Ego ist Alter ein Alter Ego, dessen Verhalten unvoraussagbar und variationsfähig ist. Sowohl Ego als auch Alter bestimmen das eigene Verhalten innerhalb der eigenen Grenzen selbstreferentiell. Jeder ist für den anderen eine black box, weil seine Selektionskriterien von außen nicht beobachtet werden können." (*Baraldi* et al. 2008: 38)

Wenn zwei operativ geschlossene Systeme in dieser Weise aufeinandertreffen, dann sieht die Systemtheorie vor, dass sie gemeinsam ein drittes System konstituieren, das mit keinem der beiden Ausgangssysteme identisch ist und eine eigene System-Umwelt Differenz aufbaut. Es entsteht ein *emergentes* Kommunikationssystem, das den Perspektiven der Beteiligten eine weitere hinzufügt, indem sie die vorhandenen Kommunikationen zwar voraussetzt, aber nicht kontrollieren kann. Ebenso wie sich in Situationen der doppelten Kontingenz zwischen zwei psychischen Systemen Interaktionssysteme als emergente Drittsysteme einschalten, wird auch bei dem Aufeinandertreffen sich selbst beschreibender Organisationssysteme ein Dritt-system konstituiert: „Vor allem Funktionssysteme übernehmen die Rolle von Dritt-systemen. Im Falle einer monetären Transaktion etwa, an der zwei Unternehmens-organisationen beteiligt sind, wird die Wirtschaft als Drittsystem ‚eingetaktet‘. Dabei gilt, dass es sich bei der Zahlung um eine elementare Operation der Wirt-schaft, nicht jedoch der Organisationen handelt – eine Organisation kann einer an-deren Organisation nichts ‚abgeben‘. Zugleich gilt, dass die Unternehmensorganisa-tionen an der monetären Transaktion beteiligt, also mit dem Wirtschaftssystem gekoppelt sind." (KNEER 2001: 418) Wirtschaft und Organisation sind hier über die Operation der Zahlung miteinander verbunden. Dabei überschneiden sie sich nicht, sondern betrachten das Geschehen jeweils unterschiedlich. Nur die Wirtschaft be-handelt es als eine Zahlung, die Zahlungsfähigkeit weiterleitet, und disponiert über die weitere Verwendung des gezahlten Geldes. Organisationen blicken demgegen-über nicht dem gezahlten Geld hinterher, sondern schauen in die eigene Bilanz. Sie interpretieren das Geschehen als erfolgreiche oder fehlgeschlagene Entscheidung, die weitere Entscheidungen nach sich ziehen wird.

Wenn die Mehrfachbeteiligung von Organisationen an Funktionssystemen und ihre Kommunikationsfähigkeit nach außen die Voraussetzungen dafür sind, dass Or-ganisationen zum privilegierten System gesellschaftlicher Integration und Koordi-nation werden, dann ergibt sich nach den vorangegangenen Uminterpretationen ein deutlicheres Bild: Einerseits darf die Fähigkeit von Organisationen, durch eigene Operationen gezielten Einfluss auf die gesellschaftliche Entwicklung zu nehmen, nicht überschätzt werden. Zwar kommunizieren Organisationen nach außen, sie tun dies allerdings in Form von Selbstbeschreibungen, die in ihrer Funktion als Einheits-reflexion der Organisation mit einer ausgeprägten Wir-Semantik Kräfte nach innen wie nach außen mobilisieren wollen. Die so entstehenden „Corporate Identities", Selbstbilder und Außendarstellungen sind aber immer nur Partikularbeobachtungen mit begrenzter Reichweite, idealisierte Wirklichkeitsausschnitte von einem eigenen Selbst und der jeweiligen sozialen Umwelt. Oft genug werden dabei die System-referenzen verwischt und organisationsbezogene Selbstbeschreibungen oder Mana-gementstrategien auf dic Ebenc der Gesellschaft hochgerechnet. Gesellschaftliche

Probleme lassen sich jedoch nicht einfach „wegentscheiden" oder als Projekte managen (vgl. DREPPER 2003: 310ff.). Andererseits sind Organisationen über ihre strukturellen und operativen Kopplungen mit mehreren Funktionssystemen und auch untereinander verbunden. Wenn und insofern sich Organisationen verändern, können sie in erheblichem Maße auch Veränderungen in Politik, Wirtschaft, Bildung oder dem gesellschaftlichen Umgang mit der Natur fördern. Sie können die Emergenz dieser Veränderungen zwar nicht kontrollieren, sie nehmen aber einen entscheidenden Einfluss auf sie, indem sie die Erwartungsbildung in ihrer Umwelt vorstrukturieren.

„Einen Großteil der Veränderungen, die sich in unserer Gesellschaft ergeben, können wir blockieren, indem wir die Organisation daran hindern, sich zu ändern. Dann und nur dann wird die Organisation zum unentrinnbaren Alptraum der Gesellschaft. Tatsächlich steht aber schon dieses nicht mehr in unserer Macht. Allerorten verändern sich Organisationen bereits auf eine Art und Weise, die den Veränderungen von Wirtschaft, Politik und Erziehung entgegenkommt und weitere Veränderungen möglich macht. Direkte Eingriffe in die großen Funktionssysteme [...] sind uns verwehrt. Der einzige Ort, an dem wir eine Optionenerkundung betreiben können; an dem wir Entscheidungen treffen und befolgen und in einem gewissen Ausmaß Weichen stellen können, sind die Organisationen, die in diesen Funktionssystemen arbeiten, ohne jemals mit ihnen in eins zu fallen." (BAECKER 2003: 21f.)

Für das Anliegen einer nachhaltigen Entwicklung sind Organisationen daher auch der einzige erfolgsversprechende soziale Ansprechpartner. Da sie die „logischen Räume" (FUCHS 2008: 12) struktureller Kopplung in der modernen Gesellschaft darstellen, müssen sie auch in den Mittelpunkt aller theoretischen und praktischen Bemühungen um eine nachhaltige Entwicklung gestellt werden. Bevor dies allerdings sinnvoll geschehen kann, muss zunächst klar werden, was bei aller Ambivalenz und Komplexität unter Nachhaltigkeit zu verstehen ist.

4 Nachhaltigkeitssemantik

Der Begriff der Nachhaltigkeit hat in den vergangenen Jahren eine bemerkenswerte Karriere gemacht. Er ist heute ubiquitär, es gibt kaum einen gesellschaftlichen Bereich, der ihn nicht bereits für sich vereinnahmt hätte: Was mit Nachhaltigkeit gemeint ist, „[…] dirigiert gewaltige Geldströme, Projekte weltweit, öffentliche Bekundungen im Übermaß und verschafft wie nebenbei ein gutes Gewissen: Es ist anständig, sittlich geboten, vernünftig, für nachhaltige Entwicklung zu sein. Sich dagegen zu wenden ist zynisch, ist Verrat an der Zukunft der Menschheit, einer Zukunft, auf die es irgendwie aber jedenfalls evidenter Weise ankommt." (Fuchs 2008: 1) Das Leitbild stößt auf eine gesellschaftliche Zustimmung, die offenbar weltweit geteilt wird. Insofern liegt mit dem Nachhaltigkeitsbegriff zum ersten Mal „ein kosmopolitische[r] Begriff sui generis" vor, der eine „semantische Innovation von welthistorischer Bedeutung" (Pies 2006: 1) darstellt. „Nachhaltigkeit gehört sozusagen zum ‚Aktivwortschatz' der modernen Gesellschaft, er ist Teil ihrer Semantik geworden" (Wetzel 2005: 189).

Die hohe gesellschaftliche Akzeptanz des Nachhaltigkeitsleitbilds bezieht sich jedoch allenfalls auf eine unspezifische Lesart. Sobald die damit verbundenen Implikationen konkretisiert werden sollen, zeigen sich tiefgreifende Differenzen. In diesem Punkt ist das Nachhaltigkeitskonzept etwa vergleichbar mit dem Gemeinwohlkonzept. Beide können weniger eine verbindliche inhaltliche Definition bieten, sondern allenfalls einen diskursiven Bezugspunkt zur perspektivenübergreifenden Verhandlung von Fragen gesellschaftlicher Entwicklung bereitstellen. Das Nachhaltigkeitskonzept geht dabei jedoch noch deutlich über das Gemeinwohlkonzept hinaus. Es fügt ihm eine ökologische Dimension und damit zugleich eine weitere zeitliche Perspektive hinzu. Es fragt, ob bestimmte Prozesse auf Dauer zu stellen sind oder in absehbarer Weise riskieren, so nicht aufrecht erhalten werden zu können:

> „‚Nachhaltigkeit' trägt nicht irgendein externes, kategorial fremdes Kriterium an den Prozess heran, sondern fragt intern nach seiner Zukunftsfähigkeit. ‚Nachhaltigkeit' geht gerade *nicht* so vor, wie es sonst üblich ist: dass man sich einen Zustand ausmalt, dann einen Plan entwirft und schließlich eine Instanz schafft […], die zur Plandurchsetzung ermächtigt wird. ‚Nachhaltigkeit' ist ein Verfahrenskriterium, das Lernprozesse anregt zur dezentralen Koordinierung und Selbststeuerung. Hier wird keine *Vor*gabe formuliert, sondern eine *Auf*gabe. Es geht nicht um Utopismus, sondern um Verbesserungen, die sich tatsächlich realisieren lassen. ‚Nachhaltigkeit' thematisiert das Selbstkontinuierungspotential der Weltgesellschaft." (Pies 2006: 2; Hervorh. i. O.)

Die hier angesprochene „Aufgabe", die von dem Leitbild der nachhaltigen Entwicklung formuliert wird, impliziert die Möglichkeit, gezielt Einfluss auf die gesellschaftliche Entwicklung nehmen zu können und führt deswegen innerhalb des Nachhaltigkeitsdiskurses immer wieder dazu, dass sie in Bezug auf konkrete Handlungskontexte operationalisiert wird (vgl. Voss 2008: 237). Die vermutete Steuerbarkeit nachhaltiger Entwicklung führt dabei zur Erzeugung teilweise widersprüchlicher handlungsstrategischer Folgerungen, derer eine Umsetzung des Nachhaltigkeitsleitbilds vermeintlich bedarf:

> „,Nachhaltige Entwicklung' ist so kein klar umrissenes Konzept. Es eröffnet vielmehr ein kontrovers strukturiertes Diskursfeld, das zwar durch gemeinsam geteilte Problemwahrnehmungen und eine neue, wenn auch diffuse Norm globaler Verantwortlichkeit integriert wird, auf dem verschiedene Akteure zugleich aber [...] um die Durchsetzung ihrer spezifischen Deutung von Nachhaltigkeit und der damit verbundenen *Handlungsstrategie* kämpfen." Es wird diskutiert, wie es gelingt, „ökologische Langfristinteressen, integrative Formen der Problembearbeitung und globale Gerechtigkeitsaspekte in die *Handlungskalküle kollektiver und individueller Akteure* zu integrieren [...]" (Brandt/Fürst 2002: 22ff., Hervorh. TM).

Diese Herangehensweise ist ebenso charakteristisch für die Alltagskommunikation über Nachhaltigkeit wie für die Nachhaltigkeitsforschung. Sie legt nahe, dass es für das Überleben einer von Menschen gebildeten Gesellschaft auf die Vernunftfähigkeit und Freiheitsbegabung eben jener Menschen ankommt – Menschen, die ein gemeinsames Interesse an einer viablen Gesellschaft haben und nur überzeugt werden müssen, das dafür Richtige zu tun. Die dabei gleichzeitig mitgedachte Steuerbarkeit nachhaltiger Entwicklung ist im Begriff der „Entwicklung" bereits angelegt. Etymologisch bezeichnet er etwas Eingewickeltes, das auseinander zu wickeln ist. Er beschreibt einen autologischen Prozess, in dem sich eine „Verfältelung" selbst entfaltet. Damit liegt jeder Entwicklung eine bestimmte Ontologie zugrunde, die sich auf die Entfaltung oder Herstellung einer bestimmten, mehr oder weniger vorgegebenen Ordnung der Dinge richtet. Entwicklung projiziert „als regulatives Sinnschema eine Zukunft [...], die gegenwärtige Maßnahmen rechtfertigt, mit deren Hilfe das, was noch nicht da ist, eben die Zukunft, als Grund für gegenwärtige Entwicklungsarbeit aufgefaßt wird in einer Art Kausalitätsumkehr, die die Ursachen des aktuellen Handelns in die Zukunft verlegt" (Fuchs 2008: 2). Entwicklung impliziert somit bereits „Nachhaltigkeit".[58] Denn hätte Entwicklung keine Konsequenzen, ließe sie sich nicht beobachten. Auch wenn sich etwas zurückentwickelt oder gar nicht erst entwickelt, lässt sich das als eine Entwicklung beobachten, insofern als sie „nachhaltig" Wir-

---

[58] Deswegen wird wohl auch die Wortkombination „sustainable development" (31 Millionen Treffer bei Google) zusehends vom Begriff „sustainability" (94 Millionen Treffer) verdrängt (Stand: 23.10.2011).

kungen zeitigt. Jede Entwicklung hält nach. Sonst, wie gesagt, ließe sie sich nicht beobachten. Hierin liegt auch die Ursache für die Normativität des Nachhaltigkeits-konzepts: Wenn jede Entwicklung im Prinzip nachhaltig ist, müssen verschiedene Ausprägungen unterschieden werden: Ein positives wird von einem negativen Nach-halten abgegrenzt; Werte werde ins Spiel gebracht. Man unterscheidet dann zwi-schen gewollten und zu unterdrückenden Entwicklungen, stabilisiert dabei aber immer auch das zu Vermeidende. Es gibt keine Nachhaltigkeit ohne den damit gleichzeitig verfügbar gehaltenen Ausschlussbereich (vgl. ebd.).

Wenn Nachhaltigkeit also ein Andauern präferierter Zustände meint, die in einer sich permanent verändernden Welt auch in die Zukunft durchhalten sollen, dann ver-langt ein solches Verständnis nach einem Zeitmodell, in dem heute getroffene Ent-scheidungen unmittelbar auf die Zukunft durchgreifen. Die Zukunft aber ist unge-wiss und in jeder zukünftigen Gegenwart sind die heute getroffenen Entscheidungen bereits Vergangenheitsentscheidungen. Oder genauer: „In jeder zukünftigen Gegen-wart sind die vergangenen Zukunftsentscheidungen fallibel." (PRIDDAT 2008: 1) Der Versuch, bestimmte Gegenwartszustände anhalten zu lassen, normiert die Zukunft. Normierungen können aber nur eine Entscheidung der Gegenwart sein. Und da das Wissen, auf dem sie beruhen, ebenfalls ein gegenwärtiges Wissen ist, von dem be-kannt ist, dass es in Zukunft überholt sein kann, kann auch die Norm, die mit einer Nachhaltigkeitsentscheidung generiert werden soll, nur vorläufig sein (vgl. ebd.). Die vom Nachhaltigkeitsdiskurs vermutete „Durchgriffskausalität" (FUCHS 2008: 3), die eine operativ unerreichbare Zukunft determiniert und präferierte gesellschaft-liche Entwicklungen forciert, ist insofern eine Illusion. Nachhaltigkeit kann nicht ohne weiteres als eine Handlungsstrategie verstanden werden, die – verfolgt von Men-schen – eine zielgerichtete Steuerung gesellschaftlicher Entwicklung ermöglicht.

Natürlich liegt es zunächst nahe, Nachhaltigkeit vom Menschen her zu denken. Denn für die Natur sind die Probleme, die mit Nachhaltigkeit in ökologischer Hin-sicht beschrieben werden, *sinnlos*. Die Natur ist nicht betreffbar. Was ihr geschieht, geschieht. Sie bleibt demgegenüber indifferent, auch wenn es sich bei diesem Ge-schehen um Katastrophen handelt. Anders der Mensch: Er gibt den Dingen einen Sinn, sorgt sich um seine Zukunft. Schon deswegen ist nachvollziehbar, dass die *Vor-sorge* für eine bestimmte Zukunft intuitiv auf Menschen bezogen wird, die unter-schiedliche Handlungsoptionen wählen und die Zukunft damit vermeintlich beein-flussen können. Dabei wird jedoch ignoriert, dass sich mit dem Bereich des Sozialen eine mächtige Instanz zwischen Mensch und Natur schiebt, die selbst und in vielfach unterschiedlicher Weise Sinn verarbeitet.

Dieses Soziale setzt sich – zumindest aus der hier gewählten Perspektive und an-ders als in fast allen Nachhaltigkeitskonzeptionen – eben nicht aus Menschen zu-sammen, sondern aus Kommunikationen. Jedes soziale System kommuniziert und

bildet durch die Verkettung seiner Kommunikationen jeweils eine eigene, bewusst-
seinsfreie Struktur. Natur, Menschen und soziale Systeme sind füreinander Umwelt.
Zwar sind sowohl die Natur als auch die Menschen *unverzichtbare* Umwelten für die
Gesellschaft. Allerdings kann weder die Natur, noch der Mensch unmittelbar auf die
Gesellschaft zugreifen. Ökologische Sachverhalte sind ebenso wenig wie das
menschliche Bewusstsein eine soziale Tatsache. Probleme der ökologischen Umwelt
sind erst dann ein gesellschaftliches Problem, wenn über sie kommuniziert wird.[59]
Die Natur kann sich allenfalls durch Irritationen oder Störungen der gesellschaftlichen Kommunikation bemerkbar machen, wobei diese dann wieder auf sich selbst
reagieren muss. Ähnliches gilt für das Verhältnis zwischen der Gesellschaft und Be-
wusstseinssystemen. Psychische Systeme sind zwar unbedingt die Voraussetzung
sozialer Kommunikation, aber Bewusstseinsprozesse sind als die Produktion von
Gedanken durch Gedanken selbst noch keine Kommunikation. Was immer an
„Nachhaltigkeitsbewusstsein" vorhanden sein mag, ist noch nicht automatisch gesellschaftlich wirksame Kommunikation.[60] Deswegen kehrt LUHMANN (vgl. 2004:
64ff.) die Vorstellung um, dass sich zunächst ein Subjekt bewusst zur Kommunikation entschließen müsse, um dann kommunikativ handeln zu können. Im Gegenteil:
Erst wenn aus Gründen, die nicht einem einzelnen Bewusstsein zugeschrieben werden können, eine Kommunikation über Nachhaltigkeit zustande kommt und beginnt,
die gesellschaftliche Reproduktion in einer bestimmten Weise mitzubestimmen,
kann überhaupt erst erwartet werden, dass die Themen dieser Kommunikation auch
zu Bewusstseinsinhalten werden. Fügen sich die Bewusstseinssysteme nicht von
vornherein den gesellschaftlichen Bedingungen der Kommunikabilität, d.h. richten
sie ihre Kommunikation nicht in einer gesellschaftlich anschlussfähigen Weise ein,
können sie nur Irritationen, Störungen oder Ausweichthemen in der gesellschaftlichen Kommunikation produzieren. Entweder richtet sich das Bewusstsein bei dem
Versuch, gesellschaftliche Kommunikation anzustoßen, an die hierfür vorfindbaren
Strukturen oder es erzeugt lediglich ein „Rauschen", das nach Maßgabe der Möglichkeiten sozialer Kommunikation eliminiert oder in Kommunizierbares umgesetzt
wird. Bewusstsein ist neben seiner sprachlichen Artikulation (als Voraussetzung
für die Kommunikation) auf Wahrnehmungsprozesse und Vorstellungskräfte angewiesen, die individuell verschieden sind. Es ist kaum in der Lage, die Gesellschaft

---

[59] Zum Beispiel ist „[d]as endgültige Erlöschen der Sonne [...] nur dann von Bedeutung, macht
nur dann Sinn, wenn es sinnförmig wahrgenommen wird. Natur und Evolution gehen nicht
einmal mit einem Achselzucken darüber hinweg." (*Fuchs* 2008: 4)

[60] Zwar kann diese Differenz zwischen Bewusstsein und Gesellschaft selbst zum Thema von
Kommunikation werden, aber dann kommuniziert man eben über Risiken, Entfremdung oder
Verantwortung, die nur noch indirekt mit dem zusammenhängen, was ursprünglich mit
Nachhaltigkeit gedacht worden war (in Anlehnung an *Luhmann* 2004: 64f.).

authentisch zu erreichen. Denn jedes wie auch immer geartete Nachhaltigkeitsbewusstsein wird Eigenschaften haben,

„[...] die es für die Gesellschaft nahezu unbrauchbar machen. Es wird [...] wahrneh-
mungsmäßig bzw. anschaulich überdeterminiert sein; und es wird sein Thema [...] eher in
einer Negativfassung anhand bestimmter Thesen darstellen können, als positiv Wissen
über die Umwelt in die Kommunikation eingeben zu können. Es wird zu Ängsten und
Protesten neigen oder auch zu einer Kritik der Gesellschaft, die es nicht fertigbringt, ihre
Umwelt adäquat zu behandeln" (LUHMANN 2004: 66).[61]

Gerade Protest, Kritik und Generalisierungen sind die Formen, in denen die Nachhaltigkeit ihr „people-processing" (FUCHS 2008: 8) betreibt. Sie täuscht damit vor,
dass sich die Gesellschaft aus den an ihr teilnehmenden Menschen zusammensetzt
und dass deswegen für den Erfolg einer nachhaltigen Entwicklung diesen Menschen
nur ein entsprechendes Handeln anerzogen werden muss. „Aus dieser Perspektive ist
Nachhaltigkeit vor allem eine grandiose Rhetorik, ein Unternehmen, in dem das Persuasive die entscheidende Rolle spielt, kombiniert mit einer ,Moralität', die (wie bei
Protestbewegungen) von fraglos gültigen Werten ausgeht, die, wenn sie angetastet
werden, zu Sanktionen führen, vorzugsweise in der Form der Mißachtung aller Leu-
te, die sich diesen Werten nicht anschließen oder sie jedenfalls nicht vorbehaltlos
unterschreiben." (ebd.)

Für die Beurteilung der Viabilität und des „Selbstkontinuierungspotentials" der
hyperkomplexen Weltgesellschaft bleiben moralische Maßstäbe aber zwangsläufig
unterkomplex. Denn Nachhaltigkeit ist wissensabhängig. Und Wissen verändert sich
permanent. Diese epistemologische Dynamik muss zwangsläufig den moralischen
Impetus enttäuschen, der mit dem Versuch einer Normierung der Zukunft verbunden
ist (vgl. PRIDDAT 2008: 2). Hinzu kommt, dass auch in der Aktualität der Gegenwart
kein soziales Ereignis eineindeutig ist. Die Polykontexturalität der Gesellschaft lässt
es nicht zu, dass einem Ereignis eine singuläre Identität zugewiesen wird, um dann
darauf aufbauend ein universell gültiges Urteil über dessen Zukunftsfähigkeit zu
fällen. Die verschiedenen gesellschaftlichen Teilsysteme interpretieren dieselben Ereignisse jeweils unterschiedlich und ordnen sie nur hinsichtlich ihrer Bedeutung für
die eigene Zukunft ein. Sie entwerfen ihre individuellen Entwicklungsszenarien, die
sich nicht zu einem einheitlichen Zeithorizont verschmelzen lassen. Ein Zeitmodell,
das von einer Durchgriffsmöglichkeit auf die Zukunft ausgeht, funktioniert unter
den Bedingungen der funktional differenzierten Gesellschaft nicht.

---

[61] In diesem Absatz bezieht sich Luhmann zwar auf „ökologisches Bewusstsein", seine Ausführungen hierzu lassen sich aber direkt auf das Nachhaltigkeitsbewusstsein übertragen, das
sich eben nur etwas umfangreicher sowohl auf die soziale als auch auf die ökologische Umwelt des Individuums bezieht.

Die Zeit sozialer Teilsysteme, die sich über das Prozessieren von Sinn konstituieren, ist nur im Kontext ihrer jeweiligen Autopoiesis zu konzipieren. Jedes Sozialsystem besteht aus singulären Ereignissen, die nicht festgehalten werden können und ihre Identität allenfalls aus den Anschlüssen erhalten, die sie im System erzeugen. Diese Identität ist dann jedoch selbst ereignisförmig und verschwindet, sobald an sie angeschlossen wird. Ereignisbasierte Systeme können nichts auf Dauer stellen, sie können jede Dauer, jede Nachhaltigkeit, nur „hinbeobachten" (vgl. FUCHS 2008: 9). Aus systemtheoretischer Perspektive ist Zeit nicht mehr als die Beobachtung der Wirklichkeit aufgrund der Differenz von Vergangenheit und Zukunft. Insofern ist die Vergangenheit kein Startpunkt bestimmter Entwicklungen und die Zukunft auch nicht ihr Ziel: Vielmehr stellen beide einen Möglichkeitshorizont dar, der nicht eine Menge bestimmter Ereignisse ist, sondern die selektive Leistung eines beobachtenden Systems. Nicht alles, was bereits geschehen ist, ist relevant für die Vergangenheitsbildung eines Systems und nicht alles, was passieren wird, wird von jedem System gleichermaßen als möglich projiziert. Die Bildung von Vergangenheit und die Projektion der Zukunft geschehen systemrelativ und können nicht vollständig dem entsprechen, was „wirklich" passiert ist und schon gar nicht dem, was „wirklich" passieren wird. Wirklichkeit stellt sich vielmehr als die Differenz von Aktualität und Potentialität dar (vgl. BARALDI et al. 2008: 214ff., LUHMANN 1984: 70ff.).

Die Einheit dieser Differenz zwischen Aktuellem und Möglichem wird von der Systemtheorie als *Sinn* bezeichnet.[62] Jedes soziale System konditioniert diesen Sinn jeweils verschieden. Auch deswegen bildet die Gesellschaft keine Einheit, sondern Differenz. Es gibt kein übergeordnetes Sinnsystem, das alle anderen repräsentieren könnte und dessen Entwicklung stellvertretend für andere entsprechend nachhaltig einzurichten wäre. Gerade dieser Tatsache ist aber die Ubiquität von Nachhaltigkeit zu verdanken. Die Nachhaltigkeitssemantik profitiert von der Polykontexturalität der Gesellschaft. Denn ebenso wie es eine Pluralität tatsächlicher und möglicher sozialer Entwicklungen gibt, haben wir es auch mit einer Vielzahl von „hinbeobachteten" Nachhaltigkeiten zu tun. Die gesellschaftlichen Funktionssysteme nutzen Nachhaltigkeit selbstbezüglich als Vehikel ihrer eigenen Ausdifferenzierung (vgl. GROSSMANN et al. 2005: 162). Die Nachhaltigkeit der Wirtschaft ist eine andere als die des Bildungssystems.

---

[62] „Sinn erweist sich im Verweisungsüberschuß auf weitere Möglichkeiten des Erlebens in jedem einzelnen Erleben. Der Sinn ist die Simultanpräsentation von Aktuellem und Möglichem (Potentiellem); jedes reale Datum wird auf einen Horizont weiterer Möglichkeiten projiziert, und jede Aktualisierung potentialisiert weitere Möglichkeiten. Möglichkeit und Realität, Potentielles und Aktuelles erscheinen immer nur zusammen. Der Sinn reproduziert sich durch das Erleben, das ihn aktualisiert und auf weitere Möglichkeiten verweist, die nicht aktualisiert werden." (*Baraldi* et al. 2008: 170f.)

Fragt man daher nach der gesellschaftlichen Wirkung der Nachhaltigkeitssemantik, muss man den vorherrschenden handlungstheoretischen und individualistischen
Fokus umstellen auf eine Betrachtung des Verhältnisses zwischen sozialen Systemen
und ihrer gesellschaftsinternen wie gesellschaftsexternen Umwelt. So kontra-intui-
tiv es auch erscheinen mag, so notwendig ist es doch für eine der Komplexität der
modernen Gesellschaft angemessene Untersuchung des Nachhaltigkeitskonzepts,
dessen Zurechnung auf Menschen und deren Handlungen zu unterbinden und es
stattdessen als eine strukturelle Eigenleistung der Weltgesellschaft anzuerkennen.
Einerseits erfordert dies, Nachhaltigkeit von Einheit auf Differenz und von Identität
auf Vielfalt umzuprogrammieren. Andererseits zwingt es, Nachhaltigkeit als eine
Semantik zu untersuchen, die in der Gesellschaft einen Unterschied macht, indem
sie Kommunikationen ordnet und ihren jeweils systemspezifischen Sinn in einer bestimmten Weise aktualisiert.

4.1 Sinnverarbeitung der Nachhaltigkeitssemantik

Nimmt man den Begriff der Nachhaltigkeitssemantik systemtheoretisch ernst, hat
man es mit der Menge an Formen zu tun, die für die Selektion und Kommunikation
der mit „Nachhaltigkeit" verbundenen Sinnangebote in der Gesellschaft benutzt
werden können. Semantiken stellen Sinnverarbeitungsregeln dar, die notwendig
werden, weil Sinn nur ereignishaft existiert. Um koordiniert werden zu können,
muss jeder Sinn gesellschaftlich erwartbar sein. Das wird er nur dann, wenn er zuvor verarbeitet und mit Bezug auf einen bestimmten Verweisungsbereich definiert
worden ist. Nur wenn Sinn in einer bestimmten Weise typisiert vorliegt, werden
Kommunikationen untereinander verknüpfbar; die Verbindung zwischen einzelnen
Kommunikationen vollzieht sich dann als die von einer bestimmten Typologie angeleitete Selektion von Sinninhalten. Nur dadurch wird die Verknüpfung zwischen
Vertrautem und Neuem überhaupt verständlich. Die Aufgabe der Semantik ist es,
diese Verständlichkeit herzustellen, indem sie die unterschiedlichen Sinnangebote
der Gesellschaft ordnet. Sie besteht aus Begriffen und Ideen, Weltauffassungen,
Meinungen, Essays oder wissenschaftlichen Theorien. Sie orientiert die gesellschaftliche Kommunikation, indem sie die Gesellschaft für bestimmte sinnhafte
Kommunikationsinhalte empfindlich macht (vgl. BARALDI et al. 2008: 170).

LUHMANN unterscheidet zwei Ebenen der semantischen Sinnverarbeitung: Die
Ebene des „semantischen Apparats" beinhaltet alles, was als Kommunikationsthemen produziert wird und an kulturellem Wissen der Gesellschaft vorhanden ist.
Sie leitet die vertraute, alltägliche gesellschaftliche Kommunikation an. Auf der Ebene der „gepflegten Semantik" wird die Sinnverarbeitung durch den semantischen Ap-

parat erneut verarbeitet. Sie stellt den semantischen Apparat zur Diskussion, verändert oder bestätigt ihn. Luhmann beschreibt die gepflegte Semantik daher auch als die Reflexionsebene der Semantik, der die Aufgabe der gesellschaftlichen Selbstbeschreibung zukommt (vgl. LUHMANN 1997: 866ff.). Das Verhältnis zwischen beiden Ebenen ist weniger hierarchisch, sondern vor allem funktional definiert. Während für vor-moderne stratifizierte Gesellschaften bestimmte Medien der gepflegten Semantik – etwa handgeschriebene sakrale Texte – allein schon aufgrund ihrer Verschriftlichung als Hochform der Semantik gelten und eine gewisse Höherwertigkeit gegenüber dem semantischen Apparat beanspruchen konnten, verzeitlicht sich spätestens in der Moderne (nach Erfindung des Buchdrucks) das Verhältnis zwischen beiden Ebenen. Die gepflegte Semantik wird chronologisch hinter den semantischen Apparat geschalten und steht nun nicht mehr in einer übergeordneten, sondern funktionalen Beziehung zu ihm: Sie beobachtet den semantischen Apparat, der wiederum von den Veränderungen der gepflegten Semantik beeinflusst wird, und so weiter.

Das Primat funktionaler Differenzierung hat dabei zur Folge, dass die gepflegte Semantik nicht mehr die gesellschaftsweiten Sinnangebote machen kann, die die Religion in der stratifizierten Gesellschaft noch problemlos anbieten konnte. Es fehlt an kommunikativen Instanzen, deren Höherwertigkeit von der gesamten Gesellschaft anerkannt würde. Die gesellschaftliche Sinnproduktion findet vielmehr innerhalb der gesellschaftlichen Funktionssysteme statt. Es ist aber auch dort die besondere Reflexionsleistung der gepflegten Semantik, die sie von dem alltäglichen Prozessieren von Sinn abhebt und für die Selbstbeschreibung der Gesellschaft und ihrer Teilsysteme prädestiniert. Aufgrund ihrer Beobachtung des semantischen Apparats – wenn man so will: der alltäglichen Kommunikation – ist sie durch Rekombination oder Abstraktion vorhandener Sinntypisierungen in der Lage, semantische Innovationen hervorzubringen. Diese artikulieren sich dann vor allem auf dem Niveau gesellschaftlicher Selbstbeschreibung. Hier wird kreativ in die Verarbeitung von Sinn eingegriffen. Ebenso wie die gepflegte Semantik Innovationen in die Alltagskommunikation einführen kann, kann sie aber auch etablierte Sinnverarbeitungsmuster affirmativ bestätigen und der Gesellschaft damit die Gewissheit verleihen, dass ihre Vorstellungen über die Welt zutreffend sind. Zugleich besitzt auch der semantische Apparat die Fähigkeit zur Innovation. Zwar ist es in der Regel die gepflegte Semantik, die Neuerungen produziert, die dann wiederum mit einiger zeitlicher Verzögerung in den semantischen Apparat einsickern. Umgekehrt können aber auch aus dem semantischen Apparat kommende Innovationen von der gepflegten Semantik solange verdeckt und ignoriert werden, bis sie dort schließlich entweder unverändert übernommen oder in Kombination aus bestehenden und neuen Elementen als Erfindung der gepflegten Semantik ausgeflaggt werden. Das Verhältnis zwischen beiden Ebenen der Sinnverarbeitung ist also deutlich komplexer als es

ihre Unterscheidung bei Luhmann zunächst nahelegt. Beide Ebenen tauschen ständig wechselseitige Impulse aus (vgl. BECKER 2004: 13ff.).
Für die Untersuchung der Nachhaltigkeitssemantik hat die Unterscheidung zwischen ihnen vor allem heuristischen Wert. Ihre Flexibilität besteht vor allem darin, dass sie es erlaubt, verschiedene Entstehungs- und Durchsetzungsformen von kulturellen Mustern wie dem der Nachhaltigkeitssemantik zu beschreiben. Die semantische Innovation, die mit ihr gelungen ist, lässt sich besser verstehen, wenn sie auf der Ebene der gepflegten Semantik als eine Form gesellschaftlicher Selbstbeschreibung untersucht wird, und innerhalb des semantischen Apparats daraufhin beobachtet wird, wie sie von der Alltagskommunikation angeeignet wird. Bei genauem Hinsehen wird man dann feststellen, dass der Erfolg der Nachhaltigkeitssemantik in den letzten circa zwei Jahrzehnten höchst unwahrscheinlich war. Denn

„[n]ur semantische Innovationen, die sich in der sozialen Kommunikation bewähren, setzen sich durch und etablieren sich dauerhaft als vorherrschende Sinnverarbeitungsregeln. Neuerungen, denen dieser Schritt nicht gelingt, bleiben belanglose Ornamente ohne gesellschaftliche Relevanz. Die sprudelnde Vielfalt der Innovation geht durch den Filter der sozialen Aneignung, und nur wenige Entwürfe passieren ihn. Die Chance dazu besteht etwa dann, wenn gesellschaftliche Probleme von den tradierten Semantiken nicht mehr widerspruchsfrei bewältigt werden. In dieser Situation setzt sich oftmals eine Neuerung durch, wenn sie bessere Resultate verspricht." (BECKER 2004: 16)

Bis zur gesamtgesellschaftlichen Durchsetzung der semantischen Innovation von „Nachhaltigkeit" oder „nachhaltiger Entwicklung" vergingen mehrere Jahrhunderte. Es bedurfte zahlreicher Gesellschaftsveränderungen, einer Krise der tradierten Fortschrittssemantik und dauerte vom 18. Jahrhundert bis zum Anfang dieses Jahrtausends, bis sich die Nachhaltigkeitssemantik auch in der Alltagskommunikation fest etabliert hatte. Bis dahin lassen sich ihre Entwicklung und die mit ihr verarbeiteten Sinnangebote fast ausschließlich auf der Ebene der gepflegten Semantik nachvollziehen.

Kern des Nachhaltigkeitskonzepts ist der seit dem 18. Jahrhundert im deutschen Sprachgebrauch bezeugte Begriff „Nachhalt", der etwas, das man für Notzeiten zurückbehält (Rückhalt), bezeichnet (vgl. AUBERLE/WERMKE 2001: 548). Die erste Verwendung des Adjektivs „nachhaltend" wird dem forstwirtschaftlichen Traktat „Sylvicultura Oeconomica" (VON CARLOWITZ 1713) zugeschrieben:

„Wird derhalben die größte Kunst/Wissenschaft/Fleiß und Einrichtung hiesiger Lande darinnen beruhen / wie eine sothane Conservation und Anbau des Holtzes anzustellen / dass es eine continuierliche beständige und nachhaltende Nutzung gebe / weil es eine unentbehrliche Sache ist / ohne welche das Land in seinem Effe nicht bleiben mag." (VON CARLOWITZ 1713: 105f.)

„Nachhaltend" charakterisiert darin eine Art des (Forst)Wirtschaftens, die eine kontinuierliche Versorgung mit Holz verspricht. Der Forderung nach dieser neuen Art der Bewirtschaftung ging eine im 17. Jahrhundert prognostizierte europäische Ressourcenkrise voraus, die eine Knappheit des wirtschaftlich unverzichtbaren Rohstoffs Holz zu verursachen drohte. Diese Krisenwahrnehmung veranlasste von Carlowitz zu seinem Traktat, in dem er das vorhandene forstwirtschaftliche Wissen zusammenfasste, ergänzte und um die Idee der Nachhaltigkeit anreicherte. Er stellte seine Idee in einen allgemeinsprachlichen Kontext mit Begriffen wie „continuierlich" oder „beständig" und verband sie mit Formulierungen, die in der barocken Sprache Sachverhalte wie die Begrenztheit von Ressourcen, den prognostizierten Mangel an Rohstoffen oder die Notwendigkeit individueller Wohlfahrt beschreiben. Obwohl das Traktat keine eigentliche Nachhaltigkeitsdefinition vorschlägt, wird doch deutlich, dass es ihm um Erhalt geht: zuvorderst um den Erhalt der Schöpfung. Sein Nachhaltigkeitsdenken begründet von Carlowitz mit Bezug auf die biblische Schöpfungsgeschichte. Der Mensch dürfe, „nicht wider die Natur handeln", sondern müsse „mit ihr agiren". Nahrung und Unterhalt stünden jedem zu, auch der „lieben Posterität" (vgl. GROBER 2009: 22f.). Ursprünglich ist in der Nachhaltigkeitsidee von Carlowitz' damit bereits angelegt, was auch heute noch mit ihr verbunden wird. Sie zielt auf eine Integration – in dieser frühen Form auf eine Integration von Zivilisation und Natur – und bezieht sich dabei auf ein basales moralisches Gebot – hier der religiös begründete Respekt vor der Schöpfung. Wie heute enthält auch schon dieser Nachhaltigkeitsgedanke eine generationsübergreifende Komponente, wenn er vor allem der „Posterität" – also den nachfolgenden Generationen – dienen soll. Und er stellt, ausgehend von seiner im Wirtschaften und der Idee des Kameralismus begründeten Logik, zugleich einen gesamtgesellschaftlichen Anspruch, indem er „Kunst, Fleiß und Wissenschaft" auffordert, ihren Beitrag zur gesellschaftlichen Viabilität – „dem Land in seinem Effe" (Wesen/Dasein) – zu leisten.

Im weiteren Verlauf des 18. und 19. Jahrhunderts etablierte sich der Nachhaltigkeitsbegriff als ein wissenschaftlicher Fachterminus des Forstwesens. Dabei wurde das Adjektiv „nachhaltend" zu „nachhaltig" modifiziert. Es blieb aber eine forstwirtschaftliche Selbstbeschreibung, die sich zunehmend auch grenzüberschreitend verbreitete:

> „Zuerst nahm man im Harz [...] den Begriff auf. Dann wanderte er in das durch Krieg, Misswirtschaft und Verschwendung völlig ruinierte Herzogtum Sachsen-Weimar. Dort befahl die Herzogin Anna Amalia eine umfassende Begutachtung und Neuplanung der Wälder. [...] Die Regentin leitete damit die erste flächendeckende Forstplanung ein, die sich ausdrücklich auf das Prinzip der Nachhaltigkeit berief. [...] Ein von diesem Denken geprägter thüringischer Forstmann war Heinrich von Cotta. [...] 1811 gründete Cotta in der Nähe von Dresden die Forstakademie Tharandt. Zur Basis der jungen Wissenschaft wurde der Gedanke der Nachhaltigkeit. [...] Studenten kamen aus Frankreich und Russland, aus Japan und dem britischen Empire. Deutsche Forstleute wirkten von Finnland bis Burma. Sie nahmen den Begriff mit und übersetzten ihn in andere Sprachen. Nachhaltigkeit, produit soutenu, sustained yield etablierte sich als Leitbegriff des Forstwesens weltweit." (GROBER 2009: 24)

In den kommenden Jahrzehnten, etwa bis in die Mitte des 20. Jahrhunderts hinein, blieb der Nachhaltigkeitsbegriff ein Teil der gepflegten Semantik dieser Fachsprache. Das deutsche Adjektiv „nachhaltig" wurde zur Blaupause für die englische Begriffsbildung „sustainable": Das Leitbild der internationalen Forstwirtschaft, die Doktrin des „sustained yield", ist die seither im angelsächsischen Sprachraum gebräuchliche Übersetzung des ursprünglich deutschen forstwirtschaftlichen Leitbegriffs (vgl. ebd: 19).

Um dauerhaft maximale Ressourcen-Erträge erzielen zu können, verlangt sie, das Ausmaß der Nutzung von Ressourcen an deren Reproduktionsfähigkeit zu orientieren. Nachdem diese Forderung des „maximum sustained yield" Anfang des 20. Jahrhunderts zunächst in die Fischereiwirtschaft eingegangen ist, findet sie erstmals in den 1930er Jahren auch im Mainstream der Wirtschaftswissenschaften Gehör, als sie von HICKS (2001 [1939]) auf die Volkswirtschaft übertragen wird. Der von HICKS formulierte Einkommensbegriff, den er zur Berechnung des Volkseinkommens in der volkswirtschaftlichen Gesamtrechnung verwendet und der bis heute dem Prinzip der „Abschreibung auf Abnutzung" bei Sachgütern zugrunde liegt, definiert Einkommen als den Teil der zur Verfügung stehenden Gütermenge, die verbraucht werden kann, ohne künftige Konsummöglichkeiten einzuschränken (vgl. KLAUER 1998: 28ff.; GRUNWALD/KOPFMÜLLER 2006: 16). Dauerhaft und nachhaltig könne demnach nur das konsumiert werden, was den Kapitalbestand nicht reduziert. Abgesehen von der Anwendung in der Fischereiwirtschaft und auf einen steuerlichen Abschreibungsmechanismus bleibt die semantische Innovation der Nachhaltigkeit nach ihrer „Erfindung" im Jahr 1713 aber weit mehr als 200 Jahre auf die Forstwirtschaft begrenzt. Es gelingt ihr in dieser Zeit nicht, in den semantischen Apparat der Gesellschaft Eingang zu finden. Die Krisenwahrnehmung, auf die die Innovation der Nachhaltigkeitssemantik reagierte, schien zunächst auf das forstwirtschaftliche Milieu beschränkt zu sein. Den gesamtgesellschaftlichen Fortschrittsglauben der Moderne konnte sie jedenfalls nicht erschüttern.

Das ändert sich erst in den 1960er und 1970er Jahren, als sich mit der zunehmenden Reflexivität der Gesellschaft in der sogenannten Zweiten Moderne (BECK/ GRANDE 2004) sowohl die soziale Wahrnehmung der natürlichen Umwelt als auch die Beurteilung von Risiken des technischen, wirtschaftlichen und sozialen Fortschritts verändern. Die Situation, in der sich die Gesellschaft vorfindet, ist vergleichbar mit ihrer Lage zu Beginn der („ersten") Moderne, als sich die Nachhaltigkeitssemantik in der Forstwirtschaft durchzusetzen begann: Die Einsicht, dass die menschliche Wirtschaftsweise diejenigen Grundlagen zu zerstören droht, auf die sie selbst angewiesen ist, erforderte eine neue Semantik der Krisenbewältigung. Nachhaltigkeit wird wiederentdeckt und zur „nachhaltigen Entwicklung" weiterentwickelt. Ulrich BECK (2006) macht die Transformation der Gesellschaft in der Zweiten Moderne sogar an der (Wieder)Entdeckung des Nachhaltigkeitskonzepts fest:

"We recognize the nature of this fundamental transformation in noting how new key concepts [...] are currently in the process of eclipsing, subverting and rendering open to new
political possibilities the old shared languages and shared manifestations of the politics of
the nation-state. One of these universal 'magic words' is 'sustainable development'. Note-
worthy here is how the demand for 'sustainability' has eclipsed or entirely displaced the
discourse of technical-economic 'progress' and that of 'Nature' and the 'destruction of Nature'. This talk of 'sustainable development' [...] is an indication not only that the old
shared manifestations regarding 'economic growth' and 'technological progress' have
ceased to be perfect and immediate, but also that their proponents now find themselves
very much on the defensive [...]." (ebd.: 33f.)

Die tradierten Semantiken der Moderne scheinen nicht mehr in der Lage, die von der
Gesellschaft selbst beobachteten Probleme widerspruchsfrei zu lösen. In dieser Situation setzt sich die semantische Innovation der Nachhaltigkeit durch, weil sie zunächst bessere Resultate verspricht. Der erste deutlich vernehmbare Ausdruck, dass
die Fortschritts- und Wachstumssemantiken an ihre Grenzen geraten sind, ist 1972
mit dem Bericht des Club of Rome „Limits to Growth" (MEADOWS et al. 1972) zu
vernehmen. Die Studie zur Zukunft der Weltwirtschaft untersuchte fünf globale Tendenzen und ihre möglichen Auswirkungen auf die Fortsetzung wirtschaftlichen
Wachstums: Sie analysierte Tendenzen zunehmender Industrialisierung, wachsender
Bevölkerungen, steigender Unterernährung, der Ausbeutung von Rohstoffen und
Zerstörung von natürlichem Lebensraum. Eine Intensivierung dieser Prozesse würde, so das Ergebnis der Systemanalysen der Studie, zwangsläufig zu einem Erreichen der absoluten Wachstumsgrenzen der Gesellschaft führen. Die Weltbevölke-
rung könne sich aber auch gegen diese Entwicklung stellen und entsprechende
Maßnahmen ergreifen. Dann sei es möglich,

"[...] to alter these growth trends and to establish a *condition* of ecological and economic
stability that is *sustainable* far into the future. The *state* of global equilibrium could be designed so that the basic material needs of each person on earth are satisfied and each person has an equal opportunity to realize his individual human potential." (MEADOWS et al.
1972: 23f., Hervorh. TM)

Hier zielt der Nachhaltigkeitsbegriff noch auf die Charakterisierung eines Zustands,
der zu erhalten ist. Diese Idee der Bewahrung – als eine der Fortschrittssemantik
entgegengestellte Alternative – wird im weiteren Verlauf ihrer Ausarbeitung stabilisiert und aufgeweicht zugleich. Stabilisiert wird sie durch ihre Aufnahme in die gepflegte Semantik des politischen Systems der Weltgesellschaft, als Element oder
Namensgeber zentraler Dokumente der Vereinten Nationen. Erstmals taucht der
Nachhaltigkeitsbegriff hier 1980 in der von der International Union for the Conservation of Nature (IUCN) gemeinsam mit verschiedenen UN-Organisationen wie
dem United Nations Environment Programme (UNEP) erarbeiteten „World Conservation Strategy" auf. Ihr Ziel wird schon im Titel deutlich: die Bewahrung von

Ressourcen und essentiellen, lebensnotwendigen ökologischen Systemen und Prozessen.

Ihr Untertitel „Living Resource Conservation for Sustainable Development" macht aber auch deutlich, wie die Nachhaltigkeitssemantik gleichzeitig fundamental verändert wird. Denn das Ziel der Konservierung lebenswichtiger Ressourcen gilt nun nicht mehr der Bewahrung eines bestimmten Zustands, sondern der Anleitung einer als nachhaltig gekennzeichneten *Entwicklung* (development). Die innerhalb der World Conservation Strategy erstmals zu beobachtende Kombination von „sustainable" und „development", rückt den Nachhaltigkeitsgedanken wieder in die Nähe der Fortschrittssemantik. Entsprechend lautete die zentrale These der Strategie auch, dass eine dauerhafte ökonomische Entwicklung ohne den Erhalt der Funktionsfähigkeit der Ökosysteme nicht realisierbar sei (GRUNWALD/KOPFMÜLLER 2006: 18). Die Kombination von wirtschaftlich-gesellschaftlichem Fortschritt mit dem Erhalt ökologischer Systeme sowie dem unbedingten Schutz allen Lebens kommt seither im Oxymoron „nachhaltige Entwicklung" zum Ausdruck. Diese Kombination ist die eigentliche semantische Innovation, die der Nachhaltigkeitssemantik auch zum Durchbruch im semantischen Apparat der Zweiten Moderne verholfen hat:

> „Die These der Grenzen des Wachstums in der Tradition des Club of Rome verhinderte lange, dass im breiten gesellschaftlichen Konsens eine Bearbeitung der ökologischen Frage als nötig erachtet wurde. Die ökologische Theoriebildung dieser Tradition implizierte einen Bruch mit der Wachstumsprämisse und den gesellschaftlichen Entwicklungen des Industrialismus, weshalb aufgrund ökologischer Argumentationen keine Reform, sondern eine revolutionäre Transformation bestehender Strukturen nötig erschien. Solange also Wachstum und Nachhaltigkeit als Widerspruch wahrgenommen wurden, konnten ökologische Konzepte nur sehr zaghaft in die hegemonialen Debatten einbezogen werden. […]
> Während die politische Ökologie auf der These der Grenzen des Wachstums beruhte, stellt die Hoffnung auf ein ,Wachstum der Grenzen' das Leitmotiv der Debatten um nachhaltige Entwicklung dar. Durch diesen diskursiven Bruch wird eine Integration der Nachhaltigkeitsdiskussion in die breiten Debatten der sozialwissenschaftlichen und ökonomischen Theoriebildung sowie der gesellschaftlichen und politischen Öffentlichkeit erreicht." (DINGLER 2003: 194f.)

Obwohl die World Conservation Strategy den Bruch mit der zuvor von der Nachhaltigkeitssemantik beschriebenen Inkommensurabilität von wirtschaftlichem Wachstum und natürlicher Bestandswahrung eingeleitet hatte, ist ein anderes Dokument, das diesen Weg fortsetzte, zum paradigmatischen Text der gepflegten Nachhaltigkeitssemantik geworden: der Brundtland-Report. Er war das Ergebnis der 1983 eingesetzten UN-Kommission für Umwelt und Entwicklung, die der wachsenden Sorge um den sich verschlechternden Zustand der menschlichen Umwelt und der natürlichen Ressourcen sowie dessen Konsequenzen für die ökonomische und soziale Entwicklung begegnen sollte. Die sogenannte Brundtland-Kommission stand in der Tradition internationaler Konferenzen und Arbeitskreise in den 1970er Jahren, die

sich mit den immer deutlicher erkennbaren Problemen der Entwicklungsländer –
namentlich wirtschaftliche Unterentwicklung, Armut, mangelnde medizinische Versorgung, Hunger, korrupte oder diktatorische politische Regime – befassten. Im Zuge der Auseinandersetzung mit den Entwicklungsproblemen dieser Länder wurden
zunehmend auch die sozialen Aspekte von Ressourcen- und Umweltproblemen
herausgearbeitet. Das führte zu einer Kombination ökologischer- und entwicklungsbezogener Semantiken, wie sie von den verschiedenen Institutionen der Vereinten
Nationen in dieser Zeit und im Rahmen dieser Konferenzen entwickelt wurden. Entsprechend wurde als Ziel der Brundtland-Kommission formuliert, Möglichkeiten
eines dauerhaften menschlichen Fortschritts zu konzeptualisieren, der durch anthropogene Übernutzungen der Natur in Gefahr zu geraten schien und der durch bestimmte Interventionsstrategien aufrecht erhalten werden sollte. Die von der Kommission vorgeschlagene Strategie war die der nachhaltigen Entwicklung. In ihrem
Abschlussbericht „Our Common Future" von 1987 lieferte die Kommission auch
die erste und bis heute immer wieder reproduzierte Definition:

> "Sustainable development is development that meets the needs of the present without compromising the ability of future generations to meet their own needs." (WCED 1987: 43)

Bemerkenswert an dieser Definition ist, dass sie die konzeptionelle Transformation
der Nachhaltigkeitssemantik, die sich in der World Conservation Strategy noch auf
der Schwelle zwischen Natur einerseits und menschlicher Entwicklung andererseits
befindet, endgültig hin zu jenem Sinnzusammenhang vollzieht, der sich auf die dauerhafte Befriedigung menschlicher Bedürfnisse richtet. Zugleich behält sie aber den
Kern des ursprünglich forstwirtschaftlichen Nachhaltigkeitsgedankens bei, indem
auch sie eine intergenerationale Perspektive einnimmt. Die Doktrin des „sustained
yield" ist deutlich wiederzuerkennen:

> "To fulfill our obligation towards our descendants and to stabilize our communities, each generation should sustain its resources at a high level and hand them along undiminished. The sustained yield of timber is an aspect of man's most fundamental nee: to sustain life itself." (Zitiert nach GROBER 2009: 19.)

Die hier noch einseitige Fokussierung auf die natürlichen Voraussetzungen für die
Erfüllung menschlicher Bedürfnisse wird in der Brundtland-Definition zugunsten
der zusätzlichen Berücksichtigung gesellschaftlicher Bedingungen aufgegeben und
um die Voraussetzung wirtschaftlichen Wachstums ergänzt: „What is needed now is
a new era of economic growth – growth that is forceful and at the same time socially and environmentally sustainable." (WCED 1987: XII) Die Vorstellung „natürlicher" Grenzen des Wachstums wird ersetzt durch die Annahme relativer Grenzen.
Nicht die Limitierung natürlicher Ressourcen rückt in den Mittelpunkt, sondern die
Begrenztheit gesellschaftlicher Organisationsformen. In der Nachhaltigkeitsseman-

tik sind nicht die Natur oder der Mensch die den gesellschaftlichen Fortschritt beschränkenden Variablen. Es ist vielmehr die Gesellschaft selbst, die ihren Fortschritt positiv oder negativ beeinflussen kann. Sie kann die Grenzen ihrer Entwicklung durch innovative Technologien oder gesellschaftliche Organisationsformen selbst immer weiter ausdehnen oder gefährden. Die Gesellschaft macht sich damit selbst zum Subjekt nachhaltiger Entwicklung. Dabei wird die Nachhaltigkeitssemantik zur Selbstbeschreibung einer Gesellschaft, die sich selbst als vermittelnde Variable zwischen Natur und Individuum beobachtet. Sie ordnet nunmehr auch im semantischen Apparat Kommunikationen, mit denen sich die Gesellschaft zuvorderst selbst (als soziales System) und im Verhältnis zu ihrer natürlichen (ökologische Systeme) und psychischen Umwelt (Bewusstseinssysteme) beschreibt. Möchte man den von der Nachhaltigkeitssemantik verarbeiteten Sinn also auf einen Nenner bringen, so geht es ihm um die langfristige Aufrechterhaltung der Entwicklungsfähigkeit gekoppelter sozialer, ökologischer und psychischer Systeme. Die Nachhaltigkeitssemantik macht die desintegrativen Tendenzen zwischen den beteiligten Systemen innerhalb dieser Entwicklung zu ihrem Thema und spielt sich entweder zur moralisch-normativen oder zur regulativen – jedenfalls aber immer zur integrativen – Instanz der Weltgesellschaft auf.[63]

4.2 Selbstbeschreibung der Weltgesellschaft: Protest und Angst in der Moderne

Als die semantische Innovation der Nachhaltigkeit im 18. Jahrhundert entsteht, kann sie zunächst noch nicht auf gesamtgesellschaftlicher Ebene verarbeitet werden. Stattdessen wird sie als Selbstbeschreibung der Forstwirtschaft solange konserviert, bis sie zu den gesellschaftsweit beobachteten Problemlagen zu passen scheint; sie wird aktualisiert und verfestigt sich schließlich in der Semantik der Weltgesellschaft. Sie entsteht in der „Sattelzeit" (KOSELLECK 1972) um 1800, als sich die Gesellschaft – begleitet von der Entstehung zahlreicher anderer Neologismen – von einer stratifikatorischen hin zu einer funktionalen Differenzierungsform wandelt (vgl. LUHMANN

---

[63] Ähnlich *Kneer* (2002: 69f.): „Auch bezüglich dieses Vorgangs [die gesellschaftliche Evolution und die durch sie erzeugte Alleinzuständigkeit einzelner Systeme für bestimmte Funktionen; TM] stellt die Vorstellung einer nachhaltigen Entwicklung eine spezifische Reaktion dar, die darauf abzielt, das Auseinanderdriften der gesellschaftlichen Funktionssysteme zu unterminieren. Gefordert wird eine […] ausgewogene Integration […] Bei der Leitidee der nachhaltigen Entwicklung handelt es sich um ein normatives Wertpostulat oder, systemtheoretisch formuliert, um eine bestimmte *gesellschaftliche Selbstbeschreibung*, also eine soziale Semantik." (Hervorh. i. O.)

1997: 609ff.). Mit diesem Übergang wird zugleich eine Wachstumsdynamik in Gang gesetzt, in der sich die sozialen Funktionssysteme auf die Abweichung von vorgegebenen Zuständen, auf Komplexitätssteigerung und Expansion einstellen. Dieser Prozess hat folgenreiche Konsequenzen für die außer- wie innergesellschaftliche Umwelt und führt zugleich zu einem Verlust religiös-moralischer Integration. Religiöse Forderungen wie die nach der Bewahrung der Einheit der Schöpfung erreichen die sich verschärfenden Logiken rein funktional konditionierter Teilsysteme nicht mehr. Mit der exklusiven Zuständigkeit einzelner Funktionssysteme für bestimmte soziale Teilbereiche verzichtet die Gesellschaft nicht nur auf eine Mehrfachabsicherung zentraler Funktionen, sondern zugleich auf ein normatives Gravitationszentrum, das das Auseinanderdriften der Funktionssysteme verhindern könnte. Diese strukturell angelegte Desintegration kann auch regulativ nicht mehr eingefangen werden. Denn ebenso wenig wie ein normatives Zentrum die Fliehkräfte sozialer Evolution in der modernen Gesellschaft zurückhalten kann, existiert ein entsprechendes Steuerungszentrum, das dazu in der Lage wäre.

Auf die Nebenwirkungen funktionaler Differenzierung kann die Gesellschaft daher zunächst nur auf der *semantischen* Ebene reagieren. Ihr bleibt nichts anderes übrig – denn sie kann nichts anderes – als zu kommunizieren. Dem *strukturellen* Mangel an eingebauten Selbstbegrenzungsmechanismen im Prozess der funktionalen Differenzierung kann sie nur begegnen, indem sie zum Beispiel die Nachhaltigkeitssemantik zur gesellschaftlichen Selbstbeschreibung ausbaut und damit eben diesen Mangel thematisiert. Selbstbeschreibungen fungieren als kognitive Konstruktionen einer Einheit der Gesellschaft, die es ihr erlauben, wenn schon nicht *mit* sich selbst, so doch wenigstens *über* sich selbst zu kommunizieren. Die Gesellschaft kann nicht *mit* sich selbst kommunizieren, weil sie Sinn prozessiert, der mit jeder kommunikativen Verwendung gleichzeitig neue Möglichkeiten reproduziert, die im selben Moment das verändern, was als Gesellschaft vorausgesetzt werden muss. So steht die Gesellschaft vor dem Dilemma, dass sie mit ihren eigenen Operationen nicht unmittelbar auf sich selbst durchgreifen kann. Weder hat sie eine „soziale Adresse", an die sie sich richten könnte, noch ist sie eine Organisation, mit der man kommunizieren und die sich durch Entscheidungen zielgerichtet selbst steuern könnte (vgl. LUHMANN 1997: 866f.). Um die Fähigkeit zur Selbststeuerung, d. h. zur Einflussnahme auf die eigene strukturelle Beschaffenheit und Entwicklung, nicht gänzlich zu verlieren, bedarf es Selbstbeschreibungen, die diese stabilen oder dynamischen Strukturen wenigstens nachträglich thematisieren.

Selbstbeschreibungen sind zunächst einmal Selbst*beobachtungen*, die etwas bezeichnen, indem sie es unterscheiden. Es handelt sich um kommunikative Operationen, die nur in dem Ereigniszusammenhang eines Systems existieren können und voraussetzen müssen, dass das System, das sie beobachten und beschreiben, schon vorliegt.[64] Auf Selbstbeobachtungen basierende Selbstbeschreibungen können also keine konstitutiven, sondern allenfalls nachträgliche kommunikative Operationen sein. Damit ist zwar keinesfalls ausgeschlossen, dass – wie zu zeigen sein wird – auch Selbstbeschreibungen strukturelle Wirkungen entfalten, sie können aber jedenfalls nicht losgelöst von anderen operativen Ereignissen existieren.

„Überhaupt handelt es sich bei Beschreibung und Beschriebenem nicht um zwei getrennte, nur äußerlich verknüpfte Sachverhalte; sondern bei einer Selbstbeschreibung ist die Beschreibung immer ein Teil dessen, was sie beschreibt und ändert es alleine schon dadurch, dass sie auftritt und sich der Beobachtung aussetzt." (ebd.: 884)[65]

Angesichts dieser engen Verknüpfung von Beschreibung und Beschriebenem, von Semantik und Struktur, überrascht es nicht, dass die Selbstbeschreibungen der modernen Gesellschaft zuvorderst die funktionale Differenzierung selbst thematisieren und in ihren Semantiken auf die damit verknüpften Strukturprobleme eingehen. Mit seinen Selbstbeschreibungen dirigiert das Gesellschaftssystem vor allem das, was es innerhalb seiner Strukturen „[...] als Inkonsistenz bemerken kann, es begrenzt und verstärkt dadurch Irritabilitäten vor dem Hintergrund all dessen, was damit verdrängt und unbeobachtet bleibt" (ebd.: 886).

Auch die Nachhaltigkeitssemantik reagiert auf die Strukturprobleme und die Nebenfolgen der funktionalen Differenzierung in der Gesellschaft, vor allem weil sie von sozialen Bewegungen, die selbst ein Resultat struktureller Gesellschaftsveränderungen sind, zur Anleitung der Beobachtung und Beschreibung dieser Probleme verwendet wird. Die funktional differenzierte Gesellschaft, die strukturell nicht mehr die Möglichkeit besitzt, die Einheit der Gesellschaft in der Gesellschaft von einem privilegierten Standpunkt aus zu repräsentieren, findet in sozialen Bewegungen eine neue Möglichkeit, mit diesem Problem umzugehen. Denn soziale Bewegungen beobachten und beschreiben die Gesellschaft im Modus der Beobachtung zweiter Ordnung (vgl. LUHMANN/HELLMANN 2004: 14). Sie nutzen dabei die Nachhaltigkeitssemantik für ihre als Protest hervorgebrachte Kommunikation und verfolgen

---

[64] Insofern unterscheidet sich die Selbstbeobachtung von der Fremdbeobachtung, die durch Systemdifferenzierung viel eher ermöglicht wird und vor allem als die Beobachtung eines Funktionssystems durch ein anderes stattfindet. Selbstbeobachtungen finden demgegenüber nur dann statt, wenn sich die Beobachtung nicht von ihrem Gegenstand distanziert, sondern sich selbst mitmeint (vgl. *Luhmann* 2004: 230f.).

[65] Solange die Beschreibung der Welt als religiöse Wahrheit begriffen wurde, konnte dieser Eindruck noch vermieden werden. Unter den Bedingungen funktionaler Differenzierung ändert sich das: Die Gesellschaft stellt mehrere Selbstbeschreibungen nebeneinander, wodurch deren Kontingenz ebenso sichtbar wird wie ihre Konstruktion im System. Jede Selbstbeschreibung ist nun kontingent, weil es Alternativen zu ihr gibt. Damit geht auch die Möglichkeit einer übergreifenden Konsensfähigkeit gesellschaftlicher Selbstbeschreibungen verloren.

trotz ihrer Vielfalt – von der Umweltbewegung über die Kapitalismuskritik und die Frauenbewegung bis zum Anti-Korruptions-Aktivismus – eine gemeinsame Zielrichtung: „Sie befassen sich auf breiter Front mit einer Vielzahl von Folgen der Ausdifferenzierung von Funktionssystemen" (LUHMANN, zitiert nach LUHMANN/HELLMANN 2004: 15).

Es sind die sozialen Bewegungen, die der Nachhaltigkeitssemantik den Durchbruch zur Selbstbeschreibung der Weltgesellschaft ermöglicht haben. Damit dieser Schritt gelingen konnte, musste sich die Nachhaltigkeitssemantik zunächst auch im semantischen Apparat der Weltgesellschaft etablieren. Das geschieht endgültig 1992 auf der United Nations Conference on Environment and Development (UNCED), wo sie sich aus den exklusiven politischen Dokumenten der Vereinten Nationen heraus entwickelt und Einzug in die weltweite mediale Berichterstattung findet.[66] Wichtiger noch als die dort beschlossenen weltweiten Aktionen zur „Lokalen Agenda 21" und die damit verbundene Aufmerksamkeit der Medien war es für die Durchsetzung der Nachhaltigkeitssemantik in der Alltagskommunikation der Weltgesellschaft, dass auf der Konferenz erstmals Vertreter sozialer Bewegungen als offizielle Gesprächspartner zugelassen wurden. Über ihre Beteiligung an den Verhandlungen waren diese damals noch als „Neue Soziale Bewegungen" (NSB) (KLEIN et al. 1999) bezeichneten Gruppierungen gezwungen, sich die gepflegte Nachhaltigkeitssemantik anzueignen. Seither nutzen auch sie „Nachhaltigkeit" zur Anleitung ihrer Beobachtungen und Beschreibungen der Welt. Die Etablierung der Nachhaltigkeitssemantik als eine Selbstbeschreibung der Gesellschaft ist dabei eng verbunden mit der Kommunikationsweise von sozialen Bewegungen, die sich primär als Protest vollzieht und an die Verantwortung anderer appelliert.[67]

Soziale Bewegungen sind, wie sich in ihrer mittlerweile gängigsten Bezeichnung als Non-Governmental Organizations (NGOs) bereits andeutet, dem sozialen System der Organisation sehr ähnlich. Sie lassen sich ihm aber nicht widerspruchsfrei zuordnen. Zwar bringen sie adressierbare Organisationen hervor, sie prozessieren aber keine Entscheidungen im eigentlichen Sinn, sie sind nicht hierarchisch, sondern netzwerkförmig aufgestellt. Sie sind auch nicht so sehr von der Erfüllung bestimm-

---

[66] Auf dem sogenannten Erdgipfel in Rio de Janeiro wurde das Leitbild der nachhaltigen Entwicklung zum ersten Mal operationalisiert. Sein wichtigstes Ergebnis, die Agenda 21, war ein globales entwicklungs- und umweltpolitisches Programm für das 21. Jahrhundert, dessen Ziel „a global partnership for sustainable development" (*UNCED* 1992: 1.1) war. Das darin geschnürte Maßnahmenpaket zur Förderung nachhaltiger Entwicklung ist zwar weiterhin zuvorderst an das politische System adressiert, ruft aber erstmals auch nachgeordnete politische Ebenen wie die Kommunen der 172 Unterzeichnerstaaten auf, ihren Teil zu einer nachhaltigen Entwicklung beizutragen.

[67] Luhmann definiert Protest als „Kommunikationen, die an andere adressiert sind und deren Verantwortung anmahnen" (*Luhmann* 1991: 135).

ter zugewiesener Rollen ihrer Mitglieder und deren Indifferenzzone (BARNARD 1938) abhängig, sondern von der Darstellung ihrer Anliegen in den Medien und der Unterstützung eines diffusen Kreises von Sympathisanten, deren Motivation identisch mit dem „Organisationszweck" ist. Vor allem aber sind soziale Bewegungen nicht auf Dauer angelegt, denn sie verfolgen die Beseitigung bestimmter Zustände, gegen die sich ihr Protest richtet. Sowohl ihr Erfolg, als auch die Aussichtslosigkeit der Durchsetzung ihres Anliegens müssen zur Auflösung von Protestbewegungen führen. Insofern scheint auch eine Konzeption sozialer Bewegungen als eigenständiges soziales Funktionssystem problematisch. Die Differenz, die sie in der Gesellschaft ziehen, besteht nur solange, wie ein Unterschied zwischen ihrem Anspruch und der Wirklichkeit feststellbar ist. Um diesen Unterschied dauerhaft aufrecht zu erhalten, schließen sich zwar auch Protestbewegungen autopoietisch nach außen gegen ihre Umwelt und die Ursachen, die zu ihrer Entstehung führten, ab. Ihr Protest ist aber kein echter binärer Code, dessen Prozessieren eine dauerhafte autopoietische Reproduktion erlauben würde. Sein Negativwert ist nicht in der Lage, den Positivwert zu reflektieren. Protest ist vielmehr ein kompromiss- und alternativloses Dagegensein, mit dem sich die Protestbewegung davor bewahren muss, sich den Argumenten der anderen Seite zu öffnen. Denn sobald die vom Protest entworfene Differenz zusammenbricht, kollabiert der Protest selbst. Ein Crossing von der einen Seite der Unterscheidung auf die andere, wie es etwa im politischen System zwischen Regierung und Opposition problemlos möglich ist, kann sich der Protest nicht leisten (vgl. PRILLER 1999: 75ff.). Deswegen hat Luhmann auch nur eine sehr ambivalente Definition von Protestbewegungen als soziale Systeme anzubieten:

> „Soziale Bewegungen sind zugleich autopoietische und epigenetische Systeme: sie gehen von ihrer Definition der Situation aus, sie proklamieren ihre Ausgangsunterscheidung (draw a distinction) und folgen der damit angesetzten Logik. Aber die Gesellschaft stellt ihnen dafür nur die Form sozialer Bewegungen zur Verfügung, wenn und weil es sich nicht um Unterscheidungen handelt, die sich als Codes für Funktionssysteme eignen. [...] Soziale Bewegungen beobachten die funktional differenzierte Gesellschaft mit Hilfe eigentümlicher Leitdifferenzen, die sich nicht zur Codierung von Funktionssystemen eignen und eben deshalb für eine noch nicht vorprogrammierte Beobachtung freigegeben sind." (LUHMANN 1988: 61)

So wie „ordentliche" gesellschaftliche Funktionssysteme von Programmen abhängig sind, die die Zuweisung eines positiven und negativen Codewertes organisieren, so bedürfen soziale Bewegungen eines oder mehrerer Themen, die konkretisieren, woran sich ihr Protest orientiert. Diese Themen sind so vielseitig wie die Gesellschaft selbst. Diese Vielseitigkeit, zusammen mit der funktionalen Unbestimmtheit der Codierung von Protestbewegungen, erlaubt es ihnen, alternativ und ohne „Vorprogrammierung" zu denken. Als „epigenetische" Systeme, also zufällige Nebenprodukte funktionaler Differenzierung, füllen sie Freiräume aus, die von keinem

Funktionssystem beansprucht werden. Sie bewegen sich in den funktional unbestimmten Kommunikationsräumen der Gesellschaft und sind dadurch in der Lage,
Aufmerksamkeit und Sensibilität für die Folgeprobleme funktionaler Differenzierung zu schaffen. Sie fungieren „[…] als Sinnesorgan der Gesellschaft, das Probleme
sieht, die der Gesellschaft in der Perspektive der Funktionssysteme nicht auffallen
würden. Zwar sind Variationsmöglichkeiten und Innovationen schon im Differenzie-
rungsprinzip selbst angelegt, aber die NSB können darüber hinaus Probleme und Risiken sichtbar machen und Themen in die Diskussion einführen, die sich nicht auf
die rationale Perfektionierung der jeweiligen Subsysteme, sondern auf das Ganze
der Gesellschaft beziehen." (PRILLER 1999: 79)

Seit dem Wandel der Gesellschaft von einer stratifikatorischen zu einer funktionalen Differenzierung knüpft die Selbstbeobachtung der Gesellschaft an die Folgen
der Ausdifferenzierung von Funktionssystemen an, was stets zu einer kausaltheore-
tischen Zurechnung dieser Folgen führte. Die daraus resultierenden Selbstbeschreibungen und Semantiken haben sich zwar verändert, geblieben ist jedoch, dass man
die Gesellschaft selbst für die Ursache dessen hält, wogegen man sich auflehnt und
protestiert (vgl. LUHMANN 1997: 868). Nichtdestotrotz fällt eine konkrete Zurechnung von Ursachen innerhalb einer komplexen Gesellschaft, in der Intention immer öfter nichtintendierte Folgen haben, zunehmend schwer. Noch mehr trifft das
für die Bearbeitung der nicht mehr zurechenbaren Ursachen zu. Da jedes Funktionssystem die Gesellschaft lediglich unter einem sehr eng bestimmten Gesichtspunkt
beobachtet, werden die jeweiligen funktionsspezifischen Folgeprobleme, wenn sie
nicht zufällig in den ebenfalls eng definierten Zuständigkeitsbereich eines anderen
Funktionssystems fallen, nicht wahrgenommen. Die Nebenwirkungen der funktionalen Differenzierung werden somit systematisch ignoriert. Zugleich nimmt das Ri-
sikopotential, also das Spektrum möglicher Nebenfolgen, soweit zu, dass immer
mehr Entscheidungen anfallen, die mit immer höherer Wahrscheinlichkeit die Möglichkeit von Schäden beinhalten. Insofern liegt das eigentlich Neue der Protestbewegungen in einem neuen Protesttypus: nämlich „[…] in der Ablehnung von Situationen, in denen man das Opfer des riskanten Verhaltens anderer werden könnte"
(LUHMANN 1991: 146). Soziale Bewegungen richten sich gegen dieses Risiko, indem
sie „Betroffenheit gegen Entscheidung" (ebd.: 148) ausspielen.

Mit der Nachhaltigkeitssemantik haben sie einen Weg gefunden, diesen Protest
zu artikulieren. Er richtet sich vor allem gegen die Rigidität der binären Codes sozialer Funktionssysteme:

> „Man möchte die Spannung zwischen Haben und Nichthaben vermeiden, die Schärfe der
> Differenz von Recht und Unrecht durch Verständnis für den Menschen mildern. Man
> möchte die Umwelt gegen die funktionsrationalen Codierungen der Gesellschaft zur Gel-
> tung bringen. Man möchte, alles in allem, gegenüber jeder Codierung die Position des aus-
> geschlossenen Dritten einnehmen […]." (LUHMANN 2004: 233f.)

Protestbewegungen übernehmen diese Simulationsfunktion und präsentieren sich als das betroffene „Dritte". Sie führen damit eine Differenz von Entscheidern und Betroffenen sowie von Gegenwart und Zukunft in das Gesellschaftssystem ein und ziehen dadurch eine Grenze gegen die Einheit der Gesellschaft in der Gesellschaft. Sie denken sozusagen gegen die Gesellschaft, indem sie sich orthogonal zu den Funktionscodes der Teilsysteme stellen. In der Protestkommunikation organisiert die Gesellschaft eine Form der Selbstbeschreibung, indem sie eine interne Reflexionsgrenze einrichtet. Über diese Grenze hinweg beobachtet sie sich selbst im Spiegel des Protests. Auf diese Weise versuchen soziale Bewegungen, die Reflexionsdefizite der modernen Gesellschaft zu kompensieren. Protest lenkt das Augenmerk auf Probleme, die sonst ausgeblendet bleiben würden. Damit sehen soziale Bewegungen mehr als die meisten Funktionssysteme. Sie nehmen die Selbstgefährdungen der Gesellschaft auf breiter Front wahr: in der Gefährdung einzelner Funktionscodes, im Verhältnis der Funktionssysteme zueinander sowie zwischen der Gesellschaft und ihrer natürlichen oder psychischen Umwelt. Die Beobachtung unterschiedlicher Selbstgefährdungen kommunizieren sie dann innerhalb der Nachhaltigkeitssemantik. Anders als den Funktionssystemen entgeht sozialen Bewegungen dabei die eigene Perspektivität, da sie sich vor jedem Re-entry abschotten müssen (vgl. PRILLER 1999: 79). Diese eingeschränkte Resonanzfähigkeit von Protestbewegungen und ihre Isolation gegenüber der Umwelt, gegen die sie ihren Protest richten, sind jedoch funktional. Denn ein Aufweichen ihrer Geschlossenheit würde die Einheitssemantik gefährden und Protestgruppen schließlich zur Kompromissbereitschaft zwingen.

Das „Theoriedefizit", das LUHMANN (2004: 232) sozialen Bewegungen unterstellt, wenn er ihnen vorwirft, dass sie die ihren eigenen Beobachtungen zugrundeliegenden Unterscheidungen nicht unter Kontrolle haben und nur Widerstand auf der Basis bestimmter, prinzipiell abgelehnter Wertsetzungen motivieren können, ist unverzichtbar für die Aufrechterhaltung der Autopoiesis der Gesellschaft. Denn nur durch die Radikalität ihres Widerspruchs, durch das Entgegenstellen fundamentalalternativer Wertsetzungen (Nachhaltigkeit!) und die Negation der Gesellschaft in der Gesellschaft machen soziale Bewegungen die Dysfunktionalitäten der funktionalen Differenzierung sichtbar. Sie thematisieren zuvor nicht thematisierte Krisen der Gesellschaft als die Folge riskanter Entscheidungen. Und indem sie die „*Gesamtprätention des Systems: geordnete, reduzierte Komplexität zu sein*" (LUHMANN 1984: 508; Hervorh. i. O.), stören, ergeben sich für die Gesellschaft immer wieder neue Irritationen und Anschlussmöglichkeiten. Protest führt zur permanenten Entdogmatisierung und Neuanpassung von Systemen und verlangt mit seinem Widerspruch nach Veränderung. Auch deswegen bestimmt Luhmann die Funktion von Protestbewegungen als die eines gesellschaftlichen Immunsystems. Indem sie mit ihrer hohen, systemimmanenten Konflikt- und Widerspruchsbereitschaft auf Unsicherheiten und

Inkonsistenzen des laufenden Kommunikationsprozesses hinweisen und damit zugleich auf Störungen der normalen Kommunikation reagieren und entsprechend eingreifen, wirken Protestbewegungen als funktionales Äquivalent organischer Immunsysteme in der Gesellschaft. Ihr Widerspruch und die durch sie ausgelösten Konflikte sind für die Fortsetzung der Autopoiesis der Gesellschaft unverzichtbar:

> „Das System immunisiert sich *nicht gegen das Nein*, sondern *mit Hilfe des Nein*; es schützt sich *nicht gegen Änderungen*, sondern *mit Hilfe von Änderungen* gegen Erstarrung in eingefahrenen, aber nicht mehr umweltadäquaten Verhaltensmustern. Das Immunsystem schützt nicht die Struktur, es schützt die Autopoiesis, die geschlossene Selbstreproduktion des Systems." (LUHMANN 1984: 507, Hervorh. i. O.)

Üblicherweise folgt die Autopoiesis der Gesellschaft einem Normalweg, der durch bestimmte Erwartungsstrukturen vorgegeben ist. Ist dieser Normalweg versperrt, sichert das Immunsystem die Fortsetzung der Autopoiesis, indem es anregt, nach alternativen Wegen zu suchen. Im Unterschied zum Recht, für Luhmann ein weiteres Immunsystem der Gesellschaft (vgl. LUHMANN 1995: 565ff.), stellen soziale Bewegungen mit ihrem Protest ein modernes, kreativeres Verfahren für die Auswahl und Behandlung gesamtgesellschaftlicher Widersprüche und Konflikte bereit (vgl. HELLMANN/LUHMANN 2004: 10f.).[68] Dieses Verfahren wirkt, weil Protestbewegungen – um im Bild des Immunsystems zu bleiben – den Organismus der Gesellschaft mit einem Antikörper ausstatten, der an den unterschiedlichsten Organen gleichermaßen andocken und wirksam arbeiten kann.

Die Selbstheilungskraft der Gesellschaft, derer sich der Protest bedient, ist die Angst.[69] Sie ist eine besondere Form moralischer Kommunikation, die entsteht, weil es der funktional differenzierten Gesellschaft an normativer Sinngebung fehlt, für die ein durchgehender gesellschaftlicher Konsens vorausgesetzt werden könnte und die von einer übergeordneten Position an Wesentliches erinnern oder den gesellschaftlichen Verfall beklagen könnte. Obwohl solche normativen archimedischen Punkte außerhalb der autopoietischen Systeme nicht existieren können, findet moralische Kommunikation dennoch statt. Allerdings kommuniziert sie nicht mehr nur über die Differenz zwischen Norm und Abweichung, sondern vor allem über Angstthemen. Der Protest verschiebt das Problem der Unkenntnis der Zukunft vom Kognitiven ins Normative und fordert von seinem Gegenüber Verantwortung für die

---

[68] Während das Recht durch die kontrafaktische Aufrechterhaltung von Erwartungsstrukturen die Autopoiesis absichert, indem es ohne Kenntnis aller Faktoren (Motive, Absichten etc.) auf erwartungsenttäuschende Normverstöße innerhalb vorgegebener Regeln reagiert, ist das Immunsystem, das die sozialen Bewegungen bereitstellen, deutlich offener – und kreativer – im Umgang mit Erwartungsenttäuschungen.

[69] Zur gesellschaftlichen Funktion von Angst vgl. u.a. *Wiesbrock* (1967), *Neumann* (1978), *Martinsen* (1997, 2000), *Marcus* (2002).

Folgen seiner Entscheidung ein. Auslöser dafür ist die Angst, Opfer dieser Entscheidungen zu werden. Das führt insgesamt zu einem neuen Stil moralischer Kommunikation, die sich nicht mehr auf eindeutige Normen gründet, bei denen man nur die Abweichung zu vermeiden hätte, um angstfrei leben zu können, sondern auf ein gemeinsames Interesse an Angstminderung. Auch der Protest in einer Moderne, die sich ihrer eigenen Ambivalenz und Komplexität bewusst ist, funktioniert nur vor dem Hintergrund des Mangels an absoluten moralischen Werten und der Unfähigkeit zur Herstellung eines substantiellen übergreifenden und dauerhaften Konsenses. Stattdessen instrumentalisiert der Protest die Angst, weil sie in allen gesellschaftlichen Funktionssystemen gleichermaßen anschlussfähig ist. Sie kann durch keines der Funktionssysteme weggeregelt werden. Sie kann weder rechtlich reguliert, noch wissenschaftlich widerlegt werden. Im Gegenteil: Jeder Versuch, die komplizierte Struktur moderner Risikoprobleme regulativ in den Griff zu bekommen oder wissenschaftlich aufzuklären, liefert der Angst nur neue Nahrung (vgl. LUHMANN 2004: 237ff.). Ebenso wenig wie die Moral muss Angst legitimiert oder theoretisch fundiert werden. Sie ist per se authentisch und immun gegen Widerlegung, weil man sich selbst bescheinigen kann, Angst zu haben, ohne dass andere das Gegenteil beweisen könnten.

> „Das alles macht Angstthemen attraktiv für eine Kommunikation, die die Funktionssysteme von außerhalb, und doch innerhalb der Gesellschaft, beobachten und beschreiben will. Angst widersteht jeder Kritik der reinen Vernunft – sie ist das moderne Apriori – nicht empirisch, sondern transzendental." (LUHMANN 2004: 240)

Es überrascht denn auch nicht, dass Angst das zentrale Motiv sozialer Bewegungen ist (vgl. EDER 1990). Ihr Protest richtet sich auf die „Dauerprobleme unseres Gesellschaftssystems" (LUHMANN 1992b: 28) und nimmt damit die Form einer moralisierenden Metakommunikation über die Kommunikationen der Funktionssysteme an. Er kommuniziert stellvertretend für die Betroffenen Angst und erhebt damit permanent moralische Ansprüche. Seine Fähigkeit zur Metakommunikation erhält der Protest vor allem durch die Tatsache, dass Angstthemen in der Moderne eine neue Eigenschaft annehmen: „Man braucht keine Angst zu haben, Angst zu zeigen" (LUHMANN 2004: 241). Angstthemen werden anschlussfähig dadurch, dass es keine „individuelle Tüchtigkeit" (ebd.) gibt, die den wahrgenommenen Gefahren entgegensetzt werden könnten. Es fällt also auch kein schlechtes Licht auf denjenigen, der vor negativen Entwicklungen Angst hat und vor ihnen warnt. Verstärkend kommt zur Verbreitungsfähigkeit von Angst hinzu, dass sie im Kommunikationsprozess nicht bestritten werden kann und dadurch eine moralische Existenz gewinnt: „Wer Angst hat, ist moralisch im Recht, besonders wenn er für andere Angst hat [...]" (ebd.: 244). Diese moralische Qualität der Angst „[...] macht es zur Pflicht, sich Sorgen zu machen, und zum Recht, Anteilnahme an Befürchtungen zu erwarten und Maßnahmen zur Abwendung der Gefahren zu fordern" (ebd.: 245). Angst ist der Impuls aller Protestbewegungen, die auf eine religiöse Transzendenz verzichten und sich stattdessen an einer innerweltlichen Veränderung der Welt versuchen. Ihre enorme Wirkung verdankt sie der Tatsache, dass keine andere Komplexitätsreduktion als die der Angst, der Komplexität dessen, worum es heute geht, angemessener zu sein scheint. Die Angst ist ein neuer, der Prinzipienmoral funktional äquivalenter archimedischer Punkt, der es ermöglicht, die Konstitution der Gesellschaft aus ihrer Gefährdung heraus zu begreifen (vgl. BAECKER 1988).

Die Nachhaltigkeitssemantik macht diese Selbstgefährdung sichtbar und wird durch Protestbewegungen zum Teil des semantischen Apparats der Weltgesellschaft. Der Protest stößt aufgrund seiner Anschlussfähigkeit in den Funktionssystemen Reflexionsprozesse an, die die Nebenfolgen funktionaler Differenzierung und sozialer Evolution abmildern sollen. Das Anliegen der Protestbewegungen ist ein integratives: Sie verlangen die Einbeziehung des ausgeschlossenen Dritten in gesellschaftliche Entscheidungsprozesse und bedienen sich dabei der gesellschaftlichen Wirksamkeit und Anschlussfähigkeit der Angst vor Risiken. Die Nachhaltigkeitssemantik soll diese Integration anleiten. Für eine Semantik ist das jedoch alles andere als trivial: Sie kann zwar Kommunikationen und Sinn ordnen; wozu sie selbst gleichwohl nicht in der Lage ist, ist eine integrierende Steuerung gesellschaftlicher Evolution. Denn diese organisiert sich auf einer strukturellen Ebene in den Kopplungen sozialer Systeme und den Entscheidungen von Organisationen selbst. In einer ersten Annäherung kann man daher konstatieren, dass die integrative Funktion der Nachhaltigkeitssemantik eher in dem Aufspüren von Risiken und dem Sichtbarmachen von Ausgeschlossenem zu vermuten ist als im tatsächlichen Lösen von Problemen. Es kann ihr weniger um das Erreichen bestimmter Ziele gehen, als vielmehr um die Benennung (Beobachtung) von zu Vermeidendem. Was das für die Nachhaltigkeitssemantik bedeutet, lässt sich analog zu dem Konzept der Sozial- und Umweltverträglichkeit formulieren, das VAN DEN DAELE (1993: 220) ausbuchstabiert hat:

> „Das Konzept orientiert sich nicht positiv an der gesellschaftlichen Entwicklung, die wünschenswert ist, sondern negativ an dem sozialen Schaden, den es abzuwehren gilt. Damit scheint es festen Boden unter den Füßen zu haben, denn was man vermeiden soll, ist in der Regel besser zu bestimmen, als was man anstreben soll [...] Negative Ziele sind inhaltlich eindeutig und gegen pluralistische Relativierung immun, wenn sie den Schutz vor Gefahren betreffen, die den Bestand oder die Lebens- und Funktionsfähigkeit der Gesellschaft überhaupt in Frage stellen." (Zitiert nach HELLMANN 2004: FN 8.)

Eine Deutung, die die Funktion der Nachhaltigkeitssemantik vor allem in der Sensibilisierung für nicht-nachhaltige Entwicklungen und riskante Entscheidungen sieht, beschreibt ihre integrative Wirkung besser als ein normatives Verständnis, das positive Vorgaben für die Gestaltung gesellschaftlicher Evolution definiert. Denn ähnlich wie Nachhaltigkeit ist auch Integration nur dann zu verstehen, wenn man die andere Seite der Unterscheidung beobachtet. Wo die funktionale Differenzierung krisenhafte Tendenzen der Des- oder Überintegration verursacht, lassen sich diese als Risiken für die ausgeschlossenen Dritten beobachten: als Risiken für Individuen, die Natur oder die Autopoiesis (anderer) sozialer Teilsysteme. Die Nachhaltigkeitssemantik zieht diese Risiken zusammen. Sie stehen dann nicht isoliert nebeneinander, sondern sind „alle Teil einer einzigen Krise" (BRANDT 1997: 10) der modernen Gesellschaft, auf die das Leitbild der Nachhaltigkeit mit seinen Integrationsforderungen zu reagieren versucht.

4.3   Nachhaltigkeit als Kontingenzformel gesellschaftlicher Integration

Im systemtheoretischen Verständnis meint die Integration mehrerer Einheiten miteinander deren wechselseitige Reduktion von Freiheitsgraden (vgl. LUHMANN 1997: 603). Durch Integration ist den Einheiten nicht mehr möglich, was möglich gewesen wäre, solange die Einheiten isoliert voneinander existierten. Die Einschränkung von Freiheitsgraden reduziert die Risiken, die sich aus den Entscheidungsspielräumen von Systemen für andere Systeme ergeben.

> „Entscheidend dafür, von Integration zu sprechen, ist allerdings, dass es sich um solche wechselseitigen Möglichkeitseinschränkungen handelt, die beiderseitig als funktional für die Selbstproduktion der Einheiten einzustufen sind. Bei gesellschaftlicher Integration ist diejenige Einheit, die man als analytische Referenz wählt, die Gesellschaft. Sie steht zu [...] anderen Einheiten in einem solchen Verhältnis wechselseitiger Limitationen, das die Fähigkeit der Gesellschaft zur dauerhaften – inzwischen sagt man oft ‚nachhaltigen' – Selbstreproduktion erhält oder verbessert." (SCHIMANK 2000a: 451)

Um die Autopoiesis der Gesellschaft aufrecht zu erhalten, soll Integration die offenen Flanken der funktionalen Differenzierung schließen. Und zwar an den drei Fronten, an denen die soziale Evolution ihre riskanten Wirkungen am sichtbarsten entfaltet: innergesellschaftlich im Verhältnis der gesellschaftlichen Teilsysteme zueinander (Systemintegration) und außergesellschaftlich zwischen dem Gesellschaftssystem und seiner ökologischen Umwelt (ökologische Integration) sowie im Verhältnis von Gesellschaft und Personen (Sozialintegration).[70]

---

[70] Integration ist dabei aber gerade nicht die Zusammenführung mehrerer Teile in ein Ganzes oder die Umsetzung bestimmter Konsensvorstellungen; vielmehr wirkt sie im Verhältnis zwischen dem Gesellschaftssystem und seiner inneren wie äußeren Umwelt, ohne dass dabei Solidaritätserwartungen eine bestimmende Rolle spielen würden. Integration setzt weder eine Einheitsperspektive, noch einen Konsens oder eine Zentralinstanz voraus, sondern bezieht sich allein auf eine permanent veränderliche und dabei funktionale Justierung der Systeme im Verhältnis zueinander (vgl. *Luhmann* 1997: 604).

Gesellschaftliche Integration steht damit in erkennbarer Nähe zur Nachhaltigkeitssemantik. Während erstere jedoch allein auf eine bestimmte Ordnung zwischen der Gesellschaft und ihrer inneren wie äußeren Umwelt gerichtet ist, lässt letztere zusätzlich die zeitliche Dimension von Integration sichtbar werden. Die Nachhaltigkeitssemantik unterstreicht den gesellschaftlichen Integrationsbedarf der ebenfalls ausgeschlossenen Zukunft und zielt damit auf eine Einschränkung gegenwärtiger Freiheitsgrade zugunsten noch nicht absehbarer, aber als tendenziell reduziert wahrgenommener Entscheidungsspielräume in der Zukunft. Neben der Herstellung einer aktuellen Ordnung, versucht sie sich damit an einer Normierung der Zukunft in der Gegenwart. Sie wird eingesetzt, um zukünftige Risiken zu vermeiden, die aus den internen wie externen Integrationsproblemen der Gesellschaft resultieren und den dauerhaften Fortbestand der Gesellschaft (vermeintlich) gefährden.

In der polykontexturalen, hyperkomplexen Gesellschaft sind diese Risiken „Phänomene mehrfacher Kontingenz" (LUHMANN 1991: 26). Das heißt die Beobachtung gesellschaftlicher Risiken, damit assoziierter Gefahren und der daraus resultierenden Schäden ist das Ergebnis einer Vielzahl von Kontingenzen. Jede potentiell riskante Entscheidung ist selbst kontingent, denn sie hätte anders lauten können. Je nachdem welche Entscheidung getroffen wird, verläuft Evolution anders. Auch die Tatsache, ob es in Zukunft zu einer Gefahr für die mittelbar oder unmittelbar Betroffenen einer Entscheidung kommt und ob ein eventueller Schaden dann überhaupt noch auf diese Entscheidung zugrechnet werden kann, ist kontingent. Es kommen zwei unterschiedliche „Kontingenzlagen" (ebd.) zum Tragen: Einerseits hat man es mit der Kontingenz des Ereignisses, über das entschieden wurde, zu tun, andererseits mit der Kontingenz des Eintretens von Schäden. Die Kopplung beider Kontingenzen kann nun unterschiedlich beobachtet werden: Entweder wird die Verbindung zwischen Ereignis und Schaden in einen kausalen Zusammenhang gebracht oder eben nicht.[71]

Die Einheit und die Überlebensfähigkeit des Gesellschaftssystems hängen davon ab, wie erfolgreich die gesellschaftliche Kommunikation mit diesen Kontingenzen umgeht. Die Nachhaltigkeitssemantik nimmt sich dieser Herausforderung an und fungiert als eine Art „Kontingenzformel" (LUHMANN 1997: 470, vgl. HELLMANN 2004: 200f.), die das Gesellschaftssystem vor sich selbst schützt. Im Gegensatz zu den Programmen, nach denen Funktionssysteme operieren, um ihre Leistungen zu erzeugen, handelt es sich bei Kontingenzformeln um Spezialprogramme, die keine typischen Regeln für den Umgang mit Komplexität vorschreiben.

> „Statt dessen tritt dieses spezielle Programm nur dann in Aktion, wenn ein System – egal, ob innerlich oder äußerlich bedingt – Kontingenzprobleme bekommt, die die Einheit und

---

[71] In der Regel entstehen darüber, wie dieser Zusammenhang beobachtet wird, Konflikte.

Autonomie des Systems gefährden. Kurzum: Kontingenzformeln haben die spezifische Funktion, die Autonomie des Systems vor inneren wie äußeren Anfechtungen zu schützen und Beliebigkeit zu unterbinden. […] [M]it dem Hinweis auf die Universalität der Funktion eines Systems wird versucht, das System aus der Sphäre partikularer Standpunkte herauszuheben und quasi zum Selbstzweck zu erheben. Zweck dieses Manövers ist es, das System aus dem Streit der Standpunkte herauszuhalten, um es jenseits davon in eine privilegierte Stellung zu bringen, die es aufgrund der Universalität seiner Funktion eine spezifische Legitimation zur Klärung und Entscheidung insbesondere solcher Konflikte einräumt, die seine Autonomie mit Kontingenz konfrontieren." (HELLMANN 2002: 101)[72]

Die sozialen Kontingenzen, derer sich die Nachhaltigkeitssemantik annimmt, sind jene Gefährdungen, mit denen sich die Gesellschaft im Rahmen des evolutionär Möglichen selbst überlastet. Sie sind gesellschaftsstrukturell bedingt, denn sie resultieren aus dem Prozess der funktionalen Differenzierung. Heute stellen sie sich als Herausforderungen systemischer, sozialer und ökologischer Integration dar.

Systemische Integration vollzieht sich innergesellschaftlich. Die Kontingenzbewältigung, die die Nachhaltigkeitssemantik hier anstrebt, bezieht sich auf das Risiko, dass Funktionssysteme die Verfolgung ihrer eigenen Rationalität und mithin die Belastbarkeit ihrer sozialen Umwelt mit den daraus resultierenden Nebenfolgen überstrapazieren oder dass deren Funktionscodes kollabieren und dadurch die Autopoiesis anderer, strukturell gekoppelter Funktionscodes mit gefährden. Die Nachhaltigkeitssemantik thematisiert solche Risiken nachträglich, versucht sie aber auch zu antizipieren. Ein Beispiel sind globale Finanzmarktkrisen, die einerseits im Zentrum des Wirtschaftssystems selbst „verschuldete" und durch dessen autopoietische Rationalitätssteigerung durchaus evolutionär bedingte Krisen darstellen, und andererseits strukturell mit dem Wirtschaftssystem gekoppelte Teilsysteme massiv mit gefährden: Durch eine Krise des Finanzmarkts riskiert das Wirtschaftssystem nicht nur seine eigene Reproduktionsfähigkeit, sondern auch die sozialen Sicherungssysteme (Wohlfahrtsstaat), die von der Entwertung von Pensionsfonds oder den daraus resultierenden finanziellen Belastungen staatlicher wie privater Sozialkassen unmittelbar betroffen sind.

Gesellschaftsintern thematisiert die Nachhaltigkeitssemantik deswegen zuvorderst das Fehlen eingebauter Selbstbegrenzungsmechanismen in den Logiken der sozialen Teilsysteme. Sie fordert eine Form der Systemintegration zwischen sozialen Teilbereichen, d. h. eine gegenseitige Limitierung von Möglichkeiten, die nur durch Ein-

---

[72] Während Luhmann Kontingenzformeln vor allem für die Teilsysteme der Gesellschaft konzipiert – etwa die Gottesformel in der Religion, Gerechtigkeit im Rechtssystem oder Knappheit im Wirtschaftssystem – erscheint es plausibel, die Nachhaltigkeitssemantik, die sich nicht auf ein Teilsystem beschränken lässt, sondern die dauerhafte Aufrechterhaltung der Weltgesellschaft als universales Sozialsystem zum Ziel hat, als gesamtgesellschaftliche Kontingenzformel zu begreifen. Vgl. hierzu auch *Hellmann* (2004).

schränkung und Selbstbindung zu bewerkstelligen ist und deswegen zunächst einmal unwahrscheinlich ist. Die Ungewissheit des Erfolgs solcher Forderungen wird noch deutlicher, wenn man die enge Verbindung zwischen den weltgesellschaftlichen Selbstbeschreibungen von „Nachhaltigkeit" und „Globalisierung" beobachtet. Denn eine Vielzahl der Themen, die mit dem Label „Nachhaltigkeit" versehen oder in den Anforderungen an eine „nachhaltige Entwicklung" aufgegriffen werden, sind sogenannte Globalisierungsrisiken.[73] Die Semantik der Globalisierung beschreibt, wie

> „[...] die großen Funktionssysteme moderner nationalstaatlich organisierter Gesellschaften (insbesondere Ökonomie, Finanzen, Wissenschaft, Massenmedien, Erziehung, Gesundheit etc.) aus den territorialen Bindungen des Nationalstaats ausbrechen und sich zu globalen Kontexten vernetzen. [...] Sie orientieren sich weg von den Rücksichten auf ihre Muttersysteme und hin zu einer zyklopischen Einäugigkeit operativ geschlossener Optimierung ihrer je eigenen Logik." (WILLKE 2006: 37f.)

In diesem Prozess der Globalisierung – WILLKE (2007) spricht von der Herausbildung „lateraler Weltsysteme" – nimmt Kontingenz zu und geht Integration verloren, weil die jeweiligen Freiheitsgrade der Systeme zunehmen. Um diese Freiheitsgrade wieder zu domestizieren und die verlorengegangene Integration wiederherzustellen, sollen Globalisierungsprozesse dann „nachhaltig" gestaltet werden (vgl. RADERMACHER 2006). Dabei bezieht sich die Nachhaltigkeitssemantik weniger auf eine räumliche Re-Integration, als vielmehr auf eine Wiederherstellung wechselseitiger Checks and Balances zwischen den Funktionssystemen, die jenseits des Nationalstaats politisch nicht mehr organisierbar sind, sowie auf die selbstgewählte Reduktion eigener Freiheitsgrade „verantwortungsvoll handelnder" Teilsysteme. Systemintegration kann jenseits des Nationalstaats nicht mehr gesteuert werden; stattdessen muss sie sich durch die Selbstbegrenzung der Funktionssysteme und in der wechselseitigen Abstimmung zwischen ihnen selbst organisieren. In dieser Konstellation wirkt die Nachhaltigkeitssemantik als Korrektiv gesellschaftsstruktureller Evolution, indem sie innergesellschaftliche Risiken im Verhältnis sozialer Teilsysteme auf semantischer Ebene adressiert und dabei mehr Rücksichtnahme und eine größere Aufmerksamkeit der Funktionssysteme für ihre Nebenfolgen einfordert (vgl. VOSS 2008).

Oder weniger normativ formuliert: Innergesellschaftliche Integration kann nur reflexiv erfolgen (vgl. WILLKE 1978). Die durch strukturelle Kopplungen hergestellte Interdependenz von Teilsystemen genügt angesichts Globalisierung und voran-

---

[73] So zum Beispiel Bundeskanzler Gerhard Schröder (2002) in der Regierungserklärung „Zukunftssicherung durch Nachhaltigkeit", in der es heißt: „Die Verwirklichung des Leitbilds der nachhaltigen Entwicklung [...] ist die gemeinsame Antwort auf die Herausforderung der Globalisierung." (zitiert nach *Hellmann* 2004: 197)

schreitender Differenzierung allein nicht mehr aus, um in der polykontexturalen Gesellschaft Integration herzustellen. Denn Interdependenz hat zwei Seiten: Einerseits stellt sie sicher, dass die Funktionssysteme nicht völlig unabhängig voneinander agieren können, andererseits ist sie zugleich darauf angewiesen, dass jedes Teilsystem seinen Aufgaben autonom nachgehen kann. Die Tatsache, dass jedes einzelne Funktionssystem damit überfordert wäre, seiner spezifischen Funktion nachzukommen, wenn es sich nicht darauf verlassen könnte, dass alle anderen Teilsysteme genauso agieren, kann allein nicht verhindern, dass dysfunktionale Koordinationseffekte zwischen ihnen entstehen. Die Gleichzeitigkeit von Offenheit und Schließung erfordert vielmehr eine reflexive Abstimmung zwischen den gesellschaftlichen Teilsystemen, über die sich die sozialen Teilbereiche hinsichtlich ihrer Entscheidungen gegenseitig beobachten und entsprechend aufeinander einstellen (vgl. HELLMANN 1997: 39).

Dieses Zusammentreffen von Unabhängigkeit und Abhängigkeit im Verhältnis der sozialen Teilsysteme weist darauf hin, dass es sich bei gesellschaftlicher Integration um mehr handeln muss, als um die bloße Abwesenheit von Desintegration. Vielmehr kann Integration nur als ein jeweils temporäres Equilibrium zwischen Desintegration und Überintegration verstanden werden. Denn während zu wenig Integration ein hohes Maß an Freiheitsgraden für die gesellschaftlichen Funktionssysteme und damit erhöhte intersystemische Risiken bedeutet, hat zu viel Integration demgegenüber eine riskante Verringerung von Freiheitsgraden zur Folge: Systeme können ihren eigenen Funktionen nicht mehr ungehindert nachgehen und riskieren damit die eigene Reproduktionsfähigkeit ebenso wie die von anderen Systemen, die die gesellschaftliche Erfüllung dieser Funktion voraussetzen.

> „Augenfällig wird Integration [...] dort, wo sie schwindet, so dass plötzlich oder als Ergebnis eines anfangs unbemerkten schleichenden Prozesses entweder Desintegration oder Überintegration auftritt. Es gibt somit zwei Richtungen der Gefährdung gesellschaftlicher Integration: zu wenig oder zu viel Integration." (SCHIMANK 2000a: 451)

Wenn Integration funktional für die langfristige Aufrechterhaltung gesellschaftlicher Autopoiesis sein soll, dann darf sie nicht nur durch die Abwesenheit von Desintegration gekennzeichnet sein, sondern muss auch dysfunktionale Überintegration vermeiden. Sie hat damit einen graduellen Charakter und stellt einen Ordnungszustand dar, der ständig durch weniger oder mehr Ordnung gestört werden kann (vgl. ebd.). Integration muss auf diesem Spektrum einen Weg finden, durch den die innergesellschaftlichen Freiheitsgrade gerade genug, dabei aber nicht über Gebühr eingeschränkt werden. Mehr Integration führt nicht zwangsläufig zu einer stabileren oder gar besseren Gesellschaft.

Das gilt auch für die Beziehung der Gesellschaft zu ihrer externen Umwelt. Die Nachhaltigkeitssemantik bezieht sich nicht nur auf die Frage der grundsätzlich riskanten Beziehungen zwischen sozialen Teilsystemen, sondern auch auf Aspekte im Verhältnis zwischen sozialen Systemen und ihrer außergesellschaftlichen Umwelt, die entweder funktional oder dysfunktional für die dauerhafte Fortexistenz sozialer Systeme sein können. Versteht man Gesellschaft als die Autopoiesis von Kommunikation, dann gehört zu deren Umwelt alles, was davon ausgeschlossen ist. Dazu zählen neben den landläufig mit Umwelt gemeinten ökologischen Bedingungen zur Aufrechterhaltung gesellschaftlicher Kommunikationen auch menschliche Individuen, die durch ihre eigensinnigen Bewusstseinsleistungen ebenfalls zur Kommunikation beitragen. Beide außergesellschaftlichen Umwelten stellen unverzichtbare Voraussetzungen für die Möglichkeit gesellschaftlicher Kommunikation bereit. Dabei unterscheiden sie sich danach, ob sie selbst unmittelbar zur Fortsetzung von Kommunikation beitragen, d. h. ob sie gesellschaftsintern als „Personen" ansprechbar sind oder nicht. Während die ökologische Umwelt dieses Kriterium nicht erfüllt und sich dadurch in der Gesellschaft kommunikativ nicht mitteilen kann, kann das Bewusstseinssystem des Menschen unter Bedingungen sozialer Inklusion als „Person" in die sozialen Teilsysteme integriert sein. Das Bindeglied zwischen beiden Umwelten ist die Biomasse des menschlichen Körpers. Sie nimmt an beiden außergesellschaftlichen Umwelten teil und ist der zentrale Aspekt, von dem aus sich die Nachhaltigkeitskommunikation mit Umweltproblemen als Probleme des Überlebens der Menschheit befasst (vgl. LUHMANN 1997: 804). Das menschliche Überleben an sich erfordere eine wirksame Einschränkung gesellschaftlicher Freiheitsgrade gegenüber diesen Umwelten. Die Nachhaltigkeitssemantik zielt deswegen auch auf den Schutz von externen Umweltvoraussetzungen, auf die die Gesellschaft für die Fortsetzung ihrer Kommunikation angewiesen ist. Als gesellschaftsinterne Kommunikation organisiert sie den Schutz der Gesellschaft vor der Gesellschaft in der Gesellschaft.

Dabei besteht die Herausforderung der *Sozialintegration* darin, die Nebenfolgen funktionaler Differenzierung in den Beziehungen zwischen Individuen und Gesellschaft abzufedern. Auch das Bewusstsein psychischer Systeme gehört zur externen Umwelt der Gesellschaft und muss als Voraussetzung gesellschaftlicher Kommunikation permanent berücksichtigt werden. Dabei darf es jedoch nicht mit Anspruchsinflationen überintegriert werden. Die von der Nachhaltigkeitssemantik aufgegriffene Virulenz dieses Verhältnisses ergibt sich aus der Tatsache, dass in der modernen Gesellschaft das Individuum nur durch seine Rollen in die gesellschaftlichen Teilsysteme integriert ist. „Die unterschiedlichen Funktionssysteme [...] gehen durch Individuen ‚hindurch' [...] und das Individuum wird zum ‚Patchwork' funktionsorientierter Zurechnungen." (WETZEL 2005: 192) Die soziale Entwicklung, in der sich die unterschiedlichen Teilsysteme total zueinander stellen und ihre je eigenen Werte absolut setzen, bleibt für die Position des Individuums „in" der Gesellschaft nicht folgenlos. Denn seine Inklusion wird gesellschaftsweit nun nicht mehr einheitlich geregelt, sondern jeweils autonom von den sozialen Teilsystemen, die ihrerseits unterschiedliche Formen und Bedingungen der Inklusion definieren. Soziale Systeme sind dadurch in der Lage, enorme Ungleichheiten zwischen den Individuen zu produzieren, obwohl in der modernen Gesellschaft ein permanenter Druck zur Inklusionsgleichheit und zur Vermeidung von Exklusionseffekten existiert:

> „Der Grundgedanke ist, daß die neue funktional differenzierte Ordnung nur funktioniert (und dann darin das Prinzip ihrer Legitimität findet), wenn diese Ordnung keine Exklusion produziert, die sich vermeiden ließe. Jetzt muß jede und jeder zur Schule, jetzt entdeckt man die Behinderten, die Frauen und alle, denen systematisch Zugang zum Prinzip der [...] All-Inklusion verwehrt wird. Und jetzt entwickeln sich die Ethiken der Menschen- und Gleichheitsrechte, die Strategien des Einklagens der Gleichheit, das Denken des ‚Anspruches' auf Gleichbehandlung: vor dem Recht, in der Politik ... überall." (FUCHS 2007: 52)[74]

Die Nachhaltigkeitssemantik beschäftigt sich sowohl mit Inklusionsungleichheiten als auch mit Exklusion. Denn das, was heute als „soziale Dimension" der Nachhaltigkeit oder als Forderung nach intragenerativer Gerechtigkeit formuliert wird, richtet sich vor allem auf die Kontingenz der Form Inklusion/Exklusion und deren Nebenfolgen in der modernen Gesellschaft. Diese Differenz bezieht sich auf die Art und Weise, in der es eine Gesellschaft dem Individuum erlaubt, Person zu sein und als solche an Kommunikation teilzunehmen. Die Person als „kommunikatives Artefakt" (BARALDI et al. 2008: 78) des Bewusstseins- und physiologischen Systems eines Menschen gibt Auskunft über dessen Integration in die Gesellschaft. Je nach Gesellschaftsstruktur nehmen Inklusion und Exklusion und damit die Definition von Personen eine andere Form an. Im Gegensatz zu segmentären oder stratifizierten Gesellschaften geht die funktional differenzierte Gesellschaft davon aus, dass prinzipiell alle Menschen an allen Kommunikationsformen teilnehmen können und sich die Unterschiede zwischen ihnen nicht in der gesellschaftlichen Differenzierungsform manifestieren. Jeder kann prinzipiell wirtschaftlich oder politisch aktiv sein, eine Familie oder eine Organisation gründen. Semantischen Niederschlag findet dieser Inklusionsanspruch in den Postulaten der Freiheit und der Gleichheit, die normativer Bestandteil der Nachhaltigkeitssemantik sind.

---

[74] Die These der All-Inklusion resultiert aus einer sequentiellen Konzeption des Prozesses der Ausdifferenzierung von Funktionssystemen bei *Luhmann*. Diese charakteristische Sequenz „[...] beginnt mit vereinzelt anfallenden Situationen funktional spezialisierter Rollen, deren Definition zugleich als Identifikation des funktionalen Problembezugs dient, und er findet einen eigentlich überraschenden Abschluß dadurch, daß zusätzlich zu systemdefinierenden Leistungsrollen Publikumsrollen entstehen, welche die Inklusion der Gesamtbevölkerung in das jeweilige Sozialsystem über komplementär zu den Leistungsrollen definierte Formen der Partizipation sichern." (*Stichweh* 2005: 13)

Diese Selbstbeschreibung wird allerdings durch die Entstehung massiver Ungleichheiten im Prozess der funktionalen Differenzierung permanent konterkariert. Eine Komplettinklusion aller Menschen wird insofern zu einem Ideal, das sich permanent kontrafaktisch gegen die Phänomene ungleich verteilter Kommunikations- und Lebenschancen stabilisieren muss. Im Zuge der funktionalen Differenzierung ist die Regelung der Inklusionsbedingungen auf die einzelnen Funktionssysteme übergegangen. Sie organisieren die Inklusion oder Exklusion von Personen autonom nach ihren jeweils systemimmanenten Bedürfnissen. Dabei werden sie von keiner Zentralinstanz beaufsichtigt. Die Kontingenz der Anwendung des Schemas Inklusion/Exklusion hat zur Folge, dass nicht nur Ungleichheiten innerhalb der Funktionssysteme entstehen, sondern an ihren Rändern zusätzlich Exklusionseffekte erzeugt werden. In einer auf Kommunikation basierenden Gesellschaft bedeutet Exklusion, dass Personen von einem Funktionssystem nicht (mehr) anhand der Unterscheidung von Information und Mitteilung beobachtet werden und damit auch nicht (mehr) als Adresse („Person") systemspezifischer Kommunikationen in Frage kommen (vgl. STICHWEH 2005). Der Begriff der Exklusion bezeichnet damit einen sehr speziellen Fall sozialer Ungleichheit, der immer dann vorliegt, wenn Personen von der Partizipation an oder dem Zugang zu den Ressourcen eines bestimmten Funktionssystems komplett ausgeschlossen sind (vgl. STICHWEH 1997: 125).

Dieses Phänomen verschärft sich im Zuge der Herausbildung der Weltgesellschaft. Denn die zunehmende Rationalisierung der Evolution sozialer Teilsysteme führt zu einer immer größeren Marginalisierung bestimmter Bevölkerungsgruppen oder Regionen. Je mehr die Funktionssysteme aus ihren nationalstaatlichen Rahmen herauswachsen und sich zu lateralen Weltsystemen vernetzen, desto mehr verlieren sie an Inklusionskraft an ihren Rändern. Obwohl die Funktionssysteme heute als globalisiert zu denken sind, findet auf der Basis regionaler Sonderbedingungen innerhalb der Funktionssysteme nach wie vor Exklusion statt. Der Ausschluss aus einem System kann dabei so radikal sein, dass dies auch Konsequenzen für den Zugang zu anderen Funktionssystemen hat. Wer von einem zentralen Funktionssystem marginalisiert wird, dem fehlen häufig auch die Voraussetzungen für den Zugang zu anderen Systemen. Exklusion ist insofern ein kumulativer und sequentiell vernetzter Vorgang, in dem Personen aus einer Vielzahl von sozialen Teilbereichen ausgeschlossen werden können:

„Die moderne Form der Inklusion bringt eine starke Lockerung der sozialen Integration mit sich, da die Inklusion in ein Teilsystem noch nichts über die Inklusion in ein anderes aussagt. Das gegenteilige Phänomen ist stattdessen auf der Seite der Exklusion zu beobachten, da die Exklusion aus einem Teilsystem eine Art Dominoeffekt bewirkt, die das Individuum als Person sehr rasch gesellschaftlich irrelevant machen kann. Verliert man die Arbeit, dann wird es schwierig, die Wohnung und die Krankenversicherung zu behalten […] Diese starke Integration der Exklusion kann dazu führen, Individuen immer weniger als Personen und als mögliche Kommunikationspartner zu beobachten; in Fällen wie Slums oder Favelas geht das so weit, daß Individuen nur noch als Körper angesehen werden, für die völlig andere Bedingungen gelten als für Personen (Überlebensprobleme, Gewalt, Krankheiten usw.)." (BARALDI et al. 2008: 81)

Etwas kontraintuitiv, aber theoriekonsequent bedeutet das, dass Exklusion mehr integriert als Inklusion. Denn Exklusion verringert massiv die Freiheitsgrade gesellschaftlich ausgeschlossener Individuen, die mit dem Ausschluss vom Wirtschaftsprozess häufig zugleich auch vom Gesundheitssystem, dem Bildungssystem oder – wie etwa im Fall behördlich nicht gemeldeter Bewohner von Slums – vom politischen oder rechtlichen System ausgeschlossen sind. Demgegenüber führt die autonome Anwendung von Inklusionsregeln durch die Funktionssysteme zu einer nachlassenden Integration: Die gesellschaftlichen Freiheitsgrade gegenüber dem Individuum nehmen zu und damit auch die Wahrscheinlichkeit sozialer Ungleichheiten in der Weltgesellschaft. Auch hier sucht die Nachhaltigkeitssemantik nach der richtigen Balance zwischen zu viel und zu wenig Integration. Sowohl Desintegration als auch Überintegration erzeugt gesellschaftlich problematisierte Nebenfolgen. Und da die Form Inklusion/Exklusion für den Menschen in der Weltgesellschaft unabwendbar ist, versorgt sie die Nachhaltigkeitssemantik dauerhaft mit thematisierbaren Problemen. Armut, Hunger und individuelle Ausgrenzung, soziale Ungleichheiten oder ungerecht verteilte Lebenschancen werden so zu Dauerbrennern der Nachhaltigkeitssemantik: entweder weil sie die Freiheitsgrade der Individuen gegenüber der Gesellschaft in einer Weise beschneiden, die der Selbstbeschreibung dieser Gesellschaft grundlegend widerspricht, oder weil sie die Freiheitsgrade gegenüber den Individuen in einem riskanten Umfang vergrößern.

Auch im Fall *ökologischer Integration* besteht die wesentliche Herausforderung darin, etwaige umweltbedingte Gefährdungen – Klimawandel, Überschwemmungen oder Ressourcenverknappungen – zu vermeiden oder ihnen adäquat zu begegnen, ohne dabei alle Freiheitsgrade der Gesellschaft gegenüber der Natur aufzugeben. Die Vielzahl an Integrationsproblemen, die die Gesellschaft im Verhältnis zu ihrer natürlichen Umwelt prozessiert, hat ihre entscheidende Ursache in der Logik der funktionalen Differenzierung. Die Funktionssysteme machen sich durch ihre binären Codes blind für die ökologischen Voraussetzungen ihres eigenen Operierens. Diese strukturelle Schwäche wird zusätzlich dadurch verschärft, dass die ökologischen Prämissen der Gesellschaft nicht kommunikativ konstituiert sind. Zur Neige gehende Ressourcen teilen sich der Gesellschaft ebenso wenig kommunikativ mit wie vom Aussterben bedrohte Tier- und Pflanzenarten oder schmelzende Polkappen. Stets ist zunächst Expertenwissen notwendig, um diese Probleme überhaupt gesellschaftlich sichtbar zu machen (vgl. BECK 1986). Zusätzlich bedarf die ökologische Integration, um überhaupt ein gesellschaftliches Problem zu werden, einer Vermittlung über die Massenmedien und des Eingangs in den semantischen Apparat der Gesellschaft und ihrer Teilsysteme. Die Nachhaltigkeitssemantik hat sich dieser Herausforderung angenommen und versucht zu verhindern, dass sich die Gesellschaft ökologisch ruiniert ohne dabei zu bemerken, woran sie zugrunde zu gehen droht. Da die binären Codes der Funktionssysteme keine Resonanz auf natürliche Gefährdungslagen in der außergesellschaftlichen Umwelt vorsehen, ist allerdings zunächst einmal in jedem Teilsystem

> „[...] eine hohe Schwelle der Thematisierbarkeit von Fragen ökologischer Integration gegeben; und selbst wenn solche Fragen angesprochen werden können, geschieht dies nicht so, dass ökologische ‚Nachhaltigkeit' zu einem wichtigen oder gar vorrangigen Gesichtspunkt teilsystemischen Operierens wird." (SCHIMANK 2005: 265)

Die Ursache dafür, dass die Ökologie eine scheinbar nur untergeordnete Rolle für die Operationen von Funktionssystemen spielt, liegt dann vermeintlich darin,

> „[...] dass neben den ökologisch blinden teilsystemischen Codes Konkurrenzkonstellationen innerhalb der Teilsysteme zur Erzeugung und Verfestigung der ökologischen Probleme beitragen. Für ökologische ‚Nachhaltigkeit' erforderliche Selbstbeschränkungen der teilsystemischen Leistungsproduktion [...] können nur äußerst schwer institutionalisiert werden, wenn Unternehmen um Marktanteile, Politiker um Wählerstimmen und Wissenschaftler um Reputation konkurrieren und dafür jeweils Leistungssteigerungen einsetzen." (ebd.)

Die Einschränkung gesellschaftlicher Freiheitsgrade gegenüber der natürlichen Umwelt müsste dementsprechend zu einem zusätzlichen Leistungsprinzip sozialer Systeme werden und von den gesellschaftlichen Teilbereichen in die Erfüllung ihrer jeweiligen gesamtgesellschaftlichen Funktion integriert werden. Die Natur muss eine entsprechende Resonanz in den Teilsystemen finden, damit ökologische Integration gelingen kann. Eine solche Resonanz kann aber auch dysfunktionale Effekte und Nebenfolgen haben, die ihrerseits dazu führen können, dass die ökologische Integration wiederum andere, gesellschaftsinterne Integrationsprobleme zur Folge hat. Denn sobald ein Teilsystem auf ökologische Veränderungen reagiert, verändert es die gesellschaftsinterne Umwelt anderer Teilsysteme und es kann zu einem Prozess des Aufschaukelns von Störungen kommen:

> „So mögen von einem Knapperwerden der Ressourcen nicht nur ökonomische Probleme, etwa Preissteigerungen ausgehen, sondern auch politische Probleme oder auch eine Forcierung bestimmter wissenschaftlicher Forschungen auf Kosten anderer; oder eine hohe politische Empfindlichkeit für Umweltfragen mag der Wirtschaft zusätzliche Kosten aufbürden, mag Arbeitsplätze kosten, was wiederum in der Politik zu einem Problem wird." (LUHMANN 2004: 98)

Neben der Gefahr von zu wenig Resonanz für ökologische Systeme und damit auch von zu wenig ökologischer Integration, besteht auch hier das Risiko von zu viel Resonanz, die ein System, ohne dass es von außen zerstört wird, an internen Überforderungen – etwa durch radikale Einschränkungen der Nutzung natürlicher Ressourcen – zerspringen lässt (vgl. ebd: 220). Die Folge sind innergesellschaftliche Integrationsprobleme und die Gefährdung weiterer sozialer Teilbereiche.

Die beschriebenen systemischen, sozialen und ökologischen Herausforderungen zwischen Desintegration und Überintegration sind vor allem durch soziale Kontingenzen bedingt. Die Nachhaltigkeitssemantik hat es aber auch mit *zeitlichen* Kontingenzen zu tun, wenn sie bestimmte Schäden auf vergangene Entscheidungen zurückführt oder – umgekehrt – gegenwärtige Entscheidungsspielräume mit dem Hinweis auf mögliche zukünftige Schäden einzuschränken versucht. Die Limitierung aktueller Freiheitsgrade zugunsten zukünftiger Entwicklungen zielt jedoch auf eine Integration, die in der modernen Gesellschaft nicht ohne weiteres möglich ist. Fragt man nach der grundsätzlichen Möglichkeit und den Bedingungen gesellschaftlicher Integration, so stößt man aus einem systemtheoretischen Blickwinkel zwar zwangsläufig auf ein Zeitverhältnis, dieses Zeitverhältnis sieht die Möglichkeit intertemporaler Integration aber gerade nicht vor:

> „Denn alles was geschieht, geschieht [...] gleichzeitig. Die Konsequenz ist zunächst, daß gleichzeitig Ereignisse einander wechselseitig nicht beeinflußen und nicht kontrollieren können; denn Kausalität erfordert eine Zeitdifferenz zwischen Ursachen und Wirkungen [...] Andererseits kann die Einheit eines Ereignisses [...] nach Beobachterinteressen sehr verschieden zugeschnitten werden. Dabei ist es nicht erforderlich, Systemgrenzen zu beachten. Die Vorlage eines Haushaltsplans im Parlament kann ein Ereignis im politischen System, im Rechtssystem, im System der Massenmedien und im Wirtschaftssystem sein. Dadurch findet ständig Integration statt im Sinne einer wechselseitigen Einschränkung der Freiheitsgrade der Systeme. Aber dieser Integrationseffekt bleibt auf die Einzelereignisse begrenzt." (LUHMANN 1997: 605)

Die operative Basis für Integration kann immer nur ein singuläres Ereignis sein, das momenthaft in mehreren Systemen gleichzeitig identifiziert wird. Die Gleichzeitigkeit der Beobachtung in unterschiedlichen gesellschaftlichen Teilbereichen kann dann ereignishafte operative Kopplungen zur Folge haben.[75] Durch sie „[...] werden Systeme kontinuierlich integriert und desintegriert, nur momenthaft gekoppelt und sofort für eigenbestimmte Anschlußoperationen wieder freigestellt. Eine solche

---

[75] Singuläre Geldzahlungen als Operationen des Wirtschaftssystems bleiben zwar Ereignisse dieses Systems, sie können aber auch im rekursiven Netzwerk des Kunstsystems – etwa durch die über Auktionspreise vorgenommene Bewertung bestimmter Kunstwerke – zu einer allmählichen Veränderung dessen führen, was als ästhetisch und schön erachtet wird (*Luhmann* 2007). Oder sie werden in einem begrenzten Umfang zu politischer oder rechtlicher Konditionierung freigegeben, etwa wenn sie mehr oder weniger besteuert und als legal oder illegal definiert werden, oder wenn sie die Form von Parteispenden oder Bestechungszahlungen annehmen.

Temporalisierung des Integrationsproblems ist die Form, die hochkomplexe Gesellschaften entwickeln, um Abhängigkeiten und Unabhängigkeiten zwischen den Teilsystemen zugleich prozessieren zu können." (LUHMANN 1997: 606) Deswegen kann die Nachhaltigkeitssemantik Integration zunächst nur temporär herstellen.

Diese vorübergehende Integration findet auf einer semantischen Ebene statt: Ereignisse werden mittels bestimmter Semantiken zunächst kommunikativ verarbeitet. Wenn unterschiedliche Funktionssysteme die gleiche Semantik zur Beschreibung eines Ereignisses oder einer Beobachtung verwenden, so kann man von Integration durch Semantik sprechen (HELLMANN 2004). Eine Semantik integriert, indem sie Thematisierungschancen in der öffentlichen Kommunikation einschränkt und verknappt. Diese „negative" Integration durch Semantik steht einer „positiven" Variante gegenüber, in der bestimmte „Wahrheiten" behauptet werden und damit zugleich definiert wird, welche Auffassungen vermeintlich keine Geltung beanspruchen können. In der hier zugrundegelegten Perspektive wirkt bereits die Kommunikation über Nachhaltigkeit und mithin die Verwendung der Nachhaltigkeitssemantik zur Beschreibung gesellschaftlicher Ereignisse integrativ – gleichgültig ob die damit verbundenen Bewertungen darüber, ob etwas nachhaltig ist oder nicht, in allen Systemperspektiven geteilt wird. Die Negation solcher Optionen wird sogar mehr integrieren als es ein Konsens über die tatsächliche oder „positive" Bedeutung von Nachhaltigkeit könnte.[76] Eine positive und damit zwangsläufig normative Integration ist der modernen Gesellschaft ohnehin nicht mehr angemessen, nachdem die Kontingenzerfahrung in der Weltgesellschaft in einem Maße zugenommen hat, dass ein gemeinsamer und konsensualer Bestand von Werten jenseits eines „inviolate levels" extrem unwahrscheinlich ist. Die Integrationskraft und Kontingenzverarbeitungsfähigkeit der Nachhaltigkeitssemantik besteht also vor allem in ihrer negativen Wirkung:

> „Mit negativer Integration ist gemeint, daß die Integration nicht mit dem Verweis auf einen positiv gegebenen Wertbestand angegangen, sondern vielmehr von einem ‚Grenzbewusstsein' ausgegangen wird, d. h. von der Tatsache, daß es eine Grenze der systeminternen Belastbarkeit mit Differenzierung gibt, die negativ dort ihre Grenze findet, wo sich das Differenzierungsniveau aufgrund seiner zentrifugalen Kräfte gegen sich selbst kehrt und in entdifferenzierenden Erscheinungen, schließlich sogar in einer Katastrophe mündet. Negative Integration greift somit nicht ein, um das Gesamtsystem auf ein bestimmtes Ziel hin auszurichten [...] Es wird negativ bestimmt, was nicht geht, nicht positiv, was geht, denn dazu lässt die Kontingenzproblematik der modernen Gesellschaft keine einheitliche Lösung mehr zu." (HELLMANN 1997: 40)

---

[76] So auch *Hellmann* (2004: 200): „Im Vordergrund steht zwar die Positivversion, im Prinzip operiert der Nachhaltigkeitsdiskurs aber nur mit der Negativversion: Verhindert werden muss, was nicht nachhaltig ist."

Die Nachhaltigkeitssemantik wirkt wie eine Sonde, wenn sie in die Gesellschaft eingeführt wird, um dort solche Kommunikationen aufzuspüren, die sich für Nicht-Nachhaltiges aussprechen, um dann argumentativ dagegen vorzugehen (vgl. HELL-MANN 2002). Dass die Nachhaltigkeitssemantik dabei keinen Konsens, sondern durchaus auch Konflikte darüber transportiert, was das Nicht-Nachhaltige ist, gegen das sie sich richtet, integriert auf semantischer Ebene zusätzlich. Denn auch diese Konflikte reduzieren Freiheitsgrade. Mit Bezug auf Nachhaltigkeit können alle systemspezifischen Ansprüche und Entscheidungen in Frage gestellt werden. Gleichzeitig stattfindende, aber unterschiedlich lautende Beobachtungen der Kopplung von Ereignissen in der Gegenwart und der Vergangenheit bzw. der Zukunft wirken gerade dadurch integrativ, dass sie Konflikte erzeugen. Der Konflikt darüber, ob eine Verlängerung der Laufzeit von Atomkraftwerken in Deutschland eine nachhaltige oder nicht-nachhaltige Entscheidung wäre, wird immerhin innerhalb der Nachhaltigkeitssemantik ausgetragen und begrenzt die Freiheitsgrade aller gesellschaftlich beteiligten Systeme auf das Sinnspektrum, das mit der Nachhaltigkeitssemantik geordnet und erwartbar gemacht wird. Die Beobachtungen ein und derselben Entscheidung als nachhaltig oder nicht-nachhaltig können hierbei einander das Recht auf uneingeschränkte Geltung jeweils mit dem Hinweis aberkennen, dass sie dem Prinzip der Nachhaltigkeit widersprechen: und zwar auf einem Spektrum von Argumenten, das auf der einen Seite unterstellt, dass die Entscheidung gegenwärtige oder zukünftige Freiheitsgrade zu wenig einschränkt, und das auf der anderen Seite davor schützen will, dass diese Freiheitsgrade dysfunktional limitiert werden. Nicht-Nachhaltigkeit gibt es auf beiden Seiten des Integrationspendels. Wenn es um die dauerhafte Fortexistenz des Gesellschaftssystems geht, kann Überintegration ebenso nicht-nachhaltig sein wie Desintegration. Dabei spielt die zeitliche Kontingenz der modernen Gesellschaft eine entscheidende Rolle. Denn weder lässt sich einwandfrei klären, ob ein in der Vergangenheit liegendes Ereignis zu einem bestimmten Schaden in der Gegenwart geführt hat, noch lässt sich zweifelsfrei vorhersagen, welche Folgen eine aktuelle Entscheidung in der Zukunft haben wird.

Zuviel Kontingenz wird für die Gesellschaft dauerhaft zur Gefahr. Denn sie konfrontiert sich dadurch selbst permanent mit unterschiedlichen und oft widersprüchlichen Erwartungen an die Fortsetzung ihrer Autopoiesis. Die Funktion von Kontingenzformeln wie die der Nachhaltigkeitssemantik ist es deswegen, die Beliebigkeit anderer Zugriffe auf die Kontingenz dieser Erwartungen und damit eine weitere Belastung mit Kontingenz zu beschränken. Kontingenzformeln sollen Kontingenz beenden, indem sie als „Abschlussformeln" (LUHMANN 2000: 153) fungieren. Sie greifen immer dann, wenn die Belastung mit Kontingenz für ein System bedrohlich wird. Dann nutzen sie die ihnen gegebene Sanktionsfähigkeit der negativen Selektion: Evolutionäre Variationen in der Gesellschaftsstruktur, die durch bestimmte

Entscheidungen hervorgerufen werden, werden mittels der Nachhaltigkeitssemantik ausgeschlossen, Strukturveränderungen damit abgewendet. Mit Bezug auf Nachhaltigkeit lässt sich alles in Frage stellen, denn zu jeder Entscheidung gibt es Alternativen. Der Verweis auf Nachhaltigkeit wird instrumentalisiert, um die Verlängerung der Laufzeit von Atomkraftwerken zu befürworten oder geradewegs abzulehnen, um Entwicklungshilfegelder zu erhöhen oder zu reduzieren oder um den Finanzmarkt politisch zu regulieren oder zu deregulieren. Er wird eingesetzt, um auf vermeintlich nicht-nachhaltige Entscheidungen und deren vermutete Konsequenzen aufmerksam zu machen und deswegen deren Bedeutung neu zu überdenken. Die hiermit verbundene Beschränkung des Möglichen, die Limitierung von Kontingenz und Freiheitsgraden führt zu negativer Integration. Sie richtet das Gesellschaftssystem nicht auf ein eindeutiges Ziel hin aus, sondern verhindert die Selbstüberforderung mit Kontingenz.

> „Kontingenzformeln richten somit die Orientierung eines Funktionssystems von der grundsätzlich zugelassenen, ja unverzichtbaren Kontingenz im System, das viele Möglichkeiten vorhält, um mit der Umwelt in Verbindung zu bleiben, auf die Nicht-Kontingenz des Systems für sich selbst, um es jeder Kontingenz zu entziehen. […] Man könnte daher auch sagen, daß Kontingenzformeln wie *Immunsysteme* funktionieren, die auf jene Art von Eingriffen reagieren, die die Autonomie des Systems angreifen." (HELLMANN 2002: 102, Hervorh. TM)

Auch hier gerät wieder die Funktion der Nachhaltigkeitssemantik als eine spezifische, systemeigene Selbstheilungskraft in den Blickpunkt, die auch schon bei deren Beobachtung als eine Form des Protests, der auf die selbstgefährdenden Tendenzen der Gesellschaft hinweist, aufgefallen war. Der Unterschied ist freilich, dass sich die Gesellschaft mit Hilfe von Kontingenzformeln vor Veränderungen schützt, auf die der Protest ja gerade aus ist. Während sich das Gesellschaftssystem mit Hilfe des Widerspruchs in Form von Protest durch Veränderungen gegen ein Erstarren in bewährten Strukturen zu schützen versucht, immunisieren Kontingenzformeln das System mit Hilfe von Widersprüchen gegen Widersprüche und die mit ihnen intendierten Veränderungen von Strukturen:

> „Im Unterschied zum Immunsystem, wie es Luhmann für die Funktion von Widersprüchen beschrieben hat, immunisieren Kontingenzformeln das System jedoch mit Hilfe eines Nein gegen ein Nein, d. h. gegen Veränderung […]." (HELLMANN 2002: 102)

Sowohl die Variationsforderungen des Protests als auch die Variationsschranken im gesamtgesellschaftlichen Umgang mit Kontingenz bedienen sich der Nachhaltigkeitssemantik. Das führt zurück zu der paradoxen Konstitution von Nachhaltigkeit, denn sie kombiniert nun das Offenhalten von Möglichkeiten und die Referenz auf Kontingenz im Protest mit dem Verschließen von Möglichkeiten und der Notwendigkeit zur Begrenzung von Kontingenz. Dieser vermeintliche Widerspruch löst sich dann auf, wenn man den Blick von der Semantik auf die Strukturen sozialer Systeme richtet. Einerseits gestatten diese die für die Autopoiesis des Gesellschaftssystems notwendige feste Verkettung von Ereignissen (Irreversibilität), andererseits ergeben sich in ihnen aber auch Gestaltungsspielräume (Reversibilität) im Bereich der Erwartungsstrukturen. „Nachhaltige Entwicklung ist, so gesehen, eine Sozialtechnik, in der es darum geht, Irreversibilität und Reversibilität miteinander zu kombinieren. Sie ist also nicht ohne weiteres eine Produktion von Dauer." (FUCHS 2008: 10)

4.4 Strukturelle Implikationen der Nachhaltigkeitssemantik

Während Nachhaltigkeit auf semantischer Ebene, d.h. auf prozessualem Niveau zu einer Verstärkung spezifischer Selektivitäten durch die (semantische) Verkettung von Ereignissen führt, offerieren Strukturen durch ihre grundsätzliche Irritabilität gleichzeitig die Kontingenz und Freiheitsspielräume, die eine „nachhaltige Entwicklung" weiterhin benötigt: Damit ist die theoretische Modellierung von Nachhaltigkeit erst dann komplett, wenn sie auch Rückschlüsse auf die Bedingungen ihrer Implementierbarkeit innerhalb gesellschaftlicher Strukturen zulässt. Soweit die Nachhaltigkeitssemantik bis hierher untersucht worden ist, integriert sie die Gesellschaft allenfalls oberflächlich, wenn sie singuläre Ereignisse auf semantischer Ebene vorübergehend miteinander koppelt und dadurch bestimmt, wie worüber kommuniziert wird. Insofern kann man von einer „Integration durch Semantik" (HELLMANN 2004: 195) sprechen. Der Anspruch der Nachhaltigkeitssemantik ist es jedoch nicht, eine gesellschaftliche Ordnung zu erreichen, die nur auf *temporären* operativen Kopplungen beruht, sondern das grundlegende Integrationsproblem der Moderne eben doch *dauerhaft* zu lösen. Dafür trifft die Nachhaltigkeitssemantik zwar die notwendigen Beobachtungsvorkehrungen, die es ihr erlauben, sich selbst über die eigenen internen, externen und zeitlichen Grenzen hinweg zu beschreiben; es gelingt ihr allein dadurch jedoch noch nicht, auf die von ihr beobachteten und beschriebenen Strukturen unmittelbar durchzugreifen. Um das zu erreichen, muss sie die im Pulsieren der Ereignisse von Augenblick zu Augenblick stattfindende Integration und Desintegration der Systeme antizipieren (vgl. LUHMANN 1997: 605). Sie muss einen „structural drift" (MATURANA 1985) bewirken, d.h. nicht nur operative, sondern auch strukturelle Kopplungen zwischen Systemen herstellen, die gegenseitig zwar nicht strukturdeterminierend sind, aber langfristig die in den Systemen selbst produzierten Strukturen beeinflussen (vgl. LUHMANN 2006: 397). Um dabei erfolgreich zu sein, muss sich die Nachhaltigkeitssemantik auf die Erwartungen in den Funktionssystemen auswirken und dadurch sicherstellen, dass sie nicht nur momenthaft, sondern auch in den operativen Anschlüssen von Ereignis an Ereignis wirksam bleibt.

Erst wenn sich die Nachhaltigkeitssemantik auch in den Vorgeschichten und Konsequenzen von Entscheidungen beobachten lässt, kommt man in die Nähe einer „Integration durch Strukturen" (HELLMANN 2004: 195).

Dass semantische Integration nicht automatisch strukturelle Integration zur Folge hat, hat mit dem komplizierten Verhältnis von Semantik und Gesellschaftsstruktur zu tun. Während die Semantik die Menge der Formen ist, die für die Selektion
der Sinninhalte in der Gesellschaft benutzt werden können, stellen Strukturen die
Bedingungen bereit, die den Anschlussbereich von Operationen begrenzen. Strukturen bestehen in sinnkonstituierten Systemen nicht aus den Relationen zwischen Elementen, da diese Elemente Kommunikationen und somit Ereignisse ohne Dauer
sind. Mit dem Vorübergehen eines Ereignisses verschwänden dessen Relationen, damit die Struktur und schließlich das System selbst. Deswegen bezeichnet der systemtheoretische Strukturbegriff die *Selektion* der Relationen zwischen Elementen,
die innerhalb eines Systems zugelassen sind. Selektionen begrenzen die Rekombi-
nationsmöglichkeiten von Elementen. Ohne eine Struktur wären Systeme der Unbestimmtheit ihrer eigenen Anschlüsse ausgesetzt und könnten ihre Autopoiesis
nicht fortsetzen. Erst durch Strukturbildung wird die Komplexität eines Systems bestimmbar, sie erhält die Selektivität singulärer Ereignisse und stellt sie im nächsten
Ereignis wieder als den Möglichkeitsbereich vor, aus dem die nächste Selektion gewonnen werden kann.

> „In diesem Sinne gewährleisten Strukturen die Existenz des Systems nicht dank ihrer Sta-
> bilität, sondern nur deshalb, weil sie den Übergang von einer Operation zu einer anderen
> sichern können. Die Stabilität des Systems muß somit als ,*dynamische Stabilität*' gedacht
> werden, weil die Kontinuität des Systems nur durch die Diskontinuität seiner Operationen
> garantiert wird. [...] Im Falle sozialer Systeme sind Strukturen Erwartungsstrukturen, die
> Kommunikationsmöglichkeiten aufzeigen, an denen sich das System orientieren kann;
> durch Erwartungsbildung kann ein soziales System Anschlüsse und deshalb operative
> Möglichkeiten bestimmen. [...] Aufgrund eigener Strukturen kann ein System vergangene
> Situationen erinnern oder sich künftige Situationen vorstellen, indem es vom laufenden,
> unaufhörlichen Vergehen der Operationen abstrahiert." (BARALDI et al. 2008: 185, Her-
> vorh. TM)

Strukturen ermöglichen zugleich Stabilität – durch die Herstellung von Ereigniskett-
ten – und Reversibilität – in Form der dafür notwendigen Selektionen. Sie erzeugen
Dauer trotz der Singularität von Ereignissen, die nach ihrem Erscheinen sofort in der
Vergangenheit verschwinden. Diese Dauer ist jedoch kein Anhalten von Ereignissen
in die Zukunft, sondern deren Anschlussfähigkeit und die nur dadurch zu gewähr-
leistende Autopoiesis sozialer Systeme. Es geht um Dauer an sich – in sozialer Perspektive: um das Fortbestehen der Gesellschaft. Die Nachhaltigkeitssemantik sieht
diese Dauer gefährdet und macht Vorschläge, wie die gesellschaftlichen Strukturen
stattdessen eingerichtet sein sollten, um zu überdauern. Die Frage ist jedoch, wie die

Nachhaltigkeitssemantik in den Gesellschaftsstrukturen wirksam wird. Welche Möglichkeiten der Intervention in soziostrukturelle Zusammenhänge besitzt die Semantik und welche Beziehungen bestehen zwischen der Beschreibung der Gesellschaft einerseits und ihrer sozialstrukturell-operativen Ebene andererseits?

Bei LUHMANN finden sich zwei unterschiedliche Konzeptionen der Beziehung beider Seiten zueinander, die in ihrer Zusammenschau dafür sprechen, dass es sich um ein zirkuläres Verhältnis handelt. Zum einen nimmt die Semantik als eine Selbstbeschreibung von Systemen auf etwas bereits Existierendes Bezug. Das impliziert, dass die Semantik sozialstrukturellen Prozessen chronologisch nachgeordnet ist und aus ihnen hervorgeht. Ein Beispiel dafür findet STÄHELI (1998) in LUHMANNS Kunst der Gesellschaft (2007), wo betont wird, „[...] daß das Kunstsystem nicht wissen muss, was Kunst ist, um Kunst herzustellen. Vielmehr schließen Kunstwerke, die als basale Operation des Kunstsystems definiert sind, an Kunstwerke an. Die Semantik des Kunstsystems versucht zu beschreiben, was das System tut und stellt nachträglich fest, daß die vergangenen Operationen Kunst gewesen sind. Man könnte die Rolle der Semantik als Begriffsarbeit bestimmen, die das Unbegriffliche auf den Begriff bringt." (STÄHELI 1998: 317) Zum anderen hat die Semantik aber auch konstitutive Funktionen, die zwar weniger deutlich zu erkennen sind, dafür aber von umso größerer Bedeutung für die Funktionsweise sozialer Systeme sein können. Verfügte zum Beispiel das politische System nicht über die Selbstbeschreibung als Staat, „[...] würde es in unerträgliche Verwirrungen geraten, da ihm das Abgrenzungskriterium zu anderen Machtformen fehlte. Im Gegensatz zum Kunstsystem scheint das politische System also wissen zu müssen, wie es sein eigenes Tun beschreiben kann, um seine Autopoiesis fortsetzen zu können." (ebd.: 318)

Im Fall der Nachhaltigkeitssemantik lassen sich beide Richtungen im Verhältnis von Semantik und Struktur beobachten. Einerseits reagiert die Selbstbeschreibung der Nachhaltigkeitssemantik auf die strukturell bedingten Folgeprobleme funktionaler Differenzierung, sie greift sie auf und macht sie zum Thema der Kommunikation. Klimawandel, Armut und Finanzkrisen sind nicht darauf angewiesen, dass sie zuvor als etwas Nicht-Nachhaltiges definiert worden wären. Sie sind vielmehr Folgen struktureller Entwicklungen, auch wenn sie nicht semantisch antizipiert worden sind. Andererseits macht es für die gesellschaftsstrukturelle Verarbeitung dieser Probleme einen Unterschied, ob sie unter einer Semantik des Verzichts, der Entmündigung des Individuums oder der Nachhaltigkeit verhandelt werden. Für die Bearbeitung von Strukturproblemen sind beliebig viele semantische Äquivalente vorstellbar. Allerdings hätte jede dieser Kontingenzformeln unterschiedliche Konsequenzen für die Art und Weise der strukturellen Verarbeitung von Kontingenz. Während eine Semantik des Verzichts als gesellschaftliche Selbstbeschreibung die Anschlussfähigkeit von auf Wachstum ausgerichteten Entscheidungen massiv einschränken würde, hätte eine Semantik, die

die Entmündigung des Individuums als vielversprechendste Problemlösung unterstellt, umwälzende gesellschaftsverändernde Selektionen zur Folge.

Neben den Eigenstrukturen sozialer Teilsysteme präjudiziert die Nachhaltigkeitssemantik insofern die strukturelle Reaktion der Gesellschaft auf ihre selbst generierten Probleme mit. Auf dem Niveau gesellschaftlicher Selbstbeschreibung ist die Semantik damit unmittelbar verbunden mit der Gesellschaftsstruktur. Sie verändert sich in dem Maße, wie sich auch die Gesellschaftsstruktur wandelt. Umgekehrt erzeugt eine veränderte Semantik ihrerseits strukturelle gesellschaftliche Effekte. Struktur und Semantik stehen in einem zirkulären Verhältnis: Die Veränderung der Sozialstruktur bewirkt neue Semantiken, die wiederum für den Erfolg neuer Kommunikationsthemen und Sinntypisierungen verantwortlich sind. Die Relation zwischen Gesellschaftsstruktur und Semantik ist damit nicht hierarchisch, sondern evolutionär konzipiert. Das Hervortreiben semantischer Variationen wird selbst über den Mechanismus der Selektion an die Gesellschaftsstruktur zurückgebunden. Nur jene semantischen Innovationen, die sich in der sozialen Kommunikation dauerhaft bewähren, können sich als vorherrschende Sinnverarbeitungsregeln etablieren. Erst danach erfolgt eine Stabilisierung in Form von Systematisierungen und Sortierungen, die die Sinnproduktion leichter erlern- und erinnerbar macht und sich dadurch immer tiefer in den (Erwartungs-)Strukturen der Gesellschaft festsetzt (vgl. SCHANETZKY 2007: 10). Für die Unterscheidung von Struktur und Semantik lässt sich keine einseitige Kausalität identifizieren. Wohl auch deswegen spricht Luhmann statt von einer strikten Kopplung zwischen beiden von „Kovariation", „Korrelation" und „Interdependenz" (LUHMANN 2004: 15). Die Semantik kann der Struktur vorauseilen oder hinterherlaufen. Es gibt Vorgriffe und semantische Innovationen[77], aber auch alte Begriffe und Ideen, die den gesellschaftlichen Strukturwandel nicht mit vollziehen und verschleiern. Im Fall der Nachhaltigkeitssemantik scheint die zeitliche Verzögerung im Verhältnis von Semantik und Struktur gegenwärtig noch eher die Gestalt eines Nachfolgens der gesellschaftlichen Struktur hinter einer innovativen Semantik anzunehmen. Einerseits kann die Nachhaltigkeitssemantik zwar nur auf die strukturell bedingten Nebenfolgen sozialer Evolution reagieren, andererseits folgt der von ihr geforderte Strukturwandel aber einer erst im Protest erstarkenden Nachhaltigkeitssemantik, der es vordergründig weniger um die nachträgliche Beschreibung struktureller Probleme geht, als vielmehr um eine Anleitung eines strukturellen Wandels, der diese Probleme lösen soll.

Semantiken (Selbstbeobachtungen und -beschreibungen) und Strukturen (Selektion von Operationen) nehmen die Gesellschaft in die Zange. Das zeigt die Verwendung der Nachhaltigkeitssemantik im Protest und die daraus resultierenden Irritationen gesellschaftlicher Funktionssysteme, die zu Veränderungen in deren Erwartungs-

---

[77] *Luhmann* spricht auch von „preadaptive advances" (1998: 512).

strukturen führen können. Der Protest zielt auf das Gegenteil dessen, was von ihm als wünschenswert erachtet wird. Dadurch beflügelt er eine selbstaffirmative moralische Kommunikation, die überall Anlässe findet, Zustände zu beklagen und zu fordern, dass alles besser wird. Diese Moralisierung verdeckt jedoch, dass der Protest selbst an den faktischen Gegebenheiten nichts ändert. Denn die moralische Kommunikation setzt sich mit dem eigentlichen Problem, das sie thematisiert, kaum auseinander. Das Protestieren nimmt vielmehr die „Form eines Parasitierens an diesem Problem" (FUCHS 2010: 68) an. Die aus den Nebenfolgen gesellschaftlicher Evolution resultierenden Probleme werden durch den Protest nicht gelöst, sondern einfach immer wieder neu thematisiert. Dementsprechend wurde Protest zuvor auch definiert als eine Form der Kommunikation, die die Verantwortung *anderer* anmahnt. Ihm geht es nicht darum, das Problem *selbst* zu lösen, sondern „[...] um Ausdruck von Unzufriedenheit, um Darstellung von Verletzungen und Benachteiligungen, nicht selten auch um wildes Wünschen" (LUHMANN 1991: 136). Der Protest setzt damit die andere Seite, die auf ihn und das über ihn vermittelte Problem zu reagieren hat, voraus und will sie zugleich verändern (vgl. LUHMANN/HELLMANN 2004: 17). Da Kommunikation jedoch nicht unmittelbar auf die Strukturen, über die sie kommuniziert, durchgreifen kann, gelingt es dem Protest nur mittelbar und unter bestimmten Voraussetzungen, das Spektrum anschlussfähiger Operationen zu modifizieren. Seine je nach adressiertem Problem variierenden Beobachtungen und Beschreibungen der Gesellschaft sind jeweils distinkte, im System auf das System gerichtete Operationen und haben je nach Beobachtungsstandpunkt verschiedene Konsequenzen für die Selbstbeschreibung dieses Systems. Erst mit der Erstellung von Texten in der gepflegten Semantik und deren Wiedererkennung und -verwendung im semantischen Apparat gelingt es einer Selbstbeschreibung, sich zu stabilisieren und die zu ihr passenden Selbstbeobachtungen zu koordinieren. Und erst wenn unterschiedliche Formen des Protests etwa mit der Nachhaltigkeitssemantik auf einen Begriff gebracht werden können und sich diese Semantik dann etabliert, können Selbstbeschreibungen strukturelle Effekte entfalten.

Diese Effekte sind dann jedoch nicht das Resultat von Interventionen, sondern – wie LUHMANN (1998: 789ff.) beschreibt – allenfalls von Irritationen. Soziale Systeme sind demnach nicht *intervenierbar*, sondern nur *irritierbar*. Sie lassen sich aufgrund ihrer operativen Geschlossenheit und ihrer autopoietischen Reproduktion nicht gezielt von außen beeinflussen. Jede Determination eines Systems kann nur im rekursiven Netzwerk der eigenen Operationen des Systems erfolgen und bleibt dabei an die systemeigenen Strukturen gebunden. Allerdings lässt sich die Autopoiesis sozialer Systeme von außen stören.[78] Mit dem gesellschaftlichen Übergang in eine funktiona-

---

[78] *Maturana/Varela* (1987: 108) sprechen von Perturbation, um die möglichen positiven Effekte dieser Störungen zu betonen.

le Differenzierungsform ist die Häufigkeit von Störungen und damit die Irritierbarkeit sozialer Systeme in einem Umfang gestiegen, der ihre Fähigkeit, auf Veränderungen der Umwelt mit Eigenschematisierungen zu reagieren, enorm vergrößert hat.[79] Umwelteinwirkungen auf ein System stellen sich im System als Irritationen dar. Dabei handelt es sich um systemeigene Zustände, die angesichts von Störungen aus der Umwelt dazu anregen, die operative Autopoiesis fortzusetzen. Sie lassen dabei zunächst offen, ob dafür die Strukturen des Systems verändert werden müssen oder nicht. Ist die Irritation Ergebnis eines einmaligen Ereignisses, wird sie ohne weitere Konsequenzen mit der Zeit wieder verschwinden. Verfestigt sich eine Irritation jedoch durch Wiederholung, wird das System entsprechende Lernprozesse einleiten.

Mit einer Steigerung der Irritabilität in der modernen Gesellschaft geht auch eine Steigerung der Lernfähigkeit von Systemen einher. Lernfähigkeit bedeutet, eine Ausgangssituation systemintern vermehren und solange weitere Irritationen erzeugen zu können, bis schließlich eine Anpassung der Strukturen die Störung nicht mehr wahrnehmbar macht. Irritation als systemeigener Zustand hat dabei keine Entsprechung in der Umwelt. Zwar erfordert eine Irritation bestimmte Störquellen in der Umwelt – anders könnte sie nicht wahrgenommen werden – allerdings kann man aus der Beobachtung eines irritierten Systems nicht schließen, dass auch dessen Umwelt irritiert ist. Wenn etwa ein System durch die Nachhaltigkeitssemantik in die Lage versetzt wird, den Klimawandel, das Ozonloch oder die Risiken der Nuklearenergie zu beobachten und dadurch irritiert zu sein, bedeutet das nicht, dass die ursächlichen Umwelten über sich selbst irritiert sind. Irritationen sind Eigenschematisierungen von Systemen. Das wird noch deutlicher, wenn man sich vor Augen führt, dass der Begriff der Irritation eine Differenz voraussetzt, die es überhaupt nur innerhalb eines Systems geben kann:

> „[...] nämlich die Differenz von normaler, strukturell vorgezeichneter Operationsabfolge und einem Zustand, dessen Konsequenzen unklar, dessen Überleitung in Anschlußoperationen unentschieden ist. Diese Differenz (und damit: die ‚Form‘ von Irritation) tritt in Sinnsystemen als *semantische Differenz* auf. Sie macht es möglich, die Irritation zu bezeichnen, etwa als Problem oder eventuell auch als Ambivalenz, als Unklarheit, die man vielleicht auf sich beruhen lassen kann. Diese Differenz ist die Form, in der ein Sinnsystem auf Umwelteinwirkungen reagiert und damit auch auf etwas reagiert, was auf ganz anderen Realitätsebenen (etwa chemisch oder bewußtseinsmäßig) oder auch in anderen Funktionssystemen stattfindet, die für das System wegen seiner operativen Schließung unzugänglich ist." (ebd.: 792f.; Hervorh. TM)

Semantiken geben der Irritation sozialer Systeme also ihre Form. Sie können zwar nicht präjudizieren, ob und welche strukturellen Veränderungen sie in den Systemen

---

[79] Diese Erhöhung der Irritationsfähigkeit gelingt dabei freilich nur auf Kosten einer eingeschränkten Fähigkeit, diese Irritationen zu koordinieren.

verursachen, sie ermöglichen aber den operativ geschlossenen Systemen, auf Sachverhalte außerhalb ihrer selbst zu reagieren. Dass die Funktionssysteme dazu in der Lage sind, hat seine Ursache in der dynamischen Stabilität der Funktionssysteme. Sie bilden Erwartungshorizonte, die mit Redundanzen – also der Wiederholbarkeit desselben in anderen Situationen – rechnen. Irritationen enttäuschen diese Erwartungen: entweder als momentane Inkonsistenzen, die wieder vergessen werden und keine Konsequenzen für die Erwartungsstrukturen haben, oder als Irritationen, die ihre eigene Wiederholung ankündigen und in einen dauerhaft nicht zu ignorierenden Widerspruch zu den Erwartungsstrukturen des Systems treten. Letzteres gelingt solchen Irritationen wahrscheinlicher, die wie die Nachhaltigkeitssemantik bereits stabilisiert und beliebig wiederholbar sind.[80]

Die moderne Gesellschaft ist in einer Weise irritierbar geworden, die auf der Ebene der Programme von Systemen zu einem beschleunigten Wandel geführt hat. Innerhalb ihrer festen Codes entwickeln die Funktionssysteme immer mehr Methoden, diesen Code zu prozessieren. Diese Vervielfältigung von Programmen erzeugt jedoch erneut Irritationen, denn die mit ihnen verbundenen Veränderungen enttäuschen wiederum Erwartungen. So führt die Irritationsfähigkeit sozialer Systeme zunehmend zu einer Selbstirritation der Gesellschaft, die „[…] schließlich auf eine Irritation durch Irritation hinausläuft" (ebd.: 794). Auch die Entstehung und Stabilisierung der Nachhaltigkeitssemantik ist vor allem eine Konsequenz aus der Tatsache, dass die gesellschaftlichen und außergesellschaftlichen Irritationsanlässe in den letzten Jahrzehnten deutlich zugenommen haben. Wie bereits gezeigt wurde, handelt es sich dabei um direkte oder indirekte Folgen gesellschaftlicher Evolution:

> „Einerseits ist der Irritationspegel der Gesellschaft auf Grund der Freistellung von Funktionssystemen für Eigendynamik gestiegen in einem Maße, das sich jeder Koordination entzieht und über gegenseitige Irritation der Funktionssysteme in Selbstirritation der Gesellschaft umschlägt. Andererseits werden damit ganz offensichtlich die ebenfalls zunehmenden Diskrepanzen im Verhältnis des Gesellschaftssystems zu seiner Umwelt zwar als Probleme in der Kommunikation sichtbar, aber nicht mit zureichenden Lösungen versehen. Die immer neu nachgelieferten Informationen machen die Diskrepanz zwischen Irritation und Abhilfe allgegenwärtig. Die funktionale Differenzierung greift in ihren Auswirkungen stärker in die Umwelt ein, aber sie sorgt nicht für eine gesellschaftszentrale Behandlung der Folgen. Sie zerstreut die Rückwirkungen in der Gesellschaft, verteilt sie als Irritationen auf die einzelnen Funktionssysteme, weil nur dort wirksame Abhilfen zu erwarten sind." (ebd.: 795f.)

---

[80] Was gleichwohl nicht bedeutet, dass die mit ihr verbundenen Störungen dann wieder in einen vorausgegangenen (vermeintlichen) Gleichgewichtszustand zurückgeführt werden können. Selbst wenn das System mit Strukturveränderungen auf die Störungen reagiert und sich um die Beseitigung der durch sie entstandenen Differenz bemüht, kann es keine Rückkehr zum Ausgangszustand geben, weil sich die Strukturen ja weiterentwickelt haben. Insofern entspricht der Begriff der Irritation dem Übergang von struktureller Stabilität zu dynamischer Stabilität (vgl. *Luhmann* 1997: 791f.).

Übertragen auf die Nachhaltigkeitssemantik bedeutet das, dass sie eine Irritation für alle gesellschaftlichen Funktionssysteme darstellt, die jenseits ethisch-moralischer Forderungen keine konkreten Vorgaben machen kann, wie die Abhilfe auf die von ihr thematisierten Probleme im Einzelfall auszusehen hat. Sie bewerkstelligt zwar die Wiedereinführung der Differenz von Umwelt und Gesellschaft in die Gesellschaft, das führt aber zugleich zu einer permanenten Selbstirritation, die immer wieder neue Informationen nachfeuert. Bestes Beispiel ist die Wissenschaft: Fast alle ihrer Disziplinen setzen sich mittlerweile mit dem Nachhaltigkeitsgedanken auseinander, definieren ihn in entsprechend unterschiedlicher Weise und müssen dabei immer wieder feststellen, dass das, was in einer anderen Disziplin oder ihnen selbst vor kurzem noch als nachhaltig galt, tatsächlich alles andere als nachhaltig ist. Das überrascht zwar insofern wenig, als sich die Wissenschaft immer auch aus der Differenz zu dem bereits Vorliegenden versteht. Es zeigt aber auch, dass der durch Irritation erzeugte Problemdruck zunimmt und dass das Verhältnis des Gesellschaftssystems zu seiner Umwelt dadurch nicht einfacher, sondern komplizierter wird. Das Erreichen eines abschließend als nachhaltig anerkannten Entwicklungspfads erscheint insofern innerhalb der sozialen Gegebenheiten der Gegenwartsgesellschaft unerreichbar.

Zwar verändern sich die gesellschaftlichen Strukturen angesichts verändernder Problemlagen, sie richten sich aber aufgrund der mangelnden Koordinierbarkeit gesellschaftlicher Selbstirritation nicht zwangsläufig so ein, dass diese Problemlagen auch gelöst werden können. Die ethisch-moralische Dimension, die in der Nachhaltigkeitssemantik prominent mitschwingt und als erfolgskritisch für eine nachhaltige Entwicklung gilt, findet genau hierin eine ihrer wesentlichen Ursachen. Denn die Forderung, individuelles Handeln an ethischen Prinzipien auszurichten, und die permanente Rekursion auf Werte sind letztlich der Versuch, die unkoordinierbare Dauerirritation der Gesellschaft durch das Vortäuschen von Unirritierbarkeit zu durchbrechen. Das gelingt Werten mit etwas größerem Erfolg als der Ethik. Denn letztere wendet sich an individuelle Entscheider, von denen es gleichzeitig so viele gibt, dass soziale Ordnung über diesen Mechanismus unmöglich hergestellt werden kann. Dennoch werden besonders im Nachhaltigkeitskontext permanent bestimmte Verhaltensweisen ethisch begründet und als alternativlos dargestellt, auch wenn die Aussicht, dass sie sich in einem Umfang durchsetzen, der tatsächliche Strukturveränderungen zur Folge hätte, denkbar gering sind:

> „Wenn die Ethik zum Beispiel Verzicht auf ein gewohntes Konsumniveau im Interesse der Umwelt oder im Interesse gerechterer weltweiter Verteilungen verlangt, ist nicht zu sehen, wie dieses Ziel über individuelle Motivierung erreicht werden soll. Was bleibt, ist eine gewisse Larmoyanz, die feststellt, dass die Gesellschaft den ethischen Ansprüchen nicht genügt, und mit dieser Feststellung verständlicherweise kommunikativ erfolgreich agiert." (ebd.: 798)

Demgegenüber können Werte durchaus Strukturrelevanz gewinnen. Sie formulieren – wie im Fall der Nachhaltigkeit – Präferenzen und beurteilen davon ausgehend die Realität. Ebenso wie es etwa den Werten Gerechtigkeit, Gleichheit oder Freiheit gelungen ist, zu Fixpunkten der Kommunikation zu werden, die nicht an sich in Frage gestellt werden, wird heute auch der Wert der Nachhaltigkeit in der Kommunikation vorausgesetzt und von der Kommunikation nicht zur Disposition gestellt. Nachhaltigkeit wird wie andere Werte in den entsprechenden Kommunikationskontexten auf einem „inviolate level" nicht als Behauptung, sondern als Prämisse unterstellt. Damit wird sie auch nicht hinterfragt, denn es gibt keinen Anlass, auf sie mit Ablehnung oder Annahme zu reagieren. Hier tritt wieder die Wirkung von Nachhaltigkeit als Kontingenzformel hervor, denn der mit ihr zum Ausdruck gebrachte Wert kann in der laufenden Kommunikation problemfrei in Anspruch genommen werden und die Kontingenz der Realität zu einem (seinerseits wieder kontingenten) Abschluss bringen. Die Präferenz für Nachhaltigkeit wird dabei in einer Form zum Ausdruck gebracht, „[...] die beim typischen Tempo der Kommunikation nicht ihrerseits zum Thema der Kommunikation gemacht wird. Die Last der Komplexität wird damit dem zugeschoben, der einen Einwand vorbringen möchte. Er würde vielleicht gar nicht den Wert [...] als solchen bestreiten wollen, aber die Mitberücksichtigung anderer Gesichtspunkte verlangen wollen. Aber das ist zu kompliziert und lohnt sich im Einzelfall nicht. So läßt man den Wert durchgehen." (ebd.: 799)

Werte sind in der gesellschaftlichen Kommunikation nicht hierarchisierbar. Je mehr es von ihnen gibt, desto häufiger treten sie in unauflösbare Konflikte zueinander, umso öfter müssen sie zurückgestellt werden und umso weniger ist ihnen zu entnehmen, wie im Einzelfall zu entscheiden ist. Auch Werte haben damit keine unmittelbaren strukturellen Auswirkungen, da sie die möglichen und unmöglichen Anschlussbereiche von Entscheidungen nicht eindeutig erwartbar machen können. Mittelbar entfalten sie aber strukturelle Relevanz, indem sie sich in das Gedächtnis sozialer Systeme einbrennen:

> „[...] Zurückstellungen werden erinnert und können bei nächster Gelegenheit erneut ins Gespräch gebracht werden. Weder war die Berechtigung der Anliegen, der Wert der Werte, bestritten worden, noch wird die Nichtberücksichtigung schlicht vergessen. Die gängigen Werte verschieben, anders gesagt, die Normalbalance zwischen Vergessen und ausnahmsweisem Erinnern in Richtung Erinnern. Und das kompensiert über die Zeit hinweg in gewissem Maße dafür, dass Werte allein noch keine Entscheidungsprogramme sind." (ebd.: 800)

Die Bezugnahme auf ethische Prinzipien und auf Werte ist in der modernen Gesellschaft immer häufiger zu beobachten. Die ubiquitären Forderungen nach mehr Nachhaltigkeit sind ein Beleg dafür. Aber nur weil sie Teil des alltäglichen und professionellen Sprachgebrauchs geworden sind, geben sie noch keinen Aufschluss darüber, wie die von ihnen adressierten Probleme zu lösen sind. Sie machen ganz unterschiedliche, oftmals widersprechende Vorschläge. Es kommt – wie LUHMANN (ebd.: 801) es formuliert – zu „[...] obliquen Thematisierungen in inkongruenten Perspektiven". Will man daher die Aussicht auf strukturelle Lösungsansätze zur Beseitigung gesellschaftlicher Selbstgefährdungen beurteilen, bleibt man auf die Beobachtung solcher Prozesse angewiesen, mit denen einzelne Funktionssysteme Irritationen in Erwartungsstrukturen umwandeln. Wenn soziale Strukturen als Erwartungsstrukturen beschrieben sind, sind damit zugleich auch die Bedingungen ausformuliert, unter denen die Nachhaltigkeitssemantik strukturelle Effekte erzeugen kann: Die mit ihr verbundenen Selektionen müssen in den sozialen Systemen erwartbar sein. Wenn Entscheidungen – weil sie erinnern und antizipieren – damit rechnen müssen, ihre Anschlussfähigkeit aus bestimmten Gründen zu verlieren, kann aus semantischer Integration auch eine Einschränkung operativer Freiheitsgrade resultieren.

Erforderlich sind dann lediglich systemspezifische Reaktionen, die innerhalb des vorgegebenen Funktionscodes die Programme, mit denen diese Codes jeweils verfolgt werden, verändern. Die strukturelle Wirksamkeit von Semantiken lässt sich an der Veränderung dieser Programme beobachten. Sie stellen die Kriterien für die richtige Zuschreibung von Codewerten zur Verfügung und erlauben es dem System überhaupt erst, seine eigene strukturierte Komplexität aufzubauen und den eigenen Verlauf zu kontrollieren. Insofern dienen Programme der Selbstregulierung von Systemen. Denn die Codes geben allein noch keine Handlungsanweisungen, sondern orientieren lediglich die blind verlaufenden Operationen an ihren beiden Codewerten. Die Bedingungen, die für die Realisierbarkeit dieser Operationen und die jeweilige Zuordnung einer der beiden Codewerte gegeben sein müssen, werden erst von den systemeigenen Programmen definiert. Sie sind dadurch in der Lage, die strenge Binarität der Systemcodes zu kompensieren: Sie führen systemfremde Kriterien in die Entscheidungen des Systems ein und mildern dadurch die Radikalität der Funktionslogik zugunsten der Umwelt des Systems ab. Auf der Programmebene können in den Funktionssystemen Kriterien berücksichtigt werden, die in anderen (nicht nur sozialen) Systemen gelten. Es sind die Programme, die als Folge von Irritationen Lernfähigkeit organisieren: stets mit dem Ziel, die Aufrechterhaltung des Systemcodes auch angesichts veränderter Umweltbedingungen zu garantieren. Nur mit Hilfe ihrer Programme sind soziale Systeme in der Lage, Erwartungszusammenhänge zu identifizieren. Das Programm bestimmt, welches Verhalten als richtig erachtet wird und deswegen zu erwarten ist. Insofern schränken Programme die Freiheitsgrade von Systemen erheblich ein und tragen damit auf der Ebene der Erwartungsstrukturen wesentlich zur gesellschaftlichen Integration bei (vgl. LUHMANN 1997: 362ff., BARALDI et al. 2008: 139f.).

Um Veränderungen bestehender Erwartungsstrukturen anregen zu können, muss Nachhaltigkeit also als eine schematisierte (d. h. auf den Nachhaltigkeitsbegriff gebrachte) Irritation angelegt sein, „die das Ziel verfolgt, das je zu irritierende System zu ‚Eigen-Schematisierungen' (man könnte auch sagen: zu Resonanz) zu veranlassen" (FUCHS 2008: 14).[81] Erst wenn Nachhaltigkeit in diesem Sinne in den Programmen sozialer Systeme resoniert, d. h. in der zukünftigen Verarbeitung von Ereignissen wirksam wird, dann integriert sie auch strukturell und ist „implementiert".[82] Die Mechanismen, die sie dafür vorfindet, ergeben sich aus den strukturellen und operativen Kopplungen zwischen den Systemen. Nur durch sie kann die operative Geschlossenheit sozialer Systeme punktuell relativiert werden. Kopplungen stellen Irritationskorridore zur Verfügung, über die soziale Systeme durch ihre Umwelt in ihrem Strukturaufbau beeinflusst werden können. Sie erlauben die Herstellung von „order from noise" (VON FOERSTER 1993 [1960]). Während soziale Systeme über ihre strukturellen Kopplungen auch mit der außergesellschaftlichen Umwelt verbunden sind und auch durch ihre ökologischen und psychischen Umwelten irritierbar sind, bleiben operative Kopplungen den innergesellschaftlichen Systembeziehungen vorbehalten. Gemeinsam leiten beide Kopplungstypen jedoch eine dauerhafte reziproke Selbstirritation zwischen den so verbundenen Systemen ein, die eine mehr oder weniger koordinierte gesellschaftliche Entwicklung (Evolution) bewirkt. Auch auf struktureller Ebene ist Nachhaltigkeit damit vor allem eine Selbststeuerungsleis-

---

[81] Mit „Schemata" sind Sinnkombinationen gemeint, die der Gesellschaft dazu dienen, ein Gedächtnis zu bilden, das es trotz ihres stetigen Vergessens von Operationen erlaubt, bestimmte Formen erinnern und immer wiederverwenden zu können. Das Schema der Nachhaltigkeitssemantik nimmt dabei die Form eines Präferenzcodes (nachhaltig/nicht-nachhaltig) an. Seine kommunikative Verwendung setzt wie alle Schemata voraus, dass die beteiligten Bewusstseinssysteme verstehen, was gemeint ist, dabei aber nicht darauf festgelegt sind, wie sie mit dem Schema umgehen oder welche Anschlusskommunikationen sie daraus erzeugen. Schemata können konkretisiert und nach Bedarf angepasst werden (vgl. *Luhmann* 1997: 110f.).

[82] Um als schematisierte Irritation fungieren zu können, muss die Nachhaltigkeitssemantik „[…] mit ‚Gescheitheit' ausgestattet werden, mit angemessener Komplexität, die den jeweiligen Referenzsystemen […] offeriert wird" (*Fuchs* 2008: 14). Soll ein bestimmtes Funktionssystem in Schwingung versetzt werden, um auf die mit der Nachhaltigkeitssemantik transportierten Herausforderungen zu reagieren, muss die Störung selbst hinreichend komplex sein und der Binnenkomplexität des zu irritierenden Systems entsprechen. Nur dann entspricht sie dem von *Ashby* (1979) formulierten Gesetz der „requisite variety". Ethisch begründete, auf individuelle Handlungen zielende Nachhaltigkeitsforderungen genügen diesem Anspruch nicht, denn sie sind unterkomplex. Da das Individuum im hier zugrunde gelegten Modell die Gesellschaft kommunikativ nicht erreichen kann, müssen die für die Implementation einer nachhaltigen Entwicklung geeigneten Mechanismen vielmehr auf systemischer Ebene gesucht werden. Die Nachhaltigkeitssemantik reimportiert zwar die ökologisch, psychisch und sozial wirksamen Nebenfolgen der funktionalen Differenzierung als Re-entry in die Gesellschaft, sie können dort aber nur *sozial* verarbeitet oder besser: abgearbeitet werden. Nur soziale – und nicht psychische oder biologische – Systeme weisen die notwendige komplementäre Komplexität auf, um auf ihre gesellschaftsinterne Umwelt einwirken zu können.

tung der Gesellschaft, die sich in den Relationen zwischen den Systemen organisiert und nur in deren Ko-Evolution wirksam werden kann. „Wirksam werden" heißt dabei, dass sich die Erwartungsstrukturen über die Anschlussfähigkeit systemeigener Operationen verändern. Nur auf diese Weise lässt sich der notwendige „structural drift" bewirken. Dieser macht zwar den Anschein, als hätte ein gegenseitiger, steuernder Eingriff der Systeme stattgefunden, tatsächlich ist er aber auf die jeweiligen Reflexionsleistungen der gekoppelten Funktionssysteme zurückzuführen. Mit der Reflexion realisieren die sozialen Systeme den Re-entry ihrer Differenz zur Umwelt und die eigene Selbststeuerung:

> „Die Reflexion führt in der Tat dazu, daß der Zustand des Systems mit anderen möglichen Zuständen verglichen und die Frage jeweiliger Vorteile und Nachteile gestellt wird – und daß versucht werden kann, das System in der besten Richtung entsprechend zu verändern. Das System beobachtet sich selbst als unterschieden von seiner Umwelt und kann dann eine Art Kontrolle über seinen Operationsmodus ausüben." (BARALDI et al. 2008: 155)

Bei alledem ist an Organisationen kein Vorbeikommen. Als der logische Raum struktureller und operativer Kopplungen[83] ist die Organisation „der einzige soziale Ansprechpartner für das Ansinnen nachhaltiger Entwicklung" (FUCHS 2008: 12). Nur ihr kann ein bestimmtes Handeln zugeschrieben werden. Im Unterschied zu den Funktionssystemen verfügen Organisationen über eine permanent erreichbare soziale Adresse und sind in eigener Sache kommunikations- und vor allem entscheidungsfähig. Sie sind damit diejenigen sozialen Systeme, die die Programme der Funktionssysteme umsetzen und sich entsprechend verändern müssen, damit sich auch die Funktionssysteme an die externen Störungen anpassen können. Denn „[a]lles programmierte Verhalten ist Entscheidungsverhalten" (LUHMANN 1997: 842) und alles Entscheidungsverhalten findet in Organisationen statt. Das bedeutet zugleich, dass es erst die Organisationen sind, die den Funktionssystemen ihre Reflexionskapazitäten – und damit verbunden: Selbststeuerungsfähigkeiten – geben. Denn die Organisation „[...] ist jene evolutionäre Errungenschaft, die es den Entscheidungsprozessen ermöglicht, reflexiv zu werden" (LUHMANN 1999: 340). Nur durch die reflexive Fähigkeit von Organisationen, mit auf eigenen Entscheidungsprämissen basierenden Entscheidungen über weitere Entscheidungen zu entscheiden, lassen sich überhaupt Programme konstruieren – und verändern. Insofern sind Organisationen die eigentlichen Agenturen der gesellschaftlichen Evolution. Sie nutzen die ihnen mögliche Reflexivität des Entscheidens zum Aufbau von Programmarchitekturen. Sie stoßen auf der Ebene der Funktionssysteme Reflexivität an, die strukturverändernd wirkt, da die Funktionssysteme damit die Möglichkeit bekommen, ihren Kommunikationsprozess selbst zum Gegenstand von Kommuni-

---

[83] Vgl. Kapitel 3.5.

kation zu machen. Reflexivität erzeugt insofern „Steuerungs- und Kontrollleistungen des Prozesses durch sich selbst" (LUHMANN 1984: 616). Das geschieht vor allem dann, wenn das System aufgrund von Irritationen und der damit offenbar werdenden Unzulänglichkeit der bestehenden Programme Anlass dazu hat, „[...] die eigenen Prozesse – möglicherweise mit dem Ziel der Selbständerung – zum Thema zu machen" (LIECKWEG/WEHRSIG 2001: 55).

Die notwendige Gleichzeitigkeit unveränderlicher Codes und variabler Programme auf der Ebene der Funktionssysteme wird durch Organisationen möglich gemacht, die ihre Entscheidungsprogramme für die Zuordnung der Codewerte des Systems zur Verfügung stellen. Zugleich regen Organisationen weitere Reflexivität dadurch an, dass sie neben ihrer strukturellen Kopplung mit einem Funktionssystem zusätzlich über operative Kopplungen mit anderen Systemen verfügen. Sie müssen sich gleichzeitig an verschiedenen Teilsystemen orientieren und lassen entsprechend unterschiedliche Prämissen in ihre Entscheidungsprogramme einfließen (vgl. ebd.). Organisationen sorgen für die Expansion der Funktionscodes in die Zukunft und über das singuläre Ereignis hinaus. Damit stellen sie die basale Voraussetzung zur Veränderung von Programmen auf der Systemebene bereit. Denn die Funktionssysteme sind selbst relativ blind, da sie nur aus ereignishaften Operationen bestehen. Ihre Ordnungszumutung reicht immer nur bis zum nächsten Ereignis – auch wenn semantische Schemata wie „Nachhaltigkeit" bestimmte Anschluss- oder Programmformen wahrscheinlicher machen als andere. Organisationen hingegen fügen durch ihre Fähigkeit zur Reflexivität einzelne Operationen zu Handlungsketten zusammen, die erst dadurch beobachtbar, thematisierbar und veränderbar werden (vgl. NASSEHI 2003: 460).

Die Tatsache, dass Organisationen in eigener Sache kommunizieren können und über eine soziale Adresse verfügen, hat auf der anderen Seite auch zur Folge, dass ihnen Handeln attribuiert werden kann (FUCHS 2008: 11). Das wiederum führt dazu, dass es in der organisationsdurchsetzten modernen Gesellschaft permanent zu Konflikten zwischen den Organisationssystemen kommt, die auf Abweichungen zwischen ihren Selbst- und Fremdbeschreibungen zurückzuführen sind. Diese Differenz bearbeiten Organisationen permanent, indem sie Variabilität erzeugen. Gleichzeitig und trotz der permanenten Veränderungen auf der Ebene von Programmen ist die Organisation auf der Ebene ihrer Identität, d.h. ihrer Selbstbeschreibung, relativ stabil (vgl. LUHMANN 2006: 417ff.). Insofern sind „[...] Organisationen von der Form her auf das ausgelegt, was man ‚Nachhaltigkeit' nennen könnte. Ihre (auf Entscheidungen gegründete) Dynamik ist nur möglich durch eine gleichsam identitäre Stabilität, die durch einen Binnenkonservatismus, in dem die Organisationen, obwohl sie es mit laufenden Weltveränderungen zu tun haben, sich selbst durchhalten wie Individuen, die ein Leben lang unter einem Namen geführt werden, obwohl keines ihrer Atome dasselbe bleibt." (FUCHS 2008: 12)

Zusammenfassend lässt sich festhalten, dass die strukturellen Implikationen der Nachhaltigkeitssemantik vor allem in der Irritabilität sozialer Systeme und der Variabilität ihrer Programme sichtbar werden. Die strukturelle Implementierung einer nachhaltigen Entwicklung ist deswegen weniger eine Frage der Ethik oder der politischen Steuerung allein, sondern besteht vielmehr in der Herausforderung einzelner Funktionssysteme, ihre Programmierung flexibel und kreativ genug zu gestalten, um auch innerhalb der Rigidität ihres binären Codes auf die Selbstgefährdungen der Gesellschaft reagieren zu können. Will man ausgehend von dieser Beobachtung die Fähigkeit der modernen Gesellschaft beurteilen, auf struktureller Ebene Nachhaltigkeit in dem hier entwickelten systemtheoretischen Sinn einzurichten, bleibt man auf die Beobachtung der Reaktionen sozialer Systeme und der Veränderung ihrer Erwartungsstrukturen angewiesen. Dabei müssen insbesondere ihre strukturellen und operativen, losen und festen Kopplungen als soziale Selbststeuerungsmechanismen in den Blick genommen und in ihrer sozialen Ubiquität auf die Gesellschaft als Ganzes hochgerechnet werden. Nur so lässt sich das Bild einer Ko-Evolution der Gesellschaft mit ihrer internen und externen Umwelt zeichnen und in seiner Nachhaltigkeitsqualität beurteilen. Dabei geraten unweigerlich Organisationen als die zentralen Agenturen und Mittler dieser Entwicklung in den Blick. Denn die innerhalb von Organisationen stattfindenden Entscheidungsprozesse sind der logische Ort, an dem die Programme der Funktionssysteme sich beginnen zu verändern.

In den folgenden Kapiteln wird exemplarisch am Funktionssystem der Wirtschaft und „seinen" Organisationen untersucht, welche Wirkungen die Nachhaltigkeitssemantik hier entfaltet, wie sie Resonanz erzeugt und aus dem Wirtschaftssystem heraus mit neuen Irritationsanstößen wieder in die gesellschaftliche Umwelt ausstrahlt. Diese Prozesse lassen sich als Governance- und Managementformen konzeptualisieren, die Aufschluss darüber geben, welche Gestalt die (Selbst-)Steuerung nachhaltiger Entwicklung in der modernen Gesellschaft annimmt. Um zu analysieren, wie die Nachhaltigkeitssemantik die beiden wesentlichen Programme des Wirtschaftssystems – namentlich Produktion und Konsum – verändert, ist neben einer Betrachtung der Reaktion des Wirtschaftssystems auf veränderte gesellschaftliche Selbstbeschreibungen eine tiefergehende Befassung mit unternehmensbezogenen Prozessen unverzichtbar. Letztere lassen sich unter dem Begriff der Corporate Responsibility zusammenfassen und stellen die zentrale Strategie des Wirtschaftssystems im Umgang mit der Nachhaltigkeitssemantik dar. Beide Möglichkeiten der autologischen Steuerung des Wirtschaftssystems in einer komplexen Umwelt – Governance und Management – werden im folgenden Kapitel beleuchtet, um anschließend danach untersucht zu werden, wie sie der Nachhaltigkeitssemantik ganz konkret zu struktureller Wirkung in Konsumtions- und Produktionsprozessen verhelfen.

5 Governance und Management: Modi der Selbststeuerung im Wirtschaftssystem

Eine von LUHMANNS Thesen lautet: „Fürs Überleben genügt Evolution" (LUHMANN 1984: 645). Sie war vielfach Anlass für fundamentale Kritik an der Systemtheorie (z. B. SCHARPF 1989; MAYNTZ/SCHARPF 1995), lässt sie doch vermuten, dass sich gewünschte gesellschaftliche Zielzustände oder Entwicklungen sozusagen als natürliche Konsequenz sozialer Evolution ergeben und sich das Fortbestehen der Gesellschaft damit praktisch von allein organisiert. Eine nachhaltige Entwicklung wäre demnach die natürliche Konsequenz gesellschaftlicher Evolution. Das klang auch bereits in der systemtheoretisch begründeten Vorstellung an, dass jede Entwicklung an sich schon „nachhaltig" sein muss, um überhaupt als Entwicklung beobachtet werden zu können. Was die Nachhaltigkeitssemantik aber erreichen will, ist nicht irgendeine, sondern vor allem eine *bessere* gesellschaftliche Entwicklung, mit der die Notwendigkeit einer eingreifenden, richtungsweisenden Gestaltung und Steuerung gesellschaftlicher Entwicklung begründet wird. Spätestens seit der Aufklärung wird versucht, die seitdem nicht mehr als gottgewollt legitimierte gesellschaftliche Ordnung in verschiedenen Hinsichten zu verbessern. Neben Gestaltungsformeln wie der Gerechtigkeit, Freiheit oder Gleichheit, die die Kontingenzen sozialer Evolution dadurch zu durchbrechen versuchen, dass sie unbestimmten Entwicklungen eine bestimmte Richtung geben, ist auch Nachhaltigkeit als ein Ziel solchen Gestaltungshandelns auserkoren worden. An (widersprüchlichen) Instrumenten, öffentlichen Bekundungen und Vorstellungen über die dafür notwendigen Steuerungsmaßnahmen mangelt es denn auch nicht.

Das ändert jedoch nichts daran, dass die bereits benannten Steuerungsgrenzen, die sich vor allem aus der Komplexität gesellschaftlicher Strukturen und der Ambivalenz des Nachhaltigkeitskonzepts selbst ergeben, weiterhin fortbestehen und eine intentionale Gestaltung sozialer Entwicklungen praktisch unmöglich machen.[84] Die im öffentlichen Diskurs immer wieder geforderte zielgerichtete „Veranlassung" nachhaltiger Entwicklung oder eine durch die Politik versuchte Implementierung von Nachhaltigkeitsaspekten im Wirtschaftssystem ist in systemtheoretischer Perspektive unmöglich. Ausgehend vom theoretischen Konstrukt der autopoietischen Schließung sozialer Systeme begründet die Systemtheorie, dass sich die gesellschaftliche Entwicklung weder intentional planen, noch kausal steuern lässt, sondern sich in einem

---

[84] Vgl. Kapitel 2.1.

hochgradig kontingenten Modus zufallsbedingter Nicht-Berechenbarkeit vollzieht; als eine nicht lenkbare Evolution also, auf die die Gesellschaft für ihr Überdauern schlichtweg vertrauen muss. Der in dieser Vorstellung zum Ausdruck kommende Steuerungspessimismus der Systemtheorie wirkt auf den ersten Blick fatalistischer als er tatsächlich ist. Denn der Gesellschaft bleibt im Rahmen ihrer Evolution durchaus die Möglichkeit, die eigene Kontingenz zu unterbrechen und dadurch steuernd auf ihre Entwicklung einzuwirken.

Dabei muss das zugrunde gelegte Steuerungsverständnis jedoch darauf verzichten, Steuerung auf ein vermeintliches *Verstehen* der Welt zu gründen und sich stattdessen an *Erwartungsstrukturen* orientieren. Die sich in der Form der doppelten Kontingenz manifestierenden sozialen Ungewissheiten und Komplexitäten bedürfen einer Art der Steuerung, durch die sie entschärft werden können. Das geschieht durch Erwartungserwartungen: komplementäre Erwartungsstrukturen, durch die Situationen doppelter Kontingenz geordnet werden (LUHMANN 1984: 411ff.).[85] Ein systemtheoretisches Steuerungsverständnis fokussiert nicht das Steuerungshandeln einzelner, steuernder Akteure (Ego steuert Alter), sondern immer die Steuerungskommunikation, an der sowohl Steuerungssubjekt als auch Steuerungsobjekt (Ego und Alter) beteiligt sind, da sie sich wechselseitig beobachten. Jede Steuerungsbemühung erzeugt in einem System (sei es auf Ebene einer Interaktion, einer Organisation oder eines Funktionssystems) Erwartungen. Im einfachen Beispiel eines reinen Interaktionssystems „[…] erwartet Ego (mindestens), dass Alter auf Egos Steuerungskommunikation nicht indifferent reagiert. Und Alter erwartet, dass Ego entsprechendes von Alter erwartet, was wiederum von Ego miterwartet wird." (KETTE 2008: 82). Solche wechselseitigen Erwartungen sind gesellschaftlich notwendig, um ein Mindestmaß an sozialer Ordnung herzustellen. Denn wenn das durch Steuerung zu lösende Problem der doppelten Kontingenz darin besteht, dass die Operationen sozialer Systeme durch die Umwelt nicht eindeutig vorhersagbar und dadurch auch nicht steuerbar sind, dann kann nur der Aufbau mehr oder weniger stabiler Erwartungsstrukturen eine bestimmte Ordnung ermöglichen. In der Herstellung wechselseitiger Annahmen über künftige (Re-)Aktionen zwischen System und Umwelt besteht insofern auch der einzige systemtheoretisch plausibilisierbare Effekt gesellschaftlicher Steuerungsversuche. Erwartungsstrukturen bauen komplementäre An-

---

[85] Die Ordnung von Situationen doppelter Kontingenz durch die Erwartung von Erwartungen gelingt, weil Ego erwartet, dass Alter erwartet, dass Ego in einer bestimmten Weise handelt. Ego kann dadurch Alters Orientierung verstehen und sich in seinem Handeln daran orientieren. „Der Vollzug der Kommunikation stützt sich auf diese Möglichkeit, die Vorhersagen des anderen vorauszusehen. Wäre es nicht möglich, die Erwartung des Partners zu erwarten, gäbe es keine Möglichkeit, die Handlung zu orientieren und die Kommunikation fortzuführen; es gäbe kein soziales System." (ebd.: 47)

nahmen über künftige Kommunikationen auf und durchbrechen dadurch gesellschaftliche Kontingenz, indem sie ein gewisses Maß an Ordnung in das Chaos der prinzipiell unendlichen Entwicklungsmöglichkeiten der Gesellschaft bringen.[86]

Bezogen auf das Wirtschaftssystem lässt sich der Aufbau solcher komplementären Erwartungen im Rahmen der aktuellen theoretischen Diskussionen und empirischen Beobachtungen rund um den Begriff der *Governance* konzeptualisieren und um Aspekte des *Managements* erweitern. Während die Soziologie ebenso wie die voranstehende Argumentation die Frage gesellschaftlicher Resilienz vor allem als eine Integrationsherausforderung behandelt hat, stellt das Governance-Konzept die politikwissenschaftliche und (institutionen)ökonomische Seite derselben Medaille dar. Im Mittelpunkt steht die Frage nach den Möglichkeiten sozialer Ordnung (und ihres Wandels)[87] unter Bedingungen verteilter Kontrolle. Genau wie Integration gelingt Ordnung auf gesellschaftlicher wie organisationaler Ebene nur, wenn Freiheitsgrade begrenzt werden können. Die Nachhaltigkeitssemantik stellt eine solche Möglichkeit zwar bereit, es gibt aber keinen Ort, von dem aus ihr Vorhaben kontrolliert werden könnte. Auch das politische System kommt dafür nicht in Frage, weil es ebenso wenig wie andere Funktionssysteme zur Außensteuerung in der Lage ist. Es kann weder seine eigene operative Schließung, noch die autopoietische Geschlossenheit des Wirtschaftssystems oder anderer Systeme durchbrechen. In die Umwelt zielende Steuerungsimpulse, die in einem beliebigen sozialen System mit bestimmten Intentionen versehen werden, sind nicht in der Lage, vordefinierte Zustände in dem angesteuerten System zu determinieren.[88] Denn sie wirken dort allenfalls als Irritationen, die allein nach Maßgabe der operativen Eigenlogik des zu steuernden Systems verarbeitet werden. Systeme können daher höchstens sich selbst regulieren. Sie haben Zugriff nur auf ihre eigenen Operationen, nicht auf diejenigen ihrer Umwelt. Ein systemtheoretisch belastbares Steuerungsverständnis muss daher die Vorstellung linearer Gestaltungsmöglichkeiten aufgeben und vor allem die systemischen *Selbst*steuerungs- und *Selbst*organisationsleistungen in den Blick nehmen.

---

[86] So führt auch *Krause* (2005: 78) die Möglichkeit gesellschaftlicher Integration letztlich auf die Erwartbarkeit von Erwartungen zurück: „Die dem Dauerzerfall entgegenwirkende Struktur eines sozialen Systems, deshalb auch der Gesellschaft, lässt sich immer noch grundsätzlich als stabilisierter Zusammenhang erwartbarer Erwartungen unterscheiden."

[87] „Der Ordnungsbegriff umfasst nicht nur Stabilität im Sinne eines Gleichbleibens von gesellschaftlichen Strukturen, sondern schließt solche Arten des sozialen Wandels mit ein, die [...] eine eindeutig gewollte Richtung aufweisen – also keine erratischen, turbulenten Veränderungen oder revolutionären Umbrüche, wohl aber allmähliche Entwicklungstendenzen [...]." (*Lange/Schimank* 2004: 9)

[88] Zumindest gilt das für ein hierarchisch-kausales Verständnis von Steuerung, das etwa bei der Bedienung von Maschinen Anwendung findet und nicht auf die Gesellschaft übertragen werden kann.

Diese werden in der folgenden Betrachtung für das Wirtschaftssystem als Governance und Management zusammengefasst, wobei beide Begriffe in der hier zugrunde gelegten Perspektive die *Eigen*leistung sozialer Systeme – Funktionssysteme bzw. Organisationen – meinen, ihre Kommunikationen in einer bestimmten Weise zu ordnen und dadurch Erwartungen zu strukturieren.[89]

In den letzten Jahrzehnten ist das Governance-Konzept zu einem wichtigen Gravitationspunkt sozial- und wirtschaftswissenschaftlicher Forschung geworden. Ausgehend von vereinzelten Ansätzen in der Organisationssoziologie hat es mittlerweile eine breite Rezeption gefunden und wird weiterhin sowohl auf gesellschaftliche wie auf organisationale Kontexte angewandt. Das liegt vor allem daran, dass es einen abstrakten Rahmen um die unterschiedlichsten sozialen Arrangements und Mechanismen spannt, durch die die Koordination, Regulierung oder Kontrolle sozialer Systeme aus verschiedenen disziplinären und theoretischen Perspektiven konzeptualisiert werden können. Quer durch die akademischen Diskurse ist Governance zum Modebegriff geworden:

> „Der Begriff Governance erscheint in Tages- und Wochenzeitungen und hat längst Einzug in fast alle Konferenzsäle erhalten, in denen die Überwindung überkommener Strukturen in Staat, Wirtschaft und Unternehmen oder Reformen in der Weltpolitik thematisiert werden. Bei aller Vielfältigkeit der Begriffsverwendung stehen sich vor allem zwei disziplinäre Herangehensweisen gegenüber: Der politik- und sozialwissenschaftliche auf der einen und der wirtschaftswissenschaftliche Zugang auf der anderen Seite. Die immer häufiger beschriebenen, weit reichenden und komplexen Transformationsprozesse in Gesellschaft, Wirtschaft und Politik – die nicht zuletzt auch als Ausgangspunkt für die Begriffsgenese genannt werden – erfordern jedoch zunehmend eine interdisziplinäre Herangehensweise." (BRUNNENGRÄBER et al. 2004: 1)

Basierend auf systemtheoretischen Prämissen wird im Folgenden eine solche interdisziplinäre Herangehensweise verfolgt und auf Fragen der Nachhaltigkeit und Unternehmensverantwortung im Wirtschaftssystem angewandt.[90] Im Unterschied zu einer rein wirtschaftswissenschaftlich inspirierten Interpretation von Governance werden dabei Markt und Gesellschaft miteinander in Bezug gesetzt. Bei der anstehenden Analyse von Selbststeuerungsprozessen des Wirtschaftssystems wird der Rahmen der Betrachtung auf die extraökonomischen Voraussetzungen und Interdependenzen des Wirtschaftssystems mit seiner Umwelt erweitert. Zugleich baut das hier stark gemachte Verständnis auf einer wesentlichen Gemeinsamkeit unterschiedlicher Governance-Konzepte auf, die darin besteht, dass sie ihren ersten Blick auf

---

[89] So auch *Willke* (2007: 24): „Governance is concerned with the ordering of communication, with establishing communicative patterns or structures."

[90] Insbesondere in dieser Anwendung werden die interdisziplinäen Potenziale des Governance-Konzepts deutlich (vgl. *Brunnengräber* et al. 2004: 32).

(die institutionellen Grundlagen von) Organisationen richten und dabei gleichzeitig deren Umweltbeziehungen mitbetrachten (vgl. BENZ/DOSE 2010: 25). Insofern erweitert der Governance-Begriff den in der Ökonomie in den letzten Jahrzehnten gebräuchlicheren Terminus des *Managements*. Während sich Management auf die Binnensteuerung von Organisationen bezieht, nimmt Governance zusätzlich das organisationale Umfeld in den Blick:

> „Damit werden Fehlentwicklungen und -perzeptionen korrigiert, die als Folge der übertriebenen managerialistischen Orientierung der letzten Jahre interpretiert werden können. […] Die grundlegende managerialistische Frage lautet, wie Anreizstrukturen aussehen sollten, um effizientes und möglichst auch effektives Verhalten anzuregen […] Die Governance-Fragestellung ist weiter, weil sie nach den notwendigen institutionellen Voraussetzungen fragt, also welche formellen und informellen Regeln und Leitbilder notwendig sind, um legales, legitimes, effizientes und effektives Handeln zu gewährleisten […] Es geht nicht nur um Anreize, sondern um ‚angemessenes Verhalten‘ und die Kombination unterschiedlicher Steuerungsformen und -instrumente." (JANN 2006: 142f.)

Seine interdisziplinäre und theorieübergreifende Anschlussfähigkeit bezahlt der Governance-Begriff zwar mit einer gewissen konzeptionellen Vagheit.[91] Zu hoch ist dieser Preis jedoch nur dann, wenn Governance als eine holistische Passepartout-Lösung für die Beseitigung gleich welcher organisatorischer oder gesellschaftlicher Steuerungsprobleme unterstellt wird, ohne auf deren konkrete Mechanismen zu achten. Heuristisch wertvoll wird diese Anschlussfähigkeit nämlich gerade dann, wenn die Analyse von Governance-Strukturen deren Emergenz auf den gesellschaftlichen Makro-, Meso- und Mikrolevels *de*konstruiert und dabei die Formen *re*konstruiert, die die gesellschaftliche Selbststeuerung annimmt. Ein systemtheoretisches Verständnis, das die Steuerung nachhaltiger Entwicklung als eine innergesellschaftliche Koordinationsaufgabe erachtet und für die die strukturellen und operativen Kopplungen sozialer Teilsysteme (Makrolevel) eine ebenso entscheidende Rolle spielen wie das Management von Entscheidungen und Programmen innerhalb von Organisationen (Mesolevel), die wiederum durch die Bereitstellung von Mitgliedschaftsmöglichkeiten auch individuellen Operationen soziale Geltung verschaffen (Mikrolevel), ist einem solchen Verständnis von Governance von vornherein sehr nahe. Insofern erweist sich der Governance-Begriff als an die Systemtheorie außerordentlich anschlussfähig:[92]

---

[91] Diese Vagheit ist laut *Martinsen* (2008: 9) zugleich auch Voraussetzung für die rasende Konjunktur des Begriffs: „The meteoric rise of a concept generally rests on two conditions: the concept must be sufficiently vague to facilitate its use in different contetxts; at the same time, it has to lend itself as a social indicator for new problematic socio-structural conditions."

[92] Erste Schnittstellen zwischen der Systemtheorie und dem Governance-Konzept sind retrospektiv bereits in der Tradition der Kybernetik zu beobachten (vgl. *Schneider/Bauer* 2007).

"Governance theory is a modern variant of systems theory – a structural and institutional approach on the various forms of social coordination and their combination. In such a perspective, societies generate social and political order not only through central decision making and top-down control but also by [...] horizontal coordination." (SCHNEIDER/BAUER 2007)

Aus systemtheoretischer Perspektive ist Governance mithin eine Eigenschaft jedes kommunikativ erzeugten sozialen Systems. Denn ohne Governance, d. h. ohne die Strukturierung von Erwartungen, könnte sich kein zufällig entstandener, emergenter sozialer Kontext als eine fortdauernde, selbst reproduzierende Ordnung stabilisieren oder als dauerhaft viables System herausbilden. Governance ist damit zugleich eine notwendige Begleiterscheinung sozialer Kontingenzen, eine „[...] strategy of coping with contingency in a globalizing world" (MARTINSEN 2008: 11):

"The need for governance arises as a corollary of systemic contingencies. The double contingency of primal interaction between two people extends to anarchic complexes of contingencies within social systems. Governance is needed to cope with contingencies without destroying choice, selectivity and multiple options. [...] Governance produces patterns of communication and the need to organize communication creates the demand for governance." (WILLKE 2007: 24f.)

Die hier beschriebene autologische Herausbildung von Governance-Strukturen hat für den Fall des Wirtschaftssystems Oliver E. WILLIAMSON (1999) am eindrucksvollsten beschrieben. Ausgehend von einer Markt-Hierarchie-Polarisierung untersucht er die Frage der Selbststeuerung des Wirtschaftssystems anhand von Transaktionskosten, die entweder über den Markt koordiniert werden oder aufgrund von Effektivitäts- und Effizienzgesichtspunkten in (hierarchische) Organisationen verlagert werden. Was bei WILLIAMSON auf eine Begründung der Unternehmung hinausläuft, zeigt in einer gesamthaften Perspektive auf das Wirtschaftssystem an, welche Governance-Strukturen dafür sorgen, dass das Wirtschaftssystem seiner gesellschaftlichen Funktion nachkommen kann. Märkte und Hierarchien sorgen für Regelungsstrukturen im Wirtschaftsprozess, die – stets basierend auf dem ökonomischen Kalkül – dessen Selbststeuerung anleiten. Kommunikation im Wirtschaftssystem ist ohne Märkte und ohne Organisationen nicht denkbar. Sie stellen die beiden Archetypen ökonomischer Koordinationsarenen dar, ohne die das Wirtschaftssystem zur autopoietischen Reproduktion nicht in der Lage wäre.

Die mit den Begriffen Steuerung und Governance häufig konnotierte „Intervention" tritt damit in den Hintergrund. Etwas, das qua Systemnotwendigkeit ohnehin geschieht, wird man schwerlich als steuernden Eingriff interpretieren können. Darin besteht auch die genuin institutionalistische Denkweise bei WILLIAMSON. Es geht um die „Verfasstheit" des Wirtschaftssystems, nicht um ein steuerndes Handeln, sondern um *Institutionen*, die Kommunikationen sortieren und damit zur Selbststeuerung eines Systems beitragen (vgl. MAYNTZ 2004). Institutionen sind auf Dauer gestellte Muster, die aufgrund ihrer Zeitfestigkeit *Erwartungen* stabilisieren (vgl. NASSEHI 2008: 61). Ein systemtheoretisch geprägtes Verständnis von Governance fasst insofern strukturelle und institutionelle Mechanismen der Koordination von Erwartungen zusammen, die sich – analog zur institutionenökonomischen Fassung bei WILLIAMSON (1999) – auf einem Kontinuum zwischen Markt und Hierarchie bewegen (vgl. auch MARTINSEN 2008: 13). Während Märkte Kommunikationen automatisch und flexibel organisieren und dabei einen kognitiven Governance-Typus hervorbringen, der durch Anpassung und schrittweise Angleichung wechselseitiger Erwartungen charakterisiert ist, organisieren Hierarchien Kommunikation in Form zielgerichteter, starrer Muster. Sie stellen einen normativen Governance-Typus dar, der vor allem über die Mechanismen von Anweisung und Regelsetzung und damit der Festschreibung von Erwartungen funktioniert.

Der jeweilige Governance-Modus bestimmt, wie mit Erwartungsenttäuschungen umzugehen ist – ob kontrafaktisch an eingeübten Annahmen festgehalten wird oder ob unerfüllte Erwartungen entsprechend angepasst werden. Während ein kognitiver, veränderungsbereiter Erwartungsstil mit den Mechanismen des Marktes korrespondiert, entspricht ein normativer, veränderungsresistenter Erwartungsstil eher dem Modus der Hierarchie. Beide Modi stellen entgegengesetzte, archetypische Kommunikations- und Governance-Strukturen dar: Lernen auf der einen Seite und Regelbefolgung auf der anderen. Märkte verändern Strukturen, Hierarchien stabilisieren sie. Governance schafft damit die Voraussetzung für die Gestaltung nachhaltiger Entwicklung, indem sie gleichermaßen für die Reversibilität und Irreversibilität gesellschaftlicher Strukturen sorgt. Märkte stellen die notwendige Flexibilität und das erforderliche Innovationspotenzial für den gesellschaftlichen Umgang mit den Anforderungen einer nachhaltigen Entwicklung bereit; Hierarchien demgegenüber sorgen für langfristigere Erwartungsstabilitäten und ermöglichen einen effizienteren Umgang mit den Steuerungsansprüchen des Nachhaltigkeitskonzepts.

Welche Form die aus diesem Gestaltungsspielraum resultierende Ordnung oder der durch ihn erzeugte strukturelle Wandel im Einzelfall annimmt, hängt zusätzlich von der Art und Weise ab, wie die Erwartungsstrukturen auf die wechselseitige Verknüpfung von Operationen einwirken. Die Art dieser Verknüpfung lässt sich ihrerseits unterscheiden in die beiden Governance-Sequenzen von *Koordination* und *Kooperation* (WILLIAMSON 1985; KABALAK/PRIDDAT 2008). Märkte und Hierarchien sind zunächst einmal selbst grundlegende Formen sozialer *Koordination*. Sie sind idealtypische Modi für die Herstellung von Ordnung in ursprünglich unkoordinierten, chaotischen sozialen Kontexten. Sie koordinieren, indem sie Erwartungserwartungen bereitstellen. Während marktliche Koordination gesellschaftliche Kommunikationen nach dem Prinzip der Evolution (Variation, Selektion, Retention) ordnet und die Gesellschaft horizontal integriert, findet hierarchische Koordination vor allem in Organisationen statt, wo die Gesellschaft ihre vertikale Integration erfährt. Die Vorteile einer marktähnlichen Selbststeuerung der Gesellschaft liegen vor allem in ihrer Fähigkeit zur spontanen Anpassung von Strukturen (durch den veränderungsbereiten Umgang mit Erwartungen), die Vorteile hierarchischer Koordination ergeben sich primär aus dem deutlich geringeren Koordinationsaufwand (durch die Stabilisierung von Erwartungen). Auf dem Spektrum zwischen den beiden Koordinationsmodi von Markt und Hierarchie findet zusätzlich *„Koordination durch Kooperation"* (FREILING/RECKENFELDERBÄUMER 2010: 57) statt. Zwischen den beiden Archetypen sozialer Koordination entstehen mit zunehmender sozialer Komplexität hybride, netzwerkförmige Governance-Modi, die spezifische Kommunikationsstrukturen schaffen und einzelne Kommunikationen darin ordnen. *Kooperation* stellt die Governance-Sequenz innerhalb hybrider Selbststeuerungsformen zwischen Markt und Hierarchie dar. Solche Hybride sind am besten verstanden als Netzwerke, in denen eine wechselseitige Abstimmung verschiedener systemischer Operationen auf ein gemeinsames Ziel hin, d. h. die Ausrichtung unterschiedlicher Operationen in eine gemeinsame Richtung erfordert:

> "Coordination establishes *ordinates* within a compound system, providing axes of relevancy, a matrix of arenas and 'playing fields', topologies of rules for complementarity and reciprocity. Cooperation in contrast, demands an alignment of *operations* toward a common goal." (WILLKE 2007: 14, Hervorh. i. O.)

Während Koordination in gesellschaftlichen Kontexten schlichtweg stattfindet, weil Kommunikationen innerhalb und zwischen Systemen zwangsläufig geordnet werden müssen, damit von einem System überhaupt die Rede sein kann, stellt Kooperation stets eine Zusatzleistung von Systemen dar. Kooperative Governance-Sequenzen setzen voraus, dass ein angestrebtes Ziel durch die gemeinsamen Bemühungen unterschiedlicher Systeme oder Systemelemente besser erreicht werden kann als durch die Koordination voneinander unabhängiger Operationen. Unter den modernen Bedingungen von Komplexität, Unsicherheit, verteiltem Wissen, funktionaler Differenzierung und Spezialisierung scheint diese Bedingung in der Regel erfüllt, was immer weniger Raum für reine Koordinationsleistungen durch Märkte und Hierarchien und immer mehr Platz für die Entstehung von Netzwerken lässt.[93] „Hence,

---

[93] Prototypische Kooperationen finden entlang von Produktionsprozessen statt. Unterschiedliche Akteure müssen dabei dazu bewegt werden, ihre Operationen aneinander auszurichten, um ein gemeinsames Ergebnis zu erzeugen. Dafür sind operative Kopplungen notwendig, die im Verhältnis zwischen verschiedenen Systemen zwar durch das theoretische Modell der operativen Geschlossenheit definitorisch ausgeschlossen sind, die aber innerhalb von Systemen
(Fortsetzung auf S. 143)

'governance in modern society' conceives of state, economic, and civil actors *cooperating* in achieving the *common good*." (MARTINSEN 2008: 14, Hervorh. TM) Auf Kooperationssequenzen beruhende Governanceformen vereinen Elemente von Markt und Hierarchie mit dem Ziel, die Nachteile des einen mit den Vorteilen der anderen zu neutralisieren: „[…] networks crystallize and are presented as a kind of third model: they are expected to incorporate the benefits and avoid the drawbacks associated with coordinating action by markets (flexible, but non-binding) and hierarchy (binding, but not flexible). […] The evolutionary enhanced performance of networks as a special pattern of social integration can be traced back to the fact that […] networks appear to be a formula for coping with increased contingencies in a globalizing world." (ebd.: 13)

	Markt	Hierarchie
Koordination	*Modus 1*	*Modus 2*
Kooperation	*Modus 4*	*Modus 3*

Abb. 4: Selbststeuerungsmodi des Wirtschaftssystems (eigene Darstellung)

Bezogen auf das Wirtschaftssystem stellen marktförmige Governance-Modi nicht nur eine Form der Koordination dar, die analog zum Prinzip der Evolution grundlegende Richtlinien für den Aufbau einer bestimmten (Markt-)Ordnung bereitstellt *(Governance im weiteren Sinn)*, sondern können ebenso die Form von Kooperation annehmen, wenn etwa Unternehmen den Koordinationsmechanismus des Marktes nutzen, um in ihm – unter Beibehaltung grundlegender Aspekte des Wettbewerbs – gemeinsame Ziele zu erreichen *(Governance im engeren Sinn)*.[94] Das gleiche gilt für den Modus der Hierarchie. Er kommt in Organisationen zur Anwen-

---

[93] *(Fortsetzung)* unverzichtbar für deren Autopoiesis sind. Das bedeutet, dass Kooperation kein Merkmal von Akteuren oder einzelnen Systemen ist, sondern vielmehr eine Eigenschaft der Kommunikation zwischen ihnen. Es ist also immer das System, das heißt ein spezifisches Kommunikationsmuster, das Kooperation zwischen Akteuren ermöglicht und anregt. Wenn kein System dafür zur Verfügung steht, sind kooperationswillige Akteure darauf angewiesen, durch ihre wechselseitige Kommunikation selbst eines zu schaffen (vgl. *Willke* 2007: 14ff.).

[94] Im Anschluss an Williamson wurde für diese Konstellationen der Begriff der „co-opetition" entwickelt (*Richter/Furubotn* 2003: 350ff.).

dung, d. h. bezogen auf das Wirtschaftssystem: in Unternehmen (COASE 1988). Während Märkte von selbst funktionieren, automatisch operieren und keiner zentralen Kontrolle oder Überwachung bedürfen, zeichnen sich Unternehmen durch das Prozessieren von Anweisungen und ein zentrales Management von Ressourcen aus. Gewöhnlich wird Koordination deswegen als ausreichende Allokationsleistung in Unternehmensorganisationen angenommen, weil in dieser Perspektive die strikt hierarchischen Managementstrukturen die ohnehin stattfindenden Leistungserstellungen lediglich zu einem optimalen Gesamtergebnis koordinieren müssen. Governance ist in diesem Sinne nicht mehr als die Optimierung von Information und Leistungserstellung, die durch Instrumente wie Unternehmensleitbilder, Prozessbeschreibungen und Führungsprinzipien „gemanagt" wird *(Management im engeren Sinn).*[95] Moderne Organisationen weichen jedoch immer häufiger von diesem hierarchischen Modell ab. Es entwickeln sich heterarchische, netzwerkähnliche Organisationsformen (REIHLEN 1999, REIHLEN/ROHDE 2002), deren Management sich zunehmend von Koordinations- auf Kooperationsaktivitäten verschiebt. Diese arbeiten dann mit Formen des Managements, die die Selbständigkeit der Leistungserbringer innerhalb der Organisation voraussetzen und nur den Teil steuern, der den einzelnen Leistungserbringern innerhalb der Organisation an Anpassungsfähigkeit gegenüber einer dynamischen Umwelt fehlt:

> "Governance ist dann eine Form des Steuerns des Lernens der Organisation, bis sie in der Lage ist, wieder relativ selbständig auf die Marktanforderungen zu reagieren. […] Governance ist nicht mehr mit Führung […] verwechselbar, damit auch nicht auf den hierarchischen Managementteil rubrizierbar, sondern weitet sich aus auf den ganzen Prozess der Kooperation." (KABALAK/PRIDDAT 2008: 201)

Insofern ist Governance (auch) als eine erweiterte Form des Managements *(Management im weiteren Sinn)* zu verstehen, die über das führungsfokussierte Management im Sinne bloßer Koordination hinausgehen kann: „Governance ist der Name für einen teilweise selbständigen Kooperationsprozess, der gar keine Führung/Steuerung im eigentlichen Sinne braucht, sie aber disponiert halten muss, um Defekte der Selbststeuerung zu moderieren und auszugleichen." (ebd.)

Die Unterscheidung zwischen Koordination und Kooperation durchzieht das gesamte Kontinuum zwischen Markt und Hierarchie, wobei sich reine Koordinationssequenzen an dessen Enden ansiedeln und Kooperationssequenzen das Feld dazwischen besetzen. Damit eröffnet sich ein Raster gesellschaftlicher Selbststeuerungsmechanismen, in dem sich vier prototypische Governance- bzw. Management-

---

[95] So definierte etwa *Peter Drucker* (1969: 53) Management als „Organization and coordination of the activities of an enterprise in accordance with certain policies and in achievement of clearly defined objectives".

Modi identifizieren lassen, die einander realiter nicht ausschließen, sondern sich de facto zu einer hybriden Selbststeuerung des Wirtschaftssystems verbinden.

	Markt	**Hierarchie**
Koordination	*Modus 1* Governance im weiteren Sinn	*Modus 2* Management im engeren Sinn
Kooperation	*Modus 4* Governance im engeren Sinn	*Modus 3* Management im weiteren Sinn

Abb. 5: Prototypische Governance- und Managementformen (eigene Darstellung)

Diese hier zunächst nur skizzierten und im Hinblick auf das Wirtschaftssystem noch detaillierter auszuarbeitenden Formen wirtschaftlicher Selbststeuerung basieren wie jede andere Form gesellschaftlicher Steuerung auf der wechselseitigen Einschränkung von Freiheitsgraden miteinander gekoppelter Operationen. Insofern lassen sich die hier identifizierten Governance- und Managementformen in Fragen nach der Kopplung von Operationen innerhalb des Wirtschaftssystems umformulieren. Zwar wird der Kopplungsbegriff von Luhmann – z. B. vom Begriff der Systembeziehung – nicht zweifelsfrei abgegrenzt und auch von der systemtheoretischen Literatur erstaunlich selten in größerer Tiefe untersucht (z. B. TEUBNER 1995). In einer Systematisierung der Begriffsverwendung zeigt sich aber, dass der Kopplungsbegriff zwei grundlegende Aspekte hat: Einerseits kann sich Kopplung auf die Form beziehen, die Ereignisverknüpfungen innerhalb eines Systems durch die Verbindung von Operationen miteinander ermöglicht. Andererseits kann Kopplung die Selbstermöglichung von Systemen angesichts systemexterner Ermöglichungsbedingungen meinen. Es geht also um systeminterne Strukturen einerseits und um Umweltangepasstheit andererseits. Beide Aspekte sind insofern miteinander verbunden, als eine Umweltanpassung nur nach Maßgabe der eigenen Strukturen erfolgen kann. Intrasystemische und intersystemische Kopplungen hängen in der systemtheoretischen Logik unmittelbar zusammen.

Besonders deutlich kommt dies in der gebräuchlichsten Form des Begriffs als *strukturelle Kopplung* zum Ausdruck. Diese bezeichnet die „strukturgeführte und -führende Selbstanpassung eines Systems an diejenigen Umweltbedingungen, denen gegenüber sich das System ermöglicht" (KRAUSE 2005: 69). Die strukturelle Kopplung von Systemen ist ein dauerhaft, mehr oder weniger unbemerkt stattfindender

Konstitutionszusammenhang zwischen ihnen. Demgegenüber beschreibt *operative Kopplung* ein momenthaftes, systeminternes Ereignis, das im Anschluss von Operationen an Operationen stattfindet. Operative Kopplung ist strukturelle Kopplung im Vollzug, weil sie die Erzeugung von Informationen in der Auseinandersetzung des Systems mit seiner Umwelt voraussetzt. Sie „[...] beschreibt die Arbeit eines strukturdeterminierten und umweltangepassten autopoietischen Systems an seiner Selbsterhaltung in Auseinandersetzung mit seiner Umwelt. [...] Operative Kopplung in diesem Sinne besteht in der Kopplung eigener an fremde Strukturen, die im Moment ihres Geschehens die Form fester Kopplung annimmt." (ebd.: 183) Jede operative Kopplung ist damit zugleich auch eine *feste Kopplung*, denn im Moment ihres Vollzugs lässt sich eine temporäre Gleichzeitigkeit beobachten, z. B. von einer Zahlung (im Wirtschaftssystem) aufgrund einer vertraglichen Pflicht (im Rechtssystem). Der Grund dafür, dennoch feste von operativen Kopplungen begrifflich zu unterscheiden, liegt in der besonderen Betonung von Kausalitätsmomenten im Konzept der festen Kopplung. Mit seiner Hilfe beobachten Systeme interne wie externe Anschlüsse von Operationen an Operationen innerhalb eines Input-Output-Modells. Andererseits wird das Prinzip der festen Kopplung wegen seiner begrifflichen Unterscheidbarkeit vom Zustand *loser Kopplung* eingeführt. Letzterer charakterisiert eine Menge nicht-gekoppelter, prinzipiell aber jederzeit koppelbarer Elemente oder Operationen (vgl. ebd.: 70). Im Modus loser Kopplung suchen Systeme nach systemintern und -extern verfügbaren Informationen, die ihnen potenziell als Anschluss dienen können.

Diese vier von der Systemtheorie bereitgehaltenen Kopplungskonzepte lassen sich zwar innerhalb des von ihr vorgegebenen Theoriegebäudes nicht gänzlich trennscharf voneinander unterscheiden, sie können aber den hier angelegten prototypischen Steuerungsformen in gleichermaßen heuristischer Absicht zugeordnet werden. Für die Verknüpfung einzelner Operationen *in den Organisationen* der Wirtschaft (Management) kann auf die Unterscheidung zwischen *fester* und *loser* Kopplung (als latente oder manifeste operative Kopplung von Entscheidungen) rekurriert werden, während zur Beschreibung der *über einzelne Unternehmensorganisationen hinausgehenden* integrativen Selbststeuerungsmechanismen des Wirtschaftssystems mit anderen Funktionssystemen oder zwischen dessen Organisationen (Governance) die Modelle der *strukturellen* bzw. *operativen* Kopplung zu Grunde gelegt werden können. In der Zusammenschau dieser Kopplungstypen mit den oben identifizierten Governance- und Managementformen ergeben sich vier prototypische Modi der Selbststeuerung des Wirtschaftssystems, die im folgenden Kapitel hinsichtlich ihrer strukturellen Effekte für die Nachhaltigkeitssemantik untersucht und exemplarisch auf die beiden Programme des Wirtschaftssystems – Produktion und Konsumtion – bezogen werden können.

	Markt	Hierarchie
Koordination	*Modus 1* Governance im weiteren Sinn strukturelle Kopplung	*Modus 2* Management im engeren Sinn feste Kopplung
Kooperation	*Modus 4* Governance im engeren Sinn operative Kopplung	*Modus 3* Management im weiteren Sinn lose Kopplung

Abb. 6: Formen der Kopplung (eigene Darstellung)

Mit *Governance im weiteren Sinn* kann etwa das im Kontext der Nachhaltigkeits-semantik beobachtete Phänomen einer „Moralisierung der Märkte" erklärt werden, das zu veränderten Konsumstrukturen führt. Um demgegenüber die damit verbunde-nen, dem Konsum vorausgehenden oder nachfolgenden Veränderungen in den Pro-duktionsprogrammen der Wirtschaft untersuchen zu können, muss die Beobachtung auf Organisationen sowie ihr *Management im engeren und weiteren Sinn* umstellen. Hier bekommt man es mit Corporate Responsibility und der Frage nach der Verant-wortung von Unternehmen für eine nachhaltige Entwicklung zu tun. Als sozialer Katalysator zwischen beiden Programmen wirkt *Governance im engeren Sinn*. Sie bringt im Nachhaltigkeitskontext Organisationen zusammen, die durch mehr oder weniger zielgerichtete Kooperationen Effekte erzeugen, die sowohl konsum-, als auch produktionsseitig zu Irritationen und Veränderungen im Wirtschaftssystem führen.

Modus 1: Governance im weiteren Sinn

Strukturelle Kopplungen sorgen auf der Koordinationsseite marktähnlicher Gover-nance-Modi dafür, dass sich einander voraussetzende Systeme in eine gemeinsame Richtung entwickeln. Sie organisieren die Selbstanpassung eines Systems an die-jenigen Umweltbedingungen, gegenüber denen sich das System selbst ermöglicht (vgl. KRAUSE 2005: 69). Der daraus resultierende Koordinationsmechanismus lässt sich als eine „Ko-Evolution" (LUHMANN 1997: 427) sozialer Teilsysteme beschrei-ben. Indem sie dauerhaft Eigenschaften in ihrer Umwelt voraussetzen und sich darauf verlassen, dass diese stabil bleiben, passen soziale Systeme ihre eigenen (Er-wartungs)Strukturen entsprechend an. Variationen und Selektionen in den unter-schiedlichen Teilsystemen schaukeln sich dabei gegenseitig auf:

„Die innere Entwicklungsdynamik der Systeme bringt Variationen hervor (z. B. neue Strategien und Handlungsmuster, Theorien, Technologien, Organisationsformen [...]). Diese Variationen sind aber nur dann überlebensfähig, wenn sie sich im konkreten Umfeld bewähren. Sie müssen positive Rückkopplungen mit den Systemen der Umgebung aufbauen, damit sie sich reproduzieren und weiter entwickeln können (z. B. soziale Anerkennung, Marktnachfrage [...]). Ko-Evolution kann so strukturellen Wandel in Bereichen wie Gesellschaft, Technik und Natur beschreiben. Wechselseitige Anpassung, Aufschaukelungs- oder Erosionsprozesse können als Phänomene gekoppelter Entwicklung verstanden werden. Sie sind aufgrund komplexer Wechselwirkungen und emergenter Prozesse allerdings nicht vorhersagbar oder kausal erklärbar." (Voss 2008: 240f.)

Die Emergenz dieser Form der Selbststeuerung lässt sich mit TEUBNER (1995) als die strukturelle Kopplung simultaner Ereignisketten verstehen. Die parallel stattfindenden Entwicklungsdynamiken unterschiedlicher Teilsysteme beeinflussen einander nicht kausal, sondern synchronisieren sich miteinander über Prozesse der strukturellen Kopplung. TEUBNER weist darauf hin, dass es „[...] nicht eine einzige ‚magische Formel' der strukturellen Kopplung [gibt], sondern verschiedene Typen der Synchronisation. [...] Die Spanne reicht von ad-hoc Kontakten bis zu systematischen Bindungen und langfristiger Ko-Evolution." (ebd.: 1995: 144f.) Auch das Wirtschaftssystem ist in unterschiedlicher Weise strukturell an seine Umwelt gekoppelt. Im Kontext der Nachhaltigkeitssemantik geht diese Kopplung jedoch deutlich über rein sporadische Beziehungen zur Umwelt hinaus. Vielmehr bindet es sich allein schon aus reinem Eigeninteresse dauerhaft an einen intersystemischen Nachhaltigkeitsdiskurs, der gesellschaftsweit und systemübergreifend strukturbildende Effekte zeitigt und dadurch auch in strukturrelevanter Form auf das Wirtschaftssystem zurückwirkt. Ausschlaggebend dafür ist die reflexive Grundstruktur von Sinn, die eine systeminterne Thematisierung externer Kontexte ermöglicht und soziale Systeme dazu befähigt, im Zuge ihrer Selbstreproduktion auch ihre Umweltbedingungen zu berücksichtigen (vgl. BENDEL 1993b: 130).

Governance im weitesten Sinn – die Eigenleistung von Funktionssystemen, ihre Kommunikationen auch hinsichtlich ihrer Differenz zur Umwelt „angemessen" zu ordnen – beschreibt die Fähigkeit von Systemen, ihre Differenz zur Umwelt so groß wie möglich und dabei doch so klein wie nötig zu halten. Entfernt sich etwa die Rationalität des Wirtschaftssystems zu weit von einer emergenten gesellschaftlichen oder Welt-Rationalität (vgl. ebd.: 153ff.)[96], riskiert sie ihre Überlebensfähigkeit. Und da es zum reflexiven Moment der systemischen Rationalität jedes Funktionssystems gehört, genau das zu vermeiden, lassen sich auch im Wirtschaftssystem bei allen Bemühungen um eine fortgesetzte Ausdifferenzierung zugleich Gegentendenzen gesellschaftlicher Re-Integration beobachten, die besonders im Nachhaltigkeitskon-

---

[96] Vgl. Kapitel 6.

text sichtbar werden. Wendet man das Formenkalkül George SPENCER-BROWNS (vgl.
Kapitel 3) auf diese reflexive Art der Selbststeuerung des Wirtschaftssystems an, ergibt sich folgendes Bild: Die Wirtschaft holt den Unterschied, den sie in der Gesellschaft macht, wieder in sich hinein und ordnet ihre Operationen entsprechend danach an.

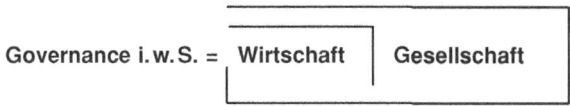

Governance i. w. S. = Wirtschaft | Gesellschaft

Abb. 7: Governance im weiteren Sinn (eigene Darstellung)

Das lässt sich unter anderem an dem Prozess verdeutlichen, den STEHR (2007)
als „Moralisierung der Märkte" bezeichnet hat. In ihm manifestiert sich vor allem in
Form veränderter Produktions- und Konsumtionsentscheidungen ein gesamtgesellschaftlicher Wandel, der in direktem Zusammenhang mit der Nachhaltigkeitssemantik steht. Die „Moralisierung der Märkte" ist bei aller ethischen Anreicherung zentraler Wirtschaftsprozesse indes kein Indiz dafür, dass plötzlich wirtschaftsfremde
Elemente den Markt dominieren, sondern dass die Entwicklung des Marktes aufgrund vielgestaltiger gesellschaftlicher Entwicklungen in anderen Teilsystemen eine
neue Entwicklungsstufe erreicht hat. Die dahinter stehende Schubkraft ist nicht weniger als das Resultat veränderter Lebensumstände, die sich aus allen Bereichen der
Gesellschaft speisen.[97] Diese intersystemische Kommunikation, die Resonanz von
Gesellschaft in der Wirtschaft, führt auf Seiten der Konsumenten und in der Produktion zu einem sich permanent selbst verstärkenden, auf die Nachhaltigkeitssemantik
bezogenen Verhalten. Beide – Konsumtion und Produktion – sind insofern zwei Seiten derselben Medaille.

Modus 2: Management im engeren Sinn

Allerdings muss man für die Beobachtung veränderter Produktionsprozesse von
der Ebene sozialer Teilsysteme auf die Ebene der Organisation wechseln. Da Organisationen von der Hierarchisierung ihrer Entscheidungen leben, lassen sich die ver-

---

[97] „Diese These mag zwar strittig sein, unbestritten aber ist, dass sich der Lebensstandard der
meisten Menschen Jahrhunderte lang nur unwesentlich verändert hat. Im Gegensatz dazu leben wir gegenwärtig nicht nur aus ökonomischer Sicht, sondern auch was den Bildungsstan-
dard der Bevölkerung anbelangt, in einem historisch unverwechselbaren Zeitalter, jedenfalls
in den so genannten entwickelten Gesellschaften. Obwohl Reichtum und Bildung weder hier
noch anderswo gleich verteilt sind, sind beide weiter verbreitet als je zuvor in der Geschichte der Menschheit." (*Stehr* 2008: 31)

änderten Produktionsprozesse zunächst einmal als hierarchische Koordinationssequenzen verstehen. Dabei geraten die Binnenperspektive von Organisationen und der Managementaspekt der Selbststeuerung des Wirtschaftssystems in den Blick. Für den Kopplungsbegriff hat das zur Folge, dass er als systemimmanente Kausalität zu verstehen ist. Denn in der klassischen Organisationstheorie, ebenso wie in Management- und Systemtheorien sind Unternehmensorganisationen nicht nur eine mehr oder weniger hierarchische Form sozialer Koordination oder Kooperation, sondern zugleich eine bestimmte soziale Technik, die sich definieren lässt als die feste Kopplung kausaler Elemente nach dem Schema: Auf Ursache A folgt immer Wirkung B oder auf Information A folgt immer Entscheidung B. Die operative Basis, auf der eine Technik realisiert wird, kann dabei ganz unterschiedlich sein: Neben physischen, chemischen und biologischen Operationen können eben auch soziale Operationen durch bestimmte Techniken miteinander gekoppelt werden. In diesem Fall ist die technische Apparatur eine Form, mit der die Kommunikation selbst ihre akzeptierbaren Anschlüsse einschränkt. Sie formuliert also Erwartungen, von denen im Unternehmen zwar abgewichen werden kann, jedoch nicht ohne dass dabei mit Überwachung und Sanktionen gerechnet werden müsste (vgl. LUHMANN 2006: 370ff.).

Im hier untersuchten Kontext der Steuerung nachhaltiger Entwicklung in Organisationen liegt der Vorzug solcher fest gekoppelten Abläufe in ihrer Fähigkeit, die Abhängigkeit eines Unternehmens von seiner Umwelt sicht- und messbar zu machen. So werden Verbesserungen in typischen nachhaltigkeitsbezogenen Bereichen wie etwa dem Energie- oder Ressourcenverbrauch überhaupt erst dadurch steuerbar, dass Ursachen und Wirkungen definiert werden können und mit Entscheidungen auf Informationen reagiert werden kann – oder anders formuliert: dass Ist- und Soll-Zustände definiert und miteinander verglichen werden und die Differenz zwischen beiden in das System zurückgeführt wird. Letzteres ist VICKERS' (1967) soziologische Perspektive auf das Management, die heute u. a. von BAECKER (2006) weiterverfolgt wird. BAECKER beschreibt die Form des klassischen Managements als darin bestehend, „[...] die Unterscheidung zwischen Betrieb und Wirtschaft planend, produzierend, kontrollierend und rechnend in sie selbst wiedereinzuführen, das heißt auf sich selbst anzuwenden. Damit ist gesagt, dass im Sinne technischer Effizienz der Betrieb den Betrieb und im Sinne ökonomischer Effektivität die Wirtschaft den Betrieb kontrolliert. Produktive Ziele und wirtschaftliche Gewinnerwartungen (bei gegebenen Kosten) definieren Sollzustände, von denen die beobachtbaren Istzustände entweder abweichen oder nicht. Das Management kontrolliert den Betrieb, indem es zum einen die Ziele setzt und die Erwartungen formuliert und zum anderen Maßnahmen ergreift, die die beobachtbaren Abweichungen zu reduzieren erlauben." (ebd.: 15.) Ins Formenkalkül übertragen stellt sich das so dar:

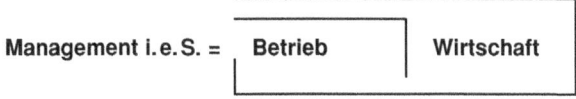

Abb. 8: Management im engeren Sinn (in Anlehnung an BAECKER 2006: 15)

Dieses „klassische" oder engere Managementverständnis zielt über Entscheidungen auf eine Optimierung von Wirkungen. Dazu koordiniert es die unterschiedlichen Leistungserstellungsprozesse über hierarchische Anweisungen und Instrumente der *Corporate Governance*: Unternehmensverfassungen, Managementsysteme oder Prozessbeschreibungen, Umweltleitlinien oder Unternehmenswerte.

Feste Kopplungen sind die Bedingung der Möglichkeit, Hierarchien zu bilden. Arbeitsvollzüge, die nicht technisierbar sind, sperren sich in der Regel gegen eine hierarchische Überwachung. Insofern überrascht es auch nicht, dass sich die klassische Organisations- und Managementforschung lange Zeit stark von einem starren Verhältnis zwischen rationaler hierarchischer Kontrolle und fester Kopplung hat leiten lassen. Eine solche Perspektive verstellt jedoch den Blick auf die zunehmenden Unsicherheiten und Komplexitäten, denen Organisationen in der modernen Gesellschaft ausgesetzt sind. Nachdem der Einsatz von Kausaltechnologien zwar zunächst erfolgreich Bestimmtheiten erzeugt, führt er doch zugleich im Modus selbstverursachter Ungewissheit durch immer komplexer werdende technische Kopplungen zu einer erneuten Unsicherheit, „und zwar speziell angesichts von nicht vorgesehenen Überraschungen, Störungen oder Gelegenheiten. Und dann sind die einfachen Mittel der festen Kopplung und der Hierarchie sozusagen verbraucht und das System findet sich vor der Notwendigkeit, ad hoc, schnell, kompetent, professionell zu reagieren." (LUHMANN 2006: 374)

Insbesondere im Kontext der Nachhaltigkeitssemantik ist mit solchen Überraschungen permanent zu rechnen. Feste Kopplungen können mit diesen Störungen aber nur dann umgehen, wenn sie an ihnen selbst auftreten. Und selbst dann können sie darauf nur mit „Reparaturen" der bestehenden Abläufe reagieren. Wenn plötzliche Anforderungen nicht in die vorhandenen Kausalschemata eines Unternehmens passen, gerät seine Reproduktionsfähigkeit unter Druck. Denn der Vorteil fester Kopplungen, spezifische Reaktionen zu ermöglichen, ist zugleich ein Nachteil wenn es um die Lern- und Anpassungsfähigkeit der Organisation geht.[98]

---

[98] *Luhmanns* anschauliches Beispiel für diese Gleichzeitigkeit von Vor- und Nachteilen fester Kopplungen: „Eine sauber und feinstellig angefertigte Kontenführung gibt zumeist keinen Aufschluss in der Frage, wie einem Unternehmen, das in Schwierigkeiten geraten ist, geholfen werden kann." (2006: 375)

Modus 3: Management im weiteren Sinn

Deswegen erfordert die Fortsetzung der Reproduktion von Organisationen unter den Bedingungen von Kontingenz und Komplexität neben festen auch „lose Kopplungen" (SIMON 1973, WEICK 2007 [1985]) – etwa zwischen Absichten und Leistungen oder Entscheidungsprämissen und Entscheidungen. Lose Kopplungen lassen Spielräume für Anpassungen und Raum für Kreativität. Beides ist notwendig, um Unternehmen in sich verändernden Umwelten dauerhaft reproduktionsfähig zu halten:

> „Jede feste und deshalb störempfindliche Kopplung basaler Technologien und jede sich darauf stützende hierarchische Konzentration und Kontrolle muss daher in ein System eingebettet sein, das auf anderen, robusteren Bedingungen der Reproduktion beruht. Technik funktioniert, soweit sie funktioniert, zuverlässig, aber Zuverlässigkeit darf nicht mit Robustheit verwechselt werden. Sie basiert auf einer hochgeschraubten Indifferenz, aber genau darin liegt auch ein Risiko. Auf der anderen Seite der Form „Technik" bewegen sich die Verhältnisse. […] Organisationen […] werden demnach immer feste Kopplungen und lose Kopplungen nebeneinander und im Verbund miteinander vorsehen müssen." (LUHMANN 2006: 374f.)

Auf organisatorischer Ebene begegnet man hier dem, was auf gesellschaftlicher Ebene bereits als Anforderung an eine nachhaltige Entwicklung formuliert worden war: die Gleichzeitigkeit von Irreversibilität und Reversibilität. Mit dem Begriff der losen Kopplung ist eine Organisationsform beschrieben, in der beides gleichzeitig möglich ist. Während der Kopplungsgedanke allein zunächst auf die Einführung von Kontrollierbarkeit abstellt, geht er in seiner Erweiterung zur losen Kopplung noch darüber hinaus: Demnach folgen nicht nur vorab definierte Wirkungen auf bestimmte Ursachen, sondern es wird ein gewisses Maß an Unbestimmtheit erforderlich (vgl. BAECKER 1994: 78). Unternehmerische Rationalitäten, wie sie sich in Form fester Kopplungen manifestieren, erbringen für eine nachhaltige Entwicklung unverzichtbare gesellschaftliche Leistungen. Ein bestimmtes Maß an Unbestimmtheit muss sie aber gleichzeitig dazu befähigen, flexibel auf veränderte Anforderungen aus ihrer Umwelt zu reagieren.

Dadurch verschwinden die Hierarchien in den Organisationen nicht, sie treten lediglich in den Hintergrund und werden disponiert gehalten, um die möglichen Defekte der Selbststeuerungsleistungen von Organisationen auszugleichen. Aufgabe des Managements ist dann nicht die *Koordination* einer Vielzahl von Leistungserbringungsprozessen, sondern die Ermöglichung selbständiger *Kooperations*prozesse innerhalb der Organisation. In einer griffigen Formulierung ist diese Form des Managements von HANDY (1990) als *postheroisch* bezeichnet und vor allem von BAECKER (1994) seither weiter mit Leben gefüllt worden. Gemeint ist eine Form der Steuerung von Unternehmen, die sich keiner Kontrollillusion mehr hingibt und auf den Versuch der Beherrschung ihrer Umwelt verzichtet. Postheroisches Management hinterfragt Rationalitäts- und Kausalitätsannahmen und ist in diesem Sinne reflexiv. Es ist eine Form der Steuerung von Organisationen, die Entscheidungen nicht nur trifft, sondern auch beobachtet und zur Disposition stellen kann, weil sie mit losen Kopplungen arbeitet. In der möglichen Abweichung zwischen Entscheidungsprämissen und Entscheidungen wird das postheroische Moment dieser Form des Managements deutlich: Entscheidungen werden, einmal gefällt, nicht bedingungslos durchgesetzt, sondern lassen sich irritieren. „Vom postheroischen Management sprechen wir, weil das Heroische darin bestand, zugunsten des Gewinns von Tragik und von Komik an den einmal gesetzten Unterschieden festzuhalten. Held ist, wer entweder beeindruckend triumphiert oder großartig scheitert." (BAECKER 2007: 3) Das postheroische Management verstellt sich dieser unbedingten Absorption von Unsicherheit. Zweifel werden nicht ausgeräumt, sondern kultiviert. Die Absorption von Unsicherheit ist unzweifelhaft die Voraussetzung dafür, Entscheidungsprozesse überhaupt einrichten zu können. Denn nur wenn Entscheidungen sich auf vorangegangene Entscheidungen verlassen können und diese Prämissen nicht von Neuem hinterfragen, können Organisationen tun was sie tun: entscheiden. Gleichwohl hat das klassische Management fester Kopplungen, dadurch dass es technische und wirtschaftliche Anforderungen nicht an die komplexe Organisation, sondern an ihren Betrieb stellt, die unhintergehbare Komplexität der Organisation und die daraus resultierenden Unsicherheiten gleichsam neutralisiert. Das Problem daran besteht darin,

„[…] dass die neutralisierte Komplexität nicht etwa stillhält, während der Betriebswirt seine Kosten/Nutzen-Kalküle und der Betriebstechniker seine Zweck/Mittel-Überlegungen anstellen, sondern unruhig wird, sich zu Wort meldet und ihrerseits gewürdigt und gepflegt werden will. Diese Komplexität ist materieller, technischer, sozialer, intellektueller, emotionaler und ökologischer Art. Sie kann nicht als Quelle eigener Probleme ausgeschaltet werden […] Postheroisches Management besteht seither darin, von der Komplexität der Managementaufgaben auszugehen. Und es profitiert davon, dass dieses Management die Organisation eben nicht wie von Außen kommend in einen Betrieb verwandeln kann, um ihn dann dem ökonomischen Kalkül zu unterwerfen, sondern dass dieses Management selbstverständlich in der Organisation arbeitet und wirkt und daher selbst ein Teil der Komplexität der Organisation ist." (BAECKER i. E.)

Postheroisches Management setzt an der Komplexität moderner Organisationen an. Und diese Komplexität ist eine Funktion der Komplexität der Gesellschaft.

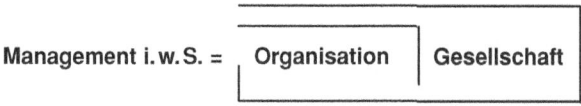

Abb. 9: Management im weiteren Sinn (in Anlehnung an BAECKER 2006: 20)

Die Summe der Operationen, durch die der Re-entry der Gesellschaft in die Unternehmensorganisation vollzogen wird, lässt sich als Unternehmenskultur beschreiben (vgl. ebd.: 21f.).

"Die Hauptaufgabe der Unternehmenskultur liegt darin, die Komplexität der Unternehmensorganisation zu reduzieren. [...] Die wesentliche Leistung der Unternehmenskultur besteht darin, dass sie ‚die Identität, die Effizienz, die Dynamik und die Krisenkompetenz eines Unternehmens' (SCHMIDT 2004: 112) sichert. Dies geschieht über die Etablierung eines Kulturprogramms, das Antwort auf die Frage gibt, wie man bei der Erwirtschaftung von Gewinnen ‚mit der Umwelt, mit Menschen, mit Organisationsformen, mit Gefühlen und moralischen Orientierungen umgeht und welche Zusatzziele ein Unternehmen anstrebt' (ebd.: 118). [...] Die Unternehmenskultur, die in Form eines geteilten Sets an Werten, Normen und Regeln die internen und externen Aktivitäten eines Unternehmens steuert, trägt in erheblichem Maße zur korporativen Organisation von Verantwortlichkeiten bei. Diese Verantwortungsorganisation ist erforderlich, da in komplexen, arbeitsteiligen Systemen [...] keine natürliche Zurechnung von Verantwortung existiert, sondern diese von Faktoren abhängt, die durch das System und seine Umweltbeziehungen vorgegeben werden." (HEIDBRINK 2008: 166f.)

In der Unternehmenskultur finden sich organisationsspezifische, unentscheidbare Entscheidungsprämissen eines Unternehmens zusammen. Während die überwiegende Zahl von Entscheidungsprämissen durch Entscheidungen entweder in Geltung gesetzt oder aufgehoben werden, ist die Organisationskultur der Komplex solcher Entscheidungsprämissen, über die nicht entschieden werden kann. Das heißt Organisationskulturen entstehen dort, wo Probleme auftauchen, die nicht durch Anweisungen gelöst werden können (vgl. LUHMANN 2006: 239ff.). LUHMANN betont weiter, dass die Beschreibung von Organisationen mit einer Kultursemantik die Reaktion auf genau solche Organisationsentwicklungen darstellt, die hier als ursächlich für die Notwendigkeit eines postheroischen Managements bezeichnet werden – nämlich: „[...] Verlust (oder Verzicht auf) zentrale Kontrollmöglichkeiten, Bevorzugung informaler Kontakte, weiche Einteilungen und Kategorisierungen, lose Kopplungen, Netzwerkbildungen, stärkere Abhängigkeit von Vertrauen [...], größere strukturelle Flexibilität, erheblich gestiegenes Tempo der organisatorischen Veränderungen" (ebd.: 240) und so weiter.

Eine entsprechend postheroische Organisationskultur kann Unternehmen in die Lage versetzen, auf die Komplexität ihrer Umwelt nicht nur zu reagieren, sondern sie mitzugestalten. Während bislang die (moralisierten) Märkte selektieren, was ihnen (vor dem Hintergrund der Nachhaltigkeitssemantik) wünschenswert erscheint und die Gesellschaft im Rahmen intersystemischer (Nachhaltigkeits-)Diskurse versucht, diese Selektionen mittels bereits vorhandener Strukturen zu selektieren, werden postheroisch geführte Unternehmen darauf hin wirken, „[...] nicht nur evolutionstauglich, sondern evolutionsfähig zu werden. [...] Um jedoch evolutionsfähig zu werden, muss das Unternehmen Nein zu sich selber sagen können und dieses

Nein produktiv, also selektiv behandeln und auf seinen fruchtbaren Einbau in bereits vorhandenen Strukturen prüfen können. Hierin liegt eine Herausforderung, die auf eine Unternehmenskultur zielt, die in vielen Hinsichten von der bislang gewohnten und bewährten unterschieden wird." (ebd.: 26f.)

Modus 4: Governance im engeren Sinn

Die im Wirtschaftssystem stattfindenden Selbststeuerungseffekte, die mit den unterschiedlichen Managementformen und Organisationskulturen innerhalb einzelner Unternehmen verbunden sind, ergeben sich aus deren operativen Kopplungen untereinander und mit anderen Organisationen. Sie formen marktähnliche Governance-Modi, die auf Kooperationsprozessen basieren, in denen Organisationen ihre Operationen auf ein gemeinsames Ziel hin ausrichten, indem sie sie miteinander koppeln. Sie ko-*operieren* im wahrsten Sinne des Wortes. Solche operativen Kopplungen setzen strukturelle Kopplungen voraus, können sie aber nicht ersetzen. Die Qualität gesellschaftlicher Integration, die durch operative Kopplungen hergestellt wird, ist eine andere als die durch strukturelle Kopplungen hervorgerufene: Denn „[…] sie verdichten und aktualisieren die wechselseitigen Irritationen und erlauben so schnellere und besser abgestimmte Informationsgewinnung in den beteiligten Systemen" (LUHMANN 1997: 788).[99]

Das hat zur Folge, dass Organisationen auf einer strukturellen Ebene einander immer ähnlicher werden und Innovationen im Bereich des klassischen oder postheroischen Managements leichter diffundieren und sich standardisieren können. Dabei werden vor allem Mechanismen wirksam, die POWER (1997) in seinem Buch *The Audit Society* beschrieben hat. Insbesondere im Bereich der Nachhaltigkeitssemantik und des unternehmerischen Umgangs mit ihr lässt sich beobachten, wie Rating-Agenturen, Beratungs- oder Wirtschaftsprüfungsgesellschaften Prozesse immer transparenter und vergleichbarer machen. Hinzu kommt, dass „[…] bei aller Tendenz zur heroischen Selbstdarstellung von Organisationen aller Art, jedoch insbesondere innovativen Unternehmen, längst deutlich geworden [ist], dass Veränderungen und Verbesserungen niemals eine Organisation alleine treffen oder auch nur von einer Organisation alleine durchgeführt werden können. Organisationen bewegen sich nur im Kontext von Populationen ähnlicher Organisationen. […] Sie bestimmen

---

[99] Die gekoppelten Operationen sind trotz ihrer Synchronität nicht miteinander identisch, denn sie sind in die rekursiven Netzwerke der verschiedenen Organisationen eingeschlossen, haben somit unterschiedliche Vergangenheiten hinter und verschiedene Zukünfte vor sich. Organisationen identifizieren daher die Operationen, über die sie mit anderen Organisationen verbunden sind, jeweils unterschiedlich (vgl. Kapitel 3.5).

ihre Veränderungsrichtung und ihre Veränderungsgeschwindigkeit, indem sie von anderen Unternehmen, die sie kopieren, möglichst minimal, um die Tuchfühlung nicht zu verlieren, aber doch hinreichend deutlich, um sich zu unterscheiden, abzuweichen versuchen." (BAECKER 2007: 24f.).

Neben diesen operativen Kopplungen zwischen kooperierenden Unternehmensorganisationen, beobachtet LUHMANN vergleichbare Prozesse auch im Umkreis des politischen Systems, wo sich zahlreiche Verhandlungssysteme etabliert hätten, „[...] die in Form von regulären Interaktionen Organisationen zusammenführen, die ihrerseits Interessen aus unterschiedlichen Funktionssystemen zusammenbringen" (ebd.). Diese Entwicklung hat sich mittlerweile zu dem globalisiert, was heute in der weiteren (Global) Governance Debatte als Private Governance bezeichnet wird.[100]

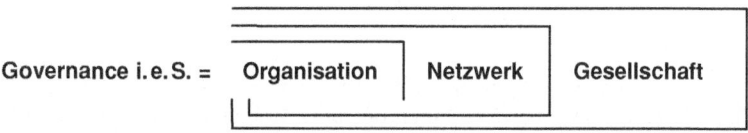

Abb. 10: Governance im engeren Sinn (in Anlehnung an BAECKER 2006: 20)

Im Rahmen dieser Governance-Arrangements ergeben sich aus der Kooperation unterschiedlicher Organisationen gesellschaftliche Selbststeuerungseffekte, die ihren Ursprung nicht notwendigerweise im politischen System haben, sondern sich im Netzwerk zwischen Organisationen[101] und den durch sie gekoppelten Funktionssystemen entfalten.

Die These, die in den folgenden Kapiteln untermauert werden soll, ist, dass die hier angedeuteten Governance- und Management-Modi zu einer „nachhaltigen" Integration der Wirtschaft in ihre Umwelt und damit der Gesellschaft an sich beitragen können. Sie stellen autologische Lösungsansätze im Wirtschaftssystem dar, durch die die Nachhaltigkeitssemantik in ihm strukturelle Wirkung entfaltet und sich die Weltgesellschaft an der Beseitigung ihrer Selbstgefährdungen abarbeitet. In ihrer Anwendung auf die Selbststeuerungsmechanismen des Wirtschaftssystems werden die marktseitigen Selbststeuerungsmodi des Rasters auf *inter*systemische Koordinations- und Kooperationsfunktionen zwischen dem Wirtschaftssystem und den Teilsystemen seiner Umwelt dargestellt, während im Fall der hierarchischen Selbststeuerungsvarianten der Blick prototypisch auf die *intra*systemische Kontrolle von

---

[100] Vgl. Kapitel 2.1.

[101] Die Private Governance Literatur versteht alle nicht-staatlichen Organisationen als „privat", insofern als sie nicht „öffentlich" sind.

Organisationen, namentlich Unternehmen, gerichtet wird. Insofern als Organisationen über ihre Entscheidungs- und Kommunikationsfähigkeit die eigentlichen Katalysatoren gesellschaftlicher Selbststeuerung sind, muss neben ihrer Außenseite auch deren Innenseite untersucht werden.

Damit operationalisiert die folgende Untersuchung die hier zugrundegelegte Interpretation von Governance als eine erweiterte Form des Managements, in der es neben der Binnensteuerung von Organisationen auch um deren Umwelt geht. Die Effekte eines solchen Managements werden vor allem in den Entscheidungsprogrammen von Unternehmen sichtbar, die in Form von organisationalen Selbstbeschreibungen als „Corporate Responsibility" ausgeflaggt werden und auf die ebenfalls noch detailliert einzugehen sein wird. Governance durch intersystemische Diskurse, klassisches oder postheroisches Management sowie Private Governance stellen nur ausgewählte Selbststeuerungsformen im hier angelegten Raster dar, die aber in ihrer Zusammenschau die Emergenz gesellschaftlicher Selbststeuerungsleistungen im Bereich nachhaltiger Entwicklung verdeutlichen sollen. Sie haben sich im Zuge der funktionalen Differenzierung autologisch herausgebildet und formen emergente Phänomene der modernen Gesellschaft. Die Nachhaltigkeitssemantik versorgt sie mit einer permanent mitlaufenden Beobachtung und Beschreibung ihrer Steuerungsleistungen und erzeugt dadurch Resonanz, die ihrerseits zu einer entsprechenden Nachhaltigkeitsgovernance bzw. dem dazugehörigen Resonanz-Management (FUCHS 2008: 14) auffordert.

	Markt	Hierarchie
Koordination	*Modus 1* Governance im weiteren Sinn strukturelle Kopplung **Intersystemische Diskurse**	*Modus 2* Management im engeren Sinn feste Kopplung **Klassisches Management**
Kooperation	*Modus 4* Governance im engeren Sinn operative Kopplung **Private Governance**	*Modus 3* Management im weiteren Sinn lose Kopplung **Postheroisches Management**

Abb. 11: Soziale Selbststeuerungsmechanismen im Wirtschaftssystem (eigene Darstellung)

6   Governance im intersystemischen Nachhaltigkeitsdiskurs *(Modus 1)*

Als strukturell wirksam und relevant für die gesellschaftliche Selbststeuerung kann die Nachhaltigkeitssemantik dann gelten, wenn sie beobachtbar dazu beiträgt, die Fähigkeit zur rationalen Selbstreproduktion der Gesellschaft zu erhalten. Das vorliegende Kapitel führt das Potenzial der Nachhaltigkeitssemantik, auf diese Fähigkeit Einfluss zu nehmen, auf die Form intersystemischer Diskurse zurück, die über ihre strukturellen Kopplungen emergente kommunikative Effekte jenseits der symbolisch generalisierten Kommunikationsmedien der Teilsysteme erzeugen und damit auf die Reproduktion der gesellschaftlichen Funktionsbereiche in einer Weise zurückwirken, die sie an eine gesamtgesellschaftliche Rationalität – wie sie die Nachhaltigkeitssemantik zur Sprache bringt – zurückbinden.

Gesamtgesellschaftliche Rationalität meint hier die Summe dessen, was in LUH-MANNS Terminologie (1984: 638ff.; 1997: 171ff.) „Systemrationalität", „gesellschaftliche Rationalität" und „Weltrationalität" heißt. Während sich Systemrationalität allein auf die Reflexion *teilsysteminterner Umwelten* (im Fall des Wirtschaftssystems der Markt) zur Perfektionierung der jeweiligen Systemfunktion bezieht, geht es der gesellschaftlichen Rationalität um die gleichzeitige Bezugnahme auf *gesellschafts-interne Umwelten* und verlangt Weltrationalität überdies die Integration der *gesellschaftsexternen Umwelt* in das Kalkül der sozialen Teilbereiche. Die Nachhaltigkeitssemantik findet auf allen drei Rationalitätsebenen gleichermaßen statt: Sie zielt auf die Rationalitätssteigerung einzelner gesellschaftlicher Teilbereiche, wenn sie beispielsweise Wirtschaftswachstum oder medizinische Versorgung für alle fordert. Dabei behält sie aber auch die wechselseitigen, potentiell negativen Effekte dieser selbstreferentiellen Entwicklungen in anderen gesellschaftlichen Teilbereichen im Blick und versucht diese auszubalancieren – zum Beispiel durch das Abwägen von Zielkonflikten zwischen volks- und privatwirtschaftlichen Gesichtspunkten einerseits und medizinischen Versorgungsambitionen andererseits. Und schließlich rechnet die Nachhaltigkeitssemantik – wenn sie sich etwa auf gesundheitsgefährdende Umweltauswirkungen bezieht – zusätzlich mit der ökologischen und psychischen Umwelt der Gesellschaft, die ihr als Grundlage der langfristigen Aufrechterhaltung systemischer und gesellschaftlicher Rationalitäten gelten. Die Frage ist, wie die Nachhaltigkeitssemantik diesen umfassenden Anspruch gesamtgesellschaftlicher Rationalität strukturell, d.h. innerhalb der gesellschaftlichen Autopoiesis, zur Geltung bringen kann.

Mit Blick auf den emergenten Charakter gesellschaftlicher Kommunikation lassen sich in diesem Zusammenhang Governance-Effekte identifizieren, die ohne eine Vermittlung durch Organisationen auskommen und allein durch die Sinnbasierung und Ko-Evolution strukturell gekoppelter Funktionssysteme zustande kommen. Diese (marktähnliche) Form der Governance manifestiert sich im „Koordinationscharakter intersystemischer Diskurse" (BENDEL 1993a: 156). Sie resultiert aus der Tatsache, dass gesellschaftliche Kommunikation mehr als die Summe teilsystemspezifischer Kommunikationen ist und trägt dadurch – so die hier vertretene These – auch strukturell zu einer nachhaltigen Entwicklung bei.

Die Grundlage für diese Annahme und das damit verbundene Governance-Konzept beruht in der Übertragung des Modells der doppelten Kontingenz, das bei LUHMANN die Interaktion zwischen psychischen Systemen kennzeichnet, auf die Beziehung zwischen gesellschaftlichen Teilsystemen. Doppelte Kontingenz bedeutet, dass der Aufbau der sozialen Welt durch den doppelten Perspektivenhorizont zweier kommunizierender Systeme entsteht:

> „Ego kann ein Datum auch in der Perspektive der von Alter aktualisierten Möglichkeiten beobachten, die dadurch auch Egos Möglichkeiten werden. Ego kann Alters Erfahrungen nicht erleben, er kann aber Alters Perspektive beobachten und sie gegebenenfalls als die eigene Perspektive übernehmen. Dadurch und mit diesen Beschränkungen wird Alters Welt Ego zur Verfügung gestellt (und umgekehrt): Die Welt wird sozial kontingent. Sowohl Ego als auch Alter erfahren doppelte Kontingenz; sie schließen die Perspektive des anderen in die eigene ein und müssen sie dann berücksichtigen. Beide Partner beobachten die doppelte Kontingenz und die daraus folgende Verhaltensunbestimmbarkeit. Daraus entsteht eine tautologische Zirkularität [...] Diese Zirkularität wird durch eine neue systemische Ordnung unterbrochen und asymmetrisiert. Aufgrund der Komplexität der sie ermöglichenden Systeme (Ego und Alter) entsteht aus der doppelten Kontingenz eine neue Ordnung." (BARALDI et al. 2008: 38f.)

Die Analogietauglichkeit dieses Modells für das Verhältnis von Funktionssystemen basiert darauf, dass nicht nur psychischen, sondern auch sozialen Systemen die Verwendung von Sinn als Differenzschema gemein ist. Das Prozessieren von Sinn macht es möglich, dass Ereignisse, die einem bestimmten Systemzusammenhang zugerechnet werden können, gleichzeitig auch in anderen Zusammenhängen Bedeutung gewinnen (Polykontexturalität). Sinnsysteme sind deswegen in der Lage, ihre Operationen wechselseitig in ihre Selbstreproduktion einzubauen. Diese Ko-Evolution von Kommunikation kommt durch die Gleichzeitigkeit struktureller Kopplung und operativer Geschlossenheit zustande: Die Teilsysteme stellen sich permanent wechselseitig unverzichtbare Leistungen zur Verfügung, ohne dabei jedoch andere Systeme in ihrer Selektivität *kontrollieren* zu können. Insofern aber etwa als die Wirtschaft das Recht oder die Wissenschaft im Rahmen von Verträgen oder von Forschung und Entwicklung zur eigenen Selbstreproduktion nutzt, dies aber in einem hiervon unabhängigen Geldkreislauf nach eigenen Regeln und unter Gesichtspunkten der Logik von Zahlungen (und nicht etwa von Recht oder Wahrheit) tut, muss Sinnsystemen ein wechselseitig vorhandenes Einflusspotenzial zugeschrieben werden, das über den bloßen Charakter einer äußerlichen Irritation und eines diffusen „Rauschens" hinausreicht. Indem die Leistungen eines Systems in die Selbstkontinuierung eines anderen unmittelbar einfließen, *beeinflussen* Sinnsysteme also durchaus wechselseitig ihre interne Selektivität.

Das heißt nicht, dass allein durch die Sinnbasierung der Funktionssysteme bereits direkte Kontaktbereiche oder Austauschbeziehungen zwischen ihnen entstehen würden. Allerdings bewirkt die reflexive Qualität von Sinn[102], dass – wie im Modell der doppelten Kontingenz angelegt – die Funktionssysteme sich als selbstrelationierende Einheiten beobachten und deswegen auch die Rückwirkungen ihrer eigenen Umweltwirkungen auf sich selbst in Rechnung stellen können. Sinnsysteme können sich selbst ebenso wie andere als Einheit in Differenz zu ihrer Umwelt und somit jederzeit als Umwelt ihrer Umwelt beobachten. Sie sind also prinzipiell in der Lage, ihre eigenen Operationen unter dem Gesichtspunkt ihrer externen Wirkungen zu gestalten. Ins Außenverhältnis gekehrt, bedeutet das, dass soziale Funktionssysteme, ohne den eigenen Code zu verändern oder direkte Kontaktbereiche mit anderen Systemen herzustellen, im Zuge ihrer Selbstreproduktion Resonanzen in anderen Systemen erzeugen können. Obwohl dabei eine (steuerungsähnliche) Selektivitätskontrolle anderer Teilsysteme nicht möglich ist, schließt deren Binnenkomplexität gleichzeitig nicht aus, dass beabsichtigte Effekte dort mit einer gewissen Wahrscheinlichkeit eintreten. Gerade Erfahrungswerte und Erwartungen, die aus der Beobachtung fremdreferentieller Sachverhalte resultieren, eröffnen Chancen „komplexitätsreduzierender Gegenstrategien" (vgl. BENDEL 1993a: 269f.), die die Wahrscheinlichkeit gewünschter Steuerungseffekte erhöhen. Diese sind aber in der Tat allenfalls *wahrscheinlich*, denn:

> „Zusätzliche Kenntnisse und Erwartungssicherheiten offenbaren immer zugleich auch eine erweiterte Dimension der Unkenntnis und damit einhergehend neue Überraschungen und mögliche Enttäuschungen. Dies schließt jedoch temporäre Erfolge bei der Bemühung um eine intersystemische Koordination und Steuerung nicht grundsätzlich aus. Im Gegenteil: aus der Sicht der beteiligten Systeme handelt es sich dabei um ein unabdingbares Erfordernis ihrer Selbstreproduktion. Sie konstituieren und stabilisieren ihre Identität nur durch den Aufbau und die Bestätigung von Erwartungen im Rahmen einer Beteiligung an intersystemischen Kommunikationsprozessen." (ebd.: 270)

Diese Ausführungen machen einmal mehr deutlich, dass die Frage nach der Steuerung nachhaltiger Entwicklung nicht danach lauten kann, wer wie steuernd handelt oder handeln sollte, sondern wie Sinnsysteme Operationen erzeugen, die für deren

---

[102] Das heißt der durch die gemeinsame Verwendung von Sinn ermöglichte Perspektivenwechsel zwischen Ego und Alter oder konkreter: zwischen Wirtschaft und Politik.

Selbstreproduktion Rückkopplungen von Umweltfaktoren mit ins Kalkül ziehen und insofern ihrer Integration in einen größeren Zusammenhang Rechnung tragen. Die im Prozess der funktionalen Differenzierung angelegte Ko-Evolution sozialer Teilsysteme sorgt insofern bereits von sich aus für ein gewisses Maß an emergenter Rationalität (vgl FACH/GRANDE 1992). Die Nachhaltigkeitssemantik setzt damit auf einem strukturell bereits angelegten Potenzial an System- und gesellschaftlicher Rationalität auf. Als „intersystemischer Diskurs" ergänzt sie aber den Prozess der funktionalen Differenzierung und trägt dadurch zusätzlich zu einer gesteigerten „Weltrationalität" bei.

Die Weltgesellschaft und ihre Teilsysteme generieren mit der Nachhaltigkeitssemantik einen Kommunikationshorizont, der die Differenz von System und Umwelt als Informationswert benutzt und sich an der Einheit dieser Unterscheidung orientiert. Die oben dargestellten intersystemischen Koordinationsbemühungen erzeugen eigenselektive Sinnstrukturen, die über die Systeme hinausgehen und für die die Teilsysteme aufgrund ihrer strukturellen Kopplungen besonders resonanzfähig bleiben. Da Funktionssysteme die Beobachtung ihrer Umwelt nicht allein für ihre Selbstreproduktion, sondern auch dazu nutzen, Einfluss auf ihre Umwelt auszuüben und Kompatibilitäten mit ihr herzustellen, bringen sie intersystemische Diskurse als *emergente* Kommunikationseffekte hervor. Sie treten miteinander operativ in Kontakt, ohne die zukünftige Verarbeitung ihrer Kommunikation im jeweils anderen System vorherbestimmen zu können. Analog zur Struktur der doppelten Kontingenz erscheint dann auch die Beziehung zwischen Funktionsbereichen als ein eigenständiger Reproduktionszusammenhang, über den die Teilsysteme an den übergeordneten Kontext der Gesellschaft gebunden bleiben. Im intersystemischen Diskurs bildet sich eine eigenständige kommunikative Ordnung mit einem autonomen Operationspotenzial, mit dem sie auf die Entwicklungsrichtung der Funktionssysteme zurückwirkt, ohne dass gleichzeitig ihre Entstehung im Kontext eines bestimmten Funktionssystems angesiedelt werden könnte.

Zwar werden Nachhaltigkeitsfragen innerhalb der Funktionsbereiche thematisiert, sie gewinnen dort aber zunächst keine *spezifische* Anschlussfähigkeit. Die Wissenschaft bringt weiterhin Ergebnisse und technische Errungenschaften vor, die zum Klimawandel beitragen, die Wirtschaft beutet für ihre Produktionsweise weiterhin nicht erneuerbare Ressourcen aus oder entlässt Mitarbeiter. Keines der Funktionssysteme hat von sich aus ein an der Überlebensfähigkeit der Gesellschaft orientiertes Rationalitätspotential. Dieses entsteht erst im interystemischen Diskurs. Es ist diese Art des Diskurses, die den gesamtgesellschaftlichen Reproduktionsimperativen Geltung verschafft.

Das kann dem intersystemischen Diskurs deshalb gelingen, weil seine Kommunikation jenseits symbolisch generalisierter Kommunikationsmedien wie Geld oder

Macht stattfindet und sich allein auf die universalistische Struktur der Verständigung durch Sprache gründet (BENDEL 1993a: 273). Die sprachliche Kommunikation zwischen den Funktionssystemen bildet die übergeordnete, operativ geschlossene Sozialordnung. Nur über diese Ordnung, das heißt durch Teilnahme an der Kommunikation der Gesellschaft, können sich die Funktionssysteme (mittelbar) aufeinander beziehen. Intersystemische Diskurse sind insofern eine mehrpolige Konstellation struktureller Kopplung zwischen den Teilsystemen und der Gesellschaft als deren übergreifendem Kommunikationszusammenhang. Die Funktionsbereiche reproduzieren sich selbst nicht nur im Rahmen ihrer symbolisch generalisierten Codes, sondern immer auch in Bezug auf die Sinnstrukturen dieses gesamtgesellschaftlichen Kommunikationszusammenhangs. Er integriert alle teilsystemspezifischen Kommunikationen, indem er ihnen Anschlussfähigkeit verleiht. „[J]ede Spezialkommunikation in einem beliebigen gesellschaftlichen Sozialsystem ist immer zugleich – buchstäblich uno actu – allgemeingesellschaftliche Kommunikation." (TEUBNER 1989: 107)

Die Gesellschaft als übergeordnete Kommunikationsebene erzeugt ihre eigenen Wirkungen und Problemhorizonte, die nicht allein auf die Funktionsweise einzelner Teilsysteme zurückgeführt werden können (vgl. BENDEL 1993b: 155f.). Ein solcher emergenter Effekt ist die Nachhaltigkeitssemantik – eine Semantik, die trotz der Unfähigkeit der Gesellschaft, ihre Einheit selbst zu *repräsentieren*, ihr immerhin die Möglichkeit bietet, sich selbst zu *beobachten*. Damit macht sich die Gesellschaft selbst zum Thema und problematisiert die Folgen ihrer funktionalen Ausdifferenzierung praktisch als notwendiger Effekt eben dieser Evolution. Der Grund dafür liegt bei den Teilsystemen und ihrer gleichzeitigen Abhängigkeit und Unabhängigkeit von ihrer Umwelt:

> „Obgleich ihre Beobachtung von Umweltereignissen primär von rein systemrationalen Gesichtspunkten etwa des Machtgewinns oder der Vermehrung von Zahlungsmöglichkeiten geprägt ist und Probleme gesellschaftlicher Überlebensfähigkeit keinesfalls zwangsläufig mitberücksichtigt werden, markiert die Steigerung intersystemischer Abhängigkeiten [...] ein Moment, das nicht nur funktionsspezifische Rationalitäten hervorbringt, sondern parallel rationale Selbstbeobachtungen der Gesellschaft generiert und zugleich die Resonanzfähigkeit der Teilsysteme für derartige Aspekte der Kommunikation steigert. Investitions-, Gesetzes- oder Forschungsvorhaben können nicht mehr kommuniziert werden, ohne daß zwangsläufig eine Kommunikation unter dem Gesichtspunkt der Überlebensfähigkeit der Gesellschaft mit produziert wird, deren Aspekte ins Kalkül der Akteure im Rahmen ihrer funktionsspezifischen Interessen einfließen müssen." (BENDEL 1993a: 274)

Die Thematisierung der Überlebensfähigkeit der Gesellschaft ist ein spezifisches Charakteristikum intersystemischer Diskurse und findet auch innerhalb der Nachhaltigkeitssemantik statt. Sie bewertet alles von ihr bezeichnete als gesellschaftlich tragfähig oder nicht tragfähig und wirkt mit diesem Urteil in die Reproduktion gesellschaftlicher Teilsysteme zurück. Die Wirkungsmacht des Nachhaltigkeitsdiskurses liegt im Medium der Sprache begründet. Im Gegensatz zu symbolisch generalisierten Medien wohnt dem Gebrauch von Sprache ein Geltungsanspruch inne, der sich auf „lebensweltliches" Wissen stützt (vgl. LUHMANN 1984: 106). Diese emergente gesellschaftliche Kommunikation bildet das Zwischenglied intersystemischer Beeinflussung, um das die Versuche der Steigerung von Systemrationalitäten (z. B. Vermehrung von Macht oder Zahlungsmöglichkeiten) nicht umhin kommen. Im Rahmen der lebensweltlichen Diskurse findet eine Relativierung, wenn nicht gar eine Diskreditierung der Steigerung reiner Systemrationalitäten statt. Das Interesse an der reinen Vermehrung von Macht oder Zahlungsfähigkeit „prallt an der sprachlichen Struktur der Kommunikation ab und wird auf seine Eigenselektivität verwiesen" (BENDEL 1993b: 159).[103]

Hieraus resultiert auch die exponierte Position vieler sozialer Bewegungen im intersystemischen Nachhaltigkeitsdiskurs. Sie können darin zwar ebenso wenig eine gesamtgesellschaftliche Entwicklung zielgerichtet steuern wie die „formalen" Funktionssysteme, ihnen kommt aber insofern eine koordinierende und verstärkende Diskursfunktion zu, als sie einen besonderen Zugang zur Sprache besitzen. Ihr Protest lässt sich nicht symbolisch generalisieren und beobachtet die Gesellschaft von vornherein als ein sich selbst gefährdendes Ganzes. Er ist im Vergleich zu anderen Systemrationalitäten unverdächtig, weil er zumindest vordergründig allein das Wohl der Gesellschaft im Blick hat. Die kritische Öffentlichkeit, repräsentiert durch eine professionalisierte Zivilgesellschaft – insbesondere Nichtregierungsorganisationen – schreibt gesellschaftlichen Teilbereichen und ihren Repräsentanten zuneh-

---

[103] Vor diesem Hintergrund erklärt sich auch die besondere Bedeutung von Protestbewegungen für die erfolgreiche Entwicklung der Nachhaltigkeitssemantik. In der dreipoligen Konstellation zwischen Teilsystemen und gesellschaftlicher Kommunikation können nur solche Systeme eine wirksame, die „lebensweltlichen" Diskurse beeinflussende Funktion einnehmen, die eine besondere Anbindung an das Medium der Sprache haben und dadurch eine gewisse Transformationsfunktion besitzen. Dadurch, dass soziale Bewegungen sich selbst als „die Gesellschaft" repräsentieren und dabei nicht an symbolisch generalisierte Codes gebunden sind, sind sie prädestiniert dafür, gesamtgesellschaftliche Problemlagen „zur Sprache" zu bringen und in einer Weise zu bearbeiten, dass sie in anderen Teilsystemen, die nicht entsprechend eng an sprachliche Kommunikation gebunden sind, Resonanzen erzeugen (müssen). Gleichzeitig ist die von sozialen Bewegungen versuchte „Einheitsrepräsentation" der Gesellschaft aufgrund ihres unklaren und instabilen Systemstatus' aber nicht überzeugend genug, dass sie sich als einziges System stellvertretend für alle anderen sozialen Problemlagen zuwenden könnte. Damit verbindet sich ein doppelter Reflexionsgewinn insofern als soziale Bewegungen die Gesellschaft einerseits aus ihrer besonderen Warte beobachten und thematisieren und andererseits in ihrer Zuwendung zu gesellschaftlich relevanten Problemlagen keinen stellvertretenden oder ausschließlichen Anspruch gegenüber anderen Teilsystemen haben können.

mend Verantwortung zu und hält damit den Nachhaltigkeitsdiskurs am Laufen. Wenn ihnen der Protest oder der Grund dafür ausgeht, suchen sie sich neue Themen und speisen sie erneut in den intersystemischen Nachhaltigkeitsdiskurs.

Im Wirtschaftssystem können sich Unternehmen deswegen für die Preisfestlegung und die Einschätzung von Vermarktungschancen nicht mehr allein an ihrer wirtschaftsinternen Umwelt des Marktes orientieren, sondern müssen für hinreichende Erfolgsaussichten neben der Konkurrenz auch die wahrscheinliche Entwicklung von zukünftigen Protestthemen, Konsumgewohnheiten, ökologischen und politischen Rahmenbedingungen beobachten. Natürlich können sie unliebsame gesellschaftliche Diskurse versuchen zu desavouieren und sich statt auf die Implikationen der Nachhaltigkeitssemantik einzulassen, alle Kraft auf Gegenexpertisen und -argumentationen aufwenden (vgl. BENDEL 1993a: 274f.). Die intersystemischen Diskurse selbst bleiben aber dem (alleinigen) Zugriff einer wirtschaftsrationalen Perspektive entzogen. Die Emergenz der Nachhaltigkeitskommunikation verhindert, dass die aus Sicht der Wirtschaft (bzw. von Teilen des Wirtschaftssystems) gewünschten Effekte der Diskreditierung oder Transformation des Nachhaltigkeitsgedankens zielsicher eintreten. Im Gegenteil werden eher negative Rückkopplungen wahrscheinlicher, denn gegenüber der gesamtgesellschaftlichen Perspektive tritt die teilsystemspezifische Perspektive zwangsläufig in den Hintergrund, weil sie singulär und damit wenig durchsetzungsfähig ist.

Insofern empfiehlt es sich auch für systemrationales Operieren, nah entlang des gesamtgesellschaftlichen Rationalitätspotentials zu verlaufen und „[...] erscheint es durchaus möglich und tendenziell sogar eher wahrscheinlich, daß sich mit der bornierten Rationalität teilsystemspezifischer Selbstreproduktion auch Momente gesamtgesellschaftlicher Rationalität verbinden" (BENDEL 1993a: 275). Systemrationale Entscheidungen sind nur über den Umweg der Reflexion externer Kontexte möglich. Aus genau diesem Grund kann das Wirtschaftssystem seine Verantwortung für ökologische, psychische oder soziale Probleme nicht einfach auf andere Bereiche – etwa die Politik – abschieben. Vielmehr ist es eingebettet in einen gesellschaftlichen Nachhaltigkeitsdiskurs, in eine Art der Kommunikation also, die sich an der Einheit der Differenz von Gesellschaft und ihrer internen wie externen Umwelt orientiert und dabei zugleich strukturell an die Selbstreproduktion der Teilsysteme gekoppelt bleibt. Auch Zahlungen als symbolisch generalisiertes Kommunikationsmedium des Wirtschaftssystems operieren insofern auf der Basis einer die selektiven Perspektiven der Teilsysteme transzendierenden Sprache, die aufgrund ihrer universalistischen Anschlussfähigkeit Raum für Koordinationsprozesse, mithin für Governance, eröffnet. Im Wirtschaftssystem manifestiert sich diese Selbststeuerung in einer „Moralisierung der Märkte". Für STEHR (2007) stellt dieser Trend eine neue Entwicklungsstufe des Marktes dar, die nicht etwa dadurch gekennzeichnet ist, dass plötzlich marktfremde Elemente wie die Moral die Wirtschaft dominieren oder dass die traditionellen Marktinstitutionen generell schwächer geworden sind, sondern dadurch, dass moralische Motive sowohl auf Seiten der Produzenten als auch auf Seiten der Konsumenten mehr und mehr in das Marktgeschehen eingreifen, indem sie für Zahlungsentscheidungen ausschlaggebend werden. Seine These lautet, dass sich die eindimensionale Prämisse rationaler Nützlichkeitserwägungen in den Wirtschaftsprogrammen von Produktion und Konsumtion zugunsten einer Vielzahl von (moralischen) Entscheidungskriterien auflöst. Die Nachhaltigkeit von Herstellung, Vertrieb und Gebrauch von Produkten oder Dienstleistungen ist dabei ein zentrales Element:

> „Der Trend zur Moralisierung der Märkte bedeutet […], dass die Regulierung der Marktbeziehungen im Verein mit gesamtgesellschaftlichen Veränderungen als Reaktion auf diese Veränderungen und unter Verweis auf […] Nachhaltigkeit […] sowie andere moralische Maximen abläuft. […] Ziele und Motive dieses sozialen Wandels des Marktes werden nicht nur Eigenschaften der am Markt erhältlichen Produkte und Dienstleistungen, sondern auch zu emergenten, das soziale Verhalten am Markt mitbestimmenden Regeln und Prozederen. Waren und Dienstleistungen haben nicht nur einen ökonomischen Wert, sondern ihnen wird auch – wie z. B. der Solarenergie – ein moralischer Wert zugeschrieben oder – wie man das heute wohl von der Atomenergie sagen kann – abgesprochen. […] In der Welt der Waren und Dienstleistungen finden nicht nur bestimmte gesellschaftliche Beziehungen ihren Ausdruck, sondern in den Dienstleistungen und Waren oder dem Ruf von Produzenten und Anbietern manifestieren sich gesellschaftliche Werte und Normen. […] Gleichzeitig wird die Entwicklung hin zu einer Moralisierung der Märkte Bestandteil der Produktions- und Konsumtionsprozesse."

Auf diese Weise weitet sich die Moralisierung der Märkte aus

> „[…] zu einem sich selbst verstärkendem Prozess, an dem auch diejenigen Akteure teilhaben, die sich […] nicht unbedingt mit der Transformation des Marktgeschehens identifizieren. […] Schließlich sorgen die Prozesse der Globalisierung für eine weltweite Moralisierung der Märkte, insbesondere infolge einer rapiden Zunahme des Welthandels seit den 70er Jahren, globaler Werbekampagnen und weltweit zugänglicher Kommunikationsmedien wie dem Internet." (STEHR 2007: 12f.)

Interessanterweise scheint mit dem Trend zur Herausbildung der Weltgesellschaft auch eine Moralisierung von Wirtschaftsprozessen einherzugehen, die zunehmend vor dem Hintergrund der Überlebensfähigkeit der Gesellschaft bewertet werden. Dazu passt, dass die Nachhaltigkeitssemantik kein exklusives Charakteristikum westlicher Industriegesellschaften ist, sondern ebenso – wenn nicht gar deutlich ausgeprägter – in so genannten Emerging Markets wie Brasilien oder China beobachtet werden kann. Sie ist eine semantische Ausprägung der Weltgesellschaft, auch wenn sie regional ganz unterschiedliche strukturelle Auswirkungen haben kann: „Obwohl bestimmte, handlungsbestimmende moralische Imperative wie beispielsweise Nachhaltigkeit nicht vollumfänglich durchgesetzt werden, verändern diese Werte den Markt und das gesellschaftliche Leben." (STEHR 2008: 24)

Märkte stehen in einem dynamischen Verhältnis zu ihrem gesellschaftlichen Umfeld und sind als Koordinationsarena des Wirtschaftssystems an den intersystemischen Nachhaltigkeitsdiskurs gekoppelt. Standortfaktoren, gesellschaftliche Megatrends und ökologische Rahmenbedingungen – sofern sie wie etwa der Klimawandel gesellschaftlich thematisiert werden – beeinflussen den gesellschaftlich eingebetteten Markt (GRANOVETTER 1985). Der weltweit gewachsene Wohlstand und der ubiquitäre Zuwachs an Wissen tragen zusätzlich ihren Teil zu der Veränderung des Marktes bei, indem sie die Rolle des Konsumenten stärken. Dieser ist nicht mehr der unmündige, manipulierte und schlecht informierte Käufer, als den ihn die neoklassischen Theorien des Marktes sehen (vgl. STEHR 2007: 9ff.). Vielmehr versetzt dieser gesellschaftliche Fortschritt, semantisch eingebettet in den Nachhaltigkeitskontext, den Einzelnen zunehmend in die Lage, seine Entscheidungen und sein Kaufverhalten zu fundieren und selbstbewusst zu steuern. Immer mehr Verbraucher interessieren sich

> „[…] für die Löhne von Kaffeebauern, für Schadstoffe im Kinderspielzeug oder den CO_2-Ausstoß ihres Autos. An die Stelle der Schnäppchenmentalität tritt zunehmend eine neue Haltung der Verantwortung, die sich auf die schädlichen Folgen des Konsums richtet. Diese Entwicklung ist kein isoliertes Phänomen, sondern steht im Zusammenhang mit einem allgemeinen Trend hin zu moralisch verfassten Märkten. […] Gütern und Dienstleistungen, die über einen moralischen Mehrwert verfügen, kommt eine hohe ökonomische Aufmerksamkeit zu." (HEIDBRINK/SCHMIDT 2009: 27)

Diese Veränderung findet im Wirtschaftssystem auf der Programmebene statt und lässt den binären Code von Zahlung/Nicht-Zahlung komplett unverändert. Vielmehr entscheidet die Nachhaltigkeitsqualität von Produkten über die Anwendung des Codes, d.h. die Wahrscheinlichkeit von Zahlung oder Nicht-Zahlung. Zahlreiche empirische Studien zum „nachhaltigen" – oder synonym zum „ethischen", „moralischen" und „strategischen" – Konsum belegen, dass die einem Produkt oder einer Dienstleistung zugeschriebene Nachhaltigkeitsqualität immer bedeutsamer für Zahlungsentscheidungen wird. Bei allen verbleibenden Unsicherheiten zum Verhältnis zwischen der theoretischen (der Befragungssituation geschuldeten) und praktischen (im Akt des Konsumierens tatsächlich vorgenommenen) Einbeziehung von Nachhaltigkeitskriterien in die Kaufentscheidungen, deutet doch einiges darauf hin, dass Nachhaltigkeit einen vergleichbaren Einfluss auf die Kaufentscheidung von Konsumenten hat wie die Qualität oder der Preis. Laut einer globalen Konsumstudie sind 86 Prozent der Konsumenten weltweit der Meinung, dass die Produzenten der von ihnen gekauften Güter den gleichen Wert auf gesamtgesellschaftliche Interessen legen sollten wie auf ihre eigenen Geschäftsinteressen (EDELMAN 2010: 3). Und sie zahlen dafür auch mehr. Etwa die Hälfte der deutschen Verbraucher ist einer Studie des Instituts für Handelsforschung zufolge bereit, höhere Preise für nachhaltigere

Produkte zu zahlen.[104] Andere Marktforschungen gehen sogar davon aus, dass bis zu drei Viertel aller Marktteilnehmer mittlerweile so von der Notwendigkeit nachhaltiger Produkteigenschaften überzeugt sind, dass sie mehr Geld dafür ausgeben würden (vgl. TRENDBÜRO 2009: 35). Auch in den Schwellenmärkten Chinas oder Brasiliens ist diese Bereitschaft signifikant. Künftig wollen hier 80 bzw. 83 Prozent der Konsumenten bei ihren Kaufentscheidungen auf Nachhaltigkeitsaspekte achten (EDELMAN 2010: 11). Diese zunächst einmal nur theoretisch artikulierte Bereitschaft manifestiert sich dann auch tatsächlich in den am Markt generierten Umsätzen:

> „Der Umsatz mit ökologischen Produkten verzeichnete allein im Jahr 2007 ein Wachstum von zwanzig Prozent gegenüber 2006, während der Absatz fair gehandelter Produkte trotz der Wirtschaftskrise 2008 in Deutschland um elf Prozent gegenüber dem Vorjahr zunahm. Als Speerspitze dieser Konsumentengruppe gelten die ‚LOHAS‘, die einen ‚Lifestyle of Health and Sustainability‘ verfolgen und deren Marktpotential inzwischen auf fast 200 Milliarden Euro [allein in Deutschland] geschätzt wird." (HEIDBRINK/SCHMIDT 2009: 28)

Als prototypisches Beispiel für die Moralisierung von Märkten und deren Resonanz auf den intersystemischen Nachhaltigkeitsdiskurs kann der globale Konsumgütermarkt gelten. ASPERS (2006) zeigt an zwei Entwicklungen, wie hier moralische Aspekte – operationalisiert und legitimiert vor dem Hintergrund der Nachhaltigkeitssemantik – in den letzten drei Jahrzehnten einen ganzen Markt inklusive seiner vorgelagerten Wertschöpfungsketten verändert haben: Die erste Entwicklung geht von einer von Konsumenten getragenen Fair Trade Bewegung aus und hat direkte Effekte auf die zweite, produktionsseitige Entwicklung, die darin besteht, dass sich Einzelhändler im Konsumgütermarkt in Form so genannter Codes of Conduct selbst und damit mittelbar auch ihre Zulieferer hinsichtlich den „Regeln" einer nachhaltigen Entwicklung regulieren. Seit den 1980er Jahren sind zahlreiche zivilgesellschaftliche Organisationen entstanden, die zum Beispiel global tätige Bekleidungsfirmen, Kaffeeröster oder Kosmetikhersteller mit ihrem Protest überziehen. Sie fordern von ihnen, ethischer zu agieren, ihre Umweltauswirkungen zu verringern und ihre Arbeiter besser zu behandeln.

Diese Organisationen wirken jenseits nationaler Rechtsrahmen auf globale Marktstandards für „fair gehandelte" Produkte hin und operationalisieren diese Standards innerhalb der Nachhaltigkeitssemantik. Sodann bieten sie denjenigen Unternehmen und Händlern, die diese Nachhaltigkeitsstandards erfüllen, Zertifikate und Labels an, mit denen sie ihre Produkte als „nachhaltig" vermarkten können. Die weltweit größte nationale Fair Trade Organisation gibt etwa als „Mission Statement" an:

---

[104] http://www.ecc-handel.de/download/110017101/2010.08.26_PM_Stayfair_Nachhaltigkeit +schlägt+Preis.pdf (Stand: 23. 10. 2011).

"TransFair USA enables *sustainable development* [...] by cultivating a more equitable global trade model that benefits farmers, workers, consumers, industry and the earth. We achieve our mission by certifying and promoting Fair Trade products."[105]

Ähnlich beschreibt die World Fair Trade Organization (WFTO), die Dachorganisation dieser zivilgesellschaftlichen Protestbewegung, Fair Trade als

"[...] a trading partnership based on dialogue, transparency and respect, that seeks greater equity in international trade. It contributes to *sustainable development* by offering better trading conditions to, and securing the rights of, marginalized producers and workers – especially in the South."[106]

Gerechtigkeitsaspekte zwischen nördlicher und südlicher Hemisphäre, zwischen Frauen und Männern, Privilegierten und weniger Privilegierten sind ebenso Bestandteil des hier zu Grunde gelegten Nachhaltigkeitsverständnisses wie Fragen des Umweltschutzes, der Menschen- und Arbeitnehmerrechte.[107] Bei aller Bestimmtheit bei der Formulierung ihres Ziels, eine nachhaltige Entwicklung zu fördern, bleiben sowohl die praktischen Implikationen ihrer Forderungen als auch die Bewertung der tatsächlichen „Nachhaltigkeit" der Wirkungen von Fair Trade sehr vage. Das hat mit der beschriebenen Ambivalenz des Nachhaltigkeitskonzepts selbst zu tun, resultiert aber auch aus den Zielkonflikten zwischen ökologischen und sozialen Forderungen der Fair Trade Bewegung oder aus den marktverzerrenden Effekten, die mit der künstlichen Preisfestlegung von Fair Trade Produkten einhergehen. Insbesondere letztere drohen die eigentlichen Ziele der Bewegung, eine Verbesserung der Arbeits- und Lebensbedingungen von Produzenten in wirtschaftlich unterentwickelten Ländern langfristig zu verbessern, zu konterkarieren (vgl. MOHAN 2010).

Diese Ambivalenz ändert jedoch nichts daran, dass zivilgesellschaftliche Verbraucherorganisationen mit ihrem Einfluss auf die *exit*- und *voice*-Optionen (HIRSCHMAN 1974) einer heute global erreichbaren Konsumentenschaft über einen Hebel verfügen, der es ihnen erlaubt, konkrete Veränderungen im Wirtschaftssystem hervorzurufen. Über ihre Skandalisierungs- und Zertifizierungsmöglichkeiten bewirken sie im Konsumgütermarkt zweierlei: „The first effect is the reverberations in the traditional and dominating segments of the [...] industry, which actually gave rise to retailers' COC [Code of Conduct]. The other effect is that small segments of the final consumer markets and concomitant production chains are based on the principle of ethical trade." (ASPERS 2006: 295) Mit anderen Worten: Es verändert sich gleicher-

---

[105] http://www.transfairusa.org/content/about/mission.php (Stand: 23.10.2011).

[106] http://www.wfto.com/index.php?option=com_content&task=view&id=1&Itemid=13 (Stand: 23.10.2011).

[107] http://www.wfto.com/index.php?option=com_content&task=view&id=2&Itemid=14 (Stand: 23.10.2011).

maßen das Was und das Wie des Wirtschaftens. Die Moralisierung der Märkte hat nicht nur einen Einfluss darauf, was verkauft wird, sondern auch wie das Verkaufte hergestellt wurde. Allein der Markt für fair gehandelten Kaffee – das heißt für Kaffee, der unter wie auch immer definierten „nachhaltigen" Bedingungen angebaut, transportiert und zu „fairen" Preisen verkauft wird – hatte in europäischen Ländern zuletzt jährliche Wachstumsraten von bis zu 90 Prozent (vgl. FAO 2009: 13). Und in der globalen Bekleidungsindustrie gehört es wie im Kaffeesektor mittlerweile zum guten Ton, dass die Unternehmen sich und ihre Zulieferer in Codes of Conduct auf die Einhaltung von Nachhaltigkeitsaspekten bei der Produktion und der Vermarktung ihrer Produkte bzw. der dafür notwendigen Rohstoffe und Vorprodukte verpflichten (JENKINS 2001). Sie schließen damit an den intersystemischen Nachhaltigkeitsdiskurs an und verstärken ihn dadurch, dass sie ihn mit ihren Zulieferern weiterführen. Dadurch verbreitet er sich im Wirtschaftssystem und führt auch an anderen Stellen zu einer Moralisierung der Märkte.

Denn nicht nur der nachhaltige Konsummarkt wächst, auch in anderen Marktsegmenten wirkt die Nachhaltigkeitssemantik als ein veritabler Wachstumstreiber. Gefördert vom politischen Anschluss an den intersystemischen Nachhaltigkeitsdiskurs (z. B. durch das Erneuerbare Energien Gesetz in Deutschland, das Verbot konventioneller Glühbirnen, die Integration von Nachhaltigkeitskriterien in öffentlichen Ausschreibungen der EU oder durch globale Klimaschutzziele) sowie den daraus resultierenden politischen Rahmenbedingungen wächst etwa der globale Markt für die Erzeugung von Solar- und Windenergie derzeit jährlich um 20 Prozent. Und auch der Markt für energieeffiziente Technologien wird sich von 2010 bis 2020 verdoppelt haben (vgl. MCKINSEY & COMPANY 2010). Wenn heute von „Zukunftsmärkten" die Rede ist, also von Märkten, die in der Zukunft die größten Wachstumspotenziale versprechen, dann lässt der Bezug auf Prozesse gesellschaftlicher Selbstgefährdung nicht lang auf sich warten:

> „Wesentlicher Wachstumsmotor für Zukunftsmärkte ist […] ihr Beitrag zur Lösung globaler Herausforderungen. Diese wären: der anthropogene Klimawandel, das anhaltende Bevölkerungswachstum, die Gestaltung des zukünftigen Energieträgermix, der Zugang zu und die Verteilung von Rohstoffen, die soziale Frage der gerechten Verteilung des Wohlstands […]." (Z-PUNKT 2009: 3)

Für entsprechend wichtig erachten Unternehmen heute die Bedeutung von Nachhaltigkeitsaspekten für die Zukunft ihres Geschäfts. 93 Prozent der vom United Nations Global Compact Office (UNGC) befragten Unternehmensvorstände weltweit geben an, dass Nachhaltigkeit über den zukünftigen Erfolg ihres Geschäfts entscheiden wird und die Programmierung des Wirtschaftssystems verändern wird:

> "CEOs see that a new era of sustainability will entail a number of business imperatives and change the face of competition. For example, companies will need to develop a broader

sense of what value creation means to society as a whole. Businesses will have to grapple with a new concept of value that moves beyond a focus purely on profit and incorporates nonfinancial metrics […]." (UNGC 2010: 11)

Und an der Tatsache, dass diese Einschätzung von Unternehmensvertretern weltweit, d. h. auch in den unterentwickelten Regionen Afrikas und Asiens geteilt wird, lässt sich zugleich ablesen, dass die Moralisierung der Märkte und die gewachsene Bedeutung der Nachhaltigkeitssemantik nicht ausschließlich ein Resultat gewachsenen Wohlstands ist – wie von STEHR (2007) insinuiert – sondern diesen Wohlstand auch zu versprechen scheint.

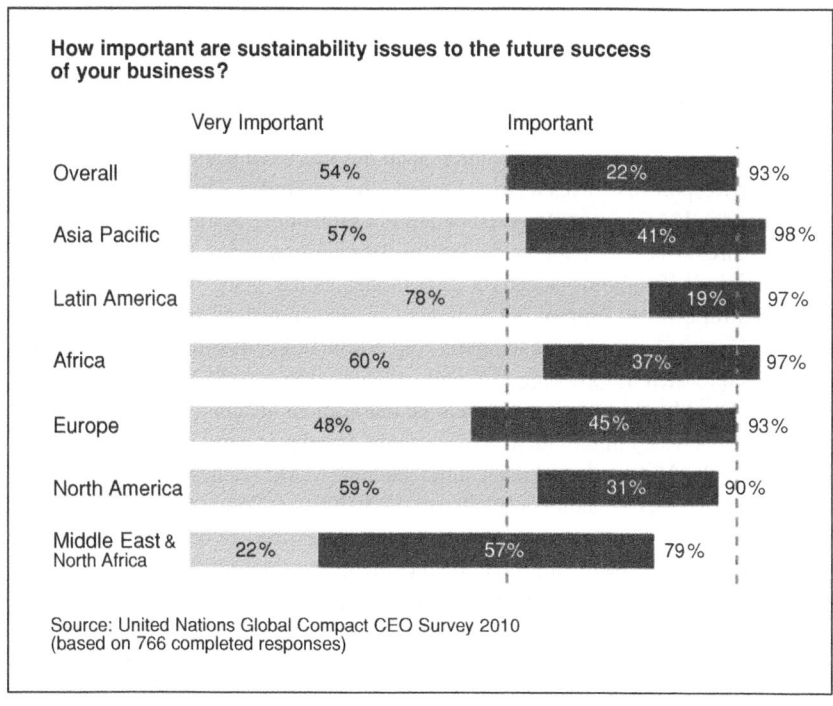

Abb. 12: Bedeutung von Nachhaltigkeit für Unternehmen (UNGC CEO Survey 2010)

Die Einsicht in die ökonomische Bedeutung von Nachhaltigkeit setzt sich zunehmend auch am Finanzmarkt durch. Dieser reagiert auf die Durchschlagskraft der Nachhaltigkeitssemantik in der Realwirtschaft, indem er sie in seine Logik, Zahlungen gegen Zahlungsversprechen zu tauschen (vgl. LÜTZ 2007: 341), überführt. Konkret heißt das, dass die Akteure am Finanzmarkt immer häufiger Nachhaltigkeitskriterien in ihre Anlageentscheidungen einbeziehen, weil sie sie als relevant für künftige Renditen erachten. Professionelle Anleger investieren immer öfter nur in die aus Nachhaltigkeitsgesichtspunkten besten Unternehmen einer Branche oder schließen ganze Industrien und Technologien – zum Beispiel das Rüstungsgeschäft oder die Gentechnik – gänzlich aus ihrem Anlageuniversum aus. Investoren legen ihr Geld in Nachhaltigkeitsfonds an, die etwa mit der Förderung erneuerbarer Energien oder damit verbundener Technologien langfristig die größten Gewinnpotenziale verbinden. Finanzmarktinstrumente wie Mikrokredite und -versicherungen oder Sustainable Venture Capital und Venture Philanthropy verbinden zukünftige Renditeerwartungen mit der Förderung dessen, was sie jeweils unter nachhaltiger Entwicklung verstehen.[108] Etwa fünf Billionen Euro waren so allein in Europa im Jahr 2010 nach Nachhaltigkeitskriterien investiert (EUROSIF 2010). In den USA sind es bereits mehr als 10 Prozent des professionell verwalteten Anlagevermögens (Assets under Management), Tendenz steigend (vgl. SCHÄFER 2005). Diesen Trend zu verstärken, darum bemühen sich seit einigen Jahren auch die Vereinten Nationen mit den Principles for Responsible Investment (UNPRI). Sie verlangen von den sie freiwillig unterzeichnenden Investmentgesellschaften die Einhaltung bestimmter Nachhaltigkeitsstandards. Bis 2010 hatten sich 784 Investorengruppen aus 45 Ländern zu diesen Prinzipien bekannt. Sie stehen für 22 Billionen Dollar Assets under Management und damit für etwa 40 Prozent des weltweit verwalteten Anlagevolumens.[109]

Ob Konsumgüter- oder Finanzmarkt, die Nachhaltigkeitssemantik greift in den unterschiedlichsten Märkten um sich und verändert dort sowohl Nachfrage als auch Angebot. Die Moralisierung der Märkte ist damit mehr als ein kurzfristiger Modetrend. Es finden sich immer mehr Anbieter und Abnehmer von Lösungen für wachsende Umweltschäden oder soziale Ungleichheiten. Märkte stehen in einem dynamischen und oft auch spannungsgeladenen Verhältnis zu ihrem gesellschaftlichen Umfeld, weswegen die Gesellschaft zunehmend das Prozedere bestimmt, nach dem sie funktionieren. Es ist nicht primär die plötzliche Dominanz reflektierter, nachhaltiger Zahlungsentscheidungen von Konsumenten und Produzenten, die Märkte moralisiert, sondern durchaus auch die „Logik" des Marktes, die Verbraucher und Hersteller eng am gesamtgesellschaftlichen Rationalitätspotenzial einer nachhaltigen Entwicklung verantwortlich halten:

---

[108] Zur Frage der Wirkung der Nachhaltigkeitssemantik auf den globalen Finanzmarkt und den daraus resultierenden Ausprägungen und Instrumenten hat sich mittlerweile ein eigener Forschungsstrang herausgebildet, der an dieser Stelle mit seinen unterschiedlichen Termini und Definitionsversuchen nicht abzubilden ist. Einen sehr guten Überblick über den Stand der Forschung geben *Ulshöfer/Bonnet* (2009).

[109] Basierend auf 52,6 Billionen US Dollar, die laut einer Studie der Boston Consulting Group im Jahr 2009 weltweit von Investmentgesellschaften verwaltet wurden (*BCG* 2010).

„Es ist zu einem wesentlichen Teil der Markt selbst, der die erhöhte Nachfrage nach moralischen Gütern hervorgebracht hat. Weder das Eigeninteresse noch das Gewissen der Verbraucher allein haben dafür gesorgt, dass der verantwortliche Konsum zu einem globalen
Thema geworden ist. Ursache ist vielmehr ein verändertes Marktklima, das zu einer verstärkten Aufmerksamkeit für moralische Produkte und Dienstleistungen geführt hat […]
Moralische Güter sorgen für eine Änderung der Marktstrukturen, indem sie die Aufmerksamkeit auf die gesellschaftliche Rolle der Wirtschaft lenken. Sie wirken dadurch auf den
Markt zurück, dass sie das Anspruchs- und Erwartungsniveau erhöhen und den moralischen Handel stabilisieren. Nach einer gewissen Zeit ist es normal, auf die soziale und ökologische Verträglichkeit von Produkten zu achten." (HEIDBRINK/SCHMIDT 2009: 31f.)

Das Wirtschaftssystem steuert sich selbst, indem es den Unterschied, den es in der
Gesellschaft macht, wieder in sich hinein holt und im Markt thematisiert. Erwartungsstrukturen werden im Austausch mit der strukturell gekoppelten externen
Umwelt (hier v. a. mit zivilgesellschaftlichen Bewegungen und der Politik) und der
internen Umwelt des Wirtschaftssystems stabilisiert. Es ist absehbar, dass sich als
„nachhaltig" vermarktete Produkte besser absetzen lassen und dass politische Infra-
struktur- und Förderprogramme mittelfristig „nachhaltige" Technologien oder Wirtschaftsweisen positiv sanktionieren werden. Und immer mehr Marktteilnehmern
wird bewusst, dass sich mit dem Hinweis auf die „nachhaltige" Qualität von Produkten höhere Preise erzielen lassen.

Hierin manifestiert sich der Beginn eines fundamentalen Wandels der Selbstbeschreibung des Marktes. Denn die Nachhaltigkeitssemantik versetzt die Wirtschaft in die Lage, Informationen über Preise zu liefern und höhere Kosten zu legi-
timieren, die sich aus den negativen Externalitäten des Wirtschaftens ergeben. Damit
kann es gelingen, die nicht am Markt entstehenden „Kosten" des Wirtschaftens im
Markt abzubilden. Damit relativiert sich auch LUHMANNS Einschätzung zur Selbstbeschreibung des Wirtschaftssystems:

„Selbstbeschreibungen des Wirtschaftssystems bauen auf Informationen über Preise auf.
[…] Auf diese Weise kann, in mehr oder weniger komplizierter Weise, die wirtschaftliche
Leistungsfähigkeit eines Systems errechnet und im Zeitvergleich beobachtet werden, und
zwar für alle Systeme, die überhaupt unter dem Gesichtspunkt von Wirtschaft ausdifferen-
ziert sind: für einzelne Betriebe, für Konzerne, für Nationalwirtschaften und für das Ge-
samtwirtschaftssystem der Weltgesellschaft. […] Was am meisten auffällt, ist jedoch, daß
Selbstbeschreibungen dieser Art keine direkte Information geben über das Verhältnis von
System und Umwelt. […] Wenn es also so etwas gäbe wie ein Knapperwerden von Arbeits-
motivation: an den Löhnen und Gehältern könnte man es nicht ablesen! Und wenn man
sich frühzeitig genug auf die ökologischen Folgeprobleme der modernen Gesellschaft einstellen wollte: über Preise könnte man es nicht! Als Ergebnis ist demnach festzuhalten, daß
die Gesellschaft durch ihre Wirtschaft nicht über die dort ausgelösten Umweltprobleme informiert wird; und daß man dafür auch die Selbstbeschreibung der Wirtschaft, ihre Bilanzen, ihr Bruttosozialprodukt nicht zu Rate ziehen kann; denn die Leistungsfähigkeit dieser
Selbstbeschreibungen beruht gerade darauf, daß sie nicht an die Differenz von System und
Umwelt anschließen." (LUHMANN 1994: 33ff.)

Wahr bleibt, dass die Gesellschaft sich nicht vermittels der Preise im Wirtschaftssystem über dessen Folgekosten in der Umwelt informiert. Diese Informationen werden eher in anderen Teilsystemen, vor allem durch Wissenschaft und Politik, und durch soziale Bewegungen generiert. Was sich durch den intersystemischen Nachhaltigkeitsdiskurs aber ändert, ist dass diese Informationen sich *überhaupt* in den Preisen widerzuspiegeln beginnen. Durch Fair Trade, politische Instrumente wie den Emissionshandel oder die Einführung von Nachhaltigkeitslabels zur Kennzeichnung von Produkten werden am Markt ausgewählte, negative Externalitäten des Wirtschaftens eingepreist. Erste Unternehmen wie der Sportartikelhersteller Puma haben damit begonnen, die Umweltkosten ihrer gesamten Wertschöpfungskette in ihre Geschäftsbilanz zu integrieren. Puma hat den CO_2-Ausstoß und den Wasserverbrauch, der in den Produktionsprozessen des Sportartikelherstellers und seiner Zulieferer anfällt, erfasst und in seine Geschäftszahlen eingerechnet. Demnach entstanden im Jahr 2010 7,2 Millionen Euro Umweltkosten bei Puma selbst und 87,2 Millionen Euro in den unterschiedlichen Zulieferebenen.[110] Diese Kosten sind zwar nur virtuell, da de facto keine Emissionsrechte eingekauft werden mussten; sie werden als solche aber in das Konzernergebnis mit hineingerechnet und schaffen damit Transparenz über die Umweltauswirkungen von Puma.

Bei aller Moralisierung der Märkte und der Zunahme solcher Initiativen geschieht die Einpreisung und Verrechnung negativer Externalitäten immer noch allenfalls sporadisch und in einer notwendigerweise komplexitätsreduzierenden Weise. Wenn Preise quantifizierte Auskunft über die sozialen und ökologischen Auswirkungen der mit ihnen versehenen Güter geben sollen, dann muss dies zwangsläufig hinter der Komplexität der Realität zurückbleiben und wird unmöglich die Ambivalenz des Nachhaltigkeitsgedankens abbilden können. Aber auch wenn das Wirtschaftssystem Preise künstlich festlegt und Nachhaltigkeitsaspekte dabei allenfalls in Einzelfällen berücksichtigt, lässt sich dennoch beobachten, wie sich durch den intersystemischen Nachhaltigkeitsdiskurs System-, gesellschaftliche- und Weltrationalität in der Autopoiesis des Wirtschaftssystems annähern. Governance im weitesten Sinn, also die Selbststeuerung des Wirtschaftssystems vor dem Hintergrund eines gesellschaftsweiten Diskurses, trägt immerhin dazu bei, dass die Nachhaltigkeitssemantik strukturelle Wirksamkeit in der Reproduktion des Wirtschaftssystems erlangt, indem sie die Differenz zwischen System und Umwelt zum Informationswert für die Wirtschaft und zum Bestandteil ihrer Selbstbeschreibung macht. Damit gibt sie einen Rahmen vor, in dem nachhaltigkeitsrelevante Selektionen des Wirtschaftssystems dauerhaft Anschlussfähigkeit erlangen können. Nachhaltigkeit ist, wenn man so will, im Wirtschaftssystem angekommen.

---

[110] http://www.taz.de/1/zukunft/konsum/artikel/1/der-wahre-preis-der-turnschuhe/ (Stand: 02.06.2011).

Dieses Urteil lässt sich vor dem Hintergrund des hier beschriebenen intersystemischen Diskurses vor allem über die konsumseitige Programmierung des Wirtschaftssystems fällen. Beobachtet man den Markt auf die hier vorgeschlagene Art und Weise, dann lassen sich einigermaßen verlässliche Erkenntnisse vor allem darüber gewinnen, dass Nachhaltigkeit zum konsumrelevanten Kriterium geworden ist. Man kann wissen, dass Käufer nachhaltige Produkte nachfragen und auch bereit sind, bestimmte Preise dafür zu zahlen. Man kann aber nicht mit Gewissheit sagen, ob die angebotenen Güter und Dienstleistungen diese Nachfrage authentisch bedienen. Oder mit anderen Worten: ob die Codes of Conduct der Produzenten wirksam sind oder nicht und ob die Produkte, die von Unternehmen als nachhaltig deklariert werden, auch tatsächlich die damit implizierten Eigenschaften aufweisen, oder ob die Nachhaltigkeitssemantik lediglich als ein Vehikel zur Steigerung des Absatzes von im Prinzip unveränderten Produkten verwendet wird. Diese inkongruente Perspektive zwischen den beiden Seiten der Programmierung der Wirtschaft (Konsumtion und Produktion) liegt vor allem am Markt als Objekt der Beobachtung. Denn der Markt ist nichts anderes als „[…] die Wahrnehmung des Konsums aus der Sicht der Produktion und Verteilungsorganisation" (LUHMANN 1994: 73). Die Produktion und die Bereitstellung von Gütern und Dienstleistungen tritt bei der Beobachtung des intersystemischen Nachhaltigkeitsdiskurses und der durch ihn am Markt erzeugten Resonanz in den Hintergrund. Um unterscheiden zu können, ob ein Unternehmen in seine Entscheidungen tatsächlich Nachhaltigkeitskriterien integriert, muss die Beobachtung vom Funktionssystem auf dessen Organisationen umgestellt werden. Denn hier wird entschieden und hier wird produziert. Ein Urteil darüber, wie tief sich die Nachhaltigkeitssemantik auch strukturell im Wirtschaftssystem eingenistet hat, erlaubt erst die Beobachtung innerorganisatorischer Entscheidungsprogramme – was den Blick auf die „Corporate Responsibility" lenkt.

7   Corporate Responsibility

Alle sind sich einig – die Vereinten Nationen wie die OECD, die Europäische Union ebenso wie die deutsche Bundesregierung und der ihr beigestellte Rat für Nachhaltige Entwicklung. Nachhaltigkeit ist ohne *Verantwortung* nicht realisierbar. Innerhalb des Wirtschaftssystems wird diese Verantwortung übersetzt in „Corporate (Social) Responsibility" und damit praktisch exklusiv auf Unternehmen bezogen.[111] Der globale Konsens lautet: „At its broadest, CSR can be defined as the overall contribution of business to sustainable development."[112] Dieses Verständnis der Vereinten Nationen hat unter anderem dazu geführt, dass die Europäische Kommission unternehmerische Verantwortung zum zentralen Instrument ihrer Lissabon-Strategie gemacht hat. Deren Ziel ist eine nachhaltige Entwicklung der Europäischen Union und entsprechend definiert sie CSR als „a concept whereby companies integrate social and environmental concerns in their business operations and in their interaction with their stakeholders on a voluntary basis. [...] As such, CSR has become an increasingly important concept both globally and within the EU and [...] can play a key role in contributing to sustainable development while enhancing Europe's innovative potential and competitiveness." (EUROPÄISCHE KOMMISSION 2006: 2f.) Noch weiter konkretisiert wird das Konzept von dem durch das deutsche Bundesministerium für Arbeit und Soziales (BMAS) eingerichteten nationalen CSR-Forum, das in seinem „gemeinsamen Verständnis von CSR in Deutschland" zu folgendem Schluss kommt:

> „CSR steht für eine nachhaltige Unternehmensführung im Kerngeschäft, die in der Geschäftsstrategie des Unternehmens verankert ist. [...] Eine nachhaltige Entwicklung ist gerade angesichts von Wirtschafts- und Finanzkrisen eine gesamtgesellschaftliche Aufgabe und stellt Anforderungen an das Verhalten aller gesellschaftlichen Gruppen. Vor diesem Hintergrund ist CSR als ein wesentlicher Beitrag der Unternehmen zu einer nachhaltigen Entwicklung in den Handlungsfeldern Markt, Umwelt, Arbeitsplatz und Gemeinwesen zu verstehen." (BMAS 2009)

Der Verantwortungsbegriff – das wird an diesen wenigen Zitaten bereits deutlich – scheint sich in besonderer Weise zu eignen, um im kapitalistischen Wirtschafts-

---

[111] Eine Ausnahme von der sonst ausschließlichen Fokussierung auf Unternehmen in diesem Zusammenhang bildet die aktuell im Entstehen begriffene Debatte um „Consumer Social Responsibility" (z. B. *Deckmann* 2008).

[112] http://www.un.org/esa/sustdev/publications/innovationbriefs/no1.pdf (Stand 12.10.2011). Ebenso die OECD auf ihrer Homepage: „Corporate Responsibility is the business community's contribution toward achieving the goal of sustainable development."

system mit Problemlagen umzugehen, für die in Ermangelung alternativer Orientie-
rungsmuster keine gesamtgesellschaftlichen Lösungsmuster zur Verfügung stehen,
und dabei trotzdem noch irgendwie für die „Vernünftigkeit des Ganzen" (MARTIN-
SEN 2004: 30) zu sorgen. Anders jedoch als der Begriff des Gewissens, auf den sich
im Zweifelsfall auch rekurrieren ließe um gesellschaftsschädigende Entwicklungen
und deren Unkontrollierbarkeit zu kompensieren, ist der Verantwortungsbegriff
weniger emotional, sondern vor allem rational geprägt (vgl. ebd.: 30ff.). Hierin liegt
auch die ökonomische Relevanz und aktuelle Konjunktur des Verantwortungsbegriffs im Wirtschaftssystem begründet:

> „Aus Sicht des Verantwortungsprinzips wird danach gefragt, wie Marktakteure ihre Hand-
> lungen so gestalten können, dass deren Folgen weder wettbewerbliche Nachteile mit sich
> bringen, noch zu Schäden des Individual- oder Gemeinwohls führen. [...] Die Kategorie
> der Verantwortung ist zu dieser Vermittlung besonders gut geeignet, weil sie als folgen-
> basiertes Legitimationskonzept nicht nur nach den normativen Gründen von Entscheidun-
> gen fragt, sondern auf den praktischen Erfolg oder Misserfolg von Handlungen gerichtet
> ist. Das immanente Erfolgskalkül prädestiniert das Verantwortungsprinzip zu einer norma-
> tiven Reflexionskategorie wirtschaftlicher Prozesse, die mit den herkömmlichen Mitteln
> kategorischer Ethiken nicht adäquat zu fassen sind." (HEIDBRINK 2010b: 188)

So auch nicht mit dem Gewissensbegriff, dessen „affektiv-eruptiven Anteile" (MAR-
TINSEN 2004: 31) ihre Wirkung möglicherweise noch in Konsumentenentscheidun-
gen, nicht aber in auf Entscheidungssequenzen beruhenden Unternehmensorganisationen entfalten können. Der Verantwortungsbegriff lässt sich demgegenüber im
Kontext gesellschaftlicher Selbststeuerungskapzitäten auch jenseits personalistischer Zuweisungen anwenden und so betont schließlich auch der von der deutschen
Bundesregierung 2001 installierte Nachhaltigkeitsrat, dass Unternehmensverantwortung ein zentrales Element der gesellschaftlichen Steuerungsbemühungen um
eine nachhaltige Entwicklung sein muss:

> „Die Verantwortung der Unternehmen, corporate social responsibility (CSR), ist ein wich-
> tiger, aber bislang vernachlässigter Teil der Nachhaltigkeitspolitik. Im Kern geht es um die
> Dualität von Freiheit und Verantwortung. [...] Klar ist: Jeder sollte ‚seine' Verantwortung
> wahrnehmen und den Blick auf das Ganze wahren. Aber nicht jeder hat für ‚alles' Verant-
> wortung, nicht jeder kann für ‚alles' Verantwortung übernehmen." (RNE 2006: 1)

Worin besteht dann aber die „Corporate Responsibility" für Nachhaltigkeit? Wofür
tragen Unternehmen Verantwortung, wenn es um Nachhaltigkeit geht, und wofür
nicht? Ist der Ruf nach Verantwortung die natürliche Reaktion auf die zunehmende
Komplexität der modernen Gesellschaft, in der bislang ungekannte Unsicherheiten
und Risiken zu bewältigen sind (KAUFMANN 1992)? Oder muss nicht vielmehr die
Hoffnung auf Verantwortung in einer Situation, in der das Selbstgefährdungspoten-
zial der Gesellschaft so zugenommen hat, dass ihre negativen Auswirkungen auf die

soziale, ökologische und psychische Umwelt kaum mehr bewältigbar zu sein scheinen, letztlich eine „Verzweiflungsgeste" bleiben (LUHMANN 1997: 133)? Wie kann
die Verantwortung von Unternehmen – oder genauer: die Frage nach der Integration
von Nachhaltigkeitsaspekten in deren Entscheidungsprogramme und damit auch in
die produktionsseitige Programmierung des Wirtschaftssystems – überhaupt zur
Diskussion stehen, wenn es doch genau diese Unternehmen sind, die in den moralisierten Märkten „[...] Produkte zu Preisen anbieten, die von Kunden bezahlt werden, die Arbeitsplätze zu Löhnen anbieten, die von Arbeitnehmern akzeptiert werden, die auf Produktionsverfahren zurückgreifen, die den Sicherheitsanforderungen
genügen, die von Behörden aufgestellt worden sind, und die ihren Verträgen eine
Rechtsform geben, die vor Gericht jederzeit überprüft werden kann?" (BAECKER
2010: 153) Handeln Unternehmen – mit anderen Worten – nicht allein schon deshalb
gesellschaftlich verantwortlich und nachhaltig, weil sie ihren Erfolg gefährden würden, wenn sie sich gegenüber ihren Anspruchsgruppen unverantwortlich verhalten
würden?

Unternehmen werden von der Gesellschaft hervorgebracht, in der sie wirtschaftlich tätig sind. Sie sind mit ihr in einer Weise verbunden „[..] dass die Auswahl der
Produkte, die Festsetzung der Preise, die Einigung auf bestimmte Arbeitsverträge
und Löhne sowie die Entscheidung für bestimmte Produktionsverfahren und Vertriebswege nicht anders als verantwortlich wahrgenommen werden kann. Denn mit
jeder dieser Entscheidungen antwortet das Unternehmen auf Möglichkeiten, Gelegenheiten und Einschränkungen, die ihm in seinem Umfeld begegnen." (ebd.: 155)
Auch wenn das nicht bedeutet, dass diese Entscheidungen alle einvernehmlich getroffen werden können, muss man sich um die Übernahme von gesellschaftlicher
Verantwortung durch Unternehmen doch scheinbar keine Sorgen machen. Denn gerade die Auseinandersetzungen um diese Entscheidungen sind dafür verantwortlich,
dass sie verantwortungsvoll getroffen werden. Und dennoch macht man sich Sorgen.
Denn bei allen beobachtbaren Tendenzen, die ein verantwortliches Unternehmenshandeln nahe legen, „[...] gibt es zahllose Rhetoriken und Praktiken, die den Kunden ein Kaufen, den Arbeitnehmern ein Arbeiten, den Investoren ein Investieren und
den Aufsichtsorganen ein Beaufsichtigen nahe legen und erleichtern, das Kriterien
des verantwortlichen Umgangs mit den Ressourcen der Erde, mit den Möglichkeiten
der eigenen Intelligenz, mit der Förderung einer guten Sache und mit den gesetzlichen Möglichkeiten nicht immer entspricht. Der Geiz der Kunden, die Abhängigkeit der Arbeitnehmer, die Gier der Investoren und die Überlastung der Behörden,
allesamt sprichwörtlich, definieren Randbedingungen, die das Gegenteil dessen
sind, was man sich unter einer verantwortlichen Wirtschaft vorstellen möchte."
(ebd.: 154) Die Unverantwortlichkeit der Unternehmen ist die Unverantwortlichkeit
der Gesellschaft.

Zwischen diesen beiden Extrempunkten – dem über die Massenmedien permanent beobachtbar gemachten Fehlverhalten von Unternehmen einerseits, und der häufig axiomatisch vorgetragenen Annahme, dass Unternehmen gar nicht anders als verantwortlich handeln können[113] andererseits – spannt sich das Feld auf, in dem sich der Steuerungsbeitrag von Unternehmen für die nachhaltige Entwicklung der Gesellschaft bewegt. HEIDBRINK (2007a: 46f.) verortet dieses Spannungsfeld zwischen der „unorganisierten Allverantwortlichkeit" (MÜNCH 1991: 174), die sich aus den ubiquitären operativen Kopplungen innerhalb sozialer Systeme ergibt, und der „organisierten Unverantwortlichkeit" (BECK 1986), die aus der nicht mehr kontrollierbaren Verflechtung eben dieser operativen Anschlüsse resultiert: „Die Nichtzuständigkeit selbstorganisierter Systeme für umweltexterne Ereignisse auf der einen Seite und die Allzuständigkeit gesellschaftlicher Akteure für kollektive Handlungsfolgen auf der anderen Seite bilden die beiden verantwortungspraktischen Extremreaktionen auf die Komplexitätssteigerung hochmoderner Gesellschaften." (HEIDBRINK 2007a: 47) Eine garantierte Übernahme von Verantwortung für eine nachhaltige Entwicklung durch die Unternehmen erscheint an diesem Punkt ebenso plausibel wie die Freisetzung von Unverantwortlichkeit und nicht-nachhaltigen Entscheidungen.

> „Offenbar haben wir es mit einer Dialektik der Verantwortung wie einst mit einer Dialektik der Aufklärung zu tun, die es unmöglich macht, ein eindeutiges Urteil zu treffen. Von einer geordneten Vernunft kann ebenso wenig die Rede sein wie von einem unkontrollierten Wahnsinn. Und doch ist beides nicht falsch." (BAECKER 2010: 155)

Hinter all diesen Unsicherheiten steht ein umfangreicher wissenschaftlicher Diskurs, der für den vorliegenden Fall auf die Frage zugespitzt werden kann, ob Unternehmen überhaupt verantwortungsfähig sind bzw. inwieweit es sinnvoll ist, ein kontextualistisches Moralprinzip, das ursprünglich personalistischer Natur war, auf korporative Akteure hochzurechen. Über verschiedene Modelle – vom Aggregatsmodell bis zum Modell sekundärer Verantwortung (vgl. HEIDBRINK 2010b) – wurde das Verantwortungskonzept bisher von der Mehrheit in diesem Diskurs auch auf Organisationen extrapoliert und ihnen damit eine grundsätzliche Fähigkeit zur Verantwortungsübernahme attestiert. Vor dem Hintergrund dieser Entwicklung des Verantwortungsbegriffs erklärt sich denn auch der eigentümliche Optimismus im Kontext der Überlegungen zu Corporate Responsibility, dass sich Unternehmen, die für die Selbstgefährdungen der Wirtschaft und der Gesellschaft ursprünglich mitverantwortlich sind, schließlich von diesen Entwicklungen abwenden werden.

---

[113] So zum Beispiel *Milton Friedman* in seinem Beitrag im New York Magazin „The social responsibility of business is to increase ist profits" (13. September 1970), der seither in der Diskussion um Corporate Responsibility immer wieder bemüht wird.

Im Folgenden werden die Gründe für diesen Optimismus entlang der beschriebenen „Dialektik der Verantwortung" nachvollzogen. Auf der dabei verfolgten Suche nach dem Beitrag von Unternehmen zu einer nachhaltigen gesellschaftlichen Entwicklung stellt sich nicht nur die Frage, *warum* Organisationen zur Übernahme von Verantwortung in der Lage sind, sondern auch *wie* sie dieser Verantwortung genügen und im Rahmen gesamtgesellschaftlicher Erwartungen oder sogar darüber hinaus zu „mehr Nachhaltigkeit" beitragen. Ziel ist es zu zeigen, auf welchen Wegen sich Unternehmensorganisationen in den Nachhaltigkeitsdiskurs einbinden und ihn strukturell entfalten. Einerseits geschieht dies aus der grundsätzlichen Verantwortungsfähigkeit von Unternehmen heraus. Sie sind mit der Gesellschaft in einer Weise vernetzt und intern so strukturiert, dass sie in der Tat gar nicht anders können, als sich die Nachhaltigkeitssemantik zu eigen zu machen. Ihre Fundierung auf Entscheidungen und ihr Gewinninteresse versetzen sie in die Lage, über eine nachhaltige Entwicklung zu „entscheiden" und vermittels ihrer eingespielten Managementprozesse die Nachhaltigkeitssemantik auch strukturell zur Wirkung zu bringen *(Modus 2)*. Andererseits reicht diese Vernetzung von Unternehmen und Gesellschaft scheinbar nicht weit genug. Zumindest machen Unternehmen einen Unterschied in der Gesellschaft, der für letztere nicht immer ohne weiteres auszuhalten ist. Das Wirtschaften der Unternehmen erzeugt häufig nicht-intendierte, direkte oder indirekte Nebenwirkungen für bekannte oder unbekannte Dritte, denen gegenüber sich Unternehmen nur schwer verantworten können. Die Frage ist sogar, ob sie sich ihnen gegenüber *überhaupt* verantworten können, wenn ihre Handlungsfolgen nicht-intendiert sind und im Zweifelsfall noch nicht einmal gewusst werden konnten (vgl. HEIDBRINK 2010a). Offensichtlich ist daher auch, dass Unternehmen nie verantwortlich genug agieren können. Es wird immer neue Forderungen in immer neuen Verantwortungsbereichen geben, die jeweils dann thematisiert werden, wenn neues Wissen sie als relevante Forderungen zu erkennen gibt. Eine Möglichkeit für Unternehmen, mit dieser Art von Komplexität und Unsicherheit umzugehen, ist die als „postheroisches Management" beschriebene Selbststeuerung und die gleichzeitige Fundierung von Corporate Responsibility in der Unternehmenskultur. Beides sind mögliche innerorganisatorische Reaktionen auf die im Kontext der Nachhaltigkeitssemantik besonders ausgeprägte Herausforderung, auch die aus dem Nicht-Wissen um emergente Wirkzusammenhänge resultierenden Nebenfolgen von Entscheidungen zu verantworten *(Modus 3)*.

Beide Selbststeuerungsmodi machen deutlich, dass das Verantwortungsprinzip im Kontext der nachhaltigen Entwicklung nicht mehr nur im moralischen Bewusstsein personaler Akteure (die als Konsumenten zu einer Moralisierung der Märkte beitragen) verortet werden kann, sondern auch in der „[…] ‚Struktur der Geschehnisse' (PICHT 1969: 325), die durch eine autonome Entwicklungslogik gekennzeichnet ist. Komplexe Handlungsprozesse machen eine Erweiterung des moralischen Verantwortungsbegriffs nicht nur um rechtliche und strukturelle Elemente erforderlich, sondern auch um die futuristische Dimension, da die Folgen komplexer Prozesse weit in die menschliche Zukunft reichen." (HEIDBRINK 2010b: 190) Mit dieser Erweiterung des Verantwortungsbegriffs um die zeitliche Dimension ist eine noch größere Nähe zum Nachhaltigkeitsbegriff hergestellt. Diese „Systemverantwortung", die in der folgenden Untersuchung den Unternehmen zugeschrieben wird,

> „[…] bezieht die Eigendynamik und Selbstreproduktion (Autopoiesis) sozialer Systemprozesse mit ein, die nicht auf linearen Vollzügen der emergenten Selbstorganisation beruhen. […] Der Verantwortungsbegriff tritt hierbei nicht als regulatives Handlungsprinzip, sondern prozedurales Steuerungsprinzip auf, das über die Organisation von Zurechenbarkeiten zur ‚Absorption von Unsicherheit' beiträgt, indem es Entscheidungsverläufe kommunizierbar und für weitere Systemprozesse anschlussfähig macht." (ebd.: 196)

In einem erweiterten, „postheroischen" Verständnis kommt Verantwortung als Selbststeuerungsprinzip von Unternehmen den Anforderungen einer nachhaltigen Entwicklung schließlich noch näher. Indem Unsicherheiten nicht nur absorbiert, sondern in angemessenem Umfang auch kultiviert werden, können Unternehmen auf Augenhöhe mit dem Nachhaltigkeitskonzept kommen.

7.1   Management und Corporate Responsibility *(Modus 2)*

Corporate Responsibility ist in den vergangenen Jahren zu einer Managementaufgabe geworden, wie es das Controlling, das Marketing oder das Recruiting schon lange sind. Dass Unternehmen den Versuch unternehmen, ihre Verantwortung gegenüber einer nachhaltigen Entwicklung der Gesellschaft zielgerichtet zu steuern, liegt daran, dass ab einem gewissen Punkt ihre Vernetzung *mit der* Gesellschaft für die erfolgreiche Verfolgung ihrer Interessen *in der* Gesellschaft nicht mehr auszureichen scheint und Corporate Responsibility bzw. dessen Management in den Unternehmen wie auch in deren Umwelt als vielversprechende Lösung für dieses Problem erachtet wird. Die gleichen Ursachen, die für die Moralisierung der Märkte verantwortlich sind, machen auch die Forderung nach Corporate Responsibility virulent. Sie

> „[…] erhebt dort ihre Stimme (*voice*), wo ein bestimmtes Einverständnis mit den Unternehmen (*loyalty*) innerhalb wie außerhalb der Unternehmen offenbar Überhand genommen hat und die Möglichkeit des Ausweichens (exit) nicht besteht, weil die moderne Gesellschaft auf Gedeih und Verderb darauf angewiesen ist, mit diesen Unternehmen und nicht neben ihnen ihren Weg zu finden. […] Die Frage nach der Verantwortung der Unternehmen kritisiert ein zu kurz greifendes, ein zu schnell erreichtes Einverständnis der Unternehmen mit Kunden, Arbeitnehmern, Investoren, Finanzämtern und Aufsichtsorganen, die sich gemeinsam auf Sophistereien zugunsten der herrschenden Umstände eingelassen haben, die mit fahrlässigen und gefährlichen Blindheiten gegenüber den ökologi-

schen, sozialen und den psychischen Folgeschäden eines industriellen Wachstums auf der Grundlage der Ausbeutung nicht-erneuerbarer fossiler Energien einhergehen. Offenbar hat man nicht mehr den Eindruck, dass der Klimawandel, der soziale Ausschluss der Überflüssigen und der seelische und körperliche Stress der abhängig Beschäftigten durch gesetzliche Vorschriften, Umverteilungen durch den Wohlfahrtsstaat und medizinische Angebote korrigiert werden könnte, sondern dass ihnen dort begegnet werden muss, wo sie verursacht werden." (BAECKER 2010: 156f.)

Der Grund für die Annahme, dass dies gelingen kann, liegt in der exklusiven Fähigkeit von Unternehmen begründet, Privatheit und Erwerbsinteresse zu kombinieren (vgl. ebd.: 163ff.). Unternehmen, deren Organisationszweck im Unterschied zu Behörden nicht politisch oder rechtlich determiniert ist, können ohne Not entscheiden, Verantwortung für Dinge zu übernehmen, für die bislang niemand Verantwortung übernommen hat. Wenn gesellschaftliche Probleme – ob nun von Unternehmen induziert oder nicht – virulent werden, für die bis sie als solche erkannt worden sind keine Verantwortlichkeiten vorlagen, geraten Unternehmensorganisationen deswegen besonders exponiert in den Blickpunkt. Dann werden neue Unternehmen gegründet oder bestehende Unternehmen tragen über neue Geschäftsmodelle, Spenden oder die Einrichtung von Unternehmensstiftungen zur Bearbeitung dieser Herausforderungen bei. Dann entstehen Organisationen wie die Duales System Deutschland GmbH, die mit der umweltfreundlichen Verwertung eines zunehmenden Abfallaufkommens profitabel wirtschaftet; „Social Entrepreneurs" entwerfen kreative Geschäftsmodelle, mit denen sie ungelöste gesellschaftliche Probleme etwa in der Armutsbekämpfung bearbeiten und dabei zugleich die eigene Zahlungsfähigkeit dauerhaft aufrecht erhalten (HENKEL et al. 2009); internationale Konzerne legen sogenannte Bottom-of-the-pyramide-Programme (PRAHALAD/HART 2002) auf, mit denen sie bisher weitgehend vernachlässigte Bevölkerungsschichten in ihre unternehmerischen Wertschöpfungsketten einbeziehen und dadurch beispielsweise Fischer am Viktoriasee mit umweltfreundlicher Energie versorgen[114] oder jungen Unternehmerinnen in Bangladesch über Mikrokredite ein eigenständiges Einkommen ermöglichen[115]; und Stiftungen werden gegründet, die das in sie investierte Geld zielgerichtet zur Förderung einer nachhaltigen Entwicklung ausgeben.[116]

Solange eine ungelöste gesellschaftliche Aufgabe in das Erwerbsinteresse von Unternehmen übersetzt werden kann, d.h. wenn aus den mit der Lösung dieser Herausforderungen verbundenen Leistungen Gewinne realisiert, die Kosten unter

---

[114] http://www.siemens.com/innovation/de/publikationen/6099_pof_fruehjahr_2009/innovationen/ viktoriasee.htm (Stand: 20.02.2011).

[115] http://www.slideshare.net/AllianzKnowledge/allianz-microinsurance-report-2010 (Stand: 20.02.2011).

[116] http://www.novartisstiftung.org (Stand 20.02.2011).

Kontrolle gehalten oder Reputationsgewinne erzielt werden können, die sich wiederum mittelbar in finanzielle Gewinne transformieren lassen oder zumindest solche Verluste vermeiden helfen, dann ist es nicht unwahrscheinlich, dass Unternehmen die Verantwortung für eine nachhaltige Entwicklung übernehmen. Unternehmen kombinieren also

> „[…] mobilisierbare Handlungspotentiale (Privatheit) mit mobilisierbaren Handlungsmotiven (Erwerbsinteresse). Im Vergleich mit dieser Möglichkeit eines Unternehmens […] sind Behörden, Kirchen, Universitäten, Gerichte und Armeen schwerfällig, weil sie an ihre Programme und Routinen gebunden sind und sich nicht auf einem unbestimmten Markt nach neuen Aufgaben umsehen können. Selbst soziale Bewegungen, die sich nach Belieben um neue Themen herum bilden können, sind an die gewählten Themen gebunden, sobald sie sich gebildet haben, und können sich nicht einfach um neue, dringendere oder attraktivere Themen kümmern, es sei denn, sie riskieren, dass ihnen die ehrenamtlichen Mitarbeiter und die bisherigen Unterstützer davon laufen." (BAECKER 2010: 164f.)

Letzteres kann Unternehmen schon deshalb nicht geschehen, weil die „Indifferenzzone" (BARNARD 1938) ihrer Mitarbeiter im Vergleich zu den freiwillig engagierten Mitgliedern sozialer Bewegungen deutlich größer ist. Die flexiblen Möglichkeiten von Unternehmen, Verantwortung für ungelöste gesellschaftliche Probleme zu übernehmen, vergrößert sogar ihre Fähigkeit, Mitarbeiter langfristig an sich zu binden oder qualifizierte Arbeitskräfte für sich zu gewinnen. Das gesellschaftliche Engagement von Unternehmen hat sich zu einem zentralen Kriterium bei der Auswahl des Arbeitgebers entwickelt. Bis zu 80 Prozent der Jobsuchenden würden sich heute bei sonst gleichen Arbeitsbedingungen für ein Unternehmen entscheiden, das sich aktiv für Nachhaltigkeitsbelange einsetzt und ihnen die Möglichkeit gibt, sich während der Arbeitszeit persönlich daran zu beteiligen (vgl. BRANDS & VALUES 2007).

Die ungebundenen Möglichkeiten von Unternehmensorganisationen, ihre Privatheit zur Übernahme von Verantwortung für ungelöste Probleme zu nutzen und dadurch auch für Nachwuchskräfte attraktiver zu werden, steht allerdings dem gebundenen Interesse derselben Organisationen gegenüber, langfristig die eigenen Existenzbedingungen zu sichern. Für BAECKER ist dies die zweite Seite des dialektischen Charakters von Unternehmensverantwortung und ein Grund für Pessimismus. Denn „[…] Interessen sind eben nicht wie Leidenschaften heute hierauf und morgen darauf zu richten, abhängig allenfalls von Laune und Geschmack. […] Wer seine Interessen kennt und ernst nimmt, kann so privat sein wie er will: er wird sich kaum auf eine andere Verantwortung einlassen, als diejenige, diesen Interessen entsprechend zu handeln […]." (2010: 165) Wenn es das von Unternehmen einzig verfolgte Interesse ist, sich selbst zu erhalten – so die von BAECKER intendierte Frage – wo bleibt dann noch Raum für die Übernahme von Verantwortung für gesellschaftliche Herausforderungen, die dieses Interesse nicht unmittelbar tangieren? Oder anders formuliert: Warum sollte eine betriebswirtschaftlich geführte Organisation sich einer

Reihe von Themen allgemeiner gesellschaftlicher Relevanz widmen, wenn sie dadurch – trotz ihrer möglicherweise gesteigerten Attraktivität als Arbeitgeber – mittelfristig ihre Autopoiesis riskiert oder zumindest nicht aktiv zu deren Aufrechterhaltung beiträgt?

Unbestritten ist, dass sich die Interessen von Unternehmen nicht verändert haben. Sie werden immer gleichermaßen aus wohlverstandenem Eigeninteresse wie aus einer funktionalen gesellschaftlichen Notwendigkeit heraus intrinsisch darauf besonnen und extrinsisch darauf getrimmt sein, die Fortsetzung ihres Betriebs nicht zu gefährden und ihre Zahlungsfähigkeit aufrecht zu erhalten. Allerdings verändern sich die Rahmenbedingungen, innerhalb derer dieses Interesse verfolgt werden muss. Denn die Konditionen, unter denen sich das unternehmerische Fortbestehen aufrecht erhalten lässt, sind extrem volatil. Besonders deutlich wird das an den Verwerfungen, die die Moralisierung der Märkte mit sich bringt. Denn diese haben nicht nur zur Folge, dass Unternehmen um ihre Reputation und die damit verbundenen Absatzchancen fürchten müssen, wenn sie nicht auch jenseits gesetzlicher Vorgaben Verantwortung für gesellschaftliche Nachhaltigkeitsherausforderungen übernehmen. Sondern sie riskieren in einer Gemengelage, die nachhaltiges Marktverhalten honoriert, auch ihren Zugang zu Kapital auf dem Finanzmarkt und zu „Human Resources" auf dem Arbeitsmarkt, wenn sie entsprechenden Erwartungen nicht gerecht werden. Eine zunehmende Zahl von Ratingagenturen bewertet die Nachhaltigkeitsleistung von Unternehmen und macht ihre Ergebnisse publik, Börsen verlangen die Offenlegung des Umgangs mit Corporate Responsibility von den bei ihnen gelisteten Unternehmen und die Politik verschont tendenziell eher jene Branchen von Regulation, die sich von allein – etwa durch branchenweite Selbstverpflichtungen – bereits besonders nachhaltig aufgestellt haben (vgl. NIDUMOLU et al. 2009).

Die relevanten, weil an den moralisierten Märkten Chancen und Risiken begründenden, Nachhaltigkeitsthemen zu erkennen und in die organisationalen Entscheidungsprogramme zu integrieren, ist deswegen zu einem zentralen Managementaspekt für Unternehmen geworden. Es gibt einen „Business Case" für Nachhaltigkeit und Unternehmensverantwortung, der von Studien immer wieder belegt wird.[117] So konnten zum Beispiel die Autoren einer über einen Zeitraum von elf Jahren durchgeführten Studie belegen, dass an Nachhaltigkeitsgesichtspunkten orientierte Unternehmen vier- bis achtfach höhere Umsätze generieren konnten als solche Unternehmen, die ihre Verantwortung allein gegenüber ihren Anteilseignern wahrnehmen.[118] Zu einem ähnlichen Ergebnis kommt die Investmentgesellschaft Goldman Sachs: Ihr zufolge weisen Unternehmen, die die anspruchsvollsten internen Programme im

---

[117] Für einen Überblick vgl. *Carroll/Shabana* (2010).

[118] http://www.sbnow.org/doc/KPMG%20SustainabilityBusinessCase.pdf (Stand 12.10.2010).

Umgang mit sozialen und ökologischen Herausforderungen aufgelegt haben, die beste Aktienentwicklung auf – sie übertreffen die Leistung der Anteile anderer Aktiengesellschaften um durchschnittlich 25 Prozent.[119] Insgesamt liegen kaum neuere Studien vor, die nicht einen positiven Zusammenhang zwischen der Rigorosität des Managements von Corporate Responsibility einerseits und der ökonomischen Prosperität eines Unternehmens andererseits identifizieren konnten (z. B. TEOH et al. 1999). Die Gründe dafür sind vielschichtig und jedenfalls nicht monokausal. Sie lassen sich in vier Cluster einteilen, auf deren Basis sich jeweils ein „Business Case" von Corporate (Social) Responsibility begründen lässt:

> "The rationale for the business case of CSR may be categorized under four arguments: (1) reducing cost and risk; (2) strengthening legitimacy and reputation; (3) building competitive advantage; and (4) creating win-win situations through synergistic value creation (Kurucz et al. 2008). Cost and risk reduction arguments posit that CSR may allow a firm to realize tax benefits or avoid strict regulation, which would lower its cost. The firm may also lower the risk of opposition by its stakeholders through CSR activities. Legitimacy and reputation arguments hold that CSR activities may help a firm strengthen its legitimacy and reputation by demonstrating that it can meet the competing needs of its stakeholders and at the same time operate profitably. A firm therefore would be perceived as a member of its community, and its operations would be sanctioned. Competitive advantage arguments contend that, by adopting certain CSR activities, a firm may be able to build strong relationships with its stakeholders and garner their support in the form of lower levels of employee turnover, access to a higher talent pool, and customer loyalty. Accordingly, the firm will be able to differentiate itself from its competitors. Synergistic value creation arguments hold that CSR activities may present opportunitites for a firm that would allow it to fullfil the needs of its stakeholders and at the same time pursue its profit goals. The pursuit of these opportunities is only possible through CSR activities. Growing support for the business case among academic and practitioners is evident. Generally [...] CSR has a positive economic impact on firm financial performance." (CARROLL/SHABANA 2010: 101f.)

Vor diesem Hintergrund ist die Gebundenheit unternehmerischer Interessen an ihren eigenen Fortbestand zumindest in moralisierten Märkten kein Grund mehr gegen, sondern eher für eine optimistische Beurteilung der Chancen auf eine zunehmende Nachhaltigkeitsorientierung von Unternehmen.

Der Steuerungsmodus, der bei dieser Form des Managements zur Anwendung kommt, basiert auf dem Prinzip der festen Kopplung. Es erlaubt die komplexitätsreduzierende, kausale Verbindung von angenommenen Ursachen und beobachteten Wirkungen bzw. zwischen getroffenen Entscheidungen und ihren erwarteten Konsequenzen. Das CR-Management beobachtet die Differenz zwischen Unternehmen und den mehr oder weniger moralisierten Märkten, in denen sie sich bewegen, und führt sie wieder in die Organisation ein. Auf der Basis von unterstellten Kausalitäten

---

[119] http://www.unglobalcompact.org/docs/summit2007/gs_esg_embargoed_until030707pdf.pdf (Stand: 11.03.2011).

zwischen externen Folgen und internen Entscheidungen arbeitet sich das CR-Management an dieser Differenz ab und versucht die als schmerzhaft empfundenen Unterschiede, die das Unternehmen in der Gesellschaft macht, zu lindern.

Dabei orientiert es sich vor allem an dem, was es im Markt, d.h. innerhalb des Wirtschaftssystems beobachten kann. Anforderungen von Kunden, Investoren, Mitarbeitern, Shareholdern und solchen Stakeholdergruppen, die der Reputation des Unternehmens gefährlich werden können, werden in Entscheidungen und Unternehmensziele übersetzt. Energieverbräuche werden reduziert, um mit den Treibhausgasemmissionen auch Kosten zu reduzieren, Umweltmanagementsysteme werden eingeführt, um das Abfallaufkommen und den Logistikaufwand zu verringern, Diversity-Beauftragte werden benannt, um mehr Frauen ins Unternehmen zu holen und Work-Life-Balance-Initiativen werden ins Leben gerufen, um den Mitarbeitern neben der Arbeit ausreichend Zeit mit ihren Familien einzuräumen. Mit solchen und vielen vergleichbaren Maßnahmen startet das CR-Management ein Differenzminderungsprogramm, indem es externe Erwartungen sammelt, Ziele formuliert und Maßnahmen ergreift, die die vom Unternehmen in der Gesellschaft erzeugten und dort nicht mehr geduldeten Differenzen reduzieren sollen. Entscheidend dabei ist, dass die hieraus resultierenden Forderungen am Markt thematisiert werden und somit zumindest potenziell zahlungsrelevant werden – sei es weil über sie Kosten gespart, zusätzliche Gewinne erzielt oder Reputationsrisiken gegenüber Wettbewerbern vermieden werden.

Die Entscheidung für quantifizierte, terminierte und invariante Unternehmensziele auch im Bereich der Corporate Responsibility und deren fester Kopplung mit den über einen bestimmten Zeitraum dauerhaft betriebenen Bemühungen, die Leistungserstellungsprozesse des Unternehmens im Sinne dieser Ziele zu optimieren, entspricht einem klassischen Managementverständnis. Basierend auf bestimmten Kausalitäts- und Rationalitätsvorstellungen, dem Glauben an eine mathematische Modellierbarkeit der Welt und an die Quantifizierbarkeit von Erkenntnis, verfolgt es Steuerungs- und Kontrollkonzepte, mit denen die Unternehmensrealität entsprechend vorhandener Zielvorstellungen und Zukunftsentwürfe beherrscht werden soll (vgl. WIMMER 2011: 520).

In den Unternehmen kommen Managementsysteme, Prozessbeschreibungen und Instrumente zur Anwendung, die für die strukturelle Umsetzung der in den beschriebenen CR-Programmen domestizierten Nachhaltigkeitssemantik sorgen sollen und dabei auf Erfahrungen mit dem „konventionellen" betriebswirtschaftlichen Management basieren. Ihr Ausgangspunkt ist der Unterschied, den die Wertschöpfung des Unternehmens in seiner Umwelt erzeugt und der dort als ein Aspekt nachhaltiger Entwicklung thematisiert worden ist. Nachhaltigkeitsrelevante Themen werden von außen mit entsprechenden Verantwortungszuschreibungen an das Unternehmen herangetragen und dort entsprechenden Funktionen oder Entscheidungseinheiten zugeordnet. Ziele zur Differenzminderung werden definiert und Prozesse für deren Durchführung entworfen. Auf diese Weise geraten nach und nach alle Unternehmensfunktionen in den Sog der Nachhaltigkeitssemantik.

Entlang der gesamten Wertschöpfungskette von Unternehmen lassen sich negative Effekte für die soziale, ökologische und psychische Umwelt von Unternehmen beobachten und bearbeiten, sofern diese bereits im Vorfeld thematisiert worden sind. Mögliche Differenzen, die Unternehmen entlang ihrer Wertschöpfungsketten erzeugen, können z. B. die in Abbildung 13 dargestellten sein.

Wie in dem größten Teil der Managementliteratur im Kontext von Nachhaltigkeit und Corporate Responsibility werden auch in dieser Darstellung allen Unternehmensfunktionen spezifische Nachhaltigkeitsaspekte zugeordnet. So bekommt etwa der Einkauf die Verantwortung für die Vermeidung von Kinderarbeit bei den Zulieferern zugeschrieben, das Personalwesen hat für Diversität und Chancengleichheit in der Belegschaft zu sorgen, die Produktion ist verantwortlich für die Reduktion der umweltschädlichen Emissionen des Unternehmens und das Marketing muss transparente Informationen über die Umweltauswirkungen der Produkte des Unternehmens bereitstellen. Dahinter stehen Analysen, die die Nachhaltigkeitssemantik auf die – je nach Autor unterschiedlich benannten – Stufen in der Wertschöpfungskette von Unternehmen anwenden und für diese jeweils konkrete Nachhaltigkeitsherausforderungen formulieren, die gleichermaßen gesellschaftliche wie organisatorische Belange positiv beeinflussen sollen. Umfangreiche und mittlerweile in den meisten börsennotierten Unternehmen übliche Differenzminderungsprogramme beinhalten deswegen konkrete Nachhaltigkeitsziele für die meisten Unternehmensfunktionen und verfolgen diese über entsprechende Managementsysteme und -instrumente. Eine Bestandsaufnahme der in der unternehmerischen Praxis angewandten Mechanismen haben SCHALTEGGER et al. (2007) vorgenommen und sie hinsichtlich ihrer Verwendung in den einzelnen Unternehmensfunktionen analysiert (s. Abb. 14, S. 190).[120]

Diese Selbststeuerungsmechanismen von Unternehmen setzen in der Regel auf dem Prinzip der festen Kopplung auf und orientieren sich an einem Grundprinzip des heroischen Managements[121]: „What gets measured gets done". Den meisten die-

---

[120] Da hier nicht alle in der unternehmerischen Praxis und bei der Beobachtung ihrer Beobachtung auffindbaren CR-Managementinstrumente im Detail vorgestellt werden können, wird das zugrundeliegende Prinzip der festen Kopplung und das von ihm unterstützte heroische Management am Beispiel der Sustainability Balanced Scorecard und des Sustainable Values veranschaulicht werden.

[121] Als „heroic management" wird in meist kritischer Absicht das vorherrschende Managementparadigma bezeichnet (z. B. *Mintzberg* 2005).

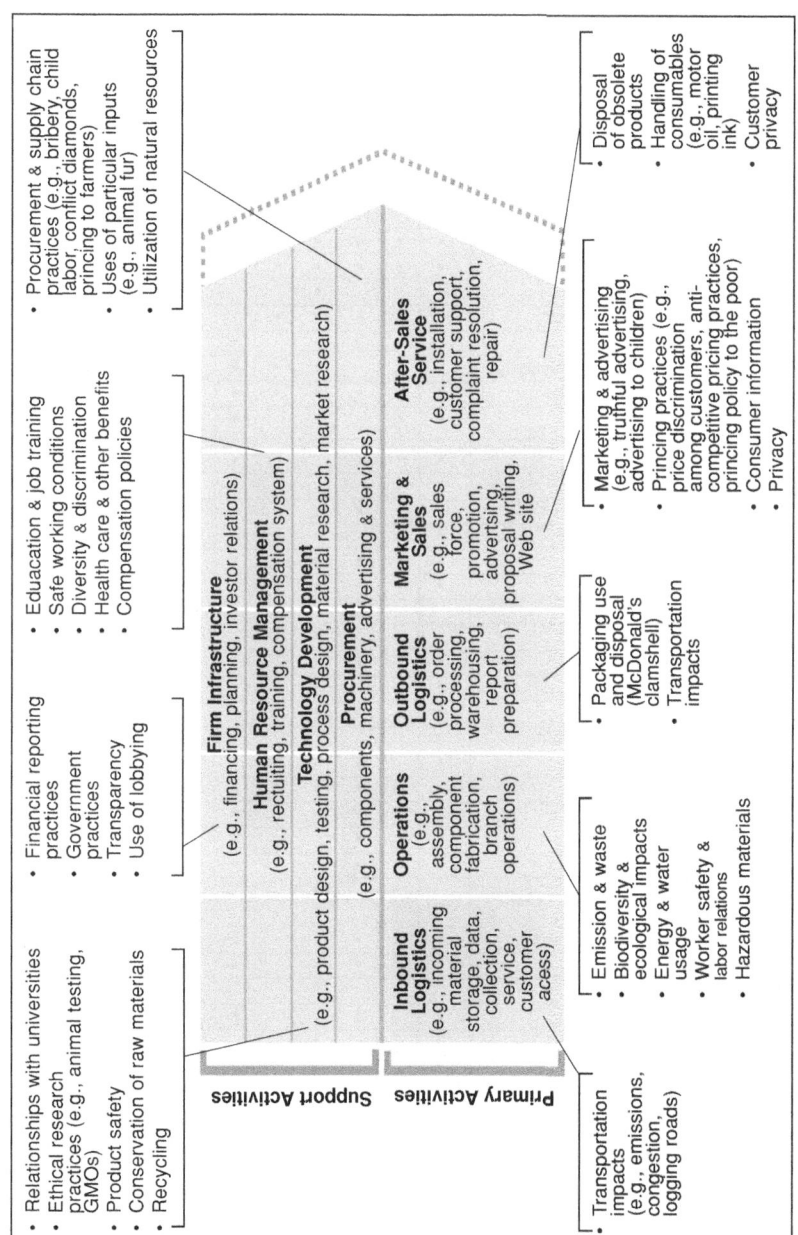

Abb. 13: Nachhaltigkeitsthemen entlang der Wertschöpfungskette (PORTER/KRAMER 2006: 5)

Systeme/Konzepte und Instrumente		Funktionsbereiche								
		Controlling	Einkauf	F&E	Marketing	Personal	Produktion	Rechnungs-wesen	Strategische Planung	Vertrieb, Logistik, Distribution
Systeme/Konzepte	Anreizsysteme (unt.)	•				•				
	Arbeitszeitmodelle	•				•				
	Balanced Scorecard	•	•	•	•	•	•	•	•	•
	Betriebl. Umweltinformationssystem	•	•	•	•	•	•	•	•	•
	Corporate Citizenship				•				•	
	Corporate Social Responsibility		•	•	•	•			•	
	Design			•	•		•			
	Nachhaltigkeitsmanagementsysteme	•	•		•	•	•	•	•	•
	Qualitätsmanagementsysteme	•	•	•	•	•	•	•	•	•
	Supply Chain Management	•	•		•		•	•	•	•
Instrumente	ABC-Analyse	•	•	•			•			•
	Audit/Auditing	•	•				•	•	•	•
	Benchmarking	•		•	•		•	•	•	
	Bericht/Berichterstattung	•			•	•		•		
	Bilanz/Bilanzierung	•	•	•	•		•	•	•	
	Budgetierung	•	•	•	•	•	•	•		
	Checkliste									•
	Corporate Volunteering				•	•			•	
	Cross-Impact-Analyse	•		•					•	
	Dialoginstrumente	•			•	•	•		•	
	Effizienz-Analyse	•	•	•	•		•	•	•	•
	Emissionszertifikatehandel (unt.)	•					•	•		
	Früherkennung	•		•	•				•	
	Indikator/Kennzahl	•	•	•	•	•	•	•	•	•
	Investitionsrechnung				•		•	•		
	Kompass				•		•	•		
	Kostenrechnung	•		•			•	•		
	Label				•					
	Leitbild/-linie				•	•			•	
	Material- u. Energieflussrechnung	•		•			•	•		
	Produktlinienanalyse	•	•	•			•	•	•	
	Rating							•	•	
	Risikoanalyse	•		•			•	•	•	
	Shareholder Value	•			•			•	•	
	Sponsoring	•			•				•	
	Stakeholder Value					•			•	•
	Szenarioanalyse	•		•			•		•	
	Vorschlagswesen		•	•	•	•			•	•
	Weiterbildung									
	Zirkel	•	•	•		•	•			

Abb. 14: Nachhaltigkeitsmanagementsysteme (SCHALTEGGER et al. 2007: 23)

ser Mechanismen liegt das Bemühen darum zugrunde, die Nachhaltigkeitsauswirkungen von Unternehmen mess- und dadurch steuerbar zu machen.

Das Paradigma des heroischen Managements unterstellt die prinzipielle Steuerbarkeit organisatorischer Vorgänge durch die klare Definition von Zielen und deren uneingeschränkte („heroische") Durchsetzung durch Führungskräfte. Ausgehend von bestimmten Interpretationen der Welt formuliert das Management Erwartungen und wählt für deren Realisierung in zweckrationaler Manier (WEBER 1980 [1921]) die jeweils als geeignet erachteten Mittel.[122] Dabei setzt es eindeutige Kausalitäten – feste Kopplungen – zwischen Ursache und Wirkung, Mittel und Zweck voraus: „Heroic leadership presumes causation".[123]

> „Führung [oder Management] ist in diesem Verständnis dazu da, um den Zwecksetzenden zur Erleichterung jener Ziele zu verhelfen, die sie jeweils mit ihrer Organisation verfolgen. Führung als Aufgabe dient daher im Kern dazu, die Organisationen in all ihren Bereichen als Mittel herzurichten, dass sie bei sparsamsten Ressourceneinsatz die Zielerreichung optimiert." (WIMMER 2011: 539f.)

Im Fall der meisten der in Abbildung 14 dargestellten Managementsysteme – und hier beispielhaft verdeutlicht an der sogenannten Sustainability Balanced Scorecard – äußert sich das wie folgt:

> „Die Sustainabiliy Balanced Scorecard (SBSC) ist ein kennzahlenbasiertes Mess- und Managementinstrument, das [...] Nachhaltigkeitsaspekte in das strategische Management integriert. [...] Aufbauend auf der Strategie einer Geschäftseinheit verfolgt die SBSC das Ziel, zusätzlich zur ökonomischen Zielsetzung auch die ökologische und soziale Exponiertheit der Geschäftseinheit zu ermitteln. [...] Hierzu werden erfolgsrelevante Nachhaltigkeitsthemen für ein Unternehmen identifiziert und es wird untersucht, über welche *Kausalzusammenhänge* sie den Unternehmenserfolg beeinflussen. [...] In einer SBSC werden in einem top-down gerichteten Prozess Strategien in *Ursache-Wirkungsketten* zerlegt, um die Verknüpfung von Zielen aufzuzeigen und Kennzahlen abzubilden. [...] Aufgrund der offenen und flexiblen Struktur einer SBSC können auch qualitative Faktoren wie Umwelt- und Sozialaspekte erfolgsorientiert in der Umsetzung von Strategien berücksichtigt werden. Die Formulierung von Zielen, Kennzahlen und Maßnahmen in der SBSC bildet die Grundlage für ein umfassendes Controlling im Nachhaltigkeitsbereich." (SCHALTEGGER et al. 2007: 67f., Hervorh. TM)

Dieses Instrument hat sich in der Praxis als ein machtvolles Konzept für die Reduktion von Komplexität betriebswirtschaftlicher Abläufe und Planungsprozesse bewährt und ist innerhalb eines heroischen Managementverständnisses ein durchaus geeignetes Mittel zur Transformation externer Nachhaltigkeitserwartungen in unter-

---

[122] "Heroic management is based on a particular view of an appropriate rationality, which, following Max Weber, is often called purposive rationality." (*Stahl* 2008: 106)

[123] *Rozycki, Edward G.* (1993): http://www.ed.uiuc.edu/eps/pes-yearbook/93_docs/ROZYCKI. HTM (Stand 23.06.2011).

nehmerische Abläufe (vgl. FIGGE et al. 2002). Das Konzept gerät jedoch an natürliche Grenzen, die vor allem aus der Ambivalenz und der hohen Volatilität des Nachhaltigkeitskonzepts selbst resultieren. Abweichungen vom Plan, neue Erkenntnisse über das Verhältnis von Ursache und Wirkung sind im Zusammenhang mit der Nachhaltigkeitssemantik an der Tagesordnung.

So haben beispielsweise global agierende Unternehmen, in der weithin kolportierten Annahme, dass die Schifffahrt die umweltfreundlichste, am wenigsten Treibhausgasemissionen erzeugende und mithin „nachhaltigste" Transportmethode sei, über Jahre hinweg die Logistik ihrer Vor- und Endprodukte zunehmend auf den Seeweg verlagert.[124] Nun zeigen allerdings jüngere Untersuchungen, dass der globale Warentransport auf dem Wasser in Summe deutlich klimaschädlicher ist als der des Luftverkehrs.[125] Was in der Nachhaltigkeitssemantik lang als nachhaltig galt, wird in der öffentlichen Meinung nun zunehmend als nicht nachhaltig kritisiert.[126] Um die transportbedingten Treibhausgasemissionen pro Produkteinheit langfristig zu reduzieren, wenden Unternehmen Management-Instrumente wie etwa die Sustainability Balanced Scorecard an. Damit operationalisieren sie das extern an sie herangetragene Ziel, ihre Auswirkungen auf den Klimawandel zu reduzieren. Betrachtet man lediglich die Entwicklung der in der Scorecard hinterlegten Steuerungskennzahlen wird man auch feststellen, dass dieses Ziel durch eine Verlagerung der Transportvolumina erreicht worden ist. Das Managementsystem hat damit seine Pflicht zuverlässig erfüllt. Bezogen auf das Gesamtsystem des weltweiten Warentransports hat jedoch eine Verschlechterung der Klimabilanz stattgefunden, weil in der Schifffahrt im gleichen Zeitraum, in dem Unternehmen ihre Logistikwege kostenintensiv umgestellt haben, keine dem Luftverkehr vergleichbare Verbesserung der Treibstoffeffizienz stattgefunden hat. Angesichts dieser Entwicklungen läuft der Warentransport über den Seeweg nun Gefahr, politisch – z.B. durch die Integration in ein globales Emissionshandelssystem – reguliert oder von den gleichen Stakeholdern, die diesen Transportweg vor einem Jahrzehnt für umweltfreundlich hielten, negativ sanktioniert zu werden. Sowohl für die Unternehmen, die durch das Verfolgen monokausal begründeter Steuerungsziele weder Kosten noch absolute Emissionsmengen gespart haben, als auch für die ökologische Umwelt, die mehr Treibhausgasemissionen als nötig aufnehmen musste, waren diese Ergebnisse letztlich von Vorteil.[127]

---

[124] Vgl. z.B. Nachhaltigkeitsbericht von adidas: http://www.adidas-group.com/de/ser2009/environment/2_13.html (Stand: 22.02.2011).

[125] http://www.dlr.de/desktopdefault.aspx/tabid-1/86_read-29144/ (Stand: 11.03.2011).

[126] http://www.spiegel.de/wissenschaft/natur/0,1518,745729,00.html (Stand: 24.02.2011).

[127] Auch diese Einschätzung steht natürlich unter dem Vorbehalt unsicheren Wissens über die dauerhafte Belastbarkeit der erwähnten Studien und der Theorien des anthropogenen Klimawandels.

Vergleichbare Probleme erzeugt der sogenannte Sustainable Value Ansatz (z. B. HAHN et al. 2009), der sowohl in der Automobil- als auch in der Chemiebranche einige Verbreitung gefunden hat. Sein Ziel ist es, die Nachhaltigkeitsperformance eines Unternehmens mit Hilfe einer einzigen Kennzahl auszudrücken und damit die Nachhaltigkeitsleistung des Unternehmens insgesamt steuerbar zu machen.

> „Die Messung der Nachhaltigkeitsleistung von Unternehmen ist kompliziert. Das liegt zum einen daran, dass wirtschaftliche, ökologische und soziale Belange gleichzeitig betrachtet werden müssen. Andererseits liegen ökonomische, ökologische und soziale Informationen oft in unterschiedlichen Einheiten und Größen vor. […] Nichts desto trotz ist die Messung der Nachhaltigkeitsleistung von Unternehmen wichtig: *Nur was gemessen wird, kann auch gesteuert werden.* Mit den etablierten Instrumenten lassen sich die ökologische, soziale und wirtschaftliche Dimension der Nachhaltigkeit nicht verbinden und einheitlich darstellen. […] Zur Lösung dieses Problems wurde der Sustainable Value Ansatz entwickelt. Der Sustainable Value misst den nachhaltigen Einsatz ökonomischer, ökologischer und sozialer Ressourcen und drückt das Ergebnis in einer einzigen integrierten, monetären Kennzahl aus." (ebd.: 8, Hervorh. TM)

Auch ohne hier auf die Details der Berechnung des Sustainable Value einzugehen, sollte vor dem Hintergrund der in dieser Arbeit aufgespannten theoretischen Betrachtung klar geworden sein, wie wenig ein auf simplen Kausalitätsannahmen und einer einzigen Kennzahl beruhendes Steuerungsverständnis dem dynamischen Charakter des Nachhaltigkeitskonzepts gerecht wird.

Zusammenfassend lässt sich festhalten, dass es sich bei den gängigen CR-Managementsystemen um den Versuch handelt, in moralisierten Märkten die Komplexität der externen Anforderungen an Unternehmen zu reduzieren. Sie stellen soziale Techniken fester Kopplung dar, mit deren Hilfe Hierarchien gebildet, Prozesse definiert und Entscheidungen determiniert werden sollen. In ihrer Effektivität für die Funktionserfüllung von Unternehmen ist dies unverzichtbar. Denn sie sorgen für Vereinfachungen, ohne die Unternehmensorganisationen der gesellschaftlichen Komplexität kaum gewachsen sein dürften. Auch wenn dadurch nicht zwangsläufig absolute Verbesserungen der Nachhaltigkeit gesellschaftlicher Entwicklungsprozesse erzeugt werden mögen[128], so tragen doch auch diese Managementsysteme zu einer Selbststeuerung sozialer Systeme im Sinne der Nachhaltigkeitssemantik bei. Denn die von ihr thematisierten Differenzen werden innerorganisatorisch durch eben jene Managementsysteme bearbeitet. Die dabei gemessenen Ergebnisse werden dann wiederum in sogenannten Nachhaltigkeitsprogrammen kommuniziert, um gegenüber den externen Anspruchsgruppen die für diese vielleicht nicht sichtbaren, aber zumindest innerhalb des Managementsystems beobachtbaren Fortschritte zu belegen. Auch in dieser Hinsicht tragen die CR-Programme zur Differenzminderung bei: Sie schaffen Räume dis-

---

[128] Wer wollte das auch beurteilen?

kursiver Kopplung zwischen dem Unternehmen und seiner Umwelt, über die die Differenzen zwischen externen Erwartungen und internen Leistungserbringungen permanent thematisiert und wieder in das Unternehmen hinein geholt werden können.[129]

Gegenwärtig publizieren mehr als zwei Drittel der DAX-Unternehmen solche CR-Programme – Tendenz steigend. Denn wenn Unternehmen sich einmal auf das semantische Spiel der Nachhaltigkeitskommunikation eingelassen haben, kommen sie aus ihm auch nicht mehr ohne Weiteres heraus (vgl. SCHIMMELFENNIG 2001, WOLF et al. 2004). Sobald sie ihre CR-Programme publizieren, verstricken sie sich in einer Spirale der rhetorischen Selbst- und Fremdverpflichtung, die sie dazu zwingt, immer bessere Ergebnisse vorzuweisen und dafür immer ausgefeiltere Techniken fester Kopplung zu entwerfen. Diese Kopplungen machen die komplizierte Nachhaltigkeitssemantik für die Unternehmen auch handhabbar. Mehr noch: Sie übersetzen sie in eine Sprache, die die Unternehmen nicht nur verstehen, sondern selbst auch sprechen können. Dadurch ist die Nachhaltigkeitssemantik in den vergangenen Jahren überhaupt erst so machtvoll geworden. Denn Unternehmen machen sie sich mit Hilfe ihrer CR Programme zu eigen und tragen so zu ihrer Fortsetzung bei. Das auf festen Kopplungen basierende Management von Corporate Responsibility stellt somit eine notwendige und vereinfachende Technik dar, die jedoch nur dann problemfrei funktioniert, wenn sich die beteiligten Kausalfaktoren isolieren lassen.

> „Immer dann, wenn es möglich ist, bestimmte Ursachen mit anderen Ursachen so zu verkoppeln, daß ausschließlich bestimmte Wirkungen erzielt werden und weder andere Ursachen (Störungen) noch andere Wirkungen (Nebenfolgen) so ins Spiel kommen, daß die Kopplung selbst gefährdet ist, kann man es mit technischen Lösungen versuchen. In allen Fällen, in denen das nicht der Fall ist, ist die Technik überfordert. [...] Erst recht sind bei allen sozialen Phänomenen, angefangen bei der Motivation der Mitarbeiter bis hin zum Management von Unternehmen, von der Politik zu schweigen, Zweifel an technischen Lösungen nicht nur angebracht, sondern zu unterstreichen. Denn soziale Systeme operieren auf der Basis von Sinn; und das ist ein Medium, in dem kausale Isolierungen nur in Grenzfällen gelingen." (BAECKER 1999: 32)

---

[129] Die praktischen wie theoretischen Konsequenzen solcher Entwicklungen, auf die hier nicht weiter eingegangen werden kann, hat *Baecker* (1999: 11) bereits vor mehr als einem Jahrzehnt beschrieben: „Jetzt jedoch zieht sich die Unternehmensspitze auf die Aufgabe zurück, dafür Sorge zu tragen, daß sich (nach wie vor: ausgewählte) Problemhinsichten der Umwelt der Organisation in der Organisation zur Geltung bringen können. Und das bedeutet, dass in der Organisation Entscheidungen getroffen werden können und müssen, die so aussehen, als seien sie nicht mehr intern, durch Hierarchie, sondern extern, durch die Umwelt konditioniert. Doch diese Optik täuscht, da die Konditionierung durch ein System nach wie vor im System reguliert werden muß, damit von einer Konditionierung überhaupt die Rede sein kann. Damit verlieren die alten Grenzen ihre Prägnanz und treten neue an ihre Stelle, deren Beschreibung die Organisationstheorie gerade erst begonnen hat."

Diese Beobachtung lenkt den Blick auf lose Kopplungen als eine zusätzliche Möglichkeit von Unternehmen, sich der Nachhaltigkeitssemantik entsprechend „verantwortlich" zu verhalten. Das macht feste Kopplungen keineswegs entbehrlich. Vielmehr kann man häufig erst an den Folgeproblemen einer bestimmten Technik erkennen, in welches Netzwerk loser Kopplungen sie eingebettet werden muss (vgl. LUHMANN 2006: 374).

7.2   Postheroisches Management *(Modus 3)*

Das eigentliche Problem, an dem sich immer wieder die Kritik an „verantwortungslos" agierenden Unternehmen entzündet, ist also nicht die oft vermutete Unfähigkeit von Unternehmen, innerhalb der ökonomischen Logik Verantwortung für Dinge außerhalb dieser Logik zu übernehmen. Im Gegenteil: Vielfach erlaubt es überhaupt erst das ökonomische Kalkül, dass Verantwortung für gesellschaftliche Entwicklungen übernommen wird, für die sich bislang niemand zuständig fühlte. Vielmehr ist es die Komplexität kausaler Zusammenhänge und das Unwissen um die möglichen Nebenfolgen von Entscheidungen, die ein bestimmtes Entscheiden ex-post als verantwortungslos erscheinen lassen und zu entsprechender Kritik führen.

Die als heroisch beschriebenen Techniken des Verantwortungsmanagements sollen dafür sorgen, dass von Unternehmen keine kausal isolierbaren, intentional beabsichtigten oder wissentlich in Kauf genommenen Schäden für Dritte ausgehen. Sie substituieren nicht-nachhaltig abbaubare Rohstoffe und fördern die Verwendung von Biosprit, um sich gegen den Verlust von Biodiversität und den Klimawandel einzusetzen, sie stellen ihre Zulieferkette auf fairen Handel um, damit sie einen Beitrag zum ökonomischen Fortschritt in Schwellen- und Entwicklungsländern leisten, und sie entwickeln genmanipulierte Organismen, um zu einer Lösung des Hungerproblems in Dürregebieten zu finden. All das tun sie vor allem aus dem ökonomischen Kalkül heraus, ihre Produkte auch in Zukunft noch verkaufen zu können oder sich neue Märkte zu erschließen. Privatheit und Gewinninteresse von Unternehmen addieren sich so zu einem Beitrag zur nachhaltigen Entwicklung der Gesellschaft. Dieser Beitrag zur Nachhaltigkeit wird jedoch selbst wiederum häufig innerhalb der Nachhaltigkeitssemantik diskreditiert. Denn aus ihm resultieren auch nicht beabsichtigte Nebenfolgen, die gar das Gegenteil des ursprünglich intendierten Ziels bewirken können. Die Substitution nicht nachwachsender Rohstoffe durch natürliche Substanzen oder die Anreicherung fossiler Treibstoffe mit biologisch gewonnenem Ethanol kann mittelbar zu einem Anstieg globaler Nahrungsmittelpreise führen[130] und da-

---

[130] So geschehen etwa im Fall der „Tortilla Krise" 2007 in Mexiko.

durch Hungersnöte hervorrufen; eine einseitige Fokussierung auf fairen Handel kann lokale Wirtschaftsstrukturen schwächen und dadurch mittelbar auf protektionistische Wirtschaftsweisen zurückwirken, die wiederum den eigentlich über Fair Trade geförderten Wirtschaftsstrukturen in Schwellen- und Entwicklungsländern schaden; und die Gentechnik droht, einen enormen Verlust an Biodiversität und bislang unbekannte Schäden an menschlicher und tierischer Gesundheit hervorzurufen. Management löst Probleme, schafft aber auch unweigerlich neue.

Nachdem die Kritik an Unternehmen seit den 1970er Jahren dazu geführt hat, dass sie sich soziale Managementtechniken zum Umgang mit externen Anforderungen angeeignet haben, führt die aktuelle Dynamisierung der Nachhaltigkeitssemantik dazu, dass sich mit der Komplexität des Themas auch die Anforderungen an die Unternehmen verschärfen. Immer weniger können sie sich mit dem Argument aus der Verantwortung ziehen, dass die Konsequenzen ihrer Entscheidungen weder beabsichtigt noch absehbar waren. Denn unsicheres Wissen gehört zur Grundkonstitution der Nachhaltigkeitssemantik. Indem sie Irreversibilität mit Reversibilität kombiniert, versetzt sie sich in die Lage, mit diesem unsicheren Wissen produktiv umzugehen. Eine dem angemessene Form des Managements muss deswegen feste und lose Kopplungen kombinieren, robuste Leistungserbringung mit adaptiver Lernfähigkeit verbinden. Für eine nachhaltige Entwicklung bedarf es demnach auch in Organisationen einer zuverlässigen, dauerhaften Leistungserbringung und einer ausreichenden Lernfähigkeit und Flexibilität, um auf veränderte Umweltbedingungen reagieren und Leistungserbringungen entsprechend anpassen zu können. Produktionsprozesse müssen etwa ausreichend wiederholbar und redundant gestaltet sein, um ökonomisch gewinnbringend und gleichermaßen betriebs- wie volkswirtschaftlich „nachhaltig" zu sein. Zugleich müssen sie aber auch flexibel genug sein, um auf andere Rohstoffe umzustellen, den Ressourceneinsatz effizienter zu gestalten oder alternative, „nachhaltigere" Produkte zu erzeugen. Erst der Einsatz bestimmter Technologien oder die Vermarktung neuer Produkte macht Folgeprobleme sichtbar, die später (häufig erst nach Jahren) als nicht nachhaltig diskreditiert werden. Das Management muss genug Raum für solche Unbestimmtheiten lassen, um sich flexibel an neues Wissen anpassen zu können, und es muss sich vor allem daran gewöhnen, dass die Kausalität des Unwissens keine hinreichende Bedingung mehr für die Zurechenbarkeit nichtintendierter Entscheidungsfolgen darstellt, sondern die Vermeidbarkeit von zu Schadensfolgen führendem Unwissen das entscheidende Kriterium unternehmerischer Verantwortung für eine nachhaltige Entwicklung wird (HEIDBRINK 2010a: 4).

Der Umgang mit nicht-intendierten Nebenfolgen, die unter Bedingungen des Nicht-Wissens entstehen, ist die eigentliche Herausforderung gesellschaftlicher Selbststeuerung. Erst wenn die Gesellschaft auch auf organisatorischer Ebene einen Weg gefunden hat, damit umzugehen, wird man von einer strukturellen Verankerung der Nachhaltigkeitssemantik in die soziale Autopoiesis sprechen können. Dazu ist es wiederum notwendig, dass sich Organisationen – im hier untersuchten Fall: Unternehmen – in die Lage versetzen, ihr Unwissen, das nicht kontrollierbare Konsequenzen hervorrufen kann, zu beeinflussen bevor es schädliche Folgen überhaupt verursachen kann. Inwieweit das möglich ist, hängt von der Art des Unwissens ab und inwiefern es sich in Wissen überführen lässt. Bezug nehmend auf WEHLING (2006) unterscheidet HEIDBRINK (2010a) diesbezüglich Unwissen in *Ungewissheit* und *Nichtwissen*. Der Unterschied zwischen beiden ist maßgeblich für die Verantwortbarkeit und Steuerbarkeit der daraus resultierenden Konsequenzen:

> „Dieser Unterschied besteht darin, dass Ungewissheit im Rahmen eines etablierten Wissens- und Aufmerksamkeitshorizontes verbleibt, der es grundsätzlich erlaubt, ungewisses Wissen in (mehr oder weniger) gewisses Wissen zu überführen. *Ungewissheit ist vermeidbares Unwissen*, das auf einem vorläufigen und relativen Nichtwissenkönnen beruht. Dagegen ist Nichtwissen dadurch gekennzeichnet, dass es den etablierten Wissens- und Aufmerksamkeitshorizont überschreitet und außerhalb seines Rahmens verbleibt. Anders als Ungewissheit ist Nichtwissen nicht als solches in erkanntes Nichtwissen oder gewisses Wissen überführbar, sondern entzieht sich der expliziten Bezugnahme und Freilegung. So gesehen ist *Nichtwissen unvermeidbares Unwissen*, das auf einem nicht aufhebbaren und absoluten Nichtwissenkönnen beruht." (ebd.: 16, Hervorh. i. O.)

Gleichwohl können zwischen Nichtwissen und Ungewissheit Übergänge stattfinden. Diese Möglichkeit resultiert aus der Mehrdimensionalität von Nichtwissen. Nichtwissen kann als solches gewusst oder hingenommen werden und muss insofern nicht dauerhaftes Nichtwissen bleiben. Es oszilliert immer zwischen explizit bestimmbaren Nichtwissen einerseits und tatsächlich unerkanntem Wissen andererseits. Häufig ist Nichtwissen aber auch intendiert, sei es durch Ignoranz, Tabuisierung oder gezielter Vermeidung von Wissensbeschaffung. Insofern kann Nichtwissen auch nur vorübergehend sein und grundsätzlich in Wissen oder wenigstens Ungewissheit verwandelt werden. Die Frage für die Verantwortbarkeit von Nichtwissen ist dann, ob es sich innerhalb oder außerhalb des Verfügungshorizonts des Entscheidenden bewegt (vgl. ebd.: 14f.).

> „*Nichtwissen ist dann zurechenbar, wenn es in Ungewissheit überführbar ist.* Akteure sind nicht in der Lage, ihr Nichtwissen zu erkennen, wenn es sich außerhalb ihres Verfügungshorizontes befindet. Sie sind aber grundsätzlich in der Lage, ihr Nichtwissen in ungewisses Nichtwissen oder möglicherweise sogar gewusstes Wissen zu verwandeln. Wenn sie in der Lage sind, ihr Nichtwissen zu beeinflussen, kann ihnen dies zugerechnet werden." (ebd.: 16, Hervorh. i. O.)

Nichtwissen ist somit kein ausreichendes Argument für Unternehmen, sich von Verantwortungszuschreibungen zu entlasten. Vielmehr besteht der Lackmustest für die Zuschreibung von Verantwortung in der Beantwortung der Frage, ob unter gegebenen Umständen die Vermeidung von Unwissen möglich und zumutbar gewesen wäre. Diese Einschätzungen variieren je nach Beobachter, sind aber zugleich Bestandteil eines gesellschaftlichen Aushandlungsprozesses, der sich innerhalb der Nachhaltigkeitssemantik vollzieht. Unverantwortlichkeit im Kontext unvorhersehbarer Konsequenzen ist letztlich nicht eliminierbar. Sie ist aber legitimierbar, wenn sich berechtigte Gründe für das sie begründende Nichtwissen geltend machen lassen: „Die Rechtfertigung des Nichtwissens und, wenn man sie so nennen will, erlaubter Unzuständigkeiten beruht nicht nur auf normativen Regelungen und Grenzziehungen, sondern vor allem auf der sozialen und politischen Kommunikation über die Zulässigkeit unsicherer Entscheidungsprozesse. Mit der Zunahme ‚fremddefinierten Wissens' (GIL 2004: 27), das verstärkt unter den Einfluss ökonomischer und sozio-kultureller Bewertungsfaktoren gerät, wird die Zuschreibung von Verantwortlichkeiten in wachsendem Maß zu einer Angelegenheit gesellschaftlicher Aushandlungs- und Abstimmungsprozesse, durch die neue Ungewissheiten entstehen und bewältigt werden müssen." (HEIDBRINK 2010a: 21)

Die Nachhaltigkeitssemantik lässt den Unternehmen kaum mehr Raum für solche erlaubten Unzuständigkeiten. Sie werden gleichermaßen für beabsichtigte, in Kauf genommene oder nicht verhinderte Nebenfolgen ihres Handelns zur Rechenschaft gezogen. Das verschärft die Unsicherheit und Ungewissheit innerhalb derer sie entscheiden müssen. Und je mehr sich dieser Trend fortsetzt, je größer also das gewusste Unwissen einerseits und die Komplexität der Zumutungen der Umwelt an den Aufwand zur Vermeidung dieses Unwissen andererseits wird, desto weniger können Unternehmen sich auf feste Kopplungen, kategorische Entscheidungskriterien oder heroisches Management verlassen. Die in Organisationen stattfindende Unsicherheitsabsorption steht damit zur Disposition.

> „Angewendet auf die Entscheidungsabläufe in Organisationen läuft das Prinzip der Ungewißheitsabsorption darauf hinaus, daß jede einzelne Entscheidung innerhalb einer Organisation ihre Ungewißheiten auf eine Art und Weise bewältigt, die in der Entscheidung selbst nicht mehr vorkommt. Die Entscheidung wird getroffen und kann als unproblematische Prämisse weiterer Entscheidungen verwendet werden, die zwar auf ihre eigenen Ungewißheiten stoßen, aber nichts mehr mit denen früherer Entscheidungen zu tun haben. Ungewißheitsabsorption ist die Weitergabe von Schlußfolgerungen ohne die Ungewißheiten, unter denen sie zustande kommen. Dieser Mechanismus der Ungewißheitsabsorption ist das Fundament der rationalen, nur durch sich selbst bedingten, und effizienten, alle Störungen abblockenden, Organisation." (BAECKER 1994: 149)

In moralisierten Märkten gehören Störungen aber zum Geschäft. Was heute als nachhaltig gilt, kann morgen schon das Gegenteil davon sein. Die einzige Chance für Unternehmen, mit dieser Geschwindigkeit und Variabilität Schritt zu halten, besteht in einer Stärkung der postheroischen Momente des Managements. Es gilt, Ungewissheiten wieder in die Organisation einzuführen und dadurch Differenzen zur gesellschaftlichen Umwelt zu managen, die man (noch) nicht beobachten kann. Postheroisches Management ist „[...] vor allem der halbwegs angstfreie Umgang mit Nicht-wissen, die Bearbeitung von Ungewissheit, der Verzicht auf schnelle logische Erklä-rungen basierend auf alten Vorgefasstheiten" (WIMMER 2009: 26). Einmal absorbier-te Ungewissheiten lassen sich nur von außen wieder in das Unternehmen einführen. Die Herausforderung eines postheroischen Managements von Corporate Responsibi-lity besteht darin, genügend Ungewissheit zu erzeugen, um die in den Entscheidungs-prämissen verlorengegangenen Zweifel wieder freizulegen. Dem postheroischen Ma-nagement muss es gelingen, „[...] die Beobachtung des Binnengeschehens wie der relevanten Organisationsumwelten dazu zu nutzen, gezielte Soll/Ist-Differenzen auf-zumachen und für ihre Bearbeitung zu sorgen. Führung passiert deshalb tendenziell eher von außen nach innen als von oben nach unten." (WIMMER 2011: 540)

Für BAECKER (1999) läuft dies auf eine reflexive Rationalisierung von Unterneh-men hinaus.[131] Kurz gesagt geht es dabei um die Optimierung interner Organisations-abläufe und Schnittstellen in der Beschäftigung des Unternehmens mit sich selbst und seiner Umwelt. Bei der Beschäftigung mit sich selbst kann es um die Integration ge-trennter Entscheidungsebenen von Fertigung, Verwaltung und Marketing, um die Stei-gerung der Innovationskraft oder gar die eigene Neuerfindung als Organisation gehen. All das ist aber ohne eine Abstimmung mit der Umwelt, den dort stattfindenden Ver-änderungen der Märkte und dem Drängen auf die Rücksichtnahme gegenüber ökolo-gischen, sozialen und psychischen Zusammenhängen nicht mehr in einer dauerhaft anschlussfähigen Weise möglich. Ein Unternehmen ist nur in dem Maße zu einer re-flexiven Rationalisierung fähig, „[...] wie es fähig ist, sich selbst qua Reflexion unbe-kannt zu werden und als Rekursivität bestimmter Operationen wiederzuentdecken. Diese Rekursivität gilt als die Ebene, die gewonnen werden muß, soll das Unterneh-men in der Lage sein, sich selbst durch Wandel stabil zu halten. Die Frage ist nur, was man sich unter den Operationen der Reflexion vorstellen kann." (ebd: 19f.)

Reflexion im hier verwendeten Sinn ist das Wiederhineinholen des Unterschieds, den ein Unternehmen in der Gesellschaft macht, in das Unternehmen. Durch Refle-xion irritieren sich Unternehmen selbst und hinterfragen Entscheidungsprämissen. Darin besteht die eigentliche Wiedereinführung von Ungewissheit. MOLDASCHL (2005) unterscheidet und synthetisiert drei Bedeutungsdimensionen von Reflexivität: Selbstbezüglichkeit (im Sinne von LUHMANN 1984), das Verarbeiten von Nebenfol-gen (im Sinne von BECK 1986) und die Rekursion auf Wissen bei der Abwägung von Entscheidungsalternativen (im Sinne von GIDDENS 1995). Reflexivität ist in diesem Sinne am besten beschrieben als das „Gewahrsein von Voraussetzungen eigenen

---

[131] Reflexive Rationalisierung bedeutet dabei nichts weniger als die Gleichzeitigkeit fester und loser Kopplungen: „Denn Rationalisierung läuft nach betriebswirtschaftlichem Verständnis ebenso auf feste Kopplung hinaus, wie ein reflexiver Mechanismus lose Kopplungen vor-aussetzt." (*Baecker* 1999: 18)

Wissens und der Unüberschaubarkeit von Handlungsfolgen in komplexen Systemen" (MOLDASCHL 2005: 169). Postheroisches Management zielt darauf ab, diese Reflexion und damit die Beobachtung der Nebenfolgen eigener Entscheidungen sowie die Kritik an den eigenen Entscheidungsprämissen auf Dauer zu stellen. Das gelingt in dem Maße, „[…] wie Unternehmen sich selbst zum Gegenstand von Beobachtung machen, wie sie die Aufnahmebereitschaft (Sensitivität) für Erfahrungen mit Nebenfolgen gewährleisten, und wie sie mit Wissen über sich und ihre Umwelt umgehen" (ebd.: 171). MOLDASCHL schlägt fünf Reflexivitätskriterien vor, die hier angewendet werden sollen, um die postheroische Qualität unterschiedlicher Systeme des Corporate Responsibility Managements in Unternehmen bewerten zu können. Diese Kriterien sind *(1)* die Institutionalisierung von Selbstbeobachtung und -kritik, *(2)* der systematische Rückgriff auf Fremdbeobachtung (Umweltoffenheit), *(3)* der kommunikative Bezug auf Fremdreferenz, *(4)* die offene Evaluierung von Handlungsfolgen (Sensitivität) und *(5)* der Entwurf alternativer Gegenwarten und Zukünfte (strategische Optionalisierung) (vgl. ebd.).

(1) Wenn Selbstbeobachtung in Unternehmen stattfindet, dann vor allem in deren oberen Leitungsgremien. Vorstand und Aufsichtsrat haben die Aufgabe, die strategische Ausrichtung des Unternehmens zu entwerfen und mit den Realitäten im Markt und in der Gesellschaft abzugleichen. Mit der zunehmenden organisatorischen Verankerung von Corporate Responsibility an Vorstandsposten geraten Fragen nach der unternehmerischen Verantwortung für eine nachhaltige Entwicklung regelmäßig in die Vorstandsvorlagen. Auch bei den Unternehmenslenkern sind die durch die Moralisierung der Märkte hervorgerufenen Veränderungen nicht unbemerkt geblieben. Es sind häufig sogar die Vorstände selbst, an die sich der Protest und die Kritik von Stakeholdern direkt und personalisiert richtet. Verstärkt wird die dadurch hervorgerufene Selbstbeobachtung unter Nachhaltigkeitsgesichtspunkten durch legislative Veränderungen in den vergangenen Jahren: Durch das Bilanzrechtsreformgesetz, das Gesetz zur Angemessenheit der Vorstandsvergütung (VorstAG) oder das Gesetz zur Kontrolle und Transparenz im Unternehmensbereich (KonTraG) werden auch die Nachhaltigkeitsleistungen von Unternehmen zum Bestandteil von Rechenschaftspflicht, Vergütung und Haftung. Das führt dazu, dass die ohnehin stattfindende Selbstbeobachtung von Unternehmen zunehmend um Nachhaltigkeitsaspekte erweitert wird. Ein Beispiel dafür liefert der deutsche Energieversorger RWE. Dieser schreibt in einer Pressemitteilung:

> „Nachhaltiges Wirtschaften zahlt sich aus: Corporate Responsibility nimmt Einfluss auf die langfristige Vorstandsvergütung. Die RWE AG wird ihre Vorstände künftig stärker anhand der Leistungen beim Thema Nachhaltigkeit vergüten. Die Ausrichtung der Vorstandsvergütung an einer nachhaltigen Unternehmensentwicklung resultiert aus einer Änderung des Vorstandsvergütungsgesetzes (VorstAG). […] RWE nimmt diese Änderung zum Anlass für deutlich weitreichende Regelungen. Über die gesetzlich geforderte mehrjährige

Bemessungsgrundlage hinaus wird künftig auch die qualitative Weiterentwicklung des Konzerns bei ökologischen, sozialen und weiteren gesellschaftlichen Herausforderungen bei der Bemessung der Unternehmensziele zu Grunde gelegt. Für eine Bewertung dieser Aspekte werden die Finanzkennziffern um weitere Indikatoren ergänzt, die eine Aussagekraft beim Thema Nachhaltigkeit besitzen."[132]

Zu den von RWE incentivierten Handlungsfeldern gehören unter anderem die Themen Klimaschutz, Arbeitssicherheit, Versorgungssicherheit und gesellschaftliche Verantwortung. Sie beziehen sich explizit auf das Ziel, einen Beitrag zu einer nachhaltigen Entwicklung zu leisten und werden auch auf den Ebenen unterhalb des Vorstands in die Zielvereinbarungen der Mitarbeiter integriert.

(2) Erfolgsversprechender noch als die Bemühungen von Organisationen, sich selbst zu irritieren, ist der Rückgriff auf Fremdbeobachtungen. In der Praxis geschieht dies durch so vielfältige Instrumente wie die Durchführung von Kundenbefragungen, Medienanalysen und Audits (vgl. z. B. POWER 1994, 1997) oder den Einkauf von Beratungsdienstleistungen. Im Kontext des Corporate Responsibility Managements ist die Befragung von oder der Dialog mit Stakeholdern zu einer beliebten Methode für die Herstellung von Umweltoffenheit und zum Gewinn externer Verunsicherungen geworden (GÄRTNER 2009). Vor allem börsennotierte Unternehmen sehen in dem strukturierten Austausch mit ihren Stakeholdern einen wichtigen Hebel zur Selbst- und Fremddirritation. So ging der Definition der Nachhaltigkeitskriterien innerhalb der variablen Vergütung der Vorstände von RWE ein zielgerichteter Konsultationsprozess mit den Stakeholdern des Unternehmens voraus. Dem schien ein fast systemtheoretisch inspiriertes Verständnis von System-Umwelt-Beziehungen zugrunde zu liegen:

> „Die Öffentlichkeit ist kritischer, aufmerksamer, sensibler geworden, und dies ist gut so. Energie ist ein wertvolles und knappes Gut, dessen Einsatz Verantwortungsbewusstsein bei allen Beteiligten erfordert. Daher begrüßen wir den sachlichen Dialog mit einer kritischen Öffentlichkeit. Wir müssen uns darauf in der strategischen Ausrichtung unseres Unternehmens einstellen und uns stärker als bisher gegenüber unserer gesellschaftlichen Umwelt öffnen. Wir müssen uns von gesellschaftlichen und politischen Entwicklungen, Erwartungen und Hoffnungen inspirieren lassen, ohne unsere Identität aufzugeben. Wir sollten lernen zu beobachten, wie wir uns selbst und andere beobachten und wie wir beobachtet werden. Nur so entsteht wechselseitiges Verständnis und Vertrauen. Gesellschaftliches Vertrauen, das für den langfristigen Unternehmenserfolg unabdingbar ist." (RWE 2006: 2)

Wie vielversprechend solche Versuche letztlich aber sind, hängt mit dem Grad an institutionalisierter Selbstkritik im Unternehmen zusammen. Externe Impulse intern innovativ zu verarbeiten, wird nur solchen Unternehmen gelingen, die „Nein" zu sich selbst sagen können.

---

[132] http://www.rwe.com/web/cms/de/424282/rwe/verantwortung/unser-handeln/cr-news/archiv/cr-news-01-2010/nachhaltiges-wirtschaften-zahlt-sich-aus/ (Stand: 23.06.2011).

(3) Ein weiteres Kriterium für die Beurteilung der Reflexivität von Unternehmen ist die Art und der Umfang ihrer fremdreferenziellen Selbstdarstellungen. „Im Unternehmenskontext geht es hier zum einen um *Berichtspraktiken* in Bezug auf antizipierte oder erfahrene Fremdwahrnehmungen, also [...] um Auseinandersetzung mit Fremdbildern in einer auf die Deutungsmuster Anderer Bezug nehmenden Weise. [...] Zum anderen ist damit die *Accountability* im engeren Sinne angesprochen, also die mehr oder weniger obligatorische, ,von außen' geforderte *Rechenschaftslegung* eines Unternehmens." (MOLDASCHL 2005: 173, Hervorh. i.O.) Im Nachhaltigkeitsbereich findet diese vor allem in den von den Unternehmen aufgelegten Nachhaltigkeitsberichten statt. Obwohl die Darlegung der eigenen Nachhaltigkeitsleistungen für Unternehmen eine überwiegend freiwillige[133] Entscheidung ist, wächst die Zahl der jährlich publizierten Berichte exponentiell an. Für die Erstellung dieser Sustainability-, CSR- oder CR-Reports hat sich jenseits rechtlicher Vorgaben ein globaler Standard entwickelt, der mit dem Internationalen Rechnungslegungsstandard (IFRS) für Finanzpublikationen vergleichbar ist: Der sogenannte G3-Standard der Global Reporting Initiative (GRI) bildet den Rahmen für die von

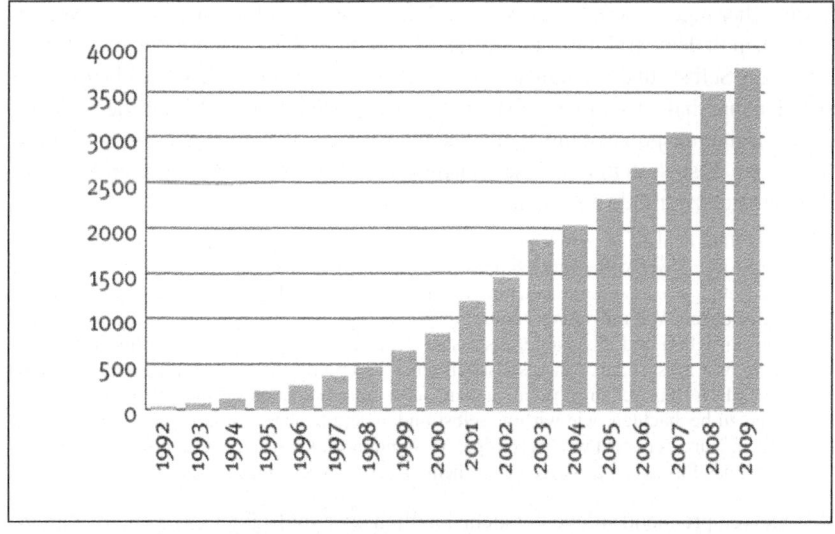

Abb. 15: Weltweite Entwicklung der GRI-Berichterstattung (GRI Reporting Statistics 2010)

---

[133] Wenige Ausnahmen vom Prinzip der Freiwilligkeit finden sich in Frankreich, wo die 200 größten, börsennotierten Unternehmen Nachhaltigkeitsberichte veröffentlichen müssen. Ähnliche Regelungen – zum Teil nur für öffentliche oder weitgehend in Staatsbesitz befindliche Gesellschaften – existieren in Dänemark und de Niederlanden.

den Unternehmen offenzulegenden Inhalte und bietet ihnen zugleich eine Operationalisierung nachhaltiger Entwicklung.

Der Standard, der regelmäßig überarbeitet und in unterschiedlichen Fassungen für verschiedene Branchen vorliegt, kodifiziert die Erwartungen, die die Stakeholder innerhalb der Nachhaltigkeitssematik an Unternehmen stellen. Er verpflichtet sie zur (freiwilligen) Offenlegung von so diversen Informationen wie der Zahl der beschäftigten Leiharbeiter, der nachgewiesenen Verstöße gegen Menschenrechte und Umweltauflagen, die Menge an emittierten Schadstoffen oder die sozialen und ökologischen Auswirkungen ihrer Produkte. Unternehmen haben durch die Veröffentlichung solcher Informationen wenig zu gewinnen. Eine immer größer werdende Zahl von ihnen scheint aber der Meinung zu sein, dass sie mehr zu verlieren hat, wenn sie zu diesen nachhaltigkeitsbezogenen Fragestellungen nicht Stellung bezieht.

(4) Eine zentrale Anforderung der Reportingstandards der GRI ist es, nicht nur ex-post über die eigenen Leistungen zu berichten, sondern auch darzustellen, wie Unternehmen ex ante – in den Phasen ihrer Entscheidungsfindung – Nachhaltigkeitskriterien berücksichtigen und im Rahmen eines Monitorings der für Dritte entstehenden Nebenfolgen die Möglichkeit zur Revision eigener Entscheidungsziele und -kriterien einräumen. Es geht hierbei um „alle Arten der Evaluierung von Aktivitäten für andere Akteure und die ‚Umwelt‘, soweit das Nebenfolgen einschließt und sich nicht nur auf die Messung der Abweichung von festgelegten Zielkriterien einschießt" (ebd., Hervorh. i. O.). Typischerweise werden hierzu Instrumente wie Kunden- und Mitarbeiterbefragungen, Reputations- und Zufriedenheitsmessungen eingesetzt. Im Rahmen ihrer Corporate Responsibility Programme definieren die Unternehmen Zielwerte hinsichtlich ihres Ansehens bei entscheidenden Stakeholdergruppen und versuchen diese durch eine beliebige Bandbreite an Maßnahmen – von Mitarbeiterincentives bis zu Kundenbindungsprogrammen – zu erreichen. Deutlich weiter greifende Maßnahmen stellen sogenannte Sozial- und Ökobilanzierungen oder Life Cycle Assessments dar (FINKE 2008, DUBIELZIG 2009). Sie beziehen sich weniger auf organisations- als auf produktbezogene Entscheidungen von Unternehmen. Mit ihrer Hilfe lassen sich die vermuteten sozialen und ökologischen Auswirkungen von später in den Markt gebrachten Gütern und Dienstleistungen evaluieren und gegen Vergleichsprodukte „benchmarken". Je nachdem wie scharf die in den Unternehmen formulierten Nachhaltigkeitskriterien formuliert sind, können diese Analysen dazu führen, dass manche Produkte nie oder nur nach signifikanten Nachbesserungen Marktreife erreichen. Ein Beispiel für die konsequente Integration von Nachhaltigkeitskriterien in den Forschungs- und Innovationsprozess ist Henkel:

> „Nachhaltigkeit treibt Innovationen voran: Henkel hat den Anspruch, dass alle neuen Marken und Technologien einen Beitrag zur nachhaltigen Entwicklung in mindestens einem der Fokusfelder ‚Energie und Klima‘, ‚Wasser und Abwasser‘, ‚Materialien und Abfall‘,

‚Gesundheit und Sicherheit' sowie ‚gesellschaftlicher und sozialer Fortschritt' leisten. So sind seit 2008 die Fokusfelder systematisch in dem unternehmensweit standardisierten Innovationsprozess verankert."[134]

Zwar bleibt hier offen, wie mit möglichen Zielkonflikten zwischen den einzelnen von Henkel definierten Nachhaltigkeitsdimensionen umgegangen wird, das Beispiel zeigt aber, wie neben den umsatz- und gewinnorientierten Entscheidungsprämissen auch vermeintlich „weiche" Faktoren wie die sozialen und ökologischen Umweltauswirkungen von Produkten in die Entscheidungsfindung von Unternehmen Einzug finden.

(5) Die Gretchenfrage institutionalisierter Reflexivität und postheroischen Managements bei Unternehmen geht noch deutlich darüber hinaus: Sie fragt danach, wie Unternehmen ihr Nichtwissen akzentuieren und ob sie in der Lage sind, gleichermaßen alternative unternehmerische und gesellschaftliche Gegenwarts- und Zukunftsvorstellungen als strategische Antwort auf die um sich greifende Komplexität, Ambivalenz und Unsicherheit (nicht nur im Kontext der Nachhaltigkeitssemantik) zu entwerfen. Eine solche Möglichkeit der (Selbst-)Beobachtung sowie der daran anschließenden Gesellschafts- und Selbstkritik besteht in der Einrichtung von Abteilungen für Organisationsentwicklung oder hauseigener „Think Tanks", deren explizite Aufgabe es ist, den Status quo gezielt zu kritisieren, um auf diese Weise zu Alternativen zu finden. MOLDASCHL (2005: 174) nennt darüber hinaus die Einrichtung paralleler Entwicklerteams, regelmäßige Funktionswechsel von Mitarbeitern sowie die Anwendung von Kreativitätstechniken und „Guerilla-Regeln" als Möglichkeiten, bestehende Pfadabhängigkeiten zu übergehen, Regeln auszusetzen und Abläufe in andere Richtungen zu lenken. Ein Beispiel aus der Praxis ist das von der BMW Group ins Leben gerufene „project i". Seine Aufgabe beschreibt das Unternehmen wie folgt:

> „Mit project i startete Ende 2007 eine Initiative, deren Aufgabe darin besteht, als Speerspitze der BMW Group nachhaltige und zukunftsweisende Mobilitätskonzepte zu entwickeln. Das langfristige Ziel ist die Weiterentwicklung des gesamten Unternehmens durch neue Denkanstöße und konkrete Projekte in den Bereichen Produktion, Entwicklung und Vertrieb. Unter dem Dach dieser Organisationseinheit verfolgt die BMW Group konsequent das innovative Ziel, kontinuierlich Lösungen für eine nachhaltige Mobilität zu entwickeln."[135]

Dafür ist es nötig, dass diese Organisationseinheit explizit mit der Aufgabe versehen wird, Kritik an der eigenen Organisation und ihrem Kerngeschäft – der Herstellung

---

[134] http://www.henkel.de/investor-relations/27325_20100225-starke-nachhaltigkeitsbilanz.htm (Stand: 23.06.2011).

[135] http://www.bmwgroup.com/d/nav/index.html?http://www.bmwgroup.com/d/0_0_www_bmwgroup_com/forschung_entwicklung/mobilitaet_der_zukunft/project_i/project_i.html (Stand 18.03.2011).

von Automobilen mit Motoren, die nicht erneuerbare Ressourcen verbrennen – zu üben. Nicht weniger als diese kritische Selbstreflexion ist nötig, um gegebenen Pfadabhängigkeiten zu entkommen und eine Veränderung gesellschaftlicher Entwicklungen – hier im Bereich gesellschaftlicher Mobilität – zu bewirken.

Natürlich sind diese fünf Kriterien nicht trennscharf voneinander zu unterscheiden. Vielmehr sind sie miteinander verbunden und nur in der Zusammenschau ihrer jeweiligen Ausprägung wird man auf die postheroische Qualität eines Corporate Responsibility Managements schließen können. Wenn etwa RWE trotz weitreichender Verlautbarungen hinsichtlich ihrer unter Nachhaltigkeitsgesichtspunkten vollzogenen Selbstbeobachtung in der Öffentlichkeit nicht als ein besonders verantwortungsvoll agierendes Unternehmen wahrgenommen wird, dann hat das vor allem damit zu tun, dass es für den externen Beobachter wenig Spielräume für die Entwicklung alternativer Zukunftsvorstellungen lässt und an der für nicht sehr nachhaltig gehaltenen Verstromung von Kohle und Atomkraft festhält. Wenn Unternehmen nicht in der Lage sind, die Impulse aus dem Austausch mit externen Stakeholdern für die Revision ihrer eigenen Ziele und Entscheidungskriterien zu nutzen, dann ist deren Management eher nicht postheroisch zu nennen. Insgesamt 80 Prozent der in einer Studie befragten 150 größten deutschen Unternehmen planen zwar, den Austausch mit ihren Stakeholdern zu Nachhaltigkeitsthemen zu intensivieren, nur 29 Prozent sind aber der Meinung, dass die bisherigen Bemühungen in diesen Bereichen zu organisationalen Lernprozessen oder Veränderungen geführt haben (AKZENTE/INSTITUTE 4 SUSTAINABILITY 2010). Der Austausch zwischen Unternehmen und Stakeholdern über Fragen der Nachhaltigkeit ihrer Operationen, Produkte oder Zukunftsstrategien dient derzeit vor allem seiner Darstellung in Nachhaltigkeitsberichten. Denn eine wesentliche Anforderung der einschlägigen Reporting-Standards ist es, dass die in den Berichten behandelten Themen im Abgleich mit den Interessen der Stakeholder gefunden werden. Auch wenn das für sich genommen bereits eine neue Qualität der Transparenz und Umweltoffenheit bedeutet, bleibt die Frage nach den entscheidungsrelevanten Konsequenzen eines solchen Austauschs letztlich offen. Um im Einzelfall bewerten zu können, wie reflexiv ein Unternehmen mit den Herausforderungen einer nachhaltigen Entwicklung umgeht, wird jeweils zu prüfen sein, wie viele Rückkopplungskanäle es mit seiner Umwelt angelegt hat, welche anderen Systeme hinsichtlich welcher Nebenfolgen in dessen Monitoring einbezogen werden, inwieweit es Raum für die Revision von Unternehmenszielen und Entscheidungskriterien geschaffen hat und welche Konsequenzen für den Entscheidungsprozess im Fall der Entdeckung zuvor unbemerkter Nebenfolgen definiert worden sind (vgl. MOLDASCHL 2005: 175). Die Summe dieser Entscheidungen von Unternehmen bestimmt darüber, wie der Reentry der Gesellschaft in das Unternehmen vollzogen wird und wie erfolgreich sich die Organisation an veränderte Umweltbedingungen anpassen kann.

Ausschlaggebend dafür, wie Unternehmen mit diesen Fragen umgehen, sind die jeweils zugrunde liegenden Entscheidungsprämissen. Sie müssen verändert werden, wenn sich ein Unternehmen dem Wandel seiner relevanten Umwelten anpassen will. Zum Teil lassen sich diese selbst durch Entscheidungen variieren, zum Teil sind sie aber auch unentscheidbar und allenfalls einem spontan stattfindenden Wandel unterzogen. Zu den entscheidbaren Entscheidungsprämissen gehört etwa die Mitarbeiterstruktur. Der Austausch von Mitarbeitern, die Rekrutierung von Nachwuchs und das altersbedingte Ausscheiden bisheriger Stelleninhaber führt praktisch zwangsläufig zu Variationen organisationaler Kommunikationsstrukturen (vgl. SIMON 2007: 106). Im Kontext von Corporate Responsibility werden in diesem Zusammenhang große Hoffnungen in die Ausbildung des akademischen Nachwuchses, v. a. aus den wirtschaftswissenschaftlichen Fakultäten gesetzt. Hier entstehen gegenwärtig eine Vielzahl von Initiativen, die auf eine Integration von Nachhaltigkeitsgesichtspunkten in die Ausbildung zukünftiger Manager zielen. Prominentestes Beispiel sind die von den Vereinten Nationen geförderten und von mehr als 350 der führenden Business Schools weltweit angewandten „Principles for Responsible Management Education" (PRME).

> "The PRME [...] seek to establish a process of continuous improvement among institutions of management education in order to develop a new generation of business leaders capable of managing the complex challenges faced by business and society in the 21st century. In the current academic environment, corporate responsibility and sustainability have entered but not yet become embedded in the mainstream of business-related education. The PRME are therefore a timely global call for business schools and universities worldwide to gradually adapt their curricula, research, teaching methodologies and institutional strategies to the new business challenges and opportunities."[136]

Die zukünftigen Führungskräfte in den Unternehmen sollen bereits während ihrer Ausbildung mit den Prinzipien einer nachhaltigen Wirtschaftsweise und den modernen Anforderungen an ein verantwortungsvolles Management vertraut gemacht werden.[137] Vergleichbare Ansätze sind der sich seit einigen Jahren an US-amerikani-

---

[136] www.unprme.org (Stand: 23.06.2011).

[137] Die an den PRME teilnehmende Business Schools verpflichten sich auf die Einhaltung der sechs folgenden Prinzipien: 1) Purpose: We will develop the capabilities of students to be future generators of sustainable value for business and society at large and to work for an inclusive and sustainable global economy. 2) Values: We will incorporate into our academic activities and curricula the values of global social responsibility as portrayed in international initiatives such as the United Nations Global Compact. 3) Method: We will create educational frameworks, materials, processes and environments that enable effective learning experiences for responsible leadership. 4) Research: We will engage in conceptual and empirical research that advances our understanding about the role, dynamics, and impact of corporations in the creation of sustainable social, environmental and economic value. *(Fortsetzung auf S. 207)*

schen Universitäten ausbreitende Manager-Eid, der dem Vorbild des hippokratischen Eides folgt, und die vor allem in Deutschland geführte Diskussion um die Wiederbelebung des Leitbilds des „Ehrbaren Kaufmanns" bereits in der universitären Ausbildung (SCHWALBACH/FANDEL 2007). Auch in den Unternehmen wird bereits an dem Hebel, den die Schulung junger Mitarbeiter in Nachhaltigkeitsfragen darstellen kann, gedreht. Der Industriekonzern Evonik hat beispielsweise die Integration von Themen gesellschaftlicher Verantwortung in die Entwicklung seiner Auszubildenden zu einem Schwerpunkt der CR-Strategie gemacht:

> „Wir wollen unseren Auszubildenden vermitteln, dass verantwortungsvolles Handeln sowohl für sie selbst als auch für das Unternehmen einen Mehrwert schafft. Das geht am besten, wenn Führungskräfte vorleben, was wir einfordern. [...] Gemeinsam mit den Leitern der Aus- und Weiterbildung unseres Bildungscenters Rhein-Main und unseres Ausbilderkreises Essen starteten wir im Jahr 2009 das Pilotprojekt ‚CR in der Ausbildung'. Ziel des Pilotprojekts ist es, geeignete methodische und thematische Module für die Vermittlung von Nachhaltigkeit und CR zu entwickeln und zu erproben."[138]

Eine weitere Möglichkeit, unmittelbaren Einfluss auf die Entscheidungsprämissen in Unternehmen zu nehmen, besteht in der Entwicklung von Konditional- und Zweckprogrammen, die die Art und Weise, wie Entscheidungen in Unternehmen getroffen werden sollen, festlegen. Zu solchen Programmen gehören etwa CR-Strategien, die direkt mit anderen Unternehmensprogrammen verbunden sind. Ein Beispiel für miteinander verbundene Konditional- und Zweckprogramme ist die WestLB AG. Als eine der größten Projektfinanzierer hat sie Nachhaltigkeitskriterien definiert, nach denen sie ihre Investitionsentscheidungen trifft. So müssen von ihr geförderte Projekte im Bereich der Kohleverstromung etwa mindestens einen energetischen Wirkungsgrad von 43 Prozent erreichen und Wirtschaftlichkeitsanalysen zur Abscheidung von CO_2-Emissionen („Carbon Capture and Storage") durchführen. Grundsätzlich wird die Nachhaltigkeitsabteilung der Bank an den Entscheidungen über Kreditgeschäfte beteiligt:

> „Für die WestLB stellen die Identifikation und das Management von Umwelt- und Sozialrisiken im Kreditgeschäft einen zentralen Beitrag zu einer nachhaltigen Entwicklung dar. Die Abteilung Sustainability Management im Geschäftsbereich Konzernentwicklung ist dabei als zentrales Kompetenzzentrum in alle nachhaltigkeitsrelevanten Geschäftsentscheidungen eingebunden. In dieser Funktion ist sie in Grundsatzfragen beratend tätig und nimmt Kategorisierungen von Projektfinanzierungen im Rahmen der Equator

---

[137] *(Fortsetzung)* 5) Partnership: We will interact with managers of business corporations to extend our knowledge of their challenges in meeting social and environmental responsibilities and to explore jointly effective approaches to meeting these challenges. 6) Dialogue: We will facilitate and support dialog and debate among educators, students, business, government, consumers, media, civil society organizations and other interested groups and stakeholders on critical issues related to global social responsibility and sustainability (www.unprme.org).

[138] http://corporate.evonik.com/de/verantwortung/cr-programm/ausbildung/Pages/default.aspx (Stand 24.04.2011).

Principles vor, die Voraussetzung für eine Kreditbewilligung sind; darüber hinaus forciert sie die Weiterentwicklung entsprechender Geschäftspolitiken." (WestLB 2010: 4)[139]

Der Beschluss über solche Organisationsprogramme kann von heute auf morgen Entscheidungsprämissen von Unternehmen fundamental verändern. Wie wahrscheinlich solche spontan herbeizuführenden Variationen jedoch sind, ist eine Frage letztlich unentscheidbarer Entscheidungsprämissen – nämlich der Unternehmenskultur. Am Ende ist es die Kultur einer Organisation, die maßgeblich für deren Selbststeuerung in komplexen, von Nicht-Wissen geprägten und Nachhaltigkeit fordernden Umwelten ist. Sie gibt am ehesten eine Antwort darauf, wie Organisationen im Einzelfall mit ihrer Umwelt umgehen werden, denn sie bietet ihnen Orientierung in Situationen, in denen sie an den Rand ihrer Entscheidungsfähigkeit geraten, weil sie sich Problemen gegenübersehen, die nicht mehr einfach durch (heroische) Anweisungen gelöst werden können.

Insofern lässt sich Kultur auch als ein „[…] *Steuerungsprogramm* verstehen, das zur gelingenden Selbstorganisation […] beiträgt. In dieser Hinsicht besitzt die Kultur eine genuin funktionale Dimension. Sie eröffnet Optionsräume für Anschlussoperationen und bildet den Selektionsmechanismus, durch den Systeme ihre Umwelten beobachten und Verfahren der Problemlösung entwickeln, um mit externen Konfrontationen und Widerständen umzugehen." (HEIDBRINK 2007a: 59, Hervorh. i. O.) Die Unternehmenskultur bildet das Einfallstor für die Gesellschaft in die Organisation, denn in ihrer Letztkomponente handelt es sich bei ihr um eine Akkumulation von Werten. „Werte durchziehen die gesamte gesellschaftliche Kommunikation. Der Form und weitgehend auch dem Inhalt nach setzt Entscheidungskommunikation in Organisationen daher immer Gesellschaft voraus, und dies nicht nur als Umwelt, sondern in direkter Benutzung gesellschaftlicher Wertannahmen […] Ein Wandel der Organisationskultur wird oft durch einen gesellschaftlichen Wertewandel induziert sein." (LUHMANN 2006: 244f.) So überrascht es nicht, dass sich die gesellschaftlich um sich greifende Nachhaltigkeitssemantik unmittelbar in den Unternehmenskulturen globaler Konzerne niederzuschlagen beginnt. So zum Beispiel bei der schwedischen Bank SEB:

> „Nur Banken, die ihre Verantwortung für Nachhaltigkeit annehmen, bleiben auch zukünftig erfolgreich. Nachhaltigkeit ist einer der vier Unternehmenswerte der SEB und fester Bestandteil der Unternehmenskultur. Wir verfolgen ein klares Ziel: Wir setzen auf ein nachhaltiges Geschäftsmodell zum Wohle unserer Kunden, wir vermitteln unseren Mitarbeitern Werte und sind ein innovativer Finanzpartner."[140]

---

[139] Die Equator Principles sind ein freiwilliges Regelwerk für Banken zur Einhaltung von Umwelt- und Sozialstandards bei der Projektfinanzierung.

[140] http://www.seb.de/de/Ueber_die_SEB/Unternehmensportraet_13362.html. Ähnlich der Mineralölkonzern Shell: „Over the years the Business Principles have evolved to include

(Fortsetzung auf S. 209)

Eine Verortung von Nachhaltigkeit als nicht disponibler Entscheidungsprämisse innerhalb der Unternehmenskultur hat den Vorteil, dass die Mehrdeutigkeit und Ambiguität des Konzepts so im Unternehmen verankert wird, dass es sich explizit oder implizit darauf beziehen kann, ohne sich festlegen zu müssen. „Man kann auf diese Weise Zugehörigkeit und Einverständnis symbolisieren, ohne an Manövrierfähigkeit einzubüßen. [...] So lassen sich Vergangenheit und Zukunft verbinden, ohne dass man genötigt wäre, die Vergangenheit zu wiederholen. Es gehört zu den Vorteilen dieser Ambiguität, dass nicht genau bestimmt werden kann, wo ihre Grenzen liegen." (LUHMANN 2006: 243f.) Damit leistet die Unternehmenskultur auf organisatorischer Ebene genau die Verbindung von Stabilität und Wandel, die für eine nachhaltige Entwicklung nötig ist.

Die Ausformulierung einer „nachhaltigen Unternehmenskultur" muss freilich scheitern, denn sie würde Misstrauen wecken. Keine Unternehmenskultur lässt sich bewusst oder gezielt verändern, vielmehr entsteht sie emergent und ist gerade deswegen „verbindlich" (SIMON 2007: 96). Eine konzertierte Aktion zur Formulierung einer neuen Unternehmenskultur würde stets den Verdacht nahe legen, dass sie primär der Selbstdarstellung des Führungspersonals dient (vgl. LUHMANN 2006: 246). Unternehmenskulturen sind hochgradig pfadabhängig und reagieren sensibel auf symbolische Veränderungen. „Geschichtlich stabilisierte Organisationsstrukturen schließen Wandel [...] nicht aus, aber Wandel kann nicht als Änderung, nicht per Dekret eingeführt werden" (ebd.: 245). Stattdessen muss die Nachhaltigkeitssemantik in die Unternehmen allmählich hineinwachsen, um dort auf der Mikroebene *aller* Mitglieder die Komplexität der gesellschaftlichen Kommunikation mit dem abzustimmen, was den individuellen Mitarbeitern oder Managern zugemutet und als glaubhaft anschlussfähig vermittelt werden kann (vgl. BAECKER i.E.: 22). „Versuche, kulturelle Veränderungen in Organisationen durchzusetzen, stoßen (vorhersehbar) auf Widerstand. Es ist für die Mitglieder eben leichter, auf der Sachebene Neuentscheidungen als Prämissen des eigenen Verhaltens zu akzeptieren (technische Regeln: Programme, Strukturen), statt Entscheidungen über die Prämissen der eigenen Identität hinzunehmen. Hier wird die Indifferenzzone verlassen." (SIMON 2007: 101) Genau in jener Herausforderung, die individuelle mit der gesellschaftlichen Ebene unter Berücksichtigung vorhandener Unternehmenskulturen auf der organisatorischen Ebene abzustimmen, besteht das postheroische Moment, das Unternehmen nicht nur evolutionstauglich, sondern evolutionsfähig werden lässt.

---

[140] *(Fortsetzung)* contributing to sustainable development. For us this means helping to meet the world's growing energy needs in economically, environmentally and socially responsible ways." http://sustainabilityreport.shell.com/2009/shellandtheenergyfuture/ourapproach. html? cat=b (Stand: 20.03.2011).

Basierend auf dem auch hier vertretenem Verständnis von Unternehmenskultur als einem Medium der Kopplung zwischen einer Organisation und ihren diversifizierten gesellschaftlichen Umfeldern (SCHEIN 1985) begründet BAECKER seine Vermutung, dass es die Führung einer Organisation nicht nur mit wirtschaftlichen, sondern primär mit gesellschaftlichen Fragen zu tun hat:

> „(Postheroische) Führung unterscheidet die Organisation von der Gesellschaft, um Letztere in Ersterer selektiv und konstruktiv zum Tragen zu bringen. ‚Gesellschaft' heißt hierbei […] Reflexion auf die Fortsetzungsbedingungen von Kommunikation unter globalen Bedingungen, das heißt unter den Bedingungen laufender Variation politischer, rechtlicher, wissenschaftlicher […] Bedingungen und technischer, ökologischer und psychologischer Risiken und Gefahren. ‚Gesellschaft' heißt, dass man nicht weiß, wie es weitergeht, und dennoch und gerade deshalb darauf Rücksicht nehmen muss, wie es weitergeht. ‚Gesellschaft' ist ein Begriff für die Erwartbarkeit von Überraschungen unter den Bedingungen der turbulenten Gestaltung der Lebensbedingungen der Menschen durch das Zusammenleben der Menschen." (BAECKER i. E.)

Unter diesen Bedingungen und der daraus resultierenden Notwendigkeit, Nachhaltigkeit und unternehmerische Verantwortung kulturell zu verankern, ist ein postheroischer Führungsstil notwendig. Je mehr sich die Organisation auf die Gesellschaft einzulassen hat, desto dysfunktionaler werden Heroismen in der Unternehmenssteuerung: „Über die Regeln der Organisationskultur (als nicht entscheidbare Entscheidungsprämissen) kann nicht entschieden werden. Sie ändern sich spontan und selbstorganisiert. Das Risiko ist groß, dass durch den Versuch, sie gezielt zu verändern, unkalkulierbare Nebenwirkungen ausgelöst werden. Im Hinblick auf Kultur kann die Ungewissheit eben *nicht* durch Entscheidungen absorbiert werden." (SIMON 2007: 101, Hervorh. i. O.)

Das ist nicht weiter dramatisch, auch wenn die Verankerung eines verantwortungsvollen und nachhaltigen Geschäftsgebarens in der Unternehmenskultur hier als die Königsdisziplin von Corporate Responsibility erscheint. Wenn auf dem Wege postheroischer Führung die entscheidbaren Entscheidungsprämissen auf Nachhaltigkeit und Verantwortung gepolt werden, wird die Unternehmenskultur über kurz oder lang „nachziehen". Es kommt darauf an, gezielt oder spontan entstandene, nachhaltigkeitsrelevante Variationen in der Organisation auf Dauer zu stellen und zu stabilisieren, wenn sie sich im Austausch mit den relevanten Umwelten des Unternehmens als tauglich erweisen. Die Programme, Strukturen und nicht zuletzt die Mitarbeiter eines Unternehmens bilden eine gute Grundlage für das, was sich als Unternehmenskultur nur so schwer kodifizieren und manipulieren lässt. Wenn es dem Management eines Unternehmens daher gelingt, das Nachhaltigkeits- und Verantwortungsbewusstsein sowie die damit verbundenen Problemlösungskapazitäten nicht zu fokussieren, sondern in der Organisation zu verallgemeinern, kann es keinen größeren Beitrag zu einer nachhaltigen Entwicklung leisten.

8   Private Governance *(Modus 4)*

Klassische oder postheroische Managementformen und Organisationskulturen entfalten ihre gesellschaftliche Relevanz nicht allein durch die interne Bereitstellung von Entscheidungen und Entscheidungsprämissen, sondern vor allem durch ihre Multiplikation im Rahmen operativer Kopplungen zwischen verschiedenen Organisationen. Durch diesen „Spill-Over" findet im Wirtschaftssystem eine Normalisierung von Corporate Responsibility und Nachhaltigkeit statt. Beides wird dadurch zum festen Bestandteil der Produktions- und Konsumtionsprogramme des Wirtschaftssystems, ohne dass fremdregulierende (rechtliche oder politische) Instanzen unmittelbar tätig werden. Vielmehr bilden Unternehmensorganisationen untereinander oder gemeinsam mit anderen Organisationen operative Kopplungen heraus, die sich zu dem verdichten, was in der Literatur heute als „Private Governance" verhandelt wird. Gemeint ist damit:

> "[…] the emergence of private institutions – systems of norms, rules and obligations – that result out of the close cooperation between a variety of private actors. Transnational corporations, non-profit-organisations, business associations, and think tanks increasingly begin to agree upon, implement, and monitor different forms of regulation, including general codes of conduct, management standards, and certified product labels." (PATTBERG 2004: 9)

Private Governance – auch synonym beschrieben mit Stichworten wie Private Interest Government (STREECK/SCHMITTER 1985), Private Organizations (RONIT/SCHNEIDER 1999), Private Authority (CUTLER et al. 1999; HALL 2002) oder Private Sector Regimes (CUTLER 2002) – beschreibt darüber hinaus:

> "[…] self-coordinated networks of two or more private actors operating in more than one country […] engaging in the establishment, implementation and monitoring of a voluntary system of rules (general codes of conduct, mangement standards or labels) directed towards a specific issue area […]" (ebd.: 16).

Übersetzt in systemtheoretische Termini handelt es sich bei Private Governance also um die Herausbildung emergenter Regeln innerhalb sozialer Teilsysteme durch die Ko-Operationen unterschiedlicher Organisationen. Wenigstens zwei Organisationen richten dabei den Inhalt und die Zielführungen ihrer Operationen an denen der jeweils anderen Organisation(en) aus. Entscheidend für die Rede von *Private* Governance ist lediglich die Dominanz nicht-staatlicher Organisationen an der Entwicklung systemischer Regeln und Standards, die durch ihre Emergenz jenseits des autonomen Einflussbereichs einzelner Organisationen liegen, auch wenn deren Einhaltung in Ermangelung staatlicher Sanktionierung in der Regel freiwillig erfolgt.

Private Governance im Wirtschaftssystem[141] läuft also darauf hinaus, dass „[…] firms (and other non-state actors) co-operate transnationally to establish rules and standards of global commerce, without directly involving governments at all. Private actors not only formulate norms, but also enforce these norms" (NÖLKE 2003: 1).

Das wird im Kontext von Nachhaltigkeit und Corporate Responsibility besonders an transnationalen Netzwerkbildungen und an der Wirkung sogenannter Professional Service Firms deutlich. Durch sie finden Standardisierungs- und Normalisierungsprozesse statt, die für die dauerhafte Etablierung der Nachhaltigkeitssemantik im Wirtschaftssystem und von Corporate Responsibility in Unternehmen sorgt. Prominente Standardisierungen sind in diesem Zusammenhang etwa bei der Global Reporting Initiative (GRI) und der International Standards Organisation (ISO) zu beobachten. Die GRI wurde 1997 von CERES – einer amerikanischen NGO, die sich für die Integration von Nachhaltigkeitsgesichtspunkten in das Management von Unternehmen einsetzt – gemeinsam mit dem Umweltprogramm der Vereinten Nationen (UNEP) gegründet. Innerhalb von nur zehn Jahren hat es die Initiative geschafft, die Nachhaltigkeitsberichterstattung von Unternehmen als Norm im Wirtschaftssystem zu setzen (vgl. Abb. 13). Dabei hat sie nicht nur etabliert, *dass* Unternehmen freiwillig über ihre Nachhaltigkeitsperformance Rechenschaft ablegen, sondern auch definiert, *wie* sie dies tun. Mit ihren „Guidelines for Sustainability Reporting" ist es der GRI gelungen, einen Standard für die Inhalte der Nachhaltigkeitsberichterstattung zu setzen und hat damit zugleich maßgeblich zur Operationalisierung der Nachhaltigkeitssemantik im Wirtschaftssystem beigetragen:

> "As it has become the leading non-financial reporting standard, the GRI's implicit (re-)definition of corporate responsibility constitutes a common frame of reference for thinking about sustainable business practice. In sum, the GRI can thus be considered as a relatively successful private transnational governance scheme." (BEISHEIM/DINGWERTH 2008: 17)

Dieser Erfolg wird vor allem auf den kooperativen, netzwerkförmigen Multistakeholder-Ansatz der GRI zurückgeführt. (ETZION/FERRARO 2006; BROWN et al. 2007; BEISHEIM/DINGWERTH 2008; BROWN et al. 2009) Die Initiative bringt Wirtschafts- und Nichtregierungsorganisationen zusammen, die gemeinsam an der Entwicklung und Weiterentwicklung von Regeln für die Nachhaltigkeitsberichterstattung arbeiten.

---

[141] Theoriekonsequent findet Private Governance nicht nur in der Wirtschaft, sondern in allen Funktionssystemen – in Form von Tarifverhandlungen z.B. auch im politischen System – statt. Zwar verhindert die operative Geschlossenheit der Teilsysteme, dass sie sich an ein gemeinsames, übergeordnetes Set von Regeln und Standards halten; das in Kapitel 3.5. dargelegte Verständnis einer allenfalls temporären und sich in einzelnen Operationen manifestierenden Zuordnung von Organisationen zu Funktionssystemen schließt aber nicht aus, dass politische Organisationen in Governance-Prozesse im Wirtschaftssystem involviert sind oder Wirtschaftsorganisationen in politischen Prozessen mitwirken.

Ähnlich wie die GRI hat auch die ISO eine Kooperationsarena für eine Vielzahl von Organisationen bereitgestellt, die gemeinsam an der Entwicklung von Instrumenten zur Operationalisierung von Nachhaltigkeit bzw. Corporate Responsibility im Wirtschaftssystem (und darüber hinaus) arbeiten. Die internationale Standardisierungsorganisation hat über einen Zeitraum von etwa sieben Jahren an der Entwicklung eines Standards für das Management von Corporate Responsibility gearbeitet und schließlich die ISO 26000 auf den Weg gebracht – eine international anwendbare „Guidance" für das Nachhaltigkeitsmanagement,[142] die durch die Kooperation zwischen Organisationen aus dem Wirtschaftssystem (Unternehmen, Branchenverbände, Arbeitgeber- und Arbeitnehmerorganisationen) und der Zivilgesellschaft unter nicht unerheblichem Aufwand entwickelt worden ist. Im Nachhaltigkeitskontext lassen sich mittlerweile eine Vielzahl solcher Initiativen innerhalb des Wirtschaftssystems zählen. Dazu gehören etwa die Standards des Forest Stewardship Councils (FSC) oder des Marine Stewardship Councils (MSC), deren Ziel die nachhaltige wirtschaftliche Nutzung von Wäldern bzw. Meeren ist und die von einem Großteil der in den entsprechenden Branchen tätigen privatwirtschaftlichen Organisationen freiwillig angewandt werden. Im World Business Council for Sustainable Development (WBCSD) haben sich über 200 Konzerne aus mehr als 30 Staaten und 20 Industriesektoren zusammengeschlossen, um Standards und „Best Practices" für eine nachhaltige Entwicklung zu setzen und zu multiplizieren. Das Ziel der Initiative ist, „to provide business leadership as a catalyst for change toward sustainable development, and to support the business license to operate, innovate and grow in a world increasingly shaped by sustainable development issues."[143]

Diese Kooperationsstrukturen zwischen Organisationen sind von der politikwissenschaftlichen Governance-Forschung intensiv analysiert worden und haben zu einer Reihe interessanter Erkenntnisse über die Herausbildung, die Effektivität und die Legitimität privatwirtschaftlicher Selbstregulierung im Kontext der Nachhaltigkeitssemantik geführt. (z.B. BEISHEIM/FUHR 2008) Während über die Nachhaltigkeitsmanagement- und Private-Governance-Forschung die *hierarchischen und netzwerkförmigen* Governance-Strukturen im Wirtschaftssystem weitgehend ausgeleuchtet sind, fehlt jedoch noch ein klares Verständnis davon, wie *marktförmige* Kooperationsmechanismen zur Multiplikation von Corporate Responsibility und zur

---

[142] Die ISO 26000 ist im Gegensatz zu den meisten Standardisierungen der ISO keine zertifizierbare Norm. Stattdessen hat sich in dem Multistakeholderprozess, der zu ihrer Entwicklung führte, die Auffassung durchgesetzt, dass der Standard allenfalls einen Orientierungsrahmen für Organisationen – innerhalb und außerhalb des Wirtschaftssystems – geben soll, dessen Vorschläge nicht vollumfänglich angewandt werden müssen.

[143] http://www.wbcsd.org/templates/TemplateWBCSD5/layout.asp?type=p&MenuId=NjA& doOpen=1& ClickMenu=LeftMenu (Stand: 23.10.2011).

Normalisierung von Nachhaltigkeit im Wirtschaftssystem führen. Während im Fall der hier nur kurz angerissenen netzwerkförmigen Governance-Strukturen Standards entstanden sind, für die die beteiligten Organisationen ihre üblichen Programme durchbrechen und etwas anderes als „business as usual" betreiben mussten, leisten die tagtäglich stattfindenden Kooperationen zwischen Unternehmen eine noch größere Normalisierungsleistung für Fragen der Nachhaltigkeit im Wirtschaftssystem. Von herausragender Bedeutung dafür sind sogenannte Professional Service Firms:

> "Professional service firms set and enforce the standards of behaviour for other firms. Law, insurance and management consultancy firms, debt-rating agencies, stock exchanges, and financial clearinghouses are usually named as examples for this type of company. In contrast to other forms of cooperation among firms [...] these standards govern across sector lines, not within one industry. Correspondingly, their relevance is not limited to one industry alone, but rather affects business in general." (NÖLKE 2005: 2f.)

Durch ihre geschäftliche Kooperation mit einer Vielzahl von Organisationen und durch ihre intermediäre Position zwischen unterschiedlichen Branchen entfalten solche Professional Service Firms einen enormen Multiplikationseffekt für bestimmte Sichtweisen und Managementpraktiken. Das gilt insbesondere für Corporate Responsibility. In den vergangenen Jahren sind zahlreiche Dienstleistungsfirmen entstanden, die Unternehmen beratend oder prüfend bei ihren Nachhaltigkeitsaktivitäten begleiten, und haben existierende Serviceanbieter das Thema für sich als profitables neues Geschäftsfeld entdeckt. Insbesondere wirtschaftsnahe Forschungsinstitute, Strategie- und Managementberatungen, PR-Firmen, Wirtschaftsprüfungsgesellschaften und Rating-Agenturen spielen für die Normalisierung und Operationalisierung von Nachhaltigkeit im Wirtschaftssystem eine wichtige Rolle. Sie reduzieren Unsicherheit, übersetzen die z.B. von der GRI oder ISO gesetzten Standards in handhabbare Unternehmensprogramme oder übernehmen gar deren konkrete Anwendung für ihre Kunden, indem sie Nachhaltigkeitsberichte verfassen, Organisationsstrukturen mit aufbauen und CR-Strategien entwickeln.

> "The CSR firm therefore is an organization that offers commercial services that contribute to the development, spread, dissemination, implementation and monitoring of CSR policies, instruments and regulation [...] through furthering of its own profit base." (FRANSEN/ MERK 2007: 9)

Weltweit existieren derzeit etwa 580 solcher spezialisierten Dienstleister.[144] Hinzu kommen all jene Beratungen, Wirtschaftsprüfungsgesellschaften und Rating-Agenturen, die sich nur in bestimmten Geschäftsfeldern mit Corporate Responsibility und Nachhaltigkeit befassen, aber mit diesen spezialisierten Anbietern konkurrieren. Ihre Dienstleistungsangebote lassen sich grob in fünf Kategorien unterteilen.

---

[144] Quelle: CSR Professional Services Directory http://www.ethicalperformance.com/csrdirectory/ (Stand: 23.06.2011).

(1) Professional Service Firms stellen ihren Kunden *Informationen* zur Verfügung. Insbesondere in dem von Unsicherheiten und Ambivalenz geprägten Feld der Nachhaltigkeitssemantik sind Unternehmen zunehmend auf wissenschaftliche Expertise angewiesen. Die Erstellung von Zukunftsszenarien, die Entwicklung von Messmethoden oder die faktenbasierte Aufbereitung von Nachhaltigkeitsthemen für das Issue Management von Unternehmen sind Felder, in denen sich Unternehmen von Dienstleistern unterstützen lassen. Nachhaltigkeitsspezialisierte Think Tanks produzieren dabei das bereits als „Mode 2" (NOWOTNY et al. 2004) beschriebene, anwendungsorientierte und sozial robuste Wissen mit einem verstärkten Marktbezug. Diese Zielstellung geht auch aus den Selbstbeschreibungen oder „Mission Statements" solcher Institute hervor. Während sich der britische Dienstleister *SustainAbility* als „think tank and strategy consultancy working to inspire transformative business leadership on the sustainability agenda"[145] beschreibt, trägt das deutsche *Borderstep Institut* mit einem ähnlichen, veränderungsgetriebenen Impetus und „[...] mit seinen wissenschaftlichen und umsetzungsorientierten Arbeiten zu Zukunftslösungen und Innovationen bei, die zugleich wirtschaftlich erfolgreich sind, zu Klimaschutz und zur Sicherung natürlicher Ressourcen beitragen und die Wahrnehmung gesellschaftlicher Verantwortung wirtschaftlicher Akteure beinhalten".[146] Durch diese wissenschaftlich und privatwirtschaftlich tätigen Institute wird ein Wissen bereitgestellt, das normalisierende Effekte für die Nachhaltigkeitssemantik im Wirtschaftssystem hat, da es nicht nur wissenschaftsintern reproduziert wird, sondern als Teil der wirtschaftlichen Kommunikation täglich zur Anwendung kommt.

(2) Ein weiteres Betätigungsfeld für Professional Service Firms im Nachhaltigkeitskontext ist die *Strategie- und Managementberatung*. Klassische Unternehmensberatungen erkennen zunehmend die mit der Moralisierung der Märkte einhergehenden Geschäftschancen und ergänzen ihr Angebotsportfolio um Nachhaltigkeitsdienstleistungen. So etwa A.T. Kearney:

> „A.T. Kearney unterstützt seine Klienten mit innovativen Konzepten darin, langfristige Wettbewerbsvorteile in Einklang mit ihrer sozialen und ökologischen Verantwortlichkeit zu erzielen. Wir leisten für unsere Klienten eine ‚integrierte Nachhaltigkeitsberatung' entlang der gesamten Wertschöpfungskette. Unser Beratungsansatz umfasst sowohl die Strategieentwicklung als auch die operative Umsetzung in den folgenden Bereichen: umfassende Optimierungsprogramme von Wertschöpfungsketten im Sinne von Ökonomie, Ökologie sowie soziale Belange – in allen Branchen und global ausgerichtet; Nachhaltigkeit als Wachstumsstrategie; Nachhaltigkeit zu bestehenden Geschäftsmodellen; Management von Risiken, die durch die schnellen globalen Veränderungen entstehen."[147]

---

[145] www.sustainability.com (Stand: 23.06.2011).

[146] www.borderstep.de (Stand: 23.06.2011).

[147] www.atkearney.de/content/servicekompetenz/servicekompetenz.php/practice/nachhaltig keit (Stand: 23.06.2011).

Hinzu kommen spezialisierte Beratungen, deren Angebotsportfolio ausschließlich
Nachhaltigkeitsthemen beinhaltet. Von vornherein als Beratungen für die gesellschaftliche Verantwortung von Unternehmen gegründet, betonen sie nicht nur den
unternehmerischen, sondern auch den gesellschaftlichen Nutzen ihrer Dienstleistungen. In ihren Selbstbeschreibungen geht es ihnen nicht nur um das Stiften eines wirtschaftlichen Nutzens für ihre Kunden, sondern gleichzeitig darum, Unternehmen
dazu zu befähigen, die gesellschaftlichen Erwartungen, die an sie gestellt werden,
besser zu erfüllen. So beschreibt die Firma *akzente* das Verständnis ihrer strategischen Beratung wie folgt:

> „Nachhaltigkeit bzw. CR heißt Risiken im Kerngeschäft zu managen und bestehendes Ge-
> schäft zu sichern. Die Kür ist der Ausbau des Zukunftsgeschäfts gemäß den Megatrends
> der Nachhaltigkeit sowie gesellschaftlicher Erwartungen. Ausgangspunkt für eine Strate-
> gie, die Geschäft und Gesellschaft vereinbart, ist die Einsicht, dass es neuer Lösungen
> bedarf. Wir helfen Ihnen, das komplexe Geflecht gesellschaftlicher Anforderungen an Sie
> zu sortieren und Herausforderungen im Kerngeschäft zu analysieren. Auf dieser Basis er-
> arbeiten wir mit Ihnen eine Strategie, die zu Ihrem Unternehmen passt und es im Bereich
> Nachhaltigkeit/CR nicht nur sprachfähig, sondern auch handlungsfähig macht."[148]

Durch die regelmäßigen Kooperationen mit ihren Kunden in nachhaltigkeits- oder
CR-bezogenen Beratungsprojekten koordinieren Strategie- und Managementberatungen branchenübergreifend die Entscheidungen ihrer Kunden. Auch wenn die Einhaltung ihrer Empfehlungen durch die beratenen Unternehmen letztlich nicht gewiss
ist, so kann man doch davon ausgehen, dass allein durch den Expertenstatus des Be-
raters eine gewisse Homogenisierung der unterschiedlichen Unternehmenspraktiken
stattfindet (vgl. NÖLKE 2005: 6). Ein Beispiel dafür ist die von Beratern induzierte
Verbreitung bestimmter Strategieinstrumente im Bereich des Nachhaltigkeitsmanagements. Sogenannte Wesentlichkeitsanalysen, mit deren Hilfe Unternehmen ihre
geschäftliche und gesellschaftliche Exposition in Bezug auf ein Set an ausgewählten
Nachhaltigkeitsthemen einschätzen und entsprechende strategische Maßnahmen
ableiten können, sind mittlerweile Standard. Der damit einhergehende normalisierende und gesellschaftlich relevante Effekt besteht nicht schon in der bloßen Anwendung des Instruments, sondern in der Tatsache, dass es gesellschaftliche Erwartungen, die an Unternehmen gestellt werden, mit ins Kalkül zieht und damit die
Differenz, die das Unternehmen in der Gesellschaft macht, wieder in das Unternehmen hineinholt.

(3) Eines der größten Betätigungsfelder für Dienstleister in den hier untersuchten Feldern von Nachhaltigkeit und Corporate Responsibility stellt die *Kommunikationsberatung* dar. Nicht wenige Agenturen für Unternehmenskommunikation,

---

148 http://akzente.de/template/leistungen.php?lev1_id=2&lev2_id=5 (Stand: 23.06.2011).

Public Relations oder Werbung hatten in den vergangenen Jahren ein gutes Auskommen dank der Zunahme der gesellschaftlichen Kommunikation über Nachhaltigkeitsthemen. Durch die von ihnen entworfenen Kommunikationskampagnen für Unternehmen sind „grüne" Themen heute omnipräsent. Es gibt kaum mehr ein Unternehmen, das nicht in irgendeiner Form zu Fragen der Nachhaltigkeit und Unternehmensverantwortung kommunikativ Stellung bezieht. Allein schon aus Ressourcengründen greifen sie dafür auf die Kompetenzen und die Dienstleistungen von Kommunikationsberatungen zurück. Entsprechend groß ist deren Einfluss auf die Verbreitung der Nachhaltigkeitssemantik im Wirtschaftssystem. Besondere Multiplikations- und Standardisierungseffekte hat in diesem Zusammenhang die Erstellung und Publikation von Nachhaltigkeitsberichten, in denen Unternehmen – in der Regel entlang der Richtlinien der GRI – Rechenschaft über ihre Nachhaltigkeitsleistungen ablegen. Spezialisierte Berichtsagenturen übernehmen dies für eine Vielzahl von Kunden und erzeugen dadurch Mimikry-Effekte. Zugleich tragen Rankings über den Wettbewerbsmechanismus dazu bei, dass diese Nachhaltigkeitsberichte immer professioneller und transparenter werden. So bewertet etwa das aller zwei Jahre vom deutschen Rat für nachhaltige Entwicklung beauftragte Ranking der besten Nachhaltigkeitsberichte nicht die Performance von Unternehmen, sondern die Transparenz mit der sie über ein festgelegtes Set an Nachhaltigkeitsindikatoren berichten.[149] Auch wenn die Veröffentlichung von Nachhaltigkeitsberichten in den meisten Ländern nach wie vor freiwillig ist, hat sie sich – nicht zuletzt über die Geschäftstätigkeit und -tüchtigkeit spezialisierter Kommunikationsberatungen – zu einem Standard im Wirtschaftssystem entwickelt.

(4) Um die Glaubwürdigkeit solcher Nachhaltigkeitsberichte und anderer Verlautbarungen von Unternehmen in diesem Zusammenhang sicherzustellen, hat sich die *Prüfung und Auditierung* von Unternehmen im Bereich von CR und Nachhaltigkeit als ein wichtiger Beratungszweig etabliert. Seit etwa einem Jahrzehnt lässt sich auch im Nachhaltigkeits- und Umweltkontext eine veritable „Audit Explosion" (POWER 1994) beobachten. Unternehmen lassen sich durch Wirtschafts-, Qualitäts- oder Umweltprüfungsgesellschaften auf die Einhaltung von Umweltmanagementstandards hin untersuchen und die Ergebnisse entsprechend zertifizieren. Insbesondere der durch die überbordende Unternehmenskommunikation zu Nachhaltigkeits-

---

[149] Die geschäftsunterstützende Wirkung, die solche Rankings für sie haben können, haben auch die Kommunikationsberatungen erkannt und damit begonnen, vergleichbare Wettbewerbe selbst ins Leben zu rufen. So hat etwa die Kommunikationsberatung Kirchhoff Consult AG im Jahr 2005 das „Good Company Ranking" ins Leben gerufen, in dem die „nachhaltige Unternehmensführung der größten Unternehmen Europas" bewertet und verglichen wird. Basis dieses Rankings sind die Websites und Nachhaltigkeitsberichte der bewerteten Unternehmen.

themen zunehmende Vorwurf des „Greenwashings" hat Prüfungsgesellschaften auf den Plan gerufen, deren Aufgabe es ist, die Korrektheit der in den Nachhaltigkeits- berichten publizierten oder als Produkteigenschaften deklarierten Informationen zu bescheinigen. Das hat zur Folge, dass Produktkategorien, Managementpraktiken oder ganze Unternehmenseinheiten mit Nachhaltigkeitslabeln versehen, durch ent- sprechende Zertifikate als verantwortungsvoll ausgewiesen oder mit Hilfe von Ent- sprechenserklärungen durch die Auditierer als nachhaltig gelobt werden. Folgt man der Argumentationslinie von POWER (1994: 301), dann vertraut die gesellschaftliche Kommunikation eher den Auditoren als den Auditierten. Für Unternehmen wird es deswegen attraktiv, entsprechende Dienstleistungen einzukaufen und sich damit Le- gitimität und Vertrauen zu verschaffen. Denn Auditierer bringen einen „Schatten von Hierarchie" in den marktlichen Kooperationsprozess ein, da ihre Dienstleistungen in großen Teilen staatlichen Regulierungen unterliegen. Das macht ihre Feststellungen zur Nachhaltigkeitsqualität bestimmter Managementpraktiken von Unternehmen oder Produkte zu einem belastbareren Kommunikationsinhalt. Auch wenn es sich dabei um eine radikale Vereinfachung von Komplexität handeln mag, so hat dies doch reale, d. h. normalisierende Effekte für die Nachhaltigkeitssemantik im Wirt- schaftssystem. Denn was geprüft ist, gilt als real – jedenfalls als „wirklicher" als bloße Selbstbeschreibungen von Unternehmen. Dann kann vertrauensvoll an sie an- geknüpft, und die Nachhaltigkeitskommunikation unter eindeutigeren Prämissen fortgesetzt werden.

(5) Implementierte, kommunizierte und geprüfte Nachhaltigkeitsmanagement- systeme sowie deren unternehmens- und produktseitigen Ergebnisse unterliegen auf dem Markt dann nicht nur einer Bewertung durch die Kunden, sondern werden vor allem in Form von *Ratings* erneut durch Dienstleistungsfirmen professionell be- wertet. Diese werden in der Regel von Banken oder Investmentfirmen beauftragt, für sie Anlageentscheidungen auf der Basis von Nachhaltigkeitskriterien vorzuberei- ten oder selbst zu treffen. Nachhaltigkeit wird dadurch zu einem entscheidenden Faktor für den Kapitalzugang von Unternehmen. Wie bereits in Kapitel 6 gezeigt wurde, nimmt die Zahl der Investitions- und Finanzierungsentscheidungen, die nach Nachhaltigkeitskriterien getroffen werden, kontinuierlich zu. Insofern haben Rating- Agenturen den vermutlich größten strukturellen Einfluss auf die Nachhaltigkeits- semantik im Wirtschaftssystem. Sie fällen ihre Entscheidungen vor allem auf der Basis von Fragebögen, die die Unternehmen beantworten und dadurch sowohl inner- halb einzelner Branchen als auch industrieübergreifend Homogenisierungseffekte erzeugen. Denn die Unternehmen bekommen ein vergleichbares Set an Fragen ge- stellt. Die Ratings der größten und wichtigsten Agenturen operationalisieren damit ähnlich wie die GRI das Nachhaltigkeitsverständnis der Unternehmen und führen dazu, dass Unternehmenspraktiken so ausgerichtet werden, dass sie eine bessere Be-

antwortung der gestellten Fragen, aber auch eine bessere Leistungsbewertung durch die Analysten gestatten. Da diese durch den Einfluss auf das (potentiell) verfügbare Kapital für Unternehmen unmittelbare Zahlungsrelevanz besitzen, haben Ratingagenturen einen nicht hoch genug einzuschätzenden Multiplikationseffekt für die Nachhaltigkeitssemantik und die damit verbundenen CR-Aktivitäten von Unternehmen.

Jenseits dieser fünf grundlegenden und sich vielfach überschneidenden Dienstleistungen bieten Professional Service Firms viele weitere Nachhaltigkeitsservices an, die zur Vervielfältigung entsprechender Wirtschaftspraktiken und einer weiteren Verstärkung der Moralisierung der Märkte beitragen. Dazu gehören unter anderem Mediationen und Trainings, Technologietransfers und Innovationsberatung, Produkttests und Lebenszyklusanalysen. Haben die Professional Service Firms ihre Arbeit erledigt, hinterlassen sie häufig fruchtbaren Boden für eine weitere Verbreitung entsprechender Praktiken zwischen den beratenen Unternehmen: Dann entstehen Produktionskooperationen zur Entwicklung nachhaltigerer Produkte oder Geschäftsmodelle und Unternehmen beginnen damit, ihre Zulieferer dazu anzuhalten, die gleichen Nachhaltigkeitsstandards zu erfüllen wie sie selbst.

> "In general, CSR firms are prominent agents in the expansion of the scope and agenda of CSR standards. In line with their commercial interests, CSR firms seek to expand both the range of companies developing CSR policies as well as the range of CSR activities that multinational firms employ. Second, as coordination service providers, CSR firms create normative cohesion both on the level of industry as well as inside production chains. At the level of industry the tools promoted by them stimulate gathering of and interaction between multinationals in the employment of CSR standards. Inside production chains, CSR firms through their application of CSR standards in training, consultancy and monitoring create coherence in policies among the functionally independent units involved in production. Third, CSR firms stimulate substantial convergence in policies and practices of multinational companies employing CSR policies, as their provision of service leads to diffusion of common methods to code of conduct writing, implementing, monitoring and reporting inside and across sectors of industry. Fourth, inside the firm, we see that CSR firms may support CSR staff on company level to promote the CSR agenda across the organization. As management literature argues, managers may use outside expertise to strengthen or add support for particular policies. This is the case with CSR managers of lead firms, who can use the products that CSR firms offer to advance their position vis à vis peers." (FRANSEN/ MERK 2007: 18)

Die strukturellen Effekte, die Professional Service Firms auf die Nachhaltigkeitssemantik und die CR-Programme von Unternehmen haben, bestehen insofern vor allem in der Verbreitung und Homogenisierung von CR-Aktivitäten, der Operationalisierung und Definition dahinter liegender Nachhaltigkeitsinterpretationen sowie der Normalisierung der Nachhaltigkeitssemantik und CR-Programme innerhalb von Organisationen.

9 Resümee

(1)

Das Konzept der „nachhaltigen Entwicklung" bemüht sich durch die Reduktion gesellschaftlicher Freiheitsgrade um die dauerhafte Forsetzung der mit dem Übergang zur funktional differenzierten Gesellschaft eingeleiteten sozialen Entwicklungs- und Wachstumsdynamiken. Beide Ziele – Limitation und Expansion – stehen miteinander nicht in Widerspruch, sondern bringen einen gesellschaftlichen Integrationsmodus hervor, der nicht auf die Zusammenführung mehrerer Teile in ein Ganzes oder die Umsetzung bestimmter Konsensvorstellungen gerichtet ist, sondern sich am Verhältnis zwischen der modernen Gesellschaft und ihrer inneren wie äußeren Umwelt abarbeitet, ohne dabei eine Einheits- oder Einigkeitsperspektive einzunehmen. Nachhaltigkeit integriert die Gesellschaft nicht, indem sie ihr homogene Normen oder Werte einschreibt, sondern allein durch die Bereitstellung einer nach dem Kriterium der Zukunftsfähigkeit geordneten Umwelt gesellschaftlicher Teilbereiche. Sie trägt dazu bei, dass die Zukunft autopoietischer Systeme für diese selbst (wieder) relevant wird. Denn im Zuge gesellschaftlicher Evolution haben diese Systeme ihre eigene Reproduktionsrationalität ohne Rücksicht auf die Umwelt in einer Weise überdreht, in der der nächste Schritt typischerweise wichtiger ist als eine ferne Zukunft, die aus der Perspektive des Systems ohnehin nur erreichbar ist, wenn es seine Autopoiesis in der Aktualität jeder Operation fortsetzt. Das Leitbild einer nachhaltigen Entwicklung nimmt demgegenüber die gesamtgesellschaftliche Evolution in den Blick und organisiert die teils entgegengesetzten teilsystemischen Rationalitäten miteinander. Nachhaltigkeit kann insofern als Integrationsmodus einer Gesellschaft verstanden werden, deren Ganzes nicht ontologisch bestimmbar ist, sondern in der Einheit der Differenz zwischen System und Umwelt besteht.

Nachhaltigkeit wirkt an den Differenzen, die soziale Teilbereiche für ihre innergesellschaftlichen, ökologischen und psychologischen Umwelten bedeuten, sorgt dabei aber nicht für eine Auflösung dieser Unterscheidungen, sondern für den Re-entry der jeweiligen Umwelten in die Teilsysteme. Insofern ist Nachhaltigkeit systemrelativ zu verstehen: Es gibt nicht die eine Nachhaltigkeit, sondern eine Vielzahl nachhaltiger Entwicklungen. Auch deswegen muss Nachhaltigkeit funktional, als Vehikel der eigenen Ausdifferenzierung sozialer Systeme, und nicht normativ verstanden werden. Es kann ihr nicht darum gehen, Widersprüche in Konsens zu verwandeln. Vielmehr muss sie mit der Vielfalt denkbarer Entwicklungen umgehen. Diese können zwar miteinander in Konflikt geraten, gerade diese Konflikte sind es aber, die über ihre gemeinsame Bezugnahme auf die „Konsensfiktion" der Nachhaltigkeit das Prozessieren von Differenzen, d. h. die Entwicklungsdynamiken der funktional differenzierten Gesellschaft, weiterhin ermöglichen und dabei teilbereichsübergeifende, emergente Effekte entfalten können. Diese Emergenz ist zwangsläufig globaler Natur, da sich die moderne Gesellschaft nur noch als Weltgesellschaft denken lässt, in der an öffentlich thematisierte Fragen der Nachhaltigkeit beliebig, d. h. ohne räumliche Einschränkungen, kommunikativ angeschlossen werden kann. Im Zuge der sich auf diese Weise entgrenzenden Sozialzusammenhänge stellt sich die Selbstbeobachtung und -beschreibung der Gesellschaft von Einheit auf Vielfalt und von Identität auf Kontingenz um. Die in der Umwelt gesellschaftlicher Funktionssysteme wirksam werdenden Differenzen interessieren dann nicht mehr so sehr im Hinblick auf ihre Vergangenheit oder ihren Ursprung, sondern vor allem hinsichtlich ihrer Folgen für die Zukunft.

Diese Zukunft ist ungewiss, durch die evolutionär bedingte Selbstgefährdung der expandierenden Gesellschaft aber jedenfalls prekär. Die Nachhaltigkeitssemantik begegnet der mit dieser Kontingenz verbundenen Herausforderung durch die Integration zeitlicher Differenzen in Form einer Einschränkung von aktuellen Freiheitsgraden zugunsten zukünftiger. Sie sorgt für den Re-entry der von der Gegenwart unterschiedenen Zukunft ins Jetzt und übersetzt künftige Kontingenzen in aktuelle. Damit macht sie die Zukunft vermeintlich disponibel und fordert als Eigenleistung der Gesellschaft diese zur Aushandlung ihres eigenen Schicksals mit sich selbst heraus.

(2)

Jede Bemühung um eine nachhaltige Entwicklung muss daher von Vornherein als ein Prozess gesellschaftlicher Selbststeuerung verstanden werden, der die Zukunft irgendwie zu normieren versucht. Weder über die zu beobachtende Moralisierung von Nachhaltigkeit, noch auf dem Wege eines tradierten Regulierungs- oder Steuerungsverständnisses lässt sich eine solche Normierung aber erreichen. Sie lässt sich tatsächlich überhaupt nicht erreichen, denn die Transformation zukünftiger in aktuelle Kontingenzen ist bereits an sich kontingent. Da soziale Systeme nicht mechanistisch, sondern sinnbasiert funktionieren, wird sich nie zweifelsfrei vorhersagen lassen, welche Folgen eine Entscheidung der Gegenwart in der Zukunft haben wird. Es findet in der modernen Gesellschaft vielmehr eine Dynamisierung des Wissens statt, die jedes ontologisch motivierte Nachhaltigkeitsverständnis im Sinne eines zu definierenden Ziels gesellschaftlicher Entwicklung als absurd entlarvt. Was heute zutrifft, muss nicht auch morgen Geltung haben. Was heute „nachhaltig" ist, muss es nicht auch morgen noch sein.

Der Versuch einer normativen Integration von Gegenwart und Zukunft ist deswegen zwangsläufig unterkomplex, auch wenn die Nachhaltigkeitssemantik selbst von der Form moralischer Kommunikation, in die sie in der Regel gekleidet wird, profitiert. Denn dadurch bekommt sie einen persuasiven Charakter, dem sich gesellschaftlich kaum entzogen werden kann. Es lassen sich keine positiv anschlussfähigen Gründe formulieren, mit denen die von der Nachhaltigkeitssemantik gesetzten Werte oder „inviolate levels" zurückgewiesen werden könnten, denn diese Werte sind eine Antwort auf die der Nachhaltigkeitskommunikation zugrundeliegenden Angstthemen, deren kommunikative Thematisierung in keinem System ausgeschlossen werden kann. Nachhaltigkeit wird so zum modernen Apriori, das in allen sozialen Systemen anschlussfähig ist. Es löst zwar an sich noch keine Probleme, hilft aber, diese Probleme in die Selbstbeschreibung der Gesellschaft aufzunehmen.

Eine solche Selbstbeschreibung der Gesellschaft aus ihren eigenen Gefährdungen heraus ist allein noch keine hinreichende, aber immerhin die notwendige Voraussetzung für den Versuch einer regulierenden Bearbeitung dieser Risiken. Allerdings muss dafür ein Steuerungsverständnis, mit dem im Nachhaltigkeitskontext sinnvoll operiert werden kann, ebenfalls von Identität auf Kontingenz und von Einheit auf Vielfalt umgestellt werden. Was für die Zukunft gut ist, kann heute allenfalls wahrscheinlich gewusst werden, und wie die Operationen eines Systems in seiner Umwelt weiterwirken, liegt nicht in der Hand des operierenden oder „steuernden" Systems, sondern allein in der Hand der nicht regulierbaren, sondern höchstens „irritierten" Umwelt. Überdies ist mit Nachhaltigkeit in der polykontexturalen Gesellschaft nicht nur ein einziges Steuerungsproblem verbunden, sondern eine Vielzahl von Regulierungsherausforderungen, die jeweils nur an den Stellen sinnvoll bearbeitet werden können, wo sie entstehen und wo Nachhaltigkeit gezielt in *eigene* Strukturen eingebaut und dadurch erst dauerhaft wirksam werden kann. Insofern muss ein nachhaltigkeitskompatibles Steuerungsverständnis darauf verzichten, Steuerung auf ein (nicht mehr mögliches) Verstehen der Welt zu gründen und sich stattdessen an systemspezifischen Erwartungsstrukturen orientieren. Das heißt, dass vor allem die Kommunikation zwischen Steuerungssubjekt und Steuerungsobjekt fokussiert werden muss. Denn in der Herstellung wechselseitiger Annahmen über künftige (Re-)Aktionen zwischen beiden besteht der erfolgversprechendste Effekt der Steuerung einer nachhaltigen Entwicklung. Durch sie entstehen Erwartungsstrukturen, die komplementäre Annahmen über künftige Kommunikationen aufbauen und gesellschaftliche Kontingenz durchbrechen, indem sie ein gewisses Maß an Ordnung in das Chaos der prinzipiell beliebigen, d.h. kontingenten Entwicklungsmöglichkeiten der Gesellschaft bringen.

(3)

Die Nachhaltigkeitssemantik durchbricht diese Kontingenz, indem sie die Gesellschaft für bestimmte Sinnangebote empfindlich macht und die Beliebigkeit anderer Zugriffe auf die Welt und deren Selbstgefährdungen reduziert. Sie liefert ein Sinnschema, mit dem ereignishaft vorliegende Geschehnisse und Beobachtungen interpretiert, geordnet und miteinander in einen Zusammenhang gebracht werden können – und zwar unter dem Aspekt der dauerhaften Aufrechterhaltung der Entwicklungsfähigkeit gekoppelter sozialer, ökologischer und psychischer Systeme. Die Selbstgefährdungen, auf die sie reagiert, sind Phänomene mehrfacher Kontingenz. Mit Prozessen der Globalisierung und Differenzierung nehmen unterschiedliche Kontingenzlagen (systemische, soziale, ökologische und temporale) in einem Umfang zu, der sich nicht mehr positiv, d.h. nach susbstantiell definierten Kriterien normativ-ontologisch integrieren lässt.

Die wachsende Selbstüberforderung der Weltgesellschaft mit Kontingenz lässt zwar scheinbar keinen Spielraum mehr für Integration, verlangt aber nach Mechanismen, an denen sich die gesellschaftliche Entwicklung bei aller Selbstüberforderung noch orientieren kann. Mit der Nachhaltigkeitssemantik hat die Gesellschaft eine solche „Kontingenzformel" entwickelt. Sie integriert negativ, da sie nicht mit dem Verweis auf einen positiv gegebenen Wertbestand gegen Kontingenz angeht, sondern Grenzen systeminterner Belastbarkeiten definiert und dabei nur vorgibt, was nicht mehr geht. Sie nimmt eine Selektion solcher gesellschaftlicher Veränderungen vor, die das Selbstkontinuierungspotential miteinander gekoppelter natürlicher und sozialer Systeme riskieren. Mit der Nachhaltigkeitssemantik versucht sich die Gesellschaft insofern gegen Veränderungen zu immunisieren, die eine Überlastung mit Kontingenz bedeuten würden.

Gleichzeitig wird die Nachhaltigkeitssemantik aber auch gerade für Forderungen nach Veränderungen instrumentalisiert. Soziale Bewegungen nutzen sie, um ihrem Protest Ausdruck zu verleihen und gegen ein Erstarren von Strukuren anzugehen, die einer nachhaltigen Entwicklung als abträglich gelten. Sie kommen für die Formulierung ihres Widerspruchs an der Nachhaltigkeitssemantik kaum vorbei, da diese die negativen Konsequenzen der funktionalen Differenzierung, die ursächlich für die Entstehung ganz unterschiedlicher Protestbewegungen sind, auf einen anschlussfähigen Begriff bringt. Ob man sich nun gegen die Benachteiligung von Frauen, den Klimawandel oder synthetische Geschmacksverstäker in Lebensmitteln wendet, immer kann man sich auf das Sinnangebot der Nachhaltigkeit beziehen. Auch der von sozialen Bewegungen in diesem Zusammenhang artikulierte Widerspruch wirkt integrativ, weil er gegenüber den unterschiedlichsten Systemdynamiken die Position des ausgeschlossenen Dritten einnimmt. Er wendet sich

gegen die rigorose Differenz der binären Codierungen funktionaler Teilbereiche
der Gesellschaft, indem er deren blinde Flecke zur Sprache bringt und wieder in sie
einführt. Die so bewirkte Integration ist ebenfalls negativ. Denn soziale Bewegungen formulieren zwar ihren Widerspruch zu systemspezifischen Zuständen, ihr
Repertoire bleibt aber auf eine moralisierende Kritik beschränkt, die an den vorhandenen Zuständen selbst zunächst nichts ändert, weil sie selbst nicht unmittelbar
auf die vorhandenen Strukturen durchgreifen kann, sondern dort auf Resonanz angewiesen ist.

Während der Protest in seiner Verwendung der Nachhaltigkeitssemantik nach
Entdogmatisierungen und Veränderungen verlangt, soll die durch die gleiche Semantik mögliche Kontingenzbewältigung gerade für die Vermeidung von Veränderungen und die Stabilisierung vorhandener Strukturen sorgen. Die Nachhaltigkeitssemantik ist insofern eine Sozialtechnik, die Reversibilität mit Irreversibilität
kombiniert (FUCHS 2008: 10). Mit ihrer Hilfe richtet die Gesellschaft ein doppeltes
Nein gegen sich selbst: Während sich das Gesellschaftssystem mit Hilfe des Widerspruchs im Protest gegen ein Erstarren in bewährten Strukturen zu schützen versucht, immunisieren Kontingenzformeln das System mit Hilfe von Widersprüchen
gegen Widersprüche und die mit ihnen intendierten Veränderungen. Dass sich
die Nachhaltigkeitssemantik gleichermaßen für beide Zwecke eignet, verdeutlicht
die mit ihr verbundene „Konsensfiktion". Sie konstruiert ein Immunsystem, das die
Gesellschaft vor strukturellen Gefährdungen schützt, indem sie der gesellschaftsexternen Umwelt ein Vehikel bereitstellt, um gesellschaftsintern systematisch zur
Geltung zu kommen, und zugleich dafür sorgt, dass darüber die systemischen Rationalitäten des Gesellschaftssystems in ihrer Autopoiesis nicht gefährdet werden.

(4)

Wie erfolgreich die Nachhaltigkeitssemantik dabei ist, entscheidet sich erst auf der
strukturellen Gesellschaftsebene. Während ihre Integrationsleistung auf semanti-
schem Niveau darin besteht, dass sie Ereignisse vorübergehend unter dem Aspekt
der Zukunftsfähigkeit miteinander verbundener Systeme koppelt und dadurch bestimmt, wie über gesellschaftliche Selbstgefährdungen kommuniziert wird, muss die
Nachhaltigkeitssemantik, um strukturell wirksam zu werden, auch in den Vorgeschichten und Konsequenzen einzelner Ereignisse wirken. Mit anderen Worten: Die
Nachhaltigkeitssemantik muss sich auf die Erwartungen in den Funktionssystemen
auswirken und dadurch sicherstellen, dass Themen nicht nur momenthaft unter der
selben Konsensfiktion kommunikativ verhandelt werden, sondern auch dauerhaft in
den operativen Anschlüssen von Ereignissen wirksam bleiben. Aufgrund der zirku-

lären Beziehung und evolutionären Verknüpfung zwischen semantischer und struktureller Gesellschaftsebene bedeutet der Durchbruch der Nachhaltigkeitssemantik als Selbstbeschreibung der Weltgesellschaft, dass sie sich auch strukturell niederschlägt. Ihre moralische und durch Angstthemen angeleitete Kommunikationsform macht sie zur schematisierten Dauerirritation der Gesellschaft, die dadurch zu Eigenschematisierungen in den Teilsystemen angeregt wird. Dabei handelt es sich um systemspezifische Sekundärcodes, die innerhalb von Programmen, d. h. innerhalb der Codeanwendungs- und Entscheidungsregeln von Systemen, dazu führen, dass bestimmte Operationsformen erinnert und wiederverwendet werden können, ohne das System wie im Fall des Primärcodes darauf festzulegen, wie mit dem Schema zukünftig umzugehen ist oder welche Anschlussoperationen aus seiner Anwendung resultieren müssen. Eigenschematisierungen von Systemen, die auf die Nachhaltigkeitssemantik reagieren, sorgen für die dauerhafte Aufrechterhaltung der mit ihnen verbundenen Irritationen. Das Schema nimmt dann die Form eines Präferenzcodes (nachhaltig/nicht-nachhaltig) an, der im System beliebig interpretiert und implementiert werden kann. Insofern als Strukturen selbst von einer dynamischen Stabilität, d. h. der Kombination von festen Ereignisketten und optionalen Selektionen, gekennzeichnet sind, haben sie beliebig viele Möglichkeiten, eine Nachhaltigkeitslogik irgendwo auf dem Spektrum zwischen Reversibilität (Dynamik) und Irreversibilität (Stabilität) in sich selbst einzubauen.

Da mit Nachhaltigkeit aber in jedem Fall ein Re-entry zwischen System und Umwelt verbunden ist, werden zwangsläufig systemfremde Kriterien in die Entscheidungen derjenigen sozialen Systeme eingeführt, die solche Eigenschematisierungen vornehmen. Das wiederum führt zu gesellschaftsweiten Lernprozessen, die sich an den Selbstgefährdungen der Weltgesellschaft orientieren und entsprechende Anpassungen innerhalb sozialer Systeme notwendig werden lassen.

(5)

Diese Anpassungen stellen sich als gesellschaftliche Selbststeuerungsprozesse dar, die im Wechselspiel zwischen Irritationen in der Umwelt und Eigenschematisierungen im System stattfinden. In diesem dynamischen Verhältnis bauen sich komplementäre Erwartungsstrukturen innerhalb und zwischen Systemen auf, die sich permanent verändern und zunächst unkoordiniert vorliegen. Dadurch entsteht eine emergente gesellschaftliche Ordnung, auf die kein einzelnes System unmittelbar zugreifen kann. Der daran anschließende Versuch, Erwartungen im Sinne einer zielgerichteten, nachhaltigen Entwicklung dennoch miteinander zu koordinieren, lässt sich als Governance beschreiben und als die Kombination von Koordinations- und

Kooperationsprozessen verstehen, die sich durch inter- und intrasystemische Kopplungen vollziehen und auf eine Absorption von Unsicherheit und Kontingenz zielen. Dafür nutzen sie einerseits die Integrationspotentiale semantisch vorgeprägter, intersystemischer Diskurse und erzeugen andererseits Entscheidungen, d. h. strukturell folgenreiche Kommunikationen, die sich wechselseitig aufeinander beziehen und immer weitere Folgeentscheidungen hervorbringen.

Kommunikativ basierte Selbststeuerungsprozesse in der Form intersystemischer Diskurse vollziehen sich im Modus der Ko-Evolution einander voraussetzender Systeme. Über ihre strukturellen Kopplungen organisieren sie ihre Selbstanpassungen an diejenigen Umweltbedingungen, gegenüber denen sie sich ermöglichen. Indem sie Eigenschaften ihrer Umwelt voraussetzen, passen sie ihre eigenen Erwartungsstrukturen gegenüber dieser Umwelt an. Soweit innerhalb und zwischen den Funktionssystemen mit Hilfe der Nachhaltigkeitssemantik Sinn kommunikativ neu geordnet wird, verändert sich auch die Umwelt jedes Funktionssystems. Es finden Variationen statt. Diese werden in der Evolution gesellschaftlicher Teilsysteme jeweils unterschiedlich selektiert und dadurch für deren Umwelt wiederum zu Variationen, die ihrerseits unter der Nachhaltigkeitssemantik weiterverarbeitet werden müssen. Auf diese Weise entsteht ein emergenter, intersystemischer Nachhaltigkeitsdiskurs als gesamtgesellschaftlicher Rationalitätshorizont, an den die teilsystemspezifischen Kommunikationen gekoppelt bleiben.

Strukturell zur Geltung gebracht wird dieser Diskurs im Rahmen von Entscheidungen. Durch sie entsteht in Systemen überhaupt erst das, was sich als Dauer oder Nachhaltigkeit beobachten lässt, denn sie verwandeln Kontingenzen in (temporär) brauchbare (Entscheidungs)Sicherheiten. Gesellschaftliche Entwicklung ist deswegen auf Entscheidungen angewiesen – und damit auch auf Organisationen, die als einizige soziale Systeme Entscheidungen treffen können. Die Art und Weise wie diese Entscheidungen getroffen werden, lässt sich als Management bezeichnen. Da Organisationen über ihre operativen und strukturellen Kopplungen untereinander und mit mehreren Funktionssystemen gleichzeitig verbunden sind, kommt ihnen und dem Management der von ihnen produzierten Entscheidungen ein zentrales Integrationsmoment für die Gesellschaft zu. Die Form des Managements in Organisationen, d. h. die Betonung von eher losen oder festen Kopplungen zwischen einzelnen Entscheidungen, hat in erheblichem Maße Auswirkungen auf Veränderungen in den Funktionssystemen der Gesellschaft. Ein Management, dem es nicht nur gelingt, die Differenz, die es in seiner gesellschaftlichen Umwelt erzeugt, wieder in sich einzuführen, sondern das auch den Re-entry, den die Gesellschaft ihrer natürlichen Umwelt gewährt, in sich selbst hineinzuholen, kann deswegen als entscheidendes Vehikel für die strukturelle Wirksamkeit der Nachhaltigkeitssemantik gelten. Wenn sich solche Managementformen etwa im Rahmen von Kooperationen über unterschied-

liche Organisationen hinweg verbinden, entstehen Multiplikations- und Anpassungs-
effekte, die ganze organisationale Felder verändern können.

(6)

Die Nachhaltigkeitssemantik führt im Wirtschaftssystem dazu, dass es sich nicht
mehr auf eingeübte Erwartungen verlassen kann. Konsummuster und Verbraucher-
interessen verändern sich vor dem Hintergrund der gesellschaftsweiten Thematisierung ökologischer und sozialer Krisenwahrnehmungen. Das ökonomische Kalkül
geht deswegen nicht mehr ohne Weiteres auf, denn mit der Nachhaltigkeitssemantik
legt sich ein Sekundärschema hinter die Logik von Zahlung und Nicht-Zahlung,
das auf eine Berücksichtigung von wirtschaftsfremden Aspekten in diesem binären
Code zielt.

Wirtschaftliche Kommunikationsstrukturen sind eingebettet in übergeordnete
Kommunikationszusammenhänge. Beide müssen miteinander kompatibel sein, wobei diese Kompatibilität nur als Selbststeuerung des Wirtschaftssystems im Sinne
einer Anpassung eigener Kommunikationen hergestellt werden kann. Weder die
Wirtschaft noch ein anderes Funktionssystem hat die Möglichkeit, auf den intersystemischen Nachhaltigkeitsdiskurs Einfluss zu nehmen und ihn in seinem Interesse
zu manipulieren. Denn abgesehen davon, dass soziale Teilsysteme nicht in der Lage
sind, für sich selbst bzw. mit einer einheitlichen Selbstbeschreibung oder Interes-
sensdefinition zu kommunizieren, stellt die Nachhaltigkeitssemantik eine emergente Selbstbeschreibung der Gesellschaft dar, die für einzelne Systeme oder eine gezielte Einflussnahme unerreichbar bleibt. Insofern hat das Wirtschaftssystem gar
keine andere Wahl als seine eigenen Rationalitätserwägungen umzuprogrammieren
und eng mit der Nachhaltigkeitssemantik abzustimmen, denn als übergeordneter
Kommunikationszusammenhang kann sie teilsystempezifische Rationalitäten dis-
kreditieren und zugunsten der „Vernünftigkeit des Ganzen" (MARTINSEN 2004: 30)
relativieren. Was an diese Semantik nicht anschlussfähig ist, kann nicht erwarten,
weiterhin die notwendigen, systemerhaltenden Umweltbedingungen vorzufinden.
Ausdruck findet diese Entwicklung in der steigenden Zahlungsrelevanz von Nachhaltigkeitserwägungen. Ökologische und gesellschaftliche Kosten, die das Wirt-
schaftsystem in seiner Umwelt erzeugt, wurden bislang innerhalb des Wirtschaftssystems kaum durch Preise abgebildet. Das ändert sich: Emissionsrechte werden
versteigert und gehandelt, Unternehmen beginnen ihre externalisierten Kosten in
ihre Bilanzen zu internalisieren und Investitionsentscheidungen nach Nachhaltigkeitskriterien zu treffen. Das bedeutet nicht, dass ökonomische Rationalität nicht
mehr Gewinn- oder Nutzenmaximierung bedeutet. Es zeigt aber, dass Informationen

über das Verhältnis von System und Umwelt für die Einlösung dieser Rationalität relevant werden. Systemrationale Entscheidungen in der Wirtschaft sind nur noch über die Reflexion externer Kontexte möglich.

(7)

Diese Reflexionsleistung findet in Unternehmen statt, die untereinander und mit den funktionalen Teilbereichen der Gesellschaft in einer Weise vernetzt sind, dass sie auf die Nachhaltigkeitssemantik ebenfalls mit Eigenschematisierungen reagieren müssen. Dadurch wird Corporate Responsibility zum Standard im Wirtschaftssystem. Dabei handelt es sich um unternehmensinterne Entscheidungsprogramme, die für den Re-enry der Umwelt in die Organisationen sorgen. Wie diese Integration der Umwelt vorgenommen wird, ist eine Frage des Managements.

Das Management von Corporate Responsibility sorgt für die Reduktion der Komplexität externer Anforderungen an Unternehmen in einem sich auf Nachhaltigkeit umprogrammierenden Wirtschaftssystem. Dabei werden über die Technik der festen Kopplung Hierarchien gebildet und Entscheidungsprozesse determiniert, um auf Basis von Kausalitätsannahmen die eigenen Auswirkungen in der Umwelt zu minimieren. Angesichts der Ambivalenz der Herausforderungen einer nachhaltigen Entwicklung sind die dabei angewandten, kausal isolierten Betrachtungen allerdings in der Regel unterkomplex. Einerseits sind sie notwendig, da angesichts der überbordenden Kontingenzbelastung der Gesellschaft andernfalls Stillstand drohte. Andererseits entwickeln sich die mit Corporate Responsibility verbundenen Managementsysteme zunehmend in eine Richtung, in der feste Kopplungen mit losen Kopplungen kombiniert werden. Das heißt, dass in die robusten Leistungserbringungs- und Entscheidungsprozesse von Unternehmen auch zunehmend die Fähigkeit zu adaptivem Lernen eingebaut wird. Erst mit diesem Schritt passen sich Unternehmen den Notwendigkeiten eines Nachhaltigkeitsmanagements wirklich an, weil erst durch die Kombination von zuverlässigen und erwartungssicheren Entscheidungen mit dem flexiblen und kreativen Umgang mit Ungewissheiten die Gleichzeitigkeit von Irreversibilität und Reversibilität in der Nachhaltigkeitssemantik auch im System der Unternehmensorganisation abgebildet werden kann.

Mit der wachsenden erwartungsbildenden Substanz der Nachhaltikeitssemantik wird Corporate Responsibility und der dokumentierbare Umgang von Unternehmen mit den Selbstgefährdungen der modernen Gesellschaft zum relevanten Wettbewerbsfaktor im Wirtschaftssystem. Unternehmen stellen deswegen ihre Selbstbeschreibungen um und weisen sich als verantwortungsvolle „Corporate Citizens" aus. Sie konkurrieren damit aber nicht mehr nur um Aufmerksamkeit, Legitimität und

Reputation, sondern auch um Marktanteile. Denn während die Nachhaltigkeitssemantik zunächst auch im Wirtschaftssystem vor allem auf einer semantischen
Ebene der Selbstbeobachtung und Selbstbeschreibung ihre Wirkungen entfaltet hat,
bringt sie nun auch strukturelle Implikationen mit sich. Entlang beider Richtungen
der Wertschöpfungskette von Unternehmen – in Richtung der eigenen Versorgung
mit finanziellen, natürlichen und personellen Ressourcen wie auch in Richtung
des Absatzmarktes – wird die Nachhaltigkeitsleistung von Unternehmen zahlungsrelevant. Nachhaltigkeit ist dadurch längst zu einem Wirtschaftsfaktor geworden,
der sich solange innerhalb der ökonomischen Rationalität weiter multiplizieren
wird, wie die Nachhaltigkeitssemantik nicht durch eine alternative gesellschaftliche
Selbstbeschreibung abgelöst wird.

Literaturverzeichnis

Akzente/Institute 4 Sustainability (2010): Stakeholder Relationship Management in Deutschland – Status Quo und Herausforderung: eine Befragung. München/Berlin

Arts, Bas (2003): Non-State Actors in Global Governance. Three Faces of Power. Max-Planck-Institute for Research on Collective Goods. Bonn

Ashby, W. Ross (1979): An introduction to cybernetics. London.

Aspers, Patrik (2006): Ethics in Global Garment Market Chains. In: Stehr, Nico; Henning, Christoph; Weiler, Bernd (Hg.): The Moralization of Markets. London.

Auberle, Anette; Wermke, Matthias (2001): Herkunftswörterbuch. Etymologie der deutschen Mannheim.

Baecker, Dirk (1988): Die Ökologie der Angst. In: Verhaltenstherapie und psychosoziale Praxis, Jg. 20, H. 3, S. 301–313.

Baecker, Dirk (1994): Postheroisches Management. Ein Vademecum. Berlin.

Baecker, Dirk (1998): Poker im Osten. Probleme der Transformationsgesellschaft. Berlin.

Baecker, Dirk (1999): Organisation als System: Aufsätze. Frankfurt am Main.

Baecker, Dirk (2003): Organisation und Management. Frankfurt am Main.

Baecker, Dirk (2006): Welchen Unterschied macht das Management? http://www.dirkbaecker.com/Management.pdf (Stand: 20.06.2011).

Baecker, Dirk (2007): Editorial. In: Revue für postheroisches Management, Jg. 1, H. 1, S. 3–4.

Baecker, Dirk (2010): Über die Verantwortung der Unternehmen In: Heidbrink, Ludger; Seele, Peter (Hg.): Unternehmertum: Vom Nutzen und Nachteil einer riskanten Lebensform. Frankfurt am Main/New York, S. 153–177.

Baecker, Dirk (i. E.): Postheroische Führung. In: Grote, Sven (Hg.): Die Zukunft der Führung.

Baraldi, Claudio; Corsi, Giancarlo; Esposito, Elena (2008): GLU. Glossar zu Niklas Luhmanns Theorie sozialer Systeme. Frankfurt am Main.

Barnard, Chester (1938): The Functions of the Executive. Cambridge (Mass.).

Bauman, Zygmunt (1992): Moderne und Ambivalenz. Das Ende der Eindeutigkeit. Hamburg.

Bechmann, Gotthard; Grunwald, Arnim (2002): Experimentelle Politik und die Rolle der Wissenschaften in der Umsetzung von Nachhaltigkeit. In: Brand, Karl-Werner (Hg.): Politik der Nachhaltigkeit. Voraussetzungen, Probleme, Chancen – eine kritische Diskussion, Berlin, S. 113–130.

Beck, Ulrich (1986): Die Risikogesellschaft. Frankfurt am Main.

Beck. Ulrich (2006): Reflexive governance: politics in the global risk society. In: Voß, Jan-Peter; Bauknecht, Dierk; Kemp, René (Hg.): Reflexive Governance for Sustainable Development. Cheltenham, S. 31–56.

Beck, Ulrich (2008): Weltrisikogesellschaft. Auf der Suche nach der verlorenen Sicherheit. Frankfurt am Main.

Beck, Ulrich; Grande, Edgar (2004): Das kosmopolitische Europa: Gesellschaft und Politik in der zweiten Moderne. Frankfurt am Main.

Becker, Egon; Jahn, Thomas (Hg.) (1999): Sustainability and the Social Sciences. A Cross-Disciplinary Approach to Integrating Environmental Considerations into Theoretical Reorientation. London.

Becker, Frank (2004): Geschichte und Systemtheorie – ein Annäherungsversuch. In: Becker, Frank (Hg.): Geschichte und Systemtheorie. Exemplarische Fallstudien. Frankfurt am Main, S. 7–28.

Beetz, Michael (2003): Organisation und Gesellschaft. Eine systemtheoretische Analyse des Verhältnisses von Organisationen zu gesellschaftlichen Funktionssystemen. Hamburg.

Beisheim, Marianne; Dingwerth, Klaus (2008): Procedural Legitimacy and Private Transnational Governance. Are the Good Ones Doing Better? SFB-Govenance Working Paper Series Nr. 14.

Beisheim, Marianne; Fuhr, Harald (Hg.) (2008): Governance durch Interaktion nicht-staatlicher und staatlicher Akteure. Entstehungsbedingungen, Effektivität und Legitimität sowie Nachhaltigkeit. SFB-Governance Working Paper Series Nr. 16.

Bendel, Klaus (1993a): Funktionale Differenzierung und gesellschaftliche Rationalität. Zu Niklas Luhmanns Konzeption des Verhältnisses von Selbstreferenz und Koordination in modernen Gesellschaften. In: ZfS (Zeitschrift für Soziologie), Jg. 22, H. 4, S. 261–278.

Bendel, Klaus (1993b): Selbstreferenz, Koordination und gesellschaftliche Steuerung. Zur Theorie der Autopoiesis sozialer Systeme bei Niklas Luhmann. Pfaffenweiler.

Benz, Arthur; Dose, Nicolai (2010): Governance – Modebegriff oder nützliches sozialwissenschaftliches Konzept? In: Benz, Arthur; Dose, Nicolai (Hg.): Governance – Regieren in komplexen Regelsystemen. Wiesbaden, S. 13–36.

Bergmann, Jörg (2004): Moralisierung und Moralisierungsdistanz. Über einige Gefahren der moralischen Kommunikation in der modernen Gesellschaft. In: Boothe, Brigitte; Stoellger, Philipp (Hg.): Moral als Gift oder Gabe? Zur Ambivalenz von Moral und Religion. Würzburg, S. 25–44.

Bleischwitz, Raimund (Hg.) (2007): Corporate Governance of Sustainability. A Co-Evolutionary View on Resource Management. Cheltenham.

BMAS (2009): Gemeinsames Verständnis von Corporate Social Responsibility (CSR) in Deutschland. URL: http://www.bmas.de/coremedia/generator/33018/property=pdf/2009 __04__28__zweites__csr__forum__anlage.pdf (Stand: 25.05.2009).

Bode, Ingo; Brose, Hanns-Georg (2001): Zwischen den Grenzen. Intersystemische Organisationen im Spannungsfeld funktionaler Differenzierung. In: Tacke, Veronika (Hg.): Organisation und gesellschaftliche Differenzierung. Wiesbaden, S. 112–140.

Bonacker, Thorsten (1997): Kommunikation zwischen Konsens und Konflikt : Möglichkeiten und Grenzen gesellschaftlicher Rationalität bei Jürgen Habermas und Niklas Luhmann. Oldenburg.

Börzel, Tanja A. (2002): Non-State Actors and the Provision of Common Goods: Compliance with International Institutions. In: Héritier, Adrienne (Hg.): Common goods. Reinventing European and international governance. Lanham, S. 159–182.

Brand, Karl-Werner (Hg.) (1997): Nachhaltige Entwicklung. Eine Herausforderung an die Soziologie. Opladen.

Brand, Karl-Werner (1997): Probleme und Potentiale einer Neubestimmung des Projekts der Moderne unter dem Leitbild „Nachhaltige Entwicklung". In: Brand, Karl-Werner (Hg.): Nachhaltige Entwicklung. Eine Herausforderung an die Soziologie. Opladen, S. 9–34.

Brand, Karl-Werner (Hg.) (2002): Politik der Nachhaltigkeit. Voraussetzungen, Probleme, Chancen – eine kritische Diskussion. Berlin.

Brand, Karl-Werner; Fürst, Volker (2002): Sondierungsstudie. Voraussetzungen und Probleme einer Politik der Nachhaltigkeit – Eine Exploration des Forschungsfelds. In: Brand, Karl-Werner (Hg.): Politik der Nachhaltigkeit. Voraussetzungen, Probleme, Chancen – eine kritische Diskussion. Berlin, S. 15–109.

Brands & Values (2007): Corporate Volunteering: Bedeutung und Perspektive. Studie No 2 – Hand in Hand: Corporate Volunteering als Instrument der Organisationsentwicklung in Deutschland. Bremen.

Brozus, Lars; Take, Ingo; Wolf, Klaus Dieter (2003): Vergesellschaftung des Regierens? Der Wandel nationaler und internationaler politischer Steuerung unter dem Leitbild der nachhaltigen Entwicklung. Opladen.

Brown, Halina S.; de Jong, Martin; Lessidrenska, Teodorina (2007): The Rise oft he Global Reporting Initiative (GRI) as a Case of Institutional Entrepreneurship. Working Paper of the Corporate Social Responsibility Initiative.

Brown, Halina S.; de Jong, Martin; Levy, David L. (2009): Building institutions based on information disclosure: lessons from GRI's sustainability reporting. In: Journal of Cleaner Production. Jg. 17, H. 6, S. 571–580.

Brühl, Tanja (2002): The Privatization of International Environmental Governance. In: Biermann, Frank; Brohm, Rainer; Dingwerth, Klaus (Hg.): Proceedings of the 2001 Berlin Conference on the Human Dimensions of Global Environmental Change "Global Environmental Change and the Nation State". Potsdam, S. 371–380.

Brühl, Tanja (2006): The privatization of governance systems: on the legitimacy of international environmental policy. In: Benz, Arthur; Papadopoulos, Yannis (Hg.): Governance and Democracy. Comparing national, European and international experiences. New York u. a., S. 228–251.

Brühl, Tanja; Debiel, Tobias; Hamm, Brigitte, et al. (Hg.) (2001): Die Privatisierung der Weltpolitik. Entstaatlichung und Kommerzialisierung im Globalisierungsprozess. Bonn.

Brühl, Tanja; Feldt, Heidi; Hamm, Brigitte, et al. (Hg.) (2004): Unternehmen in der Weltpolitik. Politiknetzwerke, Unternehmensregeln und die Zukunft des Multilateralismus. Bonn.

Brühl, Tanja; Liese, Andrea (2004): Grenzen der Partnerschaft. Zur Beteiligung privater Akteure an internationaler Steuerung. In: Albert, Mathias; Moltmann, Bernhard; Schoch, Bruno; Brock, Lothar (Hg.): Die Entgrenzung der Politik. Internationale Beziehungen und Friedensforschung. Frankfurt, S. 162–189.

Brunnengräber, Achim; Dietz, Kristina; Hirschl, Bernd; Walk, Heike (2004): Interdisziplinarität in der Governance-Forschung. Discussion paper Nr. 14/04. Zentrum Technik und Gesellschaft. Berlin.

Bull, Benedicte; Boas, Morten; McNeill, Desmond (2004): Private Sector Influence in the Multilateral System: A Changing Structure of World Governance? In: Global Governance, Jg. 2004, H. 10, S. 481–498.

Campe, Johann Heinrich (1809): Wörterbuch der deutschen Sprache. Braunschweig.

Carlowitz, Hans Carl von (1713): Sylvicultura oeconomica oder haußwirthliche Nachricht und Naturmäßige Anweisung zur wilden Baum-Zucht. Freiberg.

Caroll, Archie B.; Shabana, Kareem M. (2010): The Business Case for Corporate Social Responsibility: A Review of Concepts, Research and Practice. In: International Journal of Management Reviews, Jg. 12, H. 1, S. 85–105.

Clapp, Jennifer (1998): The Privatization of Global Environmental Governance: ISO 14000 and the Developing World. In: Global Governance, Jg. 4, H. 3, S. 295–316.

Coase, Ronald H. (1988) The Firm, the Market, and the Law. Chicago

Cochran, Philip L.; Wood, Robert A. (1984): Corporate Social Responsibility and Financial Performance. In: Academy of Management Journal, Jg. 27, H. 1, S. 42–56.

Crane, Andrew (Hg.) (2008): The Oxford handbook of corporate social responsibility. Oxford.

Cutler, A. Claire (2002): Private International Regimes and Interfirm Cooperation. In: Hall, Rodney Bruce (Hg.): The emergence of private authority in global governance. Cambridge, S. 23–42.

Cutler, A. Claire; Haufler, Virginia; Porter, Tony (Hg.) (1999): Private authority and international affairs. Albany NY.

Cutler, A. Claire; Haufler, Virginia; Porter, Tony (1999): Private Authority in International Affairs. In: Cutler, A. Claire; Haufler, Virginia; Porter, Tony (Hg.): Private authority and international affairs. Albany NY, S. 3–28.

Dashwood, Hevina S. (2006): Canadian Mining Companies and the Dissemination of Global Norms of Corporate Social Responsibility. Paper Presented at the 2006 Annual Meeting of the International Studies Association. Veranstaltung vom 2006. San Diego (22–26. März 2006).

Daub, Claus-Heinrich (2005): Globale Wirtschaft – globale Verantwortung. Die Integration multinationaler Unternehmen in den Prozess der nachhaltigen Entwicklung. Basel.

Deckmann, Thomas (2008): Zur Verantwortung von Billigfliegern, oder CSR: Aus Corporate Social Responsibility wird Consumer Social Responsibility. In: Schmidt, Matthias; Beschorner, Thomas (Hg.): Corporate Social Responsibility und Corporate Citizenship. München und Mering, S. 73–86.

Deutscher Bundestag (1998): Abschlußbericht der Enquete-Kommission „Schutz des Menschen und der Umwelt – Ziele und Rahmenbedingungen einer nachhaltig zukunftsverträglichen Entwicklung". Konzept Nachhaltigkeit. Vom Leitbild zur Umsetzung (Drucksache: 13/11200).

Dingler, Johannes (2003): Postmoderne und Nachhaltigkeit. Eine diskurstheoretische Analyse der sozialen Konstruktionen von nachhaltiger Entwicklung. München.

Dingwerth, Klaus; Pattberg, Philipp (2006): Was ist Global Governance? In: Leviathan, Jg. 34, H. 3, S. 377–399.

Drepper, Thomas (2003): Organisationen der Gesellschaft. Gesellschaft und Organisation in der Systemtheorie Niklas Luhmanns. Wiesbaden.

Drucker, Peter (1969): Management's new role. What are the big tasks waiting for management today that require both new theories and new practices. In: Harvard Business Review, H. Nov–Dec, S. 49–54.

Dubielzig, Frank (2009): Sozio-Controlling im Unternehmen. Das Management erfolgsrelevanter sozial-gesellschaftlicher Themen in der Praxis. Wiesbaden.

Durkheim, Emile (2004 [1893]): Über soziale Arbeitsteilung. Studie über die Organisation höherer Gesellschaften. Frankfurt am Main.

Edelman (2010): GoodPurpose Study. New York. Verfügbar unter: www.goodpurposecommu nity.com (Stand 12.10.2011).

Eder, Klaus (1990): Kollektive Identität, historisches Bewusstsein und politische Bildung. In: Bundeszentrale für politische Bildung (Hg.): Umbrüche in der Industriegesellschaft. Herausforderungen für die politische Bildung. Bonn, 351–368.

Etzion, Dror; Ferraro, Fabrizio (2006): Institutional Entrepreneurship through Voluntary Standard Setting: The Case of the Global Reporting Initiative.

Europäische Kommission (2006): Implementing the Partnership for Growth and Jobs: Making Europe a Pole of Excellence on Corporate Social Responsibility. COM (2006) 136 final. Brüssel.

EUROSIF (2010): European SRI Study 2010. Verfügbar unter: http://www.eurosif.org/research/ eurosif-sri-study/2010 (Stand 12.10.2011).

Falkner, Robert (2003): Private Environmental Governance and International Relations: Exploring the Links. In: Global Environmental Politics, Jg. 3, H. 2, S. 72–87.

Figge, Frank; Hahn, Tobias; Schaltegger, Stefan; Wagner, Markus (2002): The Sustainability Balanced Scorecard – linking sustainability management to business strategy. In: Business Strategy and the Environment, Jg. 11, H. 5, S. 269–284.

Finke, Manfred (2008): Die Ökobilanz – eine Komponente der Nachhaltigkeitsbewertung. In: Naturwissenschaftliche Rundschau Jg. 61, H.1, S. 21–26.

Fransen, Luc; Merck, Jeroen (2007): The CSR firm. Emergence of service firms in the private regulation of Corporate Responsibility standards. Draft.

Freiling, Jörg; Reckenfelderbäumer, Martin (2010): Markt und Unternehmung: Eine marktorientierte Einführung in die Betriebswirtschaftslehre. Wiesbaden.

Fach, Wolfgang; Grande, Edgar (1992): Emergent Rationality in Technological Policy: Nuclear Energy in the Federal Republic of Germany. In: Minerva, Jg. 30, H. 1, S. 14–27.

FAO (2010): The market for organic and fair-trade coffee. Study prepared in the framework of FAO project GCP/RAF/404/GER. Verfügbar unter: http://www.fao.org/fileadmin/templates/ organicexports/docs/Market_Organic_FT_Coffee.pdf (Stand 11.10.2011).

Finke, Manfred (2008): Die Ökobilanz – eine Komponente der Nachhaltigkeitsbewertung. In: Naturwissenschaftliche Rundschau, Jg. 61, H. 1, S. 21–26.

Fuchs, Doris (2004): The Role of Business in Global Governance. In: Schirm, Stefan A. (Hg.): New rules for global markets. public and private governance in the world economy. Basingstoke Hampshire, S. 133–154.

Fuchs, Doris (2005): Understanding business power in global governance. Baden-Baden.

Fuchs, Doris (2006): Transnationale Unternehmen in der Global Governance: Die Effektivität privaten Regierens. URL: http://www.uni-stuttgart.de/soz/ib/mitarbeiter/arbeitspapiere. transnationale.unternehmen.pdf (Stand: 12.07.2006).

Fuchs, Doris (2008): The power of TNCs in transnational environmental private governance. In: Graz, Jean-Christophe; Nölke, Andreas (Hg.): Transnational private governance and its limits. London, S. 71–83.

Fuchs, Peter (2007): Ethik und Gesellschaft – eine Vorlesung. URL: http://www.fen.ch/texte/ gast_fuchs_ethik.pdf (Stand: 20.06.2011).

Fuchs, Peter (2008): Nachhaltige Entwicklung – theoretisch. URL: www.fen.ch/texte/gast_ fuchs_nachhaltigkeit.pdf (Stand: 20.06.2011).

Fuchs, Peter (2010): Diabolische Perspektiven: Vorlesungen zu Ethik und Beratung. Berlin.

Giddens, Anthony (1995): Konsequenzen der Moderne. Frankfurt am Main.

Gil, Bernhard (2004): Nichtwissen in der postsäkularen Wissensgesellschaft – der Zuwachs an selbst- und fremddefiniertem Nichtwissen., In: Böschen, Stefan; Schneider, Michael; Lerf, Anton (Hg.): Handeln trotz Nichtwissen. Vom Umgang mit Chaos und Risiko in Politik, Industrie und Wissenschaft. Frankfurt am Main/New York, S. 19–36.

Gärtner, Robert (2009): Der Einfluss von Stakeholder-Gruppen auf den Strategieprozess. Kanalisierung von Emergenz am Beispiel externer Stakeholder. Hamburg

Gramlich, Ludwig; Manger-Nestler, Cornelia; Orantek, Kerstin; Schwarz, Doina (2009): Corporate Social Responsibility als Rahmensetzung für das strategische Management? Eine juristische Perspektive. In: Götze, Uwe; Lang, Rainhart (Hg.): Strategisches Management zwischen Globalisierung und Regionalisierung. Wiesbaden, S. 99–128.

Granovetter, Mark (1985): Economic action and social structure: the problem of embeddedness. In: American Journal of Sociology, Jg. 91, H. 3, S. 481–510.

Graz, Jean-Christophe; Nölke, Andreas (2008a): Beyond the fragmented debate on transnational private governance. In: Graz, Jean-Christophe; Nölke, Andreas (Hg.): Transnational private governance and its limits. London, S. 1–26.

Graz, Jean-Christophe; Nölke, Andreas (2008b): Conclusion: The Limits of Transnational Private Governance. In: Graz, Jean-Christophe; Nölke, Andreas (Hg.): Transnational private governance and its limits. London, S. 225–242.

Grober, Ulrich (2009): Ein sperriger Begriff: Über die Erfindung von „Nachhaltigkeit". In: Scheidewege. Jahresschrift für skeptisches Denken, H. 38, S. 9–27.

Grober, Ulrich (2010): Die Entdeckung der Nachhaltigkeit. Kulturgeschichte eines Begriffs. München.

Großmann, Katrin; Hahn, Ulrike; Schröder, Jana (Hg.) (2005): Im Prinzip Nachhaltigkeit. Akteurskonstellationen und Handlungsmöglichkeiten in interdisziplinärer Betrachtung. München.

Gruber, Petra C. (Hg.) (2008): Nachhaltige Entwicklung und Global Governance. Verantwortung, Macht, Politik. Opladen.

Grunwald, Armin; Kopfmüller, Jürgen (2006): Nachhaltigkeit. Frankfurt am Main.

Hahn, Tobias; Figge, Frank; Barkemeyer, Ralf; Liesen, Andrea (2009): Sustainable Value in der Automobilproduktion. Eine Analyse der nachhaltigen Performance der Automobilhersteller weltweit. Belfast. Marseille. Berlin.

Hall, Rodney Bruce (Hg.) (2002): The emergence of private authority in global governance. Cambridge.

Handy, Charles B. (1990): The age of unreason. Boston, Mass.

Hauff, Michael; Kleine, Alexandro (2005): Methodischer Ansatz zur Systematisierung von Handlungsfeldern und Indikatoren einer Nachhaltigkeitsstrategie – Das Integrierende Nachhaltigkeits-Dreieck. (Volkswirtschaftliche Diskussionsbeiträge). URL: http://kluedo. ub.uni-kl.de/volltexte/2005/1802/ (Stand: 29.06.2009).

Haufler, Virginia (2001): A public role for the private sector. Industry self-regulation in a global economy. Washington DC.

Haufler, Virginia (2003): Globalization and Industry Self-Regulation. In: Kahler, Miles; Lake, David A. (Hg.): Governance in a global economy. Political authority in transition. Princeton NJ, S. 225–252.

Heidbrink, Ludger (2003): Kritik der Verantwortung. Zu den Grenzen verantwortlichen Handelns in komplexen Kontexten. Weilerswist.

Heidbrink, Ludger (2006): Grenzen der Verantwortungsgesellschaft: Widersprüche der Verantwortung. In: Heidbrink, Ludger; Hirsch, Alfred (Hg.): Verantwortung in der Zivilgesellschaft. Zur Konjunktur eines widersprüchlichen Prinzips. Frankfurt am Main, S. 129–150.

Heidbrink, Ludger (2007a): Systemverantwortung, Selbstbindung und Ethik der wirtschaftlichen Organisation. In: Beschorner, Thomas; Linnebach, Patrick; Pfriem, Reinhard; Ulrich, Günter (Hg.): Unternehmensverantwortung aus kulturalistischer Sicht. Marburg, S. 45–66.

Heidbrink, Ludger (2007b): Handeln in der Ungewissheit. Paradoxien der Verantwortung. Berlin.

Heidbrink, Ludger (2008): Corporate Social Responsibility? Über die Grenzen unternehmerischer Verantwortung. In: Langbehn, Claus; Kersting, Wolfgang (Hg.): Moral und Kapital. Grundfragen der Wirtschafts- und Unternehmensethik. Paderborn, S. 153–174.

Heidbrink, Ludger (2010a), Nichtwissen und Verantwortung. Zum Umgang mit unbeabsichtigten Nebenfolgen, Workingpaper Nr. 8/2010, Center for Responsibility Research, www.responsibility-research.de.

Heidbrink, Ludger (2010b): Der Verantwortungsbegriff der Wirtschaftsethik. In: Assländer, Michael (Hg.) Handbuch der Wirtschaftsethik. Stuttgart, S. 188–197.

Heidbrink, Ludger; Schmidt, Imke (2009): Die neue Verantwortung der Konsumenten. In: Bundeszentrale für Politische Bildung (Hg.): Aus Politik und Zeitgeschichte, H. 32-22, S. 27–32.

Hellmann, Kai-Uwe (1996): Systemtheorie und neue soziale Bewegungen. Identitätsprobleme in der Risikogesellschaft. Opladen.

Hellmann, Kai-Uwe (1997): Integration durch Öffentlichkeit. Zur Selbstbeobachtung der modernen Gesellschaft. In: Berliner Journal für Soziologie, H. 1, S. 37–59.

Hellmann, Kai-Uwe (2001): Sind wir eine Gesellschaft ohne Moral? Soziologische Anmerkungen zum Verbleib der Moral in der Moderne. In: Willems, Ulrich (Hg.): Interesse und Moral als Orientierungen politischen Handelns. Baden-Baden, S. 101–133.

Hellmann, Kai-Uwe (2002): Gemeinwohl und Systemvertrauen. Vorschläge zur Modernisierung alteuropäischer Begriffe. In: Münkler, Herfried; Fischer, Karsten (Hg.): Gemeinwohl und Gemeinsinn. Rhetoriken und Perspektiven sozial-moralischer Orientierung. Berlin, S. 77–110.

Hellmann, Kai-Uwe (2004): Mediation und Nachhaltigkeit. Zur politischen Integration ökologischer Kommunikation. In: Lange, Stefan; Schimank, Uwe (Hg.): Governance und gesellschaftliche Integration. Wiesbaden, S. 189–204.

Henkel, Marianne; Gebauer, Jana; Lodemann, Justus; Mohaupt, Franziska; Partzsch, Lena; Wascher, Eva; Ziegler, Rafael (2009): Social Entrepreneurship Status Quo 2009: (Selbst)Bild, Wirkung und Zukunftsverantwortung. Berlin.

Hicks, John R. (2001 [1939]): Value and capital. An inquiry into some fundamental principles of economic theory. Oxford: Clarendon Press.

Hirschman, Albert O. (1974): Abwanderung und Widerspruch. Tübingen.

Huber, Joseph (1995): Nachhaltige Entwicklung. Strategien für eine ökologische und soziale Erdpolitik. Berlin.

Jann, Werner (2006): Governance in der sozialwissenschaftlichen Diskussion. In: Hofmeister, Albert (Hg.): Verwaltung wohin? Der öffentliche Sektor zwischen Stabilität und Veränderung. Bern, S. 140–144.

Jenkins, Rhys (2001): Corporate Codes of Conduct. Self-Regulation in a Global Economy. UNRISD.

Josefsson, Lars Göran (2007): Global Governance als Schlüssel zur Nachhaltigkeit. Ein Modell zur Lösung der Klimafrage. In: Die politische Meinung, H. 451, S. 17–21.

Kabalak, Alihan; Priddat, Birger P. (2008): Management, Governance und Netzwerke: Kapitalismusmodernisierung als Mobilisation von Lateralität. In: Wagner, Gabriele; Hessinger, Philipp (Hg.): Ein neuer Geist des Kapitalismus? Paradoxien und Ambivalenzen der Netzwerkökonomie. Wiesbaden, S. 195–218.

Kaiser, Karl (1969): Transnationale Politik. In: Czempiel, Ernst-Otto (Hg.): Die anachronistische Souveränität. Zum Verhältnis von Innen- und Außenpolitik. Köln.

Kaufmann, Franz-Xaver (1992): Der Ruf nach Verantwortung. Risiko und Ethik in einer unüberschaubaren Welt. Freiburg.

Keohane, Robert O.; Nye, Joseph S. (Hg.) (1972): Transnational relations and world politics. Cambridge, Mass.

Kersting, Wolfgang (2008): Wirtschaftsethik? – Wirtschaftsethik! In: Kersting, Wolfgang (Hg.): Moral und Kapital. Grundfragen der Wirtschafts- und Unternehmensethik. Paderborn, S. 9–24.

Kette, Sven (2008): Bankenregulierung als Cognitive Governance. Eine Studie zur gesellschaftlichen Verarbeitung von Komplexität und Nichtwissen. Wiesbaden.

Klauer, Bernd (1998): Nachhaltigkeit und Naturbewertung. Welchen Beitrag kann das ökonomische Konzept der Preise zur Operationalisierung von Nachhaltigkeit leisten? Heidelberg.

Klein, Ansgar; Legrand, Hans-Josef; Leif, Thomas (Hg.) (1999): Neue Soziale Bewegungen. Impulse, Bilanzen, Perspektiven. Wiesbaden 1999.

Kneer, Georg (2001): Organisation und Gesellschaft. Zum ungeklärten Verhältnis von Organisations- und Funktionssystemen in Luhmanns Theorie sozialer Systeme. In: Zeitschrift für Soziologie, Jg. 30, H. 6, S. 407–428.

Kneer, Georg (2002): (Nachhaltige) Lebensstile und funktionale Differenzierung. In: Rink, Dieter (Hg.): Lebensstile und Nachhaltigkeit. Konzepte, Befunde und Potentiale. Opladen, S. 53–74.

Knill, Christoph; Lehmkuhl, Dirk (2002): Governance and Globalization: Conceptualizing the Role of Public and Private Actors. In: Héritier, Adrienne (Hg.): Common goods. reinventing European and international governance. Lanham Md, S. 85–104.

Knill, Christopher; Lehmkuhl, Dirk (2002): Private Actors and the State: Internationalization and Changing Patterns of Governance. In: Governance: An International Journal of Policy and Administration, and Institutions, Jg. 15, H. 1, S. 41–63.

Koselleck, Reinhart (1972): Einleitung. In: Brunner, Otto; Conze, Werner; Koselleck, Reinhart (Hg.): Geschichtliche Grundbegriffe. Historisches Lexikon zur politisch-sozialen Sprache in Deutschland. Stuttgart, S. XIII–XXVII.

Krause, Detlef (2005): Luhmann-Lexikon. Stuttgart.

Krohn, Wolfgang (1999): Funktionen der Moralkommunikation. In: Soziale Systeme, Jg. 5, H. 2, S. 313–338.

Kuhndt, Michael; Tunçer, Burcu (2007): Sustainability as a business challenge: the concept of responsible corporate governance. In: Bleischwitz, Raimund (Hg.): Corporate Governance of Sustainability. A Co-Evolutionary View on Resource Management. Cheltenham.

Kurucz, Elisabeth C.; Colbert, Berry A.; Wheeler, David (2008): The Business Case for Corporate Social Responsibility. In: Crane, Andrew; McWilliams, Abagail; Matten, Dirk; Moon, Jeremy; Siegel, Donald S. (Hg.): The Oxford Handbook of Corporate Social Responsibility. Oxford, S. 83-112.

Lange, Hellmuth (2000): Ökologisches Handeln als sozialer Konflikt. Umwelt im Alltag. Opladen.

Lange, Hellmuth (Hg.) (2008): Nachhaltigkeit als radikaler Wandel. Die Quadratur des Kreises? Wiesbaden.

Lange, Hellmuth (2008): Radikaler Wandel? Drei Schwierigkeiten im Umgang mit einem sozialwissenschaftlichen Kernthema. In: Lange, Hellmuth (Hg.): Nachhaltigkeit als radikaler Wandel. Die Quadratur des Kreises? Wiesbaden, S. 13–42.

Lange, Stefan; Braun, Dietmar (2000): Politische Steuerung zwischen System und Akteur. Opladen.

Lange, Stefan; Schimank, Uwe (2004): Governance und gesellschaftliche Integration. In: Lange, Stefan; Schimank, Uwe (Hg.): Governance und gesellschaftliche Integration. Wiesbaden, S. 9–46.

Lange, Stefan; Schimank, Uwe (Hg.) (2004): Governance und gesellschaftliche Integration. Wiesbaden.

Lass, Wiebke; Reusswig, Fritz (Hg.) (2000): Strategien der Popularisierung des Leitbildes „Nachhaltige Entwicklung" aus sozialwissenschaftlicher Perspektive. Berlin.

Levy, David L.; Kaplan, Rami (2008): Corporate Social Responsibility and Theories of Global Governance. In: Crane, Andrew (Hg.): The Oxford handbook of corporate social responsibility. Oxford, S. 432–451.

Lieckweg, Tania; Wehrsig, Christof (2001): Zur komplementären Ausdifferenzierung von Organisationen und Funktionssystemen. Perspektiven einer Gesellschaftstheorie der Organisation. In: Tacke, Veronika (Hg.): Organisation und gesellschaftliche Differenzierung. Wiesbaden, S. 39–60.

Linne, Gudrun; Schwarz, Michael (2003): Vom Leitbild Nachhaltiger Entwicklung zur Praxis nachhaltigen Wirtschaftens. In: Linne, Gudrun; Schwarz, Michael (Hg.): Handbuch Nachhaltige Entwicklung. Wie ist nachhaltiges Wirtschaften machbar? Opladen, S. 11–19.

Lockwood, David (1969): Soziale Integration und Systemintegration. In: Zapf, Wolfgang (Hg.): Theorien des sozialen Wandels. Köln, S. 124–137.

Lütz, Susanne (2007): Finanzmärkte. In: Maurer, Andrea (Hg.): Handbuch Wirtschaftssoziologie. Wiesbaden, S. 341–360.

Luhmann, Niklas (1966): Theorie der Verwaltungswissenschaft. Bestandsaufnahme und Entwurf. Köln-Berlin.

Luhmann, Niklas (1971): Die Weltgesellschaft. In: Archiv für Rechts- und Sozialphilosophie, Jg. 67, H. 57, S. 1–35.

Luhmann, Niklas (1972): Überlegungen zum Verhältnis von Gesellschaftssystemen und Organisationssystemen. In: Bund Deutscher Werbeberater (Hg.): Kommunikation und Gesellschaft. Möglichkeiten und Grenzen von Kommunikation und Marketing in einer sich wandelnden Gesellschaft. Karlsruhe, S. 143–149.

Luhmann, Niklas (1975): Die Weltgesellschaft. In: Luhmann, Niklas (Hg.): Soziologische Aufklärung 2. Opladen: VS Verl. für Sozialwiss., S. 51–71.

Luhmann, Niklas (1976): The Future Cannot Begin. Temporal Structures in Modern Society. In: Social Research, Jg. 43, H. 1, S. 130–152.

Luhmann, Niklas (1984): Soziale Systeme. Grundriß einer allgemeinen Theorie. Frankfurt am Main.

Luhmann, Niklas (1988): Frauen, Männer und George Spencer Brown. In: Zeitschrift für Soziologie, Jg. 17, H. 1, S. 47–71.

Luhmann, Niklas (1991): Soziologie des Risikos. Berlin.

Luhmann, Niklas (1992a): Organisation. In: Küpper, Willi (Hg.): Mikropolitik. Rationalität, Macht und Spiele in Organisationen. Opladen, S. 165–185.

Luhmann, Niklas (1992b): Universität als Milieu. Kleine Schriften. Bielefeld.

Luhmann, Niklas (1993): Die Moral des Risikos und das Risiko der Moral. In: Bechmann, Gotthard (Hg.): Risiko und Gesellschaft. Grundlagen und Ergebnisse interdisziplinärer Risikoforschung. Opladen, S. 327–338.

Luhmann, Niklas (1994): Die Wirtschaft der Gesellschaft. Frankfurt am Main.

Luhmann, Niklas (1995 [1993]): Das Recht der Gesellschaft. Frankfurt am Main.

Luhmann, Niklas (1997): Die Gesellschaft der Gesellschaft. Frankfurt am Main.

Luhmann, Niklas (1999 [1973]): Zweckbegriff und Systemrationalität. Über die Funktion von Zwecken in sozialen Systemen. Frankfurt am Main.

Luhmann, Niklas (2000): Die Religion der Gesellschaft (Hg. Kieserling, André), Frankfurt a. M.

Luhmann, Niklas (2001 [1990]): Paradigm lost über die ethische Reflexion der Moral. Frankfurt am Main.

Luhmann, Niklas (2004 [1993]): Gesellschaftsstruktur und Semantik. Studien zur Wissenssoziologie der modernen Gesellschaft. Frankfurt am Main.

Luhmann, Niklas (2004 [1986]): Ökologische Kommunikation. Kann die moderne Gesellschaft sich auf ökologische Gefährdungen einstellen? Wiesbaden.

Luhmann, Niklas (2006 [2000]): Organisation und Entscheidung. Wiesbaden.

Luhmann, Niklas (2007 [1995]): Die Kunst der Gesellschaft. Frankfurt am Main.

Luhmann, Niklas; Baecker, Dirk (2008): Einführung in die Systemtheorie. Heidelberg.

Luhmann, Niklas; Hellmann, Kai-Uwe (2004): Protest. Systemtheorie und soziale Bewegungen. Frankfurt am Main.

Maignan, Isabelle; Ferrell, O. C. (2004): Corporate Social Responsibility and Marketing: An Integrative Framework. In: Journal of the Academy of Marketing Science, Jg. 32, H. 1, S. 3–18.

Marcus, George E. (2002): The sentimental citizen. Emotion in democratic politics. University Park, Pa.

Martinsen, Renate (1997): Demokratie, Gentechnik und Angst. In: Vorgänge, H. 4.

Martinsen, Renate (2000): Angst als politikwissenschaftliche Kategorie. Zum Verhältnis von Demokratie und Gentechnik. In: Martinsen, Renate; Simonis, Georg (Hg.): Demokratie und Technik – (k)eine Wahlverwandtschaft? Opladen, S. 53–69.

Martinsen, Renate (2004): Staat und Gewissen im technischen Zeitalter. Prolegomena einer politologischen Aufklärung. Weilerswist.

Martinsen, Renate (2008): New Modes of Governance: Opportunities and Limitations of Creating Legitimacy by Deliberative Politics in a Globalizing World. In: Schmitt-Beck, Rüdiger; Debiel, Thomas; Korte, Karl-Rudolf (Hg.): Governance and Legitimacy in a Globalizing World, Baden-Baden, 9-30.

Martinsen, Renate (2010): Beobachtungen der Beobachtungen der Moderne – die Moderne im systemtheoretischen Diskurs im Anschluss an Niklas Luhmanns Theorie der modernen Gesellschaft. In: Pies, Ingo; Reese-Schäfer, Walter (Hg.): Diagnosen der Moderne: Weber, Habermas, Hayek, Luhmann. Berlin, S.184–198.

Matten, Dirk; Crane, Andrew (2005): Corporate Citizenship: Towards an Extended Theoretical Conceptualization. In: Academy of Management Review, H. 30, S. 166–179.

Maturana, Humberto R. (1985): Erkennen – die Organisation und Verkörperung von Wirklichkeit. Ausgewählte Arbeiten zur biologischen Epistemologie. Braunschweig.

Maturana, Humberto R.; Varela, Francisco J. (1980): Autopoiesis and cognition. The realization of the living. Dordrecht.

Maturana, Humberto R.; Varela, Francisco (1987): Der Baum der Erkenntnis. Die biologischen Wurzeln des menschlichen Erkennens. Bern.

Mayntz, Renate (2000): Politikwissenschaft in einer entgrenzten Welt. MPIfG Discussion Paper 00/3. Herausgegeben von Max-Planck-Institut für Gesellschaftsforschung. www.mpi-fg-koeln.mpg.de (Stand: 02.05.2006).

Mayntz, Renate (2004): Governance Theory als fortentwickelte Steuerungstheorie? MPIfG Working Paper 04/1. Köln

Mayntz, Renate; Scharpf, Fritz (Hg.) (1995): Gesellschaftliche Selbstregelung und politische Steuerung. Frankfurt am Main.

McKinsey & Company (2010): Deutschland 2020. Zukunftsperspektiven für Deutschland.

McWilliams, Abigail; Siegel, Donald (2000): Corporate Social Responsibility and Financial Performance: Correlation or Misspecification? In: Strategic Management Journal, Jg. 21, H. 5, S. 603–609.

Meadows, Donella; Meadows, Dennis L.; Forrester, Jay W. (1972): Limits to Growth. A report for the Club of Rome's Project on the Predicament of Mankind. Signet.

Messner, Dirk; Nuscheler, Franz (1997): Globale Trends, Globalisierung und Global Governance. In: Stiftung Frieden und Entwicklung (Hg.): Globale Trends 1998. Frankfurt am Main, S. 27–37.

Meyer, Wolfgang (2002): Nachhaltige Entwicklung ohne Staat? Politische Steuerung zwischen globalen Ansprüchen, nationalen Interessen und lokaler Machbarkeit. Bericht der ad-hoc Gruppe „Nachhaltige Entwicklung ohne Staat?" der Deutschen Gesellschaft für Soziologie. http://www.ceval.de/de/downloads/publications/nachhaltige_entw_os.pdf (Stand: 21.01.2008).

Mintzberg, Henry (2005): Managers Not MBAs: A Hard Look at the Soft Practice of Managing and Management Development. San Francisco.

Mohan, Sunil (2010): Fair Trade Without the Froth. A Dispassionate Economic Analysis of 'Fair Trade'. London.

Moldaschl, Manfred (2005): Audit-Explosion und Controlling-Revolution Zur Verstetigung und Verselbständigung reflexiver Praktiken in der Wirtschaft. In: Soziale Welt 56, S. 163–190.

Münch, Richard (1991): Dialektik der Kommunikationsgesellschaft. Frankfurt a. M.

Nassehi, Armin (2000): Tempus fugit? ,Zeit' als differenzloser Begriff in Luhmanns Theorie sozialer Systeme. In: Gripp-Hagelstange, Helga (Hg.): Niklas Luhmanns Denken: Interdisziplinäre Einflüsse und Wirkungen. Konstanz, S. 23–52.

Nassehi, Armin (2003): Die Organisationen der Gesellschaft. Skizze einer Organisationssoziologie in gesellschaftstheoretischer Absicht. In: Allmendinger, Jutta; Hinz, Thomas (Hg.): Organisationssoziologie. Wiesbaden, S. 443–478.

Nassehi, Armin (2008): Die Zeit der Gesellschaft. Auf dem Weg zu einer soziologischen Theorie der Zeit. Wiesbaden.

Nassehi, Armin (2008): Soziologie. Zehn einführende Vorlesungen. Wiesbaden.

Neckel, Sighard; Wolf, Jürgen (1988): Die Faszination der Amoralität. Zur Systemtheorie der Moral, mit Seitenblicken auf ihre Resonanzen. In: Prokla 70, Jg. 18, H. 70, S. 57–77.

Neumann, Franz L. (1978): Angst und Politik (1954). In: Söllner, Alfons (Hg.): Wirtschaft, Staat, Demokratie. Aufsätze 1930-1954. München, S. 261–291.

Newig, Jens; Voß, Jan-Peter; Monstadt, Jochen (2007): Editorial: Governance for Sustainable Development in the Face of Ambivalence, Uncertainty and Distributed Power: an Introduction. In: Journal of Environmental Policy and Planning, Jg. 9, H. 3, S. 18–192.

Nidumolu, Ram; Prahalad, C.K.; Rangaswami, M.R. (2009): Why Sustainability is now the Key Driver of Innovation. In: Harvard Business Review, September 2009. Boston.

Nölke, Andreas (2003): Private International Norms in Global Economic Governance: Coordination Service Firms and Corporate Governance. Working Papers Political Science No. 06/2003. Amsterdam.

Nölke, Andreas (2004): Transnational Private Authority and Corporate Governance. In: Schirm, Stefan A. (Hg.): New rules for global markets. Public and private governance in the world economy. Basingstoke Hampshire, S. 155–175.

Nölke, Andreas (2005): Governance by Coordination Service Firms: The Private Infrastructure of Financial Capitalism. Paper for Presentation at the ISA Annual Convention, Hawaii.

Nölting, Benjamin; Voß, Jan-Peter; Hayn, Doris (2004): Nachhaltigkeitsforschung – jenseits von Disziplinierung und anything goes. In: GAIA, Jg. 13, H. 4, S. 254–261.

Nowotny, Helga; Scott, Peter; Gibbons, Michael; Opolka, Uwe (2004): Wissenschaft neu denken. Wissen und Öffentlichkeit in einem Zeitalter der Ungewißheit. Weilerswist.

OECD (2001): Corporate responsibility. Private initiatives and public goals. Paris.

Palazzo, Guido; Scherer, Andreas Georg (2006): Corporate Legitimacy as Deliberation: A Communicative Framework. In: Journal of Business Ethics, H. 66, S. 71–88.

Parsons, Talcott (1996 [1971]): Das System moderner Gesellschaften. Weinheim u. a.

Pattberg, Philipp (2004): The Institutionalisation of Private Governance. Conceptualising an Emerging Trend in Global Environmental Politics. Global Governance Working Paper No. 9. The Global Governance Project. Potsdam u. a. http://www.glogov.org/upload/public%20 files/pdf/publications/working%20papers/workingpaper9_en.pdf (Stand: 18. 04. 2006).

Pattberg, Philipp H. (2007): Private institutions and global governance. The new politics of environmental sustainability. Cheltenham.

Petersen, Thomas; Faber, Malte (2001): Der Wille zur Nachhaltigkeit. Ist, wo ein Wille ist, auch ein Weg? In: Birnbacher, Dieter; Brudermüller, Gerd (Hg.): Zukunftsverantwortung und Generationensolidarität. Würzburg, S. 47–71.

Picht, Georg (1969): Wahrheit, Vernunft, Verantwortung. Stuttgart.

Pies, Ingo (2006): Nachhaltigkeit: eine semantische Innovation von welthistorischer Bedeutung. Diskussionspapier Nr. 2006-12 des Lehrstuhls für Wirtschaftsethik an der Martin-Luther-Universität Halle-Wittenberg. Halle.

Pies, Ingo; Beckmann, Markus; Hielscher, Stefan (2009): Sozialstruktur und Semantik – Ordonomik als Forschungsprogramm in der modernen (Welt-)Gesellschaft. Diskussionspapier Nr. 2009-6 des Lehrstuhls für Wirtschaftsethik an der Martin-Luther-Universität Halle-Wittenberg. Halle.

Porter, Michael E.; Kramer, Mark R. (2006): Strategy and Society. The Link Between Competetive Advantage and Corporate Social Responsibility. In: Harvard Business Review, Ausgabe Dezember, 2006, S. 78–92.

Power, Michael (1994): The Audit Explosion. London.

Power, Michael (1997): The Audit Society. Rituals of Verification. Oxford.

Prahalad, C.K.; Hart, Stuart L. (2002): The Fortune at the Bottom oft he Pyramid. In: Strategy + Business, H. 26. S. 1–14.

Priddat, Birger P. (2008): Philosophie des nachhaltigen Konsums. Vortrag vom 6. Juni 2008. Centre for Sustainability Research, Leuphana Universität Lüneburg.

Priller, Andrea (1999): Die Darstellung der ökologischen Selbstgefährdung funktional differenzierter Gesellschaften in Niklas Luhmanns Theorie sozialer Systeme. Magisterarbeit. http://www.a-priller.homepage.t-online.de/lu1.htm (Stand: 01.09.2008).

Rat für Nachhaltige Entwicklung (RNE) (2006): Corporate Social Responsibility: Perspektiven und Fortentwicklung Unternehmensverantwortung in einer globalisierten Welt. Dialog-Entwurf für eine Empfehlung des Rates für Nachhaltige Entwicklung an die Bundesregierung und die Wirtschaft. Berlin.

Radermacher, Franz J. (2006): Globalisierung gestalten. Die neue zentrale Aufgabe der Politik. Das Wirken des Bundesverbands für Wirtschaftsförderung und Aussenwirtschaft für eine globale Rahmenordnung einer Ökosozialen Marktwirtschaft. Berlin.

Reese-Schäfer, Walter (2005): Niklas Luhmann zur Einführung. Hamburg.

Reihlen, Markus (1999): Moderne, Postmoderne und heterarchische Organisation. In: Schreyögg, Georg (Hg.): Organisation und Postmoderne. Frankfurt, S. 265–304.

Reihlen, Markus; Rohde, Annette (2002): Das heterarchische Unternehmen. In: Zeitschrift Führung + Organisation, H. 8, S. 30–34.

Reinicke, Wolfgang H. (1998): Global public policy. Governing without government? Washington DC.

Renn, Ortwin; Deuschle, Jürgen; Jäger, Alexander, et al. (Hg.) (2007): Leitbild Nachhaltigkeit. Eine normativ-funktionale Konzeption und ihre Umsetzung. Wiesbaden.

Richter, Rudolf; Furubotn, Eirik G. (2003): Neue Institutionenökonomik: Eine Einführung und kritische Würdigung. Tübingen.

Rieth, Lothar; Zimmer, Melanie (2004): Transnational Corporations and Conflict Prevention: The Impact of Norms on Private Actors. Tübinger Arbeitspapiere zur Internationalen Politik und Friedensforschung, Nr. 43. Tübingen. http://www.uni-tuebingen.de/pol/taps/tap43.pdf (Stand: 05.06.2006).

Ronit, Karsten; Schneider, Volker (1999): Global Governance through Private Organizations. In: Governance: An International Journal of Policy and Administration, Jg. 12, H. 2, S. 243–266.

Rosenau, James N. (1995): Governance in the Twenty-first Century. In: Global Governance, Jg. 1, H. 1, S. 13–43.

Rosenau, James N. (2003): Globalization and Governance: Bleak Prospects for Sustainability. In: Internationale Politik und Gesellschaft, H. 3, S. 11–29.

RWE (2006). Unsere Verantwortung. Bericht 2005. Essen.

Schäfer, Henry (2005): Verantwortliches Investieren: Zur wachsenden ökonomischen Relevanz von Corporate Social Responsibility auf den internationalen Finanzmärkten. In: Ulshöfer, Gotling; Bonnet, Gesine (Hg.): Corporate Social Responsibility auf dem Finanzmarkt. Nachhaltiges Investment – Politische Strategien – Ethische Grundlagen. Wiesbaden, S. 64-82.

Schäfer, Martina (2008): Wissenschaft, die sich den Herausforderungen der Zukunft stellt: Charaktersitika der Nachhaltigkeitsforschung. In: Amelung, Nina (Hg.): Einstieg in Nachhaltige Entwicklung. Frankfurt am Main, S. 21–37.

Schaltegger, Stefan; Herzig, Christian; Kleiber, Oliver; Müller, Jan (2007): Nachhaltigkeitsmanagement in Unternehmen. Konzepte und Instrumente zur nachhaltigen Unternehmensentwicklung. Bonn.

Schanetzky, Tim (2007): Die große Ernüchterung. Wirtschaftspolitik, Expertise und Gesellschaft in der Bundesrepublik 1966 bis 1982. Berlin.

Scharpf, Fritz (1989): Politische Steuerung und politische Institutionen. In: Politische Vierteljahresschrift (PVS), Jg. 30, H. 1, S. 10–21.

Schein, Edgar H. (1985): Organizational Culture and Leadership. A Dynamic View. San Francisco.

Scherer, Andreas Georg (2003): Multinationale Unternehmen und Globalisierung. Zur Neuorientierung der Theorie der multinationalen Unternehmung. Heidelberg.

Scherer, Andreas Georg; Palazzo, Guido (2007): Toward a Political Conception of Corporate Responsibility: Business and Society Seen from a Habermasian Perspective. In: Academy of Management Review, Jg. 32, H. 4, S. 1096–1120.

Scherer, Andreas Georg; Palazzo, Guido; Baumann, Dorothée (2006): Global Rules and Private Aactors: Toward a New Role of the Transnational Corporation in Global Governance. In: Business Ethics Quarterly, Jg. 16, H. 4, S. 505–532.

Schiller, Frank (2005): Diskurs über Nachhaltigkeit. Zur Dematerialisierung in den industrialisierten Demokratien. München.

Schimank, Uwe (2000a): Gesellschaftliche Integrationsprobleme im Spiegel soziologischer Gegenwartsdiagnosen. In: Berliner Journal für Soziologie, H. 4, S. 449–469.

Schimank, Uwe (2000b): Ökologische Gefährdungen, Anspruchsinflationen und Exklusionsverkettungen – Niklas Luhmanns Beobachtung der Folgeprobleme funktionaler Differenzierung. In: Schimank, Uwe (Hg.): Soziologische Gegenwartsdiagnosen I. Eine Bestandsaufnahme. Opladen, S. 125–142.

Schimank, Uwe (2001): Funktionale Differenzierung, Durchorganisierung und Integration der modernen Gesellschaft. In: Tacke, Veronika (Hg.): Organisation und gesellschaftliche Differenzierung. Wiesbaden, S. 19–38.

Schimank, Uwe (2005): Differenzierung und Integration der modernen Gesellschaft. Wiesbaden.

Schimank, Uwe; Volkmann, Ute (2008): Ökonomisierung der Gesellschaft. In: Maurer, Andrea (Hg.): Handbuch der Wirtschaftssoziologie. Wiesbaden. S. 382–393.

Schimmelfennig, Frank (2001): The Community Trap: Liberal Norms, Rhetorical Action, and the Eastern Enlargement of the European Union. In: International Organization, Jg. 55, H. 1, S. 47–80.

Schmidt, Hilmar (2000): Nachhaltige Entwicklung. Die Glokalisierung eines Leitbildes. In: Heinelt, Hubert; Mühlich, Eberhard (Hg.): Lokale „Agenda 21"-Prozesse. , Konzepte und Ergebnisse. Opladen, S. 67–79.

Schmidt, Siegfried J. (2004): Unternehmenskultur. Die Grundlage für den wirtschaftlichen Erfolg von Unternehmen. Weilerswist.

Schneider, Volker; Bauer, Johannes M. (2007): Governance: Prospects of Complexity Theory in Revisiting System Theory. Presented at the annual meeting of the Midwest Political Science Association. April 2007, Chicago.

Schönwälder-Kuntze, Tatjana; Wille, Katrin; Hölscher, Thomas (Hg.) (2008): George Spencer Brown. Eine Einführung in die „Laws of Form". Wiesbaden.

Schwalbach, Joachim; Fandel, Günter (Hg.) (2007): Der Ehrbare Kaufmann: Modernes Leitbild für Unternehmer? Zeitschrift für Betriebswirtschaft. Ergänzungsheft 1/2007.

Schwartz, Peter; Gibb, Blair (1999): When good companies do bad things. Responsibility and risk in an age of globalization. New York.

Simon, Fritz B. (2007): Einführung in die systemische Organisationstheorie. Heidelberg.

Simon, Herbert A. (1973): The Organization of Complex Systems. In: Pattee, Howard Hunt (Hg.): Hierarchy theory. The challenge of complex systems. New York, S. 3–27.

Simonis, Georg (2005): Weltumweltpolitik: Erweiterung von staatlicher Handlungsfähigkeit durch Global Governance? In: Behrens, Maria (Hg.): Globalisierung als politische Herausforderung. Global Governance zwischen Utopie und Realität. Wiesbaden, S. 313–343.

Spencer Brown, George (1979 [1969]): Laws of Form. New York.

Stäheli, Urs (1998): Die Nachträglichkeit der Semantik. Zum Verhältnis von Sozialstruktur und Semantik. In: Soziale Systeme, Jg. 4, H. 2, S. 315–340.

Stahl, Bernd Carsten (2008): Information Systems: Critical Perspectives? New York.

Steger, Ulrich (Hg.) (2004): The business of sustainability. Building industry cases for corporate sustainability. Houndsmills.

Stehr, Nico (2007): Die Moralisierung der Märkte. Eine Gesellschaftstheorie. Frankfurt am Main.

Stehr, Nico (2008): Die Moralisierung der Märkte. Bayreuther Dialoge, Tagungsdokumentation. Veranstaltung vom 24.10.2008. Bayreuth.

Steinmann, Horst; Löhr, Albert (2002): Unternehmensethik in der republikanischen Gesellschaft. In: Aßländer, Michael; Joerden, Jan C. (Hg.): Markt ohne Moral? Transformationsökonomien aus ethischer Perspektive. Frankfurt am Main, S. 95–125.

Stichweh, Rudolf (1997): Inklusion/Exklusion, funktionale Differenzierung und die Theorie der Weltgesellschaft. In: Soziale Systeme, H. 1, S. 73–90.

Stichweh, Rudolf (2005): Inklusion und Exklusion. Studien zur Gesellschaftstheorie. Bielefeld.

Strange, Susan (1996): The Retreat of the State: The Diffusion of Power in the World Economy. Cambridge

Streeck, Wolfgang; Schmitter, Philippe C. (Hg.) (1985): Private Interest Government: Beyond Market and State. London.

Teoh, Siew Hong; Welch, Ivo; Wazzan, Paul (1999): The Effect of Socially Activist Investment Policies on the Financial Markets: Evidence from the South African Boycott. In: Journal of Business, Jg. 72, H. 1, S. 35–89.

Teubner, Gunther (1989): Recht als autopoietisches System. Frankfurt.

Teubner, Gunther (1995): Wie empirisch ist die Autopoiese des Rechts? In: Martinsen, Renate (Hg.): Das Auge der Wissenschaft: Zur Emergenz von Realität. Baden-Baden, S. 137–155.

Thielemann, Ulrich (1994): Integrative Wirtschafts- und Unternehmensethik als Reflexion des spannungsreichen Verhältnisses von Einkommensstreben und Moral. Zum Verhältnis von Wirtschaftsethik und philosophischer (Diskurs-)Ethik. St. Gallen.

Tremmel, Jörg (2003): Nachhaltigkeit als politische und analytische Kategorie. Der deutsche Diskurs um nachhaltige Entwicklung im Spiegel der Interessen der Akteure. München.

Trendbüro (2009): Otto Group Trendstudie 2009: Die Zukunft des ethischen Konsums. Hamburg. Verfügbar unter: http://www.trendbuero.de/index.php?f_categoryId =166&PHPSES SID=eab798a642494ddfb889e9ed413983b5 (Stand 12.10.2011).

Ulrich, Peter (2008): Integrative Wirtschaftsethik. Grundlagen einer lebensdienlichen Ökonomie. Bern.

Ulshöfer, Gotlind; Bonnet, Gesine (Hg.) (2009): Corporate Social Responsibility auf dem Finanzmarkt. Nachhaltiges Investment – politische Strategien – ethische Grundlagen. Wiesbaden.

UNCED (1992): Agenda 21. http://www.un.org/esa/sustdev/documents/agenda21/english/ Agenda21.pdf (Stand: 14.11.2009).

United Nations Global Compact (UNGC) (2010): A New Era of Sustainability: UN Global Compact-Accenture CEO Study. New York. Verfügbar unter: http://www.unglobalcompact. org/docs/news_events/8.1/UNGC_Accenture_CEO_Study_2010.pdf (Stand: 12.10.2011).

van den Daele, Wolfgang (1993): Sozialverträglichkeit und Umweltverträglichkeit. Inhaltliche Mindeststandards und Verfahren bei der Beurteilung neuer Technik. In: Politische Vierteljahresschrift, H. 34, S. 219–248.

van der Pijl, Kees (2001): „Private Weltpolitik". Zur Geschichte der liberalen Weltordnung. In: Brühl, Tanja; Debiel, Tobias; Hamm, Brigitte; Hummel, Hartwig; Martens, Jens (Hg.): Die Privatisierung der Weltpolitik. Entstaatlichung und Kommerzialisierung im Globalisierungsprozess. Bonn, S. 82–103.

von Foerster, Heinz (1993 [1960]): Über selbstorganisierende Systeme und ihre Umwelten [1960], In: von Foerster, Heinz (1993): Wissen und Gewissen: Versuch einer Brücke, hg. von Siegfried J. Schmidt, Frankfurt am Main, S. 211–232

Vickers, Geoffrey (1967): Towards a sociology of management. New York.

Voß, Jan-Peter (2008): Nebenwirkungen und Nachhaltigkeit: Reflexive Gestaltungsansätze zum Umgang mit sozial-ökologischen Ko-Evolutionsprozessen. In: Lange, Hellmuth (Hg.): Nachhaltigkeit als radikaler Wandel. Die Quadratur des Kreises? Wiesbaden, S. 237–260.

Voß, Jan-Peter (2008a): Steuerung nachhaltiger Entwicklung: Grenzen und Möglichkeiten damit umzugehen. In: Amelung, Nina (Hg.): Einstieg in Nachhaltige Entwicklung. Frankfurt am Main, S. 231–248.

Voß, Jan-Peter; Bauknecht, Dierk (2004): Steuerung und Transformation. Überblick über theoretische Konzepte in den Projekten sozial-ökologischer Forschung. Diskussionspapier 01. Berlin: BMBF.

Voß, Jan-Peter; Kemp, René (2006): Sustainability and reflexive governance: introduction. In: Voß, Jan-Peter; Bauknecht, Dierk; Kemp, René (Hg.): Reflexive governance for sustainable development. Cheltenham, S. 3–28.

Voß, Jan-Peter; Newig, Jens; Kastens, Britta; Monstadt, Jochen; Nölting, Benjamin (2007): Steering for Sustainable Development: a Typology of Problems and Strategies with respect to Ambivalence, Uncertainty and Distributed Power. In: Journal of Environmental Policy and Planning, Jg. 9, H. 3, S. 193–212.

Walker, Gordon; Shove, Elisabeth (2007): Ambivalence, Sustainability and the Governance of Socio-Technical Transitions. In: Journal of Environmental Policy and Planning, Jg. 9, H. 3, S. 213–225.

Wallner, Heinz Peter; Schauer, Kurt; Kresse, Dodo (2004): Erfolg mit der Business Agenda 21. Nachhaltiges Wirtschaften und Corporate Social Responsibility. München.

WCED (1987): Report of the World Commission on Environment and Development: Our Common Future. http://www.un-documents.net/wced-ocf.htm (Stand: 12.12.2008).

Weber, Max (2002 [1919]): Wissenschaft als Beruf. Stuttgart.

Weber, Max (1980 [1921]): Wirtschaft und Gesellschaft: Grundriß der verstehenden Soziologie. Tübingen: Mohr.

Wehling, Peter (2006): Im Schatten des Wissens? Perspektiven einer Soziologie des Nichtwissens, Konstanz.

Weick, Karl E. (2007 (1985)): Der Prozess des Organisierens. Frankfurt am Main.

Werther, William B.; Chandler, David (Hg.) (2006): Strategic corporate social responsibility. Stakeholders in a global environment. Thousand Oaks, Calif.

WestLB (2010): Nachhaltigkeit. Status 2010. Düsseldorf

Wetzel, Ralf (2005): Hintergründe und Steuerungspotenziale der Nachhaltigkeit. Ein systemtheoretischer Blick. In: Großmann, Katrin; Hahn, Ulrike; Schröder, Jana (Hg.): Im Prinzip Nachhaltigkeit. Akteurskonstellationen und Handlungsmöglichkeiten in interdisziplinärer Betrachtung. München, S. 189–210.

Wieland, Josef (2001): Eine Theorie der Governanceethik. In: Zeitschrift für Wirtschafts- und Unternehmensethik, Jg. 2, H. 1, S. 8–33.

Wiesbrock, Heinz (Hg.) (1967): Die politische und gesellschaftliche Rolle der Angst. Frankfurt am Main.

Wille, Katrin; Hölscher, Thomas (2008): Kontexte und Architektur der Laws of Form. In: Schönwälder-Kuntze, Tatjana; Wille, Katrin; Hölscher, Thomas (Hg.): George Spencer Brown. Eine Einführung in die „Laws of Form". Wiesbaden, S. 21–42.

Williamson, Oliver E. (1985): The Economic Institutions of Capitalism. New York.

Williamson, Oliver E. (1999): Mechanisms of Governance. Oxford.

Willke, Helmut (1978): Zum Problem der Integration komplexer Sozialsysteme: Ein theoretisches Konzept. In: Kölner Zeitschrift für Soziologie und Sozialpsychologie, H. 30, S. 228–252.

Willke, Helmut (1983): Entzauberung des Staates. Überlegungen zu einer societalen Steuerungstheorie. Königstein.

Willke, Helmut (1992): Ironie des Staates. Grundlinien einer Staatstheorie polyzentrischer Gesellschaft. Frankfurt am Main.

Willke, Helmut (1994): Systemtheorie II: Interventionstheorie. Einführung in die Theorie der Intervention in komplexe Sozialsysteme. Stuttgart.

Willke, Helmut (2000 [1982]): Systemtheorie I. Eine Einführung in die Grundprobleme. Stuttgart.

Willke, Helmut (2006): Global Governance. Bielefeld.

Willke, Helmut (2007): Politische Strukturbildung der Weltgesellschaft. Symbolordnung und Eigenlogik lateraler Weltsysteme. In: Albert, Mathias; Stichweh, Rudolf (Hg.): Weltstaat und Weltstaatlichkeit. Beobachtungen globaler politischer Strukturbildung. Wiesbaden, S. 134–156.

Willke, Helmut (2008): Organisationales Lernen: Die intelligente Organisation. In: Breuer, Christoph; Thiel, Ansgar (Hg.): Handbuch Sportmanagement. Schorndorf, S. 122–138.

Willke, Helmut; Willke, Gerhard (2007): Corporate Moral Legitimacy and the Legitimacy of Morals: A Critique of Palazzo/Scherer's Communicative Framework. In: Journal of Business Ethics, Jg. 81, H. 1, S. 27–38.

Wimmer, Rudolf (2009): Führung und Organisation – zwei Seiten ein und derselben Medaille. In: revue für postheroisches Management, H. 4, S. 20–33.

Wimmer, Rudolf (2011): Die Steuerung des Unsteuerbaren. In: Pörksen, Bernhard (Hg.): Schlüsselwerke des Konstruktivismus. Wiesbaden, S. 520–547

Wolf, Klaus Dieter (2005): Möglichkeiten und Grenzen der Selbststeuerung als gemeinwohlverträglicher politischer Steuerungsform. In: Zeitschrift für Wirtschafts- und Unternehmensethik, Jg. 6, H. 1, S. 51–68.

Wolf, Klaus Dieter; Take, Ingo; Brozus, Lars (2004): Global Governance – eine Antwort auf das Demokratiedefizit des internationalen Regierens? In: Albert, Mathias; Moltmann, Bernhard; Schoch, Bruno (Hg.): Die Entgrenzung der Politik. Frankfurt am Main. New York, S. 140–161.

Z-Punkt (2009): Wachstumsmärkte 2020. Köln. Verfügbar unter: http://www.z-punkt.de/fileadmin/be_user/V_News/V_Newsletter/08_2009/zukunftsmaerkte_2020_Umfrage ergebnisse.pdf (Stand 12.10.2011).

Neu im Programm Politikwissenschaft

Fröhlich, Christiane
Der israelisch-palästinensische Wasserkonflikt
Diskursanalytische Betrachtungen
2010. 384 S. (Politik und Gesellschaft des Nahen Ostens) Br. EUR 39,95
ISBN 978-3-531-17631-4

Gast, Henrik
Der Bundeskanzler als politischer Führer
Potenziale und Probleme deutscher Regierungschefs aus interdisziplinärer Perspektive
2011. 396 S. Br. EUR 49,95
ISBN 978-3-531-17942-1

Gehne, David / Spier, Tim (Hrsg.)
Krise oder Wandel der Parteiendemokratie?
2010. 248 S. Geb. EUR 49,95
ISBN 978-3-531-16670-4

Hopp, Gerhard / Sebaldt, Martin / Zeitler, Benjamin (Hrsg.)
Die CSU
Strukturwandel, Modernisierung und Herausforderungen einer Volkspartei
2010. 590 S. Br. EUR 39,95
ISBN 978-3-531-17275-0

Jäger, Thomas / Höse, Alexander / Oppermann, Kai (Hrsg.)
Deutsche Außenpolitik
2., akt. u. erw. Aufl. 2011. 768 S. Br. EUR 39,95
ISBN 978-3-531-17894-3

Kost, Andreas / Wehling, Hans-Georg (Hrsg.)
Kommunalpolitik in den deutschen Ländern
Eine Einführung
2., akt. u. überarb. Aufl. 2010. 413 S. Br. EUR 34,95
ISBN 978-3-531-17007-7

Liedhegener, Antonius / Werkner, Ines-Jacqueline (Hrsg.)
Religion zwischen Zivilgesellschaft und politischem System
Befunde – Positionen – Perspektiven
2011. 262 S. (Politik und Religion) Br. EUR 39,95
ISBN 978-3-531-17827-1

Marschke, Britta / Brinkmann, Heinz Ulrich (Hrsg.)
Handbuch Migrationsarbeit
2011. 326 S. Geb. EUR 39,95
ISBN 978-3-531-17067-1

Erhältlich im Buchhandel oder beim Verlag.
Änderungen vorbehalten. Stand: Juli 2011.

Einfach bestellen:
SpringerDE-service@springer.com
tel +49 (0)6221 / 345–4301
springer-vs.de

 **Springer** VS

VS Forschung | VS Research
Neu im Programm Politik

The manufacturer's authorised representative in the EU is Springer
Nature Customer Service Centre GmbH, Europaplatz 3, 69115 Heidelberg,
Germany. If you have any concerns regarding our products, please
contact ProductSafety@springernature.com

Printed and bound by CPI Group (UK) Ltd, Croydon, CR0 4YY

26/04/2026

02097267-0002